헤겔 또는 스피노자

HEGEL OU SPINOZA
by Pierre Macherey
Copyright © Éditions La Découverte, Paris, 1990.
All rights reserved.
Korean translation copyright © 2010 by Greenbee Publishing Company.
Korean translation rights arranged with Éditions La Découverte through EYA(Eric Yang Agency).

헤겔 또는 스피노자

초판 1쇄 발행 _ 2004년 1월 19일
2판 1쇄 발행 _ 2010년 3월 30일
2판 2쇄 발행 _ 2018년 11월 20일

지은이 피에르 마슈레 | **옮긴이** 진태원
펴낸이 유재건 | **펴낸곳** (주)그린비출판사 | **주소** 서울시 마포구 와우산로 180, 4층
이메일 editor@greenbee.co.kr | **전화** 702-2717 | **팩스** 703-0272 | **신고번호** 제2017-000094호

ISBN 978-89-7682-345-8 03160

이 도서의 국립중앙도서관 출판시도서목록(CIP)은 서지정보유통지원시스템 홈페이지(http://seoji.nl.go.kr)와 국가자료공동목록시스템(http://www.nl.go.kr/kolisnet)에서 이용하실 수 있습니다. (CIP제어번호 : CIP2010001032)

이 책의 한국어판 저작권은 EYA(Eric Yang Agency)를 통해 Éditions La Découverte와 독점계약한 (주)그린비출판사에 있습니다. 저작권법에 의하여 한국 내에서 보호를 받는 저작물이므로 무단전재와 무단복제를 금합니다.
책값은 뒤표지에 있습니다. 잘못 만들어진 책은 서점에서 바꿔 드립니다.

철학이 있는 삶 그린비출판사 http://greenbee.co.kr

프리즘총서 002

헤겔 또는 스피노자
Hegel ou Spinoza

피에르 마슈레 지음 | 진태원 옮김

gB
그린비

CONTENTS

1990년판 서문 —— 7
대안 —— 15

1부 헤겔, 스피노자의 독자 —— 25
    실체의 관점 —— 26
    시초의 철학 —— 37
    체계의 재구성 —— 46

2부 기하학적 방법에 따라 —— 59
    헤겔과 방법 —— 60
    방법에 대한 스피노자의 재평가 —— 75
    원인에 의한 인식 —— 92
    적합한 관념과 부적합한 관념 —— 102

3부 속성의 문제 —— 127
    속성 개념의 애매성 —— 128
    속성들의 실재성 —— 141
    속성들의 상이성 —— 156
    자신의 속성들 안에서 실체의 구성 —— 165
    '사물들'의 질서와 연관 —— 172
    속성의 문제에서 헤겔의 오류 —— 177

4부 모든 규정은 부정이다 — 183
　스피노자의 부정주의 — 186
　무기력한 변증법 — 199
　유한과 무한 — 207
　규정 — 230
　무한 양태들 — 238
　대립이 아닌 차이 — 262
　독특한 본질들 — 275
　힘과 코나투스 — 298
　목적론 — 325

부록 — 341
　옮긴이 해제 피에르 마슈레의 스피노자론에 대하여 — 342
　2판 옮긴이 후기 — 392
　참고문헌 — 394
　용어 해설 — 405
　찾아보기 — 415

| 일러두기 |

1 이 책은 Pierre Macherey의 *Hegel ou Spinoza*(Éditions La Découverte, 1990)을 완역한 것이다. 이 책의 국역본 초판은 2004년에 이제이북스에서 출간되었으며, 본서에서는 독자의 편의를 위해 본문의 쪽수, 각주 위치 등을 가급적 이제이북스판과 일치시켰다.

2 본서에서 인용된 스피노자의 글은 모두 옮긴이의 번역이다. 마슈레는 자신이 본문에서 참조한 스피노자 원전의 출처를 정확히 밝히지 않았으나 본서에서는 독자들의 편의를 위해 이 책의 마지막에 있는 '참고문헌'에 스피노자 저작과 관련된 문헌을 제시해 놓았다. 관련 저작들의 라틴어 원전이나 기타 현대어 번역본을 보고 싶은 독자들은 참고하기 바란다.

3 헤겔 인용문의 경우 각주에서 불역본 다음에 독일어 원전의 쪽수를 넣었고, 해당 국역본이 있는 경우 마지막에 국역본 쪽수를 넣었다. 국역본은 쪽수만 제시했을 뿐, 해당 인용문은 불어 인용문을 고려하여 옮긴이가 독일어본에서 직접 번역한 것이다. 헤겔 인용을 위해 참고한 독일어 원전은 에바 몰덴하우어Eva Moldenhauer와 칼 마르쿠스 미헬Karl Markus Michel 편, 『20권의 전집』*Werke in zwänzig Bänden*(주어캄프, 1970)이고, 국역본은 임석진 교수가 번역한 『정신현상학』, 『대논리학』, 『철학사』, 『역사 속에서의 이성』이다. 그리고 마슈레가 인용한 불역본 편제가 독어본 편제와 다른 경우에는 독어본과 국역본의 해당 쪽수를 넣지 않았다.

4 데카르트 및 칸트 저작의 경우도 각주에 표준적인 고증본 전집critical edition의 해당 쪽수를 덧붙여 놓았고 국역본이 있는 경우에는 해당 국역본의 쪽수를 제시해 놓았으므로, 해당 원문을 보고 싶은 독자들은 참고하기 바란다. 단, 이 경우도 인용문은 모두 옮긴이의 번역이다.

5 대괄호([ ]) 안에 들어 있는 내용은 옮긴이가 내용 이해를 돕기 위해 보충한 것이다. 마슈레도 본문 중에 간혹 대괄호를 사용하는데, 이때는 '마슈레의 추가'라는 말을 덧붙였다.

6 불어 단어나 숙어가 이중적인 의미를 지닌다고 판단할 때는 빗금(/)을 사용해 두 가지 의미를 동시에 표시했다.

7 단행본·정기간행물 등에는 겹낫표(『 』)를, 논문 등에는 낫표(「 」)를 사용했다.

8 외국 인명, 지명, 작품명은 2002년에 〈국립국어원〉에서 펴낸 '외래어 표기법'에 따라 표기했다.

1990년판 서문[1]

스피노자와 헤겔 같은 위대한 역사적인 철학자 사이의 관계를 연구하는 것은, 내용과 무관한 진부하고 형식적인 비교의 한계를 넘어서 철학함의 방식 일반에 함축된 근본 쟁점들과 대결하는 일이다.

'스피노자', '헤겔'이라는 이름은 우선 그 자체로 가치 있고 그 이름을 지닌 저자들의 개인적 실존과 결부되어 있는 사상 체계를 가리킨다. 이 경우 저자의 이름은 사상 체계를 단번에 명명하는——곧 그것을 지시하는 동시에 기호화하는——것이다. 그런데 우리가 철학 사상의 기획을 좀더 진지하게 받아들인다면 이러한 기획이 위와 같은 정체성 부여identification 절차에 대해 상대적인 자율성을 갖고 있음을 인정해야 한다. 이는 이러한 정체성 부여가 철학 사상들의 개별적 독특성을 확보한다는 구실 아래 사상을 분산시키고, 체계의 저자들의 경험적 실재성 안에 구현되어 있는 구체적인 입장/위치들이 구성하는 반사 점들/사변적인 점들[2]에 특권을 부여함으로써, 결국 서로 구별되지 않는 갖가지 학설들 속에서 사상이 실종되게 만들기 때문이다. 하지만 이 사상 체계들을 전달하는 개별적 담론과의 반사적인 유희의 끈을

---

1) 이 책의 초판은 1979년 마스페로Maspero 출판사에서 루이 알튀세르가 감수하던 '이론'Théorie 총서 중 한 권으로 출간되었다.

풀어 버린다면 이 사상의 기획을 무시간적이고 추상적인 평가에 맡겨 버림으로써 생명력을 박탈할 위험이 있다. 이러한 보편적 평가는 결국 내용 없는 평가에 그칠 수도 있기 때문이다. 이 때문에 사상의 기획을 그것이 뿌리를 두고 있는 [개별적인] 학설로부터 완전히 빼내는 것 역시 가능하지 않다. 철학적 반성 작업은 철학자들의 입장이 부과하는 관점을 통과할 수밖에 없다. 이는 이 입장들이 철학적 반성 작업을 진행하고 표현하기 위한 조건들은 물

---

2) "구체적인 입장/위치들이 구성하는 반사 점들/사변적인 점들"의 원문은 "ces 'points' spéculatifs que constituent les positions concrètes"이다. 여기서 마슈레는 position, 'point', spéculatif 같은 다의적인 의미를 지닌 단어들을 사용하여, 여러 가지 논점을 동시에 전달하고 있는 것으로 보인다. 1) 우선 '반사적'이라는 단어는 사상 체계와 이 사상 체계의 직접적 구현자로 간주되는 그 저자 사이의 관계를 지칭하며, 이때의 '반사적' 또는 '반영적' 관계는 라캉이나 알튀세르가 사용하는 거울관계의 의미를 함축하고 있다. 곧 사람들은 사상 체계라는 실재를, 그 사상 체계의 저자라는 허구적 이미지로 대체하고, 그리하여 이 허구적 이미지를 그 사상 체계의 동일성/정체성으로 간주한다는 것이다. 그리고 이를 표현하기 위해 마슈레는 정신분석학의 개념을 빌려 와 이 관계를 정체성 부여, 또는 동일화/정체화identification의 절차로 특징짓고 있다(거울관계/반영관계 및 동일화/정체화에 관한 좀더 자세한 논의로는 옮긴이의 글을 참조하기 바란다. 진태원, 「라캉과 알뛰쎄르: '또는' 알뛰쎄르의 유령들 1」, 김상환·홍준기 편, 『라캉의 재탄생』, 창작과 비평, 2002). 이렇게 되면 사상 체계들, 예컨대 스피노자와 헤겔의 사상 체계는 각 저자의 고유한 소유물로 귀속되고, 각 저자들은 해당 사상 체계의 궁극적인 의미를 보유하고 있는 일종의 창조주가 된다. 2) 다음으로 '구체적인 위치들이 구성하는 사변적인 점들'이라는 표현은 라이프니츠의 철학을 염두에 두고 있는 듯하다. 단순화해서 말하자면, 라이프니츠는 점을 수학적·물리적·형이상학적인 세 가지 차원에서 구분하는데, 이 마지막 형이상학적 점은 비연장적非延長的인 실체, 곧 모나드에 해당하며, 마슈레가 말하는 사변적인 점은 이를 지시하는 것으로 보인다. 또 라이프니츠에 따르면 모나드는 연장은 갖지 못해도 위치(이는 position일 수도 있고 lieu나 situation일 수도 있다)는 가질 수 있으며, 이 위치는 연장의 기초를 구성한다. 또한 라이프니츠에게 이 위치는 모나드의 관점point de vue, 곧 모나드의 본성을 외생적으로extrinsèquement 표현해 주는 것에 상응하기도 한다. 마슈레의 말은 바로 이런 의미에서 이해될 수 있을 것 같다(라이프니츠에서 점과 위치의 관계는 이 외에도 다른 측면들에서 고찰될 수 있다. 이 문제에 관한 좀더 자세한 논의는 마르샬 게루Martial Gueroult, 「라이프니츠에서 공간, 점, 진공」L'espace, le point et le vide chez Leibniz, 『데카르트, 스피노자, 말브랑슈, 라이프니츠 연구』Etudes sur Descartes, Spinoza, Malebranche et Leibniz, 게오르그 올름스Georg Olms, 1970 참조). 3) 이런 점들을 고려해서 이 구절을 읽는다면 마슈레의 논점은 다음과 같이 이해될 수 있다. 저자의 이름들에 따라 사상 체계들을 동일화/정체화하는 것은, 이 사상 체계들을 각자 고립된 학설들로 분산시킴으로써, 여러 철학자들의 학설들이 서로 간의 차이나 갈등에도 불구하고 공통적으로 지니는 철학 사상의 기획을 파악할 수 없게 만든다. 더 나아가 이렇게 함으로써 각 사상 체계들의 개별적 독특성이 더 잘 부각될 것 같지만, 사실은 공통의 사상적 기획과의 내생적intrinsèque 관계에서 분리된 채 고립된 각각의 체계들은 **상호 구분의 근거**를 상실하게 됨으로써, 서로 반사적인 동일화에 빠져들 수밖에 없다. 얼마간 과잉 해석(또는 과소 해석)인지는 모르겠지만, 어쨌든 '입장/위치', '반사적/사변적', '점들' 같은 다의적인 단어들을 연관시켜 사용하고, 또 특히 '점들'에 강조 표시를 해 사용하는 것은 주목할 만한 수사학적/논증적 어법임에는 틀림없다. ―옮긴이

론, 어떤 지점까지는 그 해석을 위한 조건까지도 창출하기 때문이다. 철학의 진리는 헤겔 안에 존재해야 하는 것처럼 스피노자 안에도 존재한다. 이는 곧 이 진리가 전자나 후자 안에 전적으로 존재하는 것이 아니라 양자 사이의 어딘가에, 하나에서 다른 것으로 넘어가는 길 안에 있음을 뜻한다. 약간 다른 방식으로 말해 보자. 이들의 저작 안에서는 사상의 연쇄가 일어나고 있으며, 이는 이 저작들 내에서부터 이미, 이 저자들이 자신들의 저작에 대해 지니고 있는 통제력을 벗어나고 있다. 철학은 바로 이 사상의 연쇄 과정을 통과하면서 발생한다. 이러한 사상의 연쇄를 포착하기 위해서는 이 저작들의 체계적 목표에 대한 관심을 축소시킬 수밖에 없다. 왜냐하면 이 연쇄는 이 저작들을 일종의 집단적 기획의 익명적 운동 속으로 역동적으로 이끌어 가며 철학을 어느 한 철학자가 아니라 철학자들 전체에게로 귀속시키기 때문이다.

스피노자의 사상이나 헤겔의 사상처럼 특징적인 두 사상이 서로에 대해 반작용할 때, 곧 한데 묶이는 동시에 서로 반발할 때, 이로부터 반드시 어떤 것이 빠져 나온다. 이것은 각각의 사상에서 유래함에도 불구하고 둘 중 어느 하나에만 고유하게 속하지 않으며 오히려 양자를 분리시키는 간극 안에서 양자의 공통적인 진리를 구성한다. 그런데 바로 이 두 철학자의 대결이 특히 생산적인 것처럼 보인다면, 이는 이 대결이 서로 외적으로 마주 보는 두 사상의 지적으로 중립적인 만남이기 때문이 아니다. 이 대결은 오히려 두 사상을 서로 소통시키는 동시에 각 체계를 그 자체로 개방한다. 각 체계는 이러한 개방을 통해 드러난 자신의 한계들을 인정함으로써 그 내재적 반론에 직면한다. 따라서 우리는 다음과 같은 이중적 요구를 회피할 수 없다. 그것은 곧 서로의 이미지들을 비추는 두 개의 거울처럼 헤겔에게서 스피노자를 읽고 스피노자에게서 헤겔을 읽어야 한다는 요구이다.

이러한 대결을 해명하기 위해서 이 책은 '헤겔 우 스피노자'Hegel ou Spinoza라는 정식을 원제로 사용했다. 이 정식은 한 가지 의미론적 애매성을 포함한다. 이 정식을 좀더 정확하게 특징짓기 위해서는 이 애매성을 제거하지는 못해도 적어도 강조해 두는 것이 좋을 것 같다. 불어에서 '우'ou라는 접속사는 다른 언어들에서는 구분하는 비교 평가의 두 가지 형태를 혼합하고 있다. 예를 들어 이 불어 접속사는 라틴어에서 정반대의 의미를 지니는 '벨'vel과 '아우트 ······ 아우트'aut ······ aut를 번역할 때 쓰인다. '아우트 ······ 아우트'는 대립과 배제를 나타내며 이것 아니면 저것을 뜻할 뿐 양자 모두를 포함하지는 않는다. 만약 '헤겔 우 스피노자'라는 표현이 '아우트 헤겔 아우트 스피노자', 곧 **헤겔이냐 스피노자냐**라는 의미라면 이는 무한정하게 유예된 상태로 남겨 둘 수 없는 선택의 두 항을 구성하는 것이고, 따라서 양자를 서로 환원될 수 없는 두 가지 사상의 형태로 제시하는 셈이다. 그런데 이러한 양자택일을 피해 갈 수 없다는 점을 표시하기 위해 시대적 순서를 바꾸어 이름들을 제시함으로써, 그러니까 스피노자를 헤겔 뒤에 놓음으로써 우리는 이미 이러한 선택에 참여한 것으로 보인다. 이처럼 스피노자를 헤겔 뒤에 놓았다는 사실은 우리가 헤겔 체계의 핵심을 구성하는 진화의 논리를 암묵적으로 거부했다는 뜻이기 때문이다. 진화의 논리에 따르면 앞에 오는 것은 나중에 오는 것을 예상하고 준비하는 데 불과하며, 따라서 나중에 오는 것은 필연적으로 앞에 오는 것을 흡수하고 포괄한다. 또한 우리는 이렇게 함으로써 헤겔의 스피노자 독해를 지휘하는 관점을 전도하여 그것을 헤겔에 대한 스피노자의 독해라는 가설적일 수밖에 없는 관점에 종속시킨 셈이다. 그 결과 이제는 스피노자의 사변적 역량이 더 압도적인 것처럼 보인다. 따라서 **이것이냐 저것이냐**라는 장치는 체계들의 상호 측정 ─이는 체계들이 서로의 관계에 의존하게 만든다─ 을 넘어서 두 체계의 대결로 빚어진 위기를 다소 독단적으로나마 해소하는 데 이르는 듯하다. 또한 스피노자를 헤겔에 대한 역逆이 아닌 대안으로 놓음으로써 이러한 해결의 조건들을 스피노자 쪽으로부터 찾고 있는 것처럼 보인다. 그렇다면 이제 이러한 결정의 필연성을 확립하고 정당화해야 하는 문제가 남는다.

하지만 '헤겔 우 스피노자'는 또한 '헤겔 벨(시베) 스피노자'Hegel vel(sive) Spinoza로도 번역될 수 있다는 것을 잊어서는 안 된다. 이것은 분명 앞에서 살펴본 표현의 반대를 의미한다. 여기서 '우'는 동일성과 등가를 나타내는 공식이다. 사람들은 곧잘 저 유명한 표현 '데우스 시베 나투라'Deus sive natura에서 스피노자가 이러한 의미의 접속사를 썼다고 생각한다. 하지만 스피노자는 결코 이러한 형태로 이 표현을 쓴 바가 없다. 이 표현에서 '신'(데우스)과 '자연'(나투라)은 하나의 동일한 사물에 대한 두 개의 다른, 그러면서도 비차별적인 이름으로 제시된다. '헤겔'과 '스피노자' 역시 동일한 사물에 대한 두 개의 이름은 아닐까? 만약 그렇다면 그 두 개의 이름들이 구별 없이 지시하는 이 사물은 무엇인가? 이 질문에 대해서 우리는 확정적인 해결을 바라기보다는 질문의 의문문적인 성격을 끝까지 남겨 두는 것이 좋을 것이다. 그리고 여러분이 읽게 될 이 연구가 시종일관 견지하는 것도 바로 이 질문이다. 이 물음의 정신에 따르면 다음과 같은 점은 명백하다. 만약 '우'가 함축하고 있는 '아웃……아웃'라는 의미의 측면에서 스피노자와 헤겔을 대립시켜 읽을 수밖에 없다면, 마치 이 양자가 자신들의 요소 또는 부분을 어떤 유일한 담론——이 담론 안에서는 양자의 상관적인 입장이 분리될 수 없다. 이 두 가지 철학의 의미는 양자의 상호 작용을 통해서만 설명될 수 있기 때문이다——에 제공하기라도 하는 듯 양자를 함께 반성하는/비추는réfléchir 것도 필수적이다. 그리고 여기서 강조되는 것은 '우'가 지닌 '시베'의 의미다.

따라서 이 두 가지 사상의 형태가 동일한 진리를 공유하고 있지 않다면 양자 간에 벌어지는 논쟁은 어떤 필연성도 갖지 못하며 어떤 의의도 제시하지 못한다. 하지만 이 동일한 진리의 과정은 둘 중 어느 것에도 [배타적으로] 속하지 않는데, 이는 이 과정이 각각의 사고 여정의 교차점에서 생겨나기 때문이다. 따라서 반론과 갈등에서 생겨난 이 유예된 진리는 더 이상 어떤 최종적 테제로서의 가치는 갖지 못한다. 오히려 이 진리는 비판과 시험의 진리다. 자신의 역사 전체에 걸쳐 차이와 논쟁이라는 문제적인 요소를 통해 전개되어 온 철학 그 자체가 바로 이 진리의 대상인 것이다.

1990년 6월
피에르 마슈레

헤겔 또는 스피노자
Hegel ou Spinoza

이 책은 1977년 라이덴대학과 아미엥대학에서 열린 스피노자 콜로키엄에서 발표한 강연의 내용을 좀더 발전시킨 것이다. 그리고 3부의 일부는 이 콜로키엄 자료집에 발표되었다. 다른 한편, 나는 동일한 질문들을 여러 번에 걸쳐 강의에서 다루어야 했다. 참을성 있게 강의를 들어 주고 여러 가지 반응과 제안, 발표를 통해 유익한 도움을 준 학생들에게 감사한다. 그리고 스피노자에 대한 여러 편의 석사논문을 읽을 기회가 있었는데, 이 중 특히 브뤼노 위스망Bruno Huisman의 논문 「스피노자 이전의 헤겔」Hegel devant Spinoza에는 헤겔의 『철학사 강의』 중 스피노자에 관한 장의 번역(라크루아A. Lacroix와의 공역)이 첨부되어 있었다. 이 책에서 나는 헤겔의 텍스트를 직접 번역했다. 헤겔의 다른 텍스트들의 경우 다음과 같은 기존의 불역본들을 참조했다. 그 중 주요한 번역본은 다음과 같다.

『대논리학』*La science de la Logique*의 경우: 초판 1, 2권은 라바리에르Pierre-Jean Labarrière와 야르치크Gwendoline Jarczyk의 번역본(오비에Aubier, 1972~1976). 2판 1, 2, 3권은 장켈레비치Serge Jankélévitch의 번역본(오비에, 1947). 1권 3부 「도량」은 도즈André Doz의 번역(프랑스대학출판부PUF, 1970).

『철학요강』의 경우: 3판 중 1부는 부르주아Bernard Bourgeois의 번역(브랭Vrin, 1970). 3판 완역본은 강디약Maurice de Gandillac의 번역본(갈리마르Gallimard, 1970).

대안
L'alternative

1816년 7월 30일 하이델베르크대학 총장은 당시 뉘른베르크 김나지움의 교장이던 헤겔에게 정교수직을 제의하는 편지를 보냈다. 그는 자신의 제의를 다음과 같이 설명했다. "하이델베르크대학은 설립 이래 처음으로 선생님 같은 분을 철학자로 모시게 됩니다. 선생님께서도 아시겠지만 전에 스피노자를 초빙하려 했던 일은 무위로 그치고 말았습니다." 알다시피 실제로 스피노자는 "하이델베르크 아카데미 교수이시고 팔라티나 선거 후 고문이신 고명한 루이스 파브리치우스Louis Fabritius 박사"에게 보내는 1673년 3월 30일자 편지에서 교수 초빙을 거절한 바 있다. 젊은이들을 가르치는 일에 몰두하다 보면 자신의 철학 연구를 포기해야 하지 않을까 두렵다는 것이 그 이유였다. 특히 그는 기존 법률과 종교 계율을 반드시 존중해야 한다면 자신의 철학하는 자유가 제한받지나 않을까 염려했다. 그는 이처럼 명백한 이유를 밝히고 거절의 편지를 다음과 같은 글로 맺는다. "저를 제지하는 것은 결코 좀더 높은 지위에 대한 희망이 아니요 평안에 대한 사랑일 뿐입니다. 저는 공적인 교육 활동을 자제하면 얼마간 그 평안을 유지할 수 있을 것이라 믿고 있습니다."[3] 헤겔은 이 일화를 알고 있었으며 『철학사 강의』에서 이에 관해 다음과 같이 말한다. "스피노자는 (그의 편지가 알려 주는 바에 따르면) 이 제의를 거부했는데 그것은 분별 있는 결정이었다. 왜냐하면 '그는 자신의 철학이 공식 종교를 혼란스럽게 하지 않는 것처럼 보이기 위해서는 어느 정도까지 그의 철학함의 자유를 제한해야 할지 몰랐기' 때문이다."

1816년 8월 6일에 헤겔은 총장에게 정중한 답신을 보냈다. 비록 베를린대학 쪽으로 다른 전망도 열려 있었지만, 그는 "대학에서의 연구에 대한 사랑 때문에" 총장의 제안을 수락한다. 그는 다만 제시된 것보다 좀더 나은 처우를 해줄 것, 무상으로 숙소를 마련해 줄 것, 이사 비용을 지불해 줄 것 등을 요구했다. 얼마 뒤인 1816년 8월 20일에 이러한 물질적 요구가 만족스럽게 해결되자 헤겔은 다시 교수직 지명 문제로 돌아가서 "한편으로는 저의 편의를 위해 베풀어 준 후의에 대해, 다른 한편으로는 독일과 대학에서 철학이 처한 상태에 대해 보여 준 관심에 대해 총장님께 감사"를 표한다. 그는 다음과 같이 덧붙인다. "총장님께서 저의 이전 작업들에 보여 주신 호의만이 아니라 특히 대학에서의 저의 장래의 활동에 대해 보여 주신 깊은 신뢰는 더할 나위 없는 기쁨입니다. 철학만큼 고독한 학문은 없는 까닭에 저는 좀더 활기찬 활동 영역에 대한 욕망을 깊이 느끼고 있기 때문입니다. 이것이 저의 삶에서 가장 큰 소망이라고 말씀드릴 수 있습니다. 또한 저는 지금까지 [대학에서의 학문적] 상호 작용이 너무 없었던 것이 작업에 큰 장애가 되었음을 통감하고 있습니다." 헤겔은 하이델베르크에서 1년간 머물면서 『철학요강』 *Enzyklopädie der philosophischen Wissenschaften im Grundrisse*을 작성하고 강의했다. 1817년, 그는 마침내 갈망하던 베를린대학에 자리를 얻게 된다.

이 일화의 배후에서 이미 한 가지 의미가 드러난다. 헤겔주의자들은 이

---

3) 파브리치우스에게 보내는 48번째 편지. 스피노자 『서한집』에 관한 서지사항은 이 책 뒤의 '참고문헌'을 참조.―옮긴이

이야기에서 헤겔이 스피노자가 공석으로 남겨 둔 자리를 차지했다는 점에 특히 주목할 것이다. 곧 이 **계승/지양**[4]에서 헤겔은 스피노자가 성취하지 못한 또는 성취하지 않으려 한 과업을 완수했다는 것이다. 그 누구도 자기 시대를 뛰어넘을 수는 없다. 스피노자에게는 아직 진정한 철학을 공적으로 제시할 수 있는 계기가 도래하지 않은 것이다. 반대로 다른 사람들, 소위 스피노자주의자들이라 부를 수 있는 사람은 이 이야기에서 두 개의 철학 체계까지는 아닐지라도 적어도 철학에 대한 두 관점, 심지어 두 가지 실천 사이에 존재하는 한 가지 상위점相違點, 메울 수 없는 간극의 징표를 보려 할 것이다.

헤겔 체계의 논리적 진술은, 그가 대학에서의 경력을 성공적으로 쌓아 가던(무급 강사에서부터 모든 중간 단계를 거쳐 베를린대학에 이르기까지) 과정과 동시에 구성되고 전개되었다. 그러므로 그의 체계와 대학에서의 경력은 상호적으로 반영되면서 그에게 진리를 제공해 주었다. 헤겔 체계는 공적 교육 제도의 틀 안에서 교육하기 위하여 위계적 조직에 따라 형성되었던 것 아닐까? 자크 데리다는 이 점을 매우 훌륭하게 말해 준다. "헤겔은 학교를 체계의 결과나 이미지, 또는 그 전체의 **부분**pars totalis[5]으로 인식하지 않았다.

---

4) '계승/지양'의 원어는 relève인데, 이 단어는 원래 '계승', '교대'라는 의미로 많이 사용되지만, 헤겔 철학과 관련해서는 Aufhebung, 곧 '지양'이라는 단어의 불어 번역어로도 사용된다. 따라서 이 단어는 스피노자와 헤겔의 이중적 관계를 시사하고 있다. 같은 교수 자리를 제의받았다는 점에서 헤겔은 스피노자를 '교대' 또는 '계승'한 셈이지만, 다른 한편으로 스피노자가 받아들이지 못한, 또는 받아들이려 하지 않은 자리를 받아들일 수 있었다는 점에서 헤겔은 스피노자를 '지양'한 것이다.—옮긴이

5) 알튀세르는 근대 철학에서 부분과 전체의 관계를 파악하는 두 가지 대표적 관점을 제시한 적이 있다(루이 알튀세르 외, 『자본을 읽자』Lire le Capital, 프랑스대학출판부, 1996). 그 중 하나는 기계론적 관점, 또는 **상호 외재적인 부분들**pars extra partes의 관점이다. 이는 부분과 부분들을 상호 독립적이고 상호 외재적인 것으로, 곧 각자가 하나의 독립적 전체를 이루는 것으로 파악하기 때문에, 부분과 전체 사이에는 내재적 관계가 존재할 수 없다. 다른 하나는 **전체의 부분**pars totalis이라는 관점인데, 이는 유기체적, 또는 알튀세르의 용어를 빌리자면 "표현적 총체성"의 관점으로, 모든 부분을 전체와 동질적인 것으로 파악한다. 따라서 전자의 관점과는 달리 부분과 전체 사이에는 내재적 관계가 존재하지만, 이는 동시에 부분들을 모두 전체로 흡수하여 부분들로부터 일체의 자율성을 박탈한다.—옮긴이

체계 자체는 거대한 학교로서, 절대지絶對知 안에서 절대정신이 자기 자신을 백과전서적으로 차츰 교육시켜 나가는 과정이다. 또한 이 학교 교육은 의무적으로 부과되어 누구도 피할 수 없는 교육이다. 이는 자기 스스로 부과된 의무인데, 왜냐하면 이 교육의 필연성은 외부로부터 올 수 있는 것이 아니기 때문이다."[6]

반대로 스피노자의 학설은 정치적 문제에 대해 그에 걸맞은 지위를 철학적 사변 내에 부여할 줄 알았지만(『신학정치론』 *Tractatus Theologico-Politicus* 과 『정치론』 *Tractatus Politicus* 뿐만 아니라, 『윤리학』 *Ethica* 을 보라. 정치는 『윤리학』의 핵심 주제 중 하나다), 위의 경우와 같은 공식화는 심층적으로 거부한다. 고독한 인간, 국외자, 반항자의 관점을 제시하는 스피노자의 학설은 은밀하게 전달된다. 이 학설이 [공식적으로] 교육된다면 이는 곧 모든 것을 상상의 관점에 종속시키는 물질적·지적 억압의 메커니즘 안에서 한자리를 차지하는 것을 수용하는 셈이 되어 스스로 모순에 빠질 위험이 있다. 철학은 두려움을 제거하며 복종을 모른다. 따라서 철학은 공적으로 교육될 수 없다. 헤겔 철학은 높은 곳에서 낮은 곳으로[거만하게][7] 학생들에게 교육된다. 스피노자의 철학은 제자들에게 동등한 위치에서 전달된다. 여기에는 우리가 진지하게 고찰해 보아야 할 차이가 작용하고 있다.

하지만 사람들이 스피노자와 헤겔을 흔히 연결짓는 것은 양자 간에 명백한 친화성이 있기 때문이다. 오늘날 스피노자를 읽으려면 헤겔에 대해 사유하지 않을 수 없다. 이는 아마도 스피노자와 우리를 중개하는, 또는 그 사이에 끼어드는 헤겔이 존재하기 때문일 것이다. 헤겔 자신은 스피노자에 대

---

6) 자크 데리다, 「누가 철학을 두려워하는가?」Qui a peur de la philosophie?, 『헤겔의 시대』 *L'âge de Hegel*, 그레프GREPH 논문집, p.116[같은 저자, 『법에서 철학으로/철학의 권리에 대하여』 *Du droit à la philosophie*, 갈릴레Galilée, 1990에 재수록되었다.—옮긴이].
7) de haut en bas는 '거만하게'를 뜻하는 숙어지만, 문자 그대로 하면 '높은 곳에서 낮은 곳으로'라는 의미다. 여기서는 이 두 가지 의미를 모두 함축하고 있다.—옮긴이

해 ─ 아니, 오히려 스피노자를 ─ 끊임없이 사유했다.[8] 그것은 스피노자를 자기 체계의 종속적인 한 요소로 소화하고, 흡수하기 위해서였다. 하지만 헤겔이 스피노자 철학이 제기하는 문제로 계속 되돌아갔다는 사실은, 또한 헤겔이 스피노자의 철학에서 소화할 수 없는 어떤 것, 그가 항상 다시 직면해야 하는 하나의 저항을 발견했다는 점을 알려 준다. 마치 스피노자가 헤겔의 담론과 관련하여 하나의 한계, 헤겔의 담론이 포함하자마자 바로 토해 버리게 되는 어떤 한계의 위치를 차지하고 있었던 것처럼 보인다.

바로 이 때문에 스피노자의 철학과 헤겔의 철학을 **비교**하려는 기획은 근본적으로 실망스러울 수밖에 없는 것이다. 사실 이러한 비교가 대상으로 삼는 것이 무엇인지 잘 파악해야 한다. 이 비교의 대상은 체계들, 곧 내적 일관성의 원칙에 따라 형식적으로 조직된 담론들이다. 사람들은 이 체계들 사이에 상응 관계를 확립해 보려고 할 수 있다. 이때 이 상응 관계란 일종의 혈통 관계, 또는 한 체계로부터 다른 체계를 이해할 수 있는 일체의 가능성을 배제하는 하나의 차이로 해석될 수 있다. 그래서 마르샬 게루는 스피노자에 대한 기념비적 연구에서 헤겔이 스피노자주의에 대해 제시한 해석을 분석하면서 이 해석은 "날조"에 토대를 둔 근원적 "몰인식"이라고 결론 내렸던 것이다. 헤겔의 해석을 다시 취하는 이들은 "스피노자의 학설 안에, 다른 곳에서 탄생하고 이 학설과는 무관한 개념들의 세계를 투사하는 데 불과하다"[9]는 것이다. 헤겔이 스피노자를 다룬 텍스트들을 상세하게 분석해 보면 알 수 있지만, 적어도 한 가지 점에서는 게루의 주장에 동의하지 않을 수 없

---

8) 일반적으로 penser à Spinoza와 le penser는 모두 '스피노자를 사유하다'라고 해석될 수 있다. 하지만 현재의 맥락에서는 전자는 '독립적이고 이질적인 철학자로서, 곧 **또 다른 주체로서** 스피노자에 대해 사유하다'라는 의미고, 후자는 '헤겔 체계 내의 종속적인 한 요소로서 스피노자를 사유하다'라는 의미다. ─ 옮긴이
9) 마르샬 게루Martial Gueroult, 『스피노자 1권. 신』*Spinoza t. 1. Dieu*, 오비에-몽타뉴Aubier-Montagne, 1968, p.468.

다. 곧 두 철학 사이의, 이른바 동질성이나 유사성 또는 발전 관계에 대한 탐구는 완전한 실패를 모면할 수 있을지는 몰라도 절대로 흥미로운 결과를 낳을 수 없으리라는 것이다. 이러한 탐구는 두 학설들을 그 중 어떤 것도 진정으로 나타내지 못하는 하나의 공통 모델로 귀착시킬 뿐이다.

하지만 유비 관계를 통해 너무 뻔하게 연결짓는 경향을 반대하고 스피노자와 헤겔 사이에서 공통적인 의미에 따른 전반적인 유사성 ──두 사상의 동일성 내지는 수렴성을 드러내 줄── 을 탐구하려는 시도와 거리를 두어야 한다면, 양자는 근원적으로 외재적인 두 개의 철학적 반성 형태, 이질적인 체계들이므로 서로 분리시켜야만 한다고 주장하는 것도 앞의 경우 못지않게 부조리한 발상이다. 비록 헤겔 쪽에서 놀라운 몰이해를 보여 준다고 해도 사실상 헤겔과 스피노자가 조우한다는 점에는 이론의 여지가 없기 때문이다. 스피노자와 헤겔이 함께, 또는 차례차례 같은 길을 걸어간 것은 아니라면, 두 사람의 여정이 서로 접근하다가 어떤 지점들에서 겹치고 그후에 지극히 대립적인 방향으로 멀어졌다는 것만은 분명한 사실이다. 이런 관점에서 볼 때, 실패 또는 너무 구태의연한 성과만 얻게 될 체계 비교를 시도하느니 두 철학 사이의 독특한 교차점들을 탐구해 보는 것이 의미 있을 수 있다. 왜냐하면 스피노자에 대한 모든 헤겔식 독해, 헤겔에 대한 모든 스피노자식 독해가 경험하는 낯선 친숙함의 감정을 설명해 주는 것은 바로 이 교차점들이기 때문이다.

알튀세르는 『자기비판의 요소들』*Eléments d'autocritique*에서 "헤겔은 스피노자가 선취했던 것을 반복"했다고 말한다. 이 주장을 정당화해 줄 만한 점들을 몇 개 열거해 보자. 1) 상대주의적 인식관에 대한 비판, 이성 안에는 그것을 현실과 연결시켜 주는 어떤 절대적인 것이 존재한다는 관념. 2) 추상으로 귀착될 수밖에 없는, 모든 유한한 표상의 형식적 성격에 대한 발견. 3) **악무한**mauvais infini에 대한 비판. 4) 인식은 객관성의 조건들을 자체적으로 품고 있는 실재적 과정이라는 관념. 이 모든 점들에 대해 스피노자와 헤겔은 매우 상이한 개념적 요소들로 성찰하며 대립적인 결과들을 이끌어 내면서도, 분명 두 사람을 다른 모든 이들로부터 구분시켜 주는 공통적인 어떤 것을 지니고 있다. 이 연관성은 해명되어야만 한다.

우리는 헤겔의 스피노자 독해에 의지하여 이 질문을 다루어 볼 생각이다. 헤겔의 독해는 매우 교훈적인데, 그것은 이 독해가 마침내 헤겔이 밝혀낸 스피노자주의의 진리를 보여 주기 때문이 아니라 오히려 한 가지 엄청난 오해에 기초하고 있기 때문이다. 마치 헤겔은 스피노자주의의 교훈, 더욱이 헤겔 자신의 체계와 관련된 어떤 것을 지니고 있다는 점에서 본질적이기까지 한 교훈을 무시할 수 있는, 스피노자주의에 대한 해석의 구성 수단들을 제공받은 것처럼 보인다. 이 해석은 헤겔 철학 자체를 위태롭게 만드는 사고방식[스피노자 철학]에 맞서 제시된 일종의 집요한 방어와도 같다. 이로부터 다음과 같은 역설적인 결과가 나온다. 곧 헤겔은 스피노자와 거리를 둘 때 비로소 스피노자와 가장 가까워진다. 이는 이러한 거부가 증상symptôme의 가치를 갖기 때문이며, 두 철학자를 혼융시키지 않되 분리할 수도 없게끔 연결하는 공통의 대상——공통의 기획은 아닐지라도——이 고집스레 현존함을 가리키기 때문이다.

이러한 갈등 관계를 고려하는 것은 철학사에 대한 형식주의적 관점에서 벗어나는 것이다. 형식주의적 관점은 철학사에서 일체의 역사성을 제거하고 이를 환원 불가능하고 자의적인 단위들로 잘라 낸다. 이때 이 단위들의 분산은 기껏해야 기술적記述的 주석의 대상이 될 뿐이다. 이러한 주석은 처음부터 체계들의 역사적 위치에 관한 일체의 질문을 제거하면서 체계의 내적 일관성이라는 한계 안에 스스로를 가둘수록 더욱 철저한 것이 된다. 학설을 예술작품으로 만든다는 점에서 기껏해야 미학적인 의미를 지닐 뿐인 이러한 분산의 노고에 맞서서, 상이한 철학들 사이에 존재하는 어떤 통일성의 형태, 연계를 사고하는 데까지 나아가야 한다. 질문의 전체 논점은, 상이한 철학들을 공통의 진리라는 허구를 통해 순수하고 단순하게 동일시하는 융합론으로 다시 전락하지 않고 이렇게 나아가는 방법을 아는 데 있다.

헤겔과 스피노자 사이에는 양자의 연결을 정당화해 주는 본질적인 무엇인가가 일어난다. 하지만 이는 펼쳐져 있는 책을 읽듯이 다른 것에서 자신을 읽는 두 사상 사이의 이심전심, 직접적인 재인지reconnaissance, 공언되고 공유된 담론의 통일성 안에서의 동일성이 아니다. 그것은 공통의 투자 밑천을 상정하는 화해할 수 없는 긴장이다. 최소한 그것은 상이하게, 심지어는 갈등을 빚으며 해결되는 동일한 문제에 대한 추구인 것이다.

간단히 말하면 이 문제는 변증법의 문제라고 할 수 있을 것이다. 하지만 스피노자의 저작에는 변증법이 명백히 부재하므로 거기서 이 변증법의 소묘 또는 전제를 발견하려고 하는 것은 부조리한 짓일 것이다. 하지만 이러한 사실이 스피노자로부터 출발해 변증법을 새롭게 사고할 수 있다는 것, 곧 헤겔이 자신의 체계에서는 견딜 수 없는 것이었기에 떼어 내려고 했던 질문들을 스피노자에게 제기할 수 있다는 것을 가로막지는 않는다. 스피노자주의의 거울 안에서 헤겔의 담론은 분명히 자신의 한계, 나아가 내적 모순을 볼 수 있는 기회를 갖는다. 헤겔 안의 스피노자, 이는 헤겔 자신이 그렇게 하듯이 『윤리학』을 『대논리학』Wissenschaft der Logik의 미완의 단초로 읽어야 함을 의미하는 것이 아니라 이 두 철학 사이에서 양자를 대립시키면서 연계시키는 오인/재인지[10]라는 놀라운 현상을 설명해 주는 갈등적 통일성을 찾아

---

10) '오인/재인지' méconnaissance/reconnaissance는 알뛰세르가, 특히 「이데올로기와 이데올로기 국가장치」Idéologie et appareils idéologiques d'État라는 논문에서 이데올로기가 주체에 대해 산출하는 핵심 효과로 제시한 것이다(이에 관한 좀더 상세한 논의는 옮긴이의 「라깡과 알뛰세르: '또는' 알뛰세르의 유령들 1」, 앞의 책을 참조하라). 여기서는 스피노자 안에서 자기 자신의 (불완전한) 모습을 읽으려는/재인지하려는 헤겔의 그릇된 시도, 곧 헤겔의 오인은 사실 스피노자 철학이 헤겔 자신의 철학으로 수용될 수 없다는 점에 대한 헤겔의 몰인식의 표현이라는 의미다.―옮긴이

야 함을 의미한다. 헤겔 또는 스피노자, 이는 둘로 분할되는 하나다.

　우리는 헤겔 또는 스피노자라고 말하지 스피노자 또는 헤겔이라고 하지 않는다. 그것은 헤겔 철학에 대한 진정한 대안을 구성하는 것이 스피노자이기 때문이다. 따라서 우리가 시도할 토론은 하나 이상의 쟁점을 지니고 있다. 곧 이 토론은 헤겔 체계의 한계를 드러내 줄――헤겔 체계의 보편성은 분명 역사적이다――뿐만 아니라, 철학사에 대한 진화론적 관점――이 역시 헤겔주의의 유산이다――에서 벗어나게 해줄 것이다. 헤겔은 바로 그 진화론적 관점에 따라 자신의 철학을 스피노자주의에 대해 가능한 유일한 대안으로 제시하게 된다. 이는 항상 정신을 그 자신과 좀더 근접시키는 이러한 고양 운동 안에서는 앞선 것이 나중에 오는 것에게 자리를 양보해야 하기 때문이다. 우리는 여기서 철학사에 대한 단일하고 전진적인 관점, 겉보기에만 변증법적일 뿐인 이러한 관점의 지배권을 전복하고자 한다.

　헤겔에 따르면 스피노자의 사상은 아직 충분히 변증법적이지 않다. 그러나 만약 이 사상이 너무나 변증법적이라면? 또는 적어도 헤겔이 받아들일 수 없는 방식으로 그렇다면? 변증법――미리 말하자면, 목적론 없는 변증법――에 대한 부인,[11] 헤겔이 스피노자를 매개 삼아 진행시키는 이 부인은 자기 사상의 전개 과정 안에서 극복할 수 없는 장애물, 곧 **아직** 헤겔적인 담론이 **아니라고** 말할 것이 아니라 **이미** 헤겔적인 담론 **그 이상**이라고 말해야 할 어떤 담론의 장애물과 조우하는 헤겔의 방식이다. 그리고 여기서 길을 잃고 당황하게 되는 것은 바로 철학사에 대한 진화론적 관점이다. 스피노자 자신이 또한 헤겔을 객관적으로 논박하기 때문이다.

---

11) 여기서 '부인'dénégation은 정신분석학적인 의미의 부인이다. 곧 무의식적 긍정을 은폐하기 위한 의식적 부정이다.―옮긴이

1부

헤겔, 스피노자의 독자

Hegel lecteur de Spinoza

실체의 관점
Le point de vue de la substance

헤겔에게서 모든 것은 한 가지 점을 확인하는 데서 시작한다. 그것은 스피노자의 철학에 예외적이고 불가피한 어떤 것이 존재한다는 점이다. "스피노자는 근대 철학에 너무나 결정적인 지점을 구성하기 때문에 스피노자주의냐 아니면 전혀 철학이 아니냐를 두고 선택을 해야 한다고du hast entweder den Spinozismus oder keine Philosophie 말할 수 있다."[12] 스피노자를 통과해야 하는 까닭은, 그의 철학 안에서 사유와 절대자 사이에 본질적 관계가 맺어지기 때문이다. 오직 이 절대자의 관점에서만 실재 전체가 서술되고, 여기서 이성은 자신의 바깥에 아무것도 두지 않고 모든 것을 자신 안에 포괄하는 것으로 나타난다. 그리하여 철학 전체, 모든 철학이 가능하게 된다.

따라서 헤겔에게 스피노자는 선구자의 위치를 차지했다. 그와 더불어 어떤 것이 시작한다. 하지만 그는 선구자일 뿐, 더도 덜도 아니었다. 자신이 추구해야 할 목표를 가리키면서도 그 목표까지 도달할 수 있는 가능성을 박탈당한 정지된 사유처럼, 스피노자 안에서 시작한 것은 목적을 달성하지 못한다. 이 때문에 헤겔은 스피노자의 작업에서, 나아갈 길목에 넘어설 수 없는 난관들을 스스로 만들어 놓고 좌절하는, 모든 실패한 시도의 특징을 발견한다. 따라서 이 근본적이지만 분열되어 있는 지식은 역사적 의의를 지닐 뿐이다. 철학이 걸어온 길을 통틀어 스피노자는 절대자를 알아내긴 하지만 이를 실체로서 제한적으로 파악하는 매우 특수한 위치를 차지한다. 스피노자와 함께, 그리고 절대자를 사유하려는 그의 노력과 함께 우리는 새로운 시대에 접어들었다. 그러나 이 사유의 역사적 한계들은 이 사유가, 헤겔이 이미 자리를 잡고서 자기 이전의 모든 철학들을 회고적으로 해석하는 최종적 관점을 예견하면서 전진할 수 없게 한다.

이 분석은 헤겔이 스피노자에 대해 말할 때마다 반복되는 매우 전형적인 표현으로 예시될 수 있다. 예컨대 『대논리학』 1권에 나오는 다음과 같은 문장이 그렇다. "스피노자에게 실체와 그 절대적 통일성은 부동적인 통일성, 경직성의 형태를 띠고 있으며, 이 안에서 우리는 **아직** 자기의 부정적 통일성이라는 개념, 주체성이라는 개념을 발견할 수 **없다**."[13] 또는 『철학요강』의 「논리학」 50절에서는 "스피노자의 실체는 **아직** 절대정신이 **아니다**"라고 말하고 있다. 그리고 『철학사 강의』의 스피노자에 관한 장에서는 "절대적 실체는 진리지만 **아직** 전체적인 진리는 **아니다**"라고 말한다. 아직 아님이기도 한 이미라는 이 매우 특별한 양상(이는 모든 선취에 고유한 것이다) 아래서 스피노자는 철학사 전체 ──스피노자는 철학사의 발전을 부각시키면서도 그것을 정지시킨다── 의 근본 흐름에서 벗어난다.

또한 헤겔은 『대논리학』 3권의 「서론: 개념 일반에 대하여」에서 철학적 학설들에 대한 해석의 조건들을 서술하고 그 구체적 의미를 해명하면서 이에 관한 가장 적절한 예로 스피노자를 들고 있다.

따라서 첫째, 그의 관점의 본질적이고 필연적인 성격을 인정하되 둘째, 이

---

12) 『철학사 강의』 *Leçons sur l'histoire de la philosophie* 3권 중 「스피노자」 독어본 pp. 163~164.
13) 『대논리학』 1권, 라바리에르 옮김 p. 249; 독어본 p. 291; 국역본 p. 289.

관점이 자기 자신으로부터 한 단계 높은 수준으로 고양될 수 있게 해주는 것이 스피노자주의에 대한 유일한 논박이 될 수 있다.[14]

『정신현상학』*Phänomenologie des Geistes*의 「서문」에 나오는 유명한 정식에 따르면 이 관점은 **아직 주체가 아닌** 실체의 관점이다.

실체는 이념의 발전 과정에서 본질적인 한 단계지만 이는 이념 자체, 절대적 이념이 아니라 아직 필연성이라는 제한된 형태 안에서의 이념이다.[15]

스피노자의 작업은 그 자신이 도달하지 못하는 어떤 것을 향해 나아가고 있기 때문에 의미가 있다. 이 작업의 의미를 제어하는 것은 이 작업을 중단시키는 한계들을 넘어서 이러한 경향을 추구하는 것, 곧 이 작업의 내적 모순을 해소하면서 그것을 지양하는 것이다.

이를 위해서는 **단지** 실체일 뿐만 아니라 **주체이기도 한** 절대자의 관점에 자신을 위치시킴으로써 관점을 바꾸어야 한다. 그런데 이 같은 관점의 이행은 역사적 조건들에 달려 있다. 단지 점진적 확장이라는 방향으로 관점들을 전환시킬 뿐만 아니라, 관점들을 해체하고 그후에는 새로운 기초 위에서 이 관점들을 재구성하는 실재적 운동으로 관점들을 전환시키기도 하는 저항할 수 없는 불가역적인 과정, 그것이 곧 역사다. 그리하여 우리는 끊임없이 이 상위 관점으로 **고양**된다. 극단적으로 말하면 스피노자는 자기도 모르게, 따라서 불완전하게 헤겔주의자였던 반면, 헤겔은 이 독특한 관점[실체의 관점], 스스로를 보편자의 관점에 위치시킴으로써 결정적으로 벗어날 수 있었

---

14) 『대논리학』 2권, 장켈레비치 옮김 p.248; 독어본 p.250; 국역본 p.26.
15) 『철학요강』 「논리학」, 부르주아 옮김 151절 보론 p.584. 또 159절 p.405도 보라; 독어본 p.295.

던 이 관점의 한계들을 의식했던 스피노자주의자라고 할 수 있을 것이다.

이 때문에 헤겔의 스피노자주의 해석은 완성된 의미의 탐구로 귀착되지 않는다. 스피노자의 관점에 대해 독립적인 또 다른 관점을 자의적으로 대립시키는 모든 외재적 논박의 시도를 가소로운 것으로 만들어 버리는 스피노자 학설의 **진리**가 존재한다면, 이 진리는 스피노자가 철학사의 전全 과정에서 지닌 매우 특수한 상황과 관련이 있으며, 그 상황으로부터 분리될 수 없다. 스피노자의 관점을 그것이 자기 자신에게 부과하는 긴장 및 한계 안에서 내재적으로 파악하면, 이 관점은 자신의 정당화인 동시에 자신에 대한 논박이기도 하다는 점이 드러난다. 곧 만약 우리가 이 관점을 그 내적 운동에 따라 전개한다면, 이 관점은 동일한 수단들에 의해 스스로를 형성하는se fait 동시에 스스로를 와해시키는데se défait, 그 이유는 이 운동이 이 관점을 그 자신 너머로 이끌어 가기 때문이다. 따라서 일관적이고 자율적이며 완성된 진리의 추상적 형태를 발견하기 위해서 스피노자로 **되돌아간다는 것**은 헤겔에게 있을 수 없는 일이다. 오히려 이러한 내재적 전환, 스피노자의 체계를 이미 다른 체계로 이끌어 가는 **이행**을 분명히 드러내야 한다. 이 이행은 우리로 하여금 이 체계를, 기대되고는 있지만 아직 자신의 실현 조건들을 만나지 못한 새로운 의미의 소묘 또는 기획으로 읽도록 부추긴다. 이러한 사실 때문에 스피노자에 대한 헤겔의 독해는 이중적이다. 헤겔의 독해는 한편으로 스피노자의 학설 안에서 이미 예고되고 있는 진리의 전조들을 찾지만, 그와 동시에 다른 한편으로 이 진리의 발현과 대립하고 이에 관해 단지 결여의 형태로밖에 말할 수 없게 만드는 장애물들, 곧 이 진리의 부재의 실재적 형태를 발견한다.

따라서 스피노자주의를 파악하는 것은 스피노자주의의 근저에 놓여 있는 모순을 식별하는 것이다. 앞으로 보게 되겠지만, 이 모순은 직접 발현된다. 우리는 스피노자주의의 심원한 진리는 절대자를 사유하려는 그 노력에 있다고 말했다. 비록 이 문제가 그와 더불어 처음으로 철학사에 출현한 것은 아니지만——우리는 그에게 선배 철학자들이 있었음을 곧 보게 될 것이다——그는 처음으로 이를 체계적인 해결 시도 및 전개의 대상으로 삼았다. 스피노자에게는 절대지에 대한 지향이 존재하며, 헤겔에 따를 경우 스피노자의 학설 전체에 합리적인 기초를 제공해 주는 **자기원인**causa sui이라는 개념이 이러한 지향을 대표한다.

> 스피노자의 첫번째 정의는, "그 본질이 실존을 함축하는"cujus essentia involvit existentiam 존재자로서의 자기원인 개념이다. …… 개념과 존재의 분리 불가능성은 [체계의] 근본 규정이자 전제다.[16]

사실 자기원인과 더불어 존재하는 것과 인식되는 것, 존재와 사유의 동일성이 곧바로 정립된다. 헤겔은 이것을 자기 바깥에 아무것도 지니고 있지 않은, 따라서 내재적이고 보편적인 반성 안에서 자기 자신을 전개하는 절대적 사유의 조건으로 보았다. 스피노자를 다루고 있는 『대논리학』 2권의 역사적 논평에서 헤겔은 이 정의들로 다시 돌아가면서 "매우 심오하고 정당한 이 개념들"[17]이라고 말하고 있다. 그리고 『철학사 강의』의 스피노자에 관한 장에서는 "만약 스피노자가 자기원인 안에 담겨 있는 것을 좀더 주의 깊게 발전시켰다면, 그의 실체는 부동적인 것das Starre이 되지 않았을 것이다"[18]라고 좀더 명확하게 말한다. 따라서 스피노자주의 특유의 모순이 즉시 나타난다. 곧 스피노자주의의 첫번째 개념은 자기 자신 안에 어떤 진리의 약속과 실패를 동시에 포함하고 있으며 이 진리에 대해 스피노자주의는 불완전한

---

16) 『철학요강』, 부르주아 옮김 76절 p.340; 독어본 p.166.
17) 『대논리학』 2권, 라바리에르 옮김 p.239; 독어본 p.196; 국역본 p.268.
18) 『철학사 강의』 3권 독어본 p.168.—옮긴이

지식 안에서 그저 하나의 관점을 제시할 뿐이다.

헤겔에 따를 경우 자기원인 개념에 결여되어 있는 것은 무엇이고 이 개념이 자신의 한계를 넘어서지 못하게 방해하는 것은 무엇인지 해명하기에 앞서 한 가지 논평을 해보자. 이 논평은 우선 헤겔의 해석 스타일의 특징을 밝혀 주고 이 해석이 자신이 작업하는 학설과 관련하여 곧바로 어떤 간격 안에 자신을 위치시키는지를 드러내 줄 것이다. 우선 게루가 그랬듯이, 사실 스피노자에게는 자기원인 개념이 시원적 정초의 가치를 지니지 않음을 보여 줄 수 있다. 이 개념은 그로부터 체계 전체가 전개되는 진리의 맹아萌芽 같은 데카르트적 의미의 원리, 일종의 제일진리를 표상하는 것이 아니다. 자기원인은 실체의 한 특성으로서, 실체에 의해 설명된다. 그런데 스피노자는 적어도 어떤 사물을 그 특성에 의해 정의하지는 않는다.[19] 이런 식으로 진행하게 되면 우리는 곧바로 신의 본질을 그의 잠재태puissance에 종속시킴으로써——이는 상상에 의지하고 있는 모든 목적론 신학의 열쇠다——심각한

---

19) 여기서 '정의', '특성'propriété, '본질'은 스피노자에게서 매우 독특하게 사용되는 전문 용어들이기 때문에, 얼마간 해명이 필요하다. 스피노자는 본질을 "그것이 주어지면 사물이 필연적으로 주어지고, 그것이 없어지면 그 사물이 필연적으로 없어지는 것, 또는 그것이 없이는 사물이 존재할 수도 사유될 수도 없고, 역으로 그 사물이 없이는 존재할 수도 사유될 수도 없는 것"으로 정의한다. 반면 특성은 "자신들의 실사들substantiva이 없이는 파악될 수 없는 형용사들adjectiva"이다. "곧 그것들이 없는 신은 사실은 신이 아닐 테지만, 이는 전혀 신이 그것들에 의해 신이라는 뜻은 아닌데, 왜냐하면 이것들은 실사적인 것/실체적인 것에 대해 아무것도 알려 주는 게 없는 데 반해 신은 바로 그가 자신 안에 지니고 있는 실사적인 것/실체적인 것에 의해서만 실존하기 때문이다." 따라서 1) 본질과 사물 또는 실재가 상호 함축적인 관계를 맺고 있는 데 비해, 특성은 그렇지 못하며, 2) 특성은 어떤 사물의 본질로부터 연역 가능하고, 또 연역 가능해야 하는 성질임을 알 수 있다. 스피노자에게 자기원인은 신의 본질이 아니라, 유일성, 영원성, 무한성, 분할 불가능성 등과 더불어 신의 특성들 중의 하나일 뿐이다. 따라서 이것들은 신의 본질에 토대를 두고 연역적으로 도출되어야 할 내용들이지, 신의 본질 자체를 정의하는 것들이 아니다. 그리고 스피노자에서 실재적 정의는 바로 사물의 본질을 파악하는 것이다. 반대로 명목적 정의는 사물의 본질을 제시하는 것이 아니라, 사람들이 이러저러한 단어 또는 이름으로 이해하고 있는 바를 밝혀 놓는 것을 의미한다. 『윤리학』의 각 부 서두에 나오는 정의들은 실재적 정의의 성격을 지니는 동시에 명목적 정의의 성격도 지닌다. 스피노자가 정의에서 "나는 ~라고 이해한다intelligo"나 "~라고 한다dicitur" 같은 표현을 사용하는 것은 바로 이 때문이다. 그리고 마슈레가 뒤에서 스피노자가 서두에 제시하는 정의들은 확정된 진리가 아니라, 논의를 전개하기 위한 하나의 실마리에 불과하다는 점을 강조하는 것도 이 때문이다.—옮긴이

혼란에 빠지게 된다. 따라서 실체를 자기원인으로 귀착시키는 것은 경솔하고 부적합한 행동이다. 사실, 자기원인 개념은 이와는 정반대로 실체 개념을 통해서만 해명될 수 있기 때문이다. "자기 안에 존재하는 것 또는 **흔히 말하듯이** 자기원인res in se sit, sive, ut vulgo dicitur, causa sui"(『지성교정론』).[20] 따라서 실체를 자기원인에 동화시킨다는 것은 그냥 해보는 말에 불과하다.[21]

하지만 좀더 나아가 보는 것은 가능하다. 헤겔이 여기서 전제하는 것은 자기원인이 스피노자주의의 근본 개념이라는 것 —방금 보았듯이 이는 이미 논쟁을 불러일으킨다—이라기보다는 스피노자주의가 자신의 출발점이 되는 최초의 개념을 인정한다는 사실이다. 이는 스피노자가 소묘한 절대지의 기획은 절대적 시초[22]로부터 전개되며, 이 절대적 시초는 또한 헤겔 해

---

20) 이는 『지성교정론』 92절에 나오는 말이다. 그리고 이 저작의 제목과 관련하여 몇 가지 지적을 해두는 것이 좋겠다. 미완성으로 남겨진 스피노자의 초기 저술 제목은 'Tractatus de Intellectus Emendatione'인데, 이것이 국내에서는 보통 '지성개선론'으로 번역된다. 그런데 라틴어에서 emendo는 의학적으로 어떤 질병을 치료하거나, 실수·오류·잘못 따위를 바로잡는다는 의미를 지니고 있다. 그리고 사실 스피노자가 이 저술에 '에멘다치오'라는 이름을 붙인 것은, 단순히 지성의 능력을 좀더 높은 단계로 끌어 올린다는 목적을 표현하기 위해서가 아니라, 세속적인 욕망(부, 명예, 성적 욕망)이나 상상에 의해서 **분열되고 혼란에 빠진** 지성의 구조, 형태를 바르게 세우려는 저술의 목적을 분명히 하기 위해서였다고 볼 수 있다. 이미 국내에서 '지성개선론'이라는 제목이 널리 사용되고 있기는 하지만, 이런 점을 감안하여 이 번역에서는 스피노자의 의도를 좀더 정확히 표현한다는 의미에서 기존의 제목 대신 '지성교정론'이라는 제목을 사용하겠다. 참고로 불어권에서 관용적으로 사용해 왔고, 마슈레도 이 책에서 사용하고 있는 제목인 'Traité de la réforme de l'entendement'은 말 그대로 번역하면 '지성개혁론'이라는 의미이다. 이는 emendatio라는 단어를 종교적인 혹은 정치적인 의미로 번역하고 있는 셈인데, 이는 분명 스피노자의 저술의 목적과는 거리가 있는 제목이다. 그런데 얼마 전에 새로 나온 베르나르 포트라Bernard Pautrat의 번역본(1999)은 원어에 좀더 가깝게 'Traité de l'amendement de l'intellect'라는 제목을 사용하고 있고, 영어권에서 널리 사용되는 에드윈 컬리Edwin Curley(1985)나 새뮤얼 셜리Samuel Shirley(1992)의 번역본에서도 마찬가지로 'Treatise of the Emendation of the Intellect' 또는 'Treatise on the Emendation of the Intellect'라는 제목을 사용하고 있다. 마슈레는 이 책에서 위와 같은 명칭을 사용하고 있기는 하지만, 스피노자의 원래 제목이 의학적인 함의를 갖는다는 점을 분명히 지적하고 있고(이 책 84쪽 참조), 또 최근에 펴낸 5권짜리 『윤리학』 주석서(『스피노자 『윤리학』 입문』, *Introduction à l'Éthique de Spinoza*, 프랑스대학출판부, 1994~1998)에서는 'Traité de l'amendement de l'intellect'라는 제목을 사용하고 있다. 이런 점을 고려한다면 이제 국내에서도 원래의 제목에 가까운 『지성교정론』을 사용하는 것이 좋을 듯하다. —옮긴이
21) 게루, 『스피노자 1권. 신』 p.41.
22) commencement은 맥락에 따라 '시초'나 '시작'으로 번역했다. —옮긴이

석의 진정한 출발점이기도 하다는 점을 의미한다. 이렇게 되면 헤겔 자신이 스피노자주의 비판이라는 기획에 관여한 것은 전혀 놀라운 일이 아니다. 왜냐하면 그의 체계의 결정적인 관념들 중 하나는 절대지는 시작하지 않는다는 것, 또는 오히려 절대지는 절대적으로는 시작할 수 없다는 것이기 때문이다. 절대지의 무한성은 바로 진정한 시작 또는 참된 시작인 최초의 시작의 불가능성에서 발견된다. 또한 자기원인 개념의 고유한 진리가 어떤 것이든 간에, 헤겔의 표현을 다시 사용하면 "[스피노자 철학이] 그것에 의거하고 있다"는 점, 곧 이 개념이 스피노자의 체계에 하나의 시초를 부여한다는 사실 자체만으로도 이 체계의 한계를 표시하기에 충분하다.

여기서 우리는 놀라기 시작한다. 헤겔의 『대논리학』을 기동시키는 이 시작의 아포리아는 곧 인식의 무한한 과정을 이 과정의 토대 내지 원리인 제일진리 위에 확립시킬 수 없다는 불가능성이다. 헤겔은 이 불가능성이 스피노자주의가 데카르트의 철학에 맞서 제기하는 주요한 반론이며 스피노자주의의 본질적 교훈 중 하나라는 사실을 몰랐단 말인가? 따라서 『윤리학』의 기하학적 서술이 정의들에서 **시작한다**고 말하는 것은 **그냥 해보는 말**에 불과하다. 더욱이 [『윤리학』의 출발점으로 간주되는] 정의들은 증명들 안에서 실제로 진리 효과들을 산출할 때에야 비로소 실질적인 의미를 갖게 된다. 스피노자의 사상은 토대에 의지하여 구성되고 최종 지점까지 연장되는, 그리하여 시작과 끝에 의해 제한되는 경직된 구성물이 아니다. 그의 사상은 이유들의 순서[23]라는 모델에 종속되지 않는다.

그런데 여기서 놀라운 것은 헤겔이 스피노자주의의 중요한 한 측면을 모르고 있다는 사실 자체가 아니다. 비록 헤겔은 자신이 이 공통의 [인간적] 조건에서 벗어날 수 있다고 주장하긴 했지만 오류는 누구나 범할 수 있다. 뜻밖인 것은 이 오류의 내용이다. 왜냐하면 헤겔은 그 자신이 발견했다고 주장하고 자기 철학의 최종 형태 및 그 궁극적 실현의 성사를 보증하기 위해 활용했던 새로운 진리를 스피노자 철학에서 보지 못하고 있기 때문이다. 따라서 헤겔은 스피노자에서, 자신이 사유했기 때문에 누구보다 잘 알아볼 수 있었던 것을 알아보지 못했던 셈이다. 이는 헤겔이 자신의 스피노자주의를 몰아내려고 하는 게 아니라면, 스피노자에게 헤겔적인 것이 존재할 수 있다는 것을 부인하려 하는 태도일 것이다. 이것은 그가, 스피노자가 이미 헤겔적이었을 뿐 아니라 헤겔 자신보다 더 일관되게 헤겔적이었다는 점을 두려워했기 때문은 아닐까? 이때 [헤겔로서는] 도저히 용납할 수 없는 것이 산출된다. 그것은 곧 역사적 진화가, 목적론을 모든 철학의 열쇠로 만듦으로써 먼저 온 것을 나중에 오는 것에 종속시키고 연속적으로 인도하는 필연적 방향에서 이탈하는 것이다.

논평은 이 정도로 접어 두자. 우리는 나중에 다시 이 문제로 되돌아올 것이다. 이제 헤겔에 따르면 자기원인 개념에 **결핍된** 것, 따라서 스피노자에서 이 개념의 발전을 저해하는 것에 대해 말해 보자. 자기원인은 실체의 원리로 머물러 있으며 여기에는 "인격성의 원리가 결핍되어 있다".[24] 따라서 이 개념은 주체가 될 수 없는 실체를 구성하며, 이 실체에게는 자신의 고유한 전개 과정 속에서 자유롭게 자기를 실현할 수 있게 하는 능동적 자기반성이 결여되어 있다. 만약 스피노자가 자기원인 개념을 발전시킬 줄 몰랐거나

---

23) '이유들의 순서'ordre des raisons라는 표현은 데카르트에서 유래한다. 데카르트에 따르면 이는 "최초의 것들로 제시된 것들은 뒤따르는 것들의 도움 없이 인식되어야 하며, 뒤따르는 것들은 이후에 오직 앞서 제시된 것들의 도움만으로 증명될 수 있도록 배열되어야 한다는 것"을 가리킨다. 르네 데카르트, 『『성찰』 두번째 논박에 대한 답변들』Secundae Responsiones, 샤를 아당Charles Adam · 폴 타느리Paul Tannery 편, 『데카르트 전집』Oeuvres de Descartes, 브랭, 1964~1974, 7권 p.155(이하에서 이 표준 데카르트 전집에서 인용할 때는 관례에 따라 'AT판 7권 p.155'와 같은 식으로 인용하겠다); 페르디낭 알퀴에Ferdinand Alquié 편, 『데카르트 철학 저작집』Oeuvres philosophiques de Descartes, 플라마리옹Flammarion, 1963~1973, 2권 p.581(다음부터 이 책은 '알퀴에판 2권 p.581'과 같은 식으로 인용하겠다). 이는 형이상학이나 자연학, 윤리학, 의학 같은 주제나 분야의 차이에 관계없이 논증은 항상 '소재의 순서를 따르지 않고 이유의 순서를 따른다'는 데카르트의 방법론의 요체를 제시해 주는 표현이다.―옮긴이
24) 『대논리학』 2권, 라바리에르 옮김 p.239; 독어본 p.195; 국역본 p.268.

그럴 수 없었다면, 이는 그가 정의해 놓은 이 개념이 자기에 대한 추상적이고 무차별적인 동일성만을 포함하고 있기 때문이다. 여기서 자기는, 자기로의 실재적 이행, 곧 순수하고 단순한 소멸의 운동과 다른 내재적 운동의 가능성을 얻지 못한 채 그 시초 속에 이미 존재하고 있던 대로의 자기에 불과하다. 실체의 관점은 자기 나름대로 절대자를 표현한다. 하지만 이 절대자에는 절대자에 활기를 불어 넣고 실존하게 만드는 생명이 결여되어 있다. 이 절대자는, 처음부터 사형선고를 내리는 원초적인 제한 안에서 자기로서 존재할 뿐인 정지되고 죽은 정신이다.

또한 실체의 관점은 자신을 언표하는 동시에 자신의 소멸의 조건들도 정식화한다. 이 관점의 부동성은 명백한데, 왜냐하면 이 부동성은 이 관점으로서는 완전히 제어할 수 없는 내적 갈등에서 비롯된 아슬아슬한 균형 상태이기 때문이다. 체계의 한계들은 그것들이 구속하는 사유에 대해서는 아주 실재적이지만 절대자의 관점에서 보면 작위적이다. 절대자의 관점은 자신에게 행사된 [작위적 한계들의] 폭력에 대해 훨씬 더 거대한 폭력[절대자의 부정성]을 대립시키며, 체계의 형식적 일관성의 조건들이 체계에 부과하는 가상적 경계들 너머로 체계를 이끌어 가기 때문이다. 이것은 곧 [스피노자의 실체의] 학설을 내부로부터 잠식하고 이 학설이 말하기를 거부하는 것을 공표하지 않을 수 없게끔 강제하는 내재적 부정성이다. 바로 여기서 이러한 고백을 통해 실체는 주체가 된다.

이러한 시초의 모순이 일단 밝혀지면, 스피노자의 철학은 스스로 공언하는 바와 정반대 방향에서 완전히 파악될 수 있다. 헤겔에 따르면 스피노자의 학설은 사형선고를 받았다가 다시 무죄 방면되는 운명을 안고 있다. 이 운명은 이 학설이 자신을 완성하는 절대자라는 살아 있는 육체를 통해 소멸하고 부활하리라는 것을 동시에 예고해 준다. 헤겔에게 스피노자를 참되게 읽는다는 것은, 스피노자의 지적 건축물을 그것의 불완전한 형태 내지는 선취된 잔해를 나타내는 데 불과한 또 다른 지식의 조건들을 출현시킴으로써 새롭게 재구성하는 것이다. 왜냐하면 스피노자에서 지식과 절대자를 연계시키려는 노력은 [스피노자의 체계 안에서는] 지켜지지 않는 약속을 통해서만 해결되기 때문이다.

시초의 철학
Une philosophie du commencement

헤겔이 제시하는 스피노자 해석은 우리가 방금 본 것처럼 시초라는 관념을 제창한다. 시작하는 철학으로서 스피노자주의는 또한 시초의/시초에 대한 사상이기도 하다. 『철학요강』의 표현을 빌리면 이는 "이후의 모든 진정한 발전의 근본 토대다". 또한 『철학사 강의』에서는 다음과 같이 말하고 있기도 하다. "이는 모든 철학함의 본질적 시초다. 철학함을 시작할 때는 우선 스피노자주의자가 되어야 한다."[25] 이렇게 해서 스피노자의 철학과 모든 시초의 사상을 연결시키는 매듭이 맺어진다.

헤겔은 여기서 매우 역설적인 추론에 관여한다. 그는 스피노자를 하나의 출발점으로, 심지어 철학의 출발점으로 제시한다. 또 이와 동시에 스피노자를 시작할 줄은 알았지만 결과적으로 진리의 발견에까지는 이르지 못했던 철학자들의 계보에 위치시킨다.

사실 신은 분명 필연성 또는, 이렇게 말할 수도 있을 텐데, 절대적 사물이지만, 또한 동시에 절대적 인격[위격]Personne이기도 하며, 바로 이 점에서 스피노자의 철학은 진정한 신의 개념, 기독교의 종교적 의식의 내용을 이루는 신의 개념에 뒤처져 있다는 점을 인정해야 한다. 스피노자는 유대인 출신이다. 그리고 동양의 직관에 따르면 모든 유한한 존재는 사라지는 존재로서, 소멸하는 존재로서만 출현할 뿐인데, 이 직관은 스피노자의 철학에서 그 사상에 적합한 표현을 발견한다. 실체적 통일성에 대한 이 동양적 직관이 이후의 모든 진정한 발전의 토대를 이룬다는 점은 분명 사실이지만 여기에 머무를 수는 없다. 이 직관에 여전히 결여되어 있는 것은 바로 서양의 개체성 원리다.[26)]

따라서 스피노자주의는 출발점인 동시에 귀결점이다. 시작하는 것 안에는 끝나는 어떤 것 또한 존재해야 하기 때문이다. 스피노자주의는 어떤 전통의 전체적 움직임을 축약해 주며 이 사상의 특이성은 그 전통 전체의 연장이라는 점에서 분명히 파악된다. 곧 스피노자주의 안에서는 여전히, 하지만 마지막으로 **동양의 직관**이 지배하고 있다. 『철학사 강의』에서 스피노자에 관한 장은 다음과 같이 시작한다.

유럽에서 출현한 신 안에서의 무한과 유한의 통일인 성령으로 표현되는─하지만 이것들과 관련하여 신 자신이 제3항으로 출현하지는 않는─그의 철학의 이 심오한 통일성은 동양의 반향이다.[27)]

이것이야말로 스피노자 철학에 어떤 것으로도 대체할 수 없는 특징을 부여하는 것이다. 이 철학 안에서 기원들의 담론이 완성된다.

헤겔에게 동양은 시초적인 것의 가시적 모습이다. 이 모습은 역사적이라기보다는 신화적이다. 하지만 신화야말로 기원에 가장 적합한 서술 형식

---

25) 『철학사 강의』 3권 독어본 p.165.─옮긴이
26) 『철학요강』, 부르주아 옮김 151절 보론 p.584; 독어본 p.295.
27) 『철학사 강의』 3권 독어본 pp.157~158.─옮긴이

이 아닌가? 이는 절대자가 주체의 개체성을 배제하는 실체 안에서 최초로 모습을 드러내는 순간이다.

> 따라서 동양 종교에서 중심적 관계는 오직 하나의 실체 자체만이 참되며 개체는 즉자대자적인 절대자와 대립적인 위치에 있는 한 아무런 가치도 지니지 못하고 획득할 수도 없다는 데 있다. 반대로 개체는 이 실체와 일체화됨으로써, 주체로 존재하기를 그치고 의식 없는 상태로 빠져들어야만 진정한 가치를 지닐 수 있다.[28]

> 단번에 실재 전체를 단 하나의 존재 또는 단 하나의 관념 안으로 흡수하는 이 표상의 숭고함, 광대함은 형식적인 것에 머물러 있다. 왜냐하면 이 표상은 실제로는 공허한 외재성에 불과한 실체의 외적 발현들의 공상적인 빈곤함에 부합하기 때문이다.

> 이때 이 유한자는 실체 안으로 침잠함으로써만 진리가 될 수 있으며, 실체와 분리되면 내용이 결핍된 메마른 상태를 면치 못할 것이다. 그리고 우리가 그들[동양인들—마슈레의 추가]에게서 유한하고 규정된 표상을 발견하자마자 이는 요소들의 외적이고 무미건조한 열거, 극히 빈약하고 공허하며 현학적이고 볼품없는 것에 불과하다는 점이 드러난다.[29]

단 한 차례 절대자를 반성한 뒤 이 사유는 추상적으로 [절대자의] 발현

---

28) 『철학사 강의』「서론」, 지블랭Jean Gibelin 옮김, 갈리마르, 1954, p.68; 독어본 *Vorlesungen über die Geschichte der philosophie* I, p.140; 국역본 『철학사』, 임석진 옮김, 지식산업사, 1996, p.162.
29) 같은 책 p.76; 독어본 p.141; 국역본 p.163.

들을 열거하고 마는데, 우리가 이 발현들을 그 기원에서 떼어 놓으면 이것들 사이에서 진정한 통일성의 형식은 전혀 찾아볼 수 없다.

여기서 절대지 ─이는 단지 절대자에 대한 지식에 불과한 것은 아니다─ 에 대한 호소는 직접적인 몰아沒我 속에서 실현되며, 이 몰아에서 모든 의식은 필연적으로 소멸된다. 이는 자기 자신에 대한 부정의 형태로 실현되는 지식인 셈이다. 그런데 스피노자에게는 기하학적 엄밀성 ─헤겔에게 이는 가면(내용 없는 형식)에 불과하다─ 이라는 겉모습들 이면에서 모든 이성적 담론을 배제하는 무의식의 심연이 마지막으로 발견된다.

> 스피노자주의에서 양태 그 자체는 비진리이고 오직 실체만이 진리이며 모든 것은 실체로 귀착되어야 하고 이는 모든 내용을 공허 속으로, 내용 없는 순수 형식적인 통일성 안으로 빨아들이게 되는 것처럼, 시바 역시 브라흐마 자체와 다르지 않은 거대한 전체다. 곧 차이와 규정은 유지되지 못하고 지양되지aufgehoben 못한 채 사라져 버리고 통일성은 구체적 통일성이 되지 못하며 분열은 화해로 재인도되지 못한다. 탄생과 소멸, 일반적으로 말하면 양태의 영역에 위치해 있는 인간에게 가장 숭고한 목표는 무의식으로 흡수되어 브라흐마와 일체를 이루는 것, 소멸되는 것이다. 이는 불교의 열반Nirvanâ 등과 같은 것이다…….[30]

"이는 ~ 같은 것이다"라는 비범한 역사적 통합론syncrétisme은 헤겔에게는 분명히 한계가 없는 것이다. 이것이 **서양** 사상의 몇몇 측면들을 해명하는 데 여전히 적합하기 때문이다.

헤겔은 『철학사 강의』에서 존재와 비존재에 대한 파르메니데스의 명언

---

30) 『도량이론』 Théorie de la mesure, 도즈 옮김 p. 22; 독어본 Wissenschaft der Logik I, p. 389.

을 논평하면서 순수한 긍정과 근원적 부정주의의 동일한 결탁을 다시 한 번 발견하는데, 이 결탁은 스피노자에서 그 궁극적인 언표를 얻게 될 것이다.

> ['존재는 존재하고 존재하지 않는 것은 존재하지 않는다'라는] 바로 이 간단한 규정, 이 무 안으로 부정 일반, 좀더 구체적인 형태로는 한계, 유한, 경계가 다시 들어오게 된다. "모든 규정은 부정이다"omnis determinatio est negatio는 스피노자의 위대한 원리다. 파르메니데스에 따르면 부정적인 것은 어떤 형태를 취하든 간에 전혀 존재하지 않는다.[31]

엘레아 학파의 학설에는 여전히 동양 사상의 시원적 형태가 유령처럼 깃들어 있으며, 스피노자는 이 학파와 특권적인 관계를 맺고 있다. 일자, 순수하고 직접적인 존재는 동시에 모든 규정된 실재의 해소, 무한자 안에서 유한자의 소멸, 모든 개체성과 차이의 폐절廢絕이다. 이미 플라톤이 후기 대화편들에서 일종의 변증법의 관점에 의거하여 언급한 바 있듯이 이 절대자 또는 시원적 총체성이 표현되는 담론은 그것이 모든 부정성을 배제하는 한에서, 비존재에 실존을 부여하기를 거부하는 한에서, 불가능한 담론이다.

지나치는 김에 말해 두자면, 헤겔은 『대논리학』 1권 3부 「도량」에서 [스피노자의] 파르메니데스와의 연관성을 제시하면서 이번에는 차이의 징표를 발견한다.

> 스피노자의 양태는 변형에 관한 인도의 원리와 마찬가지로 척도가 없는 것이다. 그리스인들은 부정확한 방식일지언정 모든 것에 척도가 있음을 의식하고 있었기에, 파르메니데스 자신도 추상적 존재를 제시한 이후에

---

31) 『철학사 강의』 독어본 1권 p.288; 국역본 p.327. —옮긴이

모든 것에 부과되는 고대적 한계로서 필연성을 도입한 바 있다. 바로 여기서 실체 및 실체와 양태의 차이가 포함하는 개념보다 훨씬 우월한 개념이 시작된다.[32]

따라서 시작과 시작이 존재한다. 곧 다른 시작들에 앞서 시작하는 시작들이 존재하며, 반대로 전자의 시작들은 이미 순수 시작과 거리를 두기 **시작한다**. 하지만 스피노자는 철학의 시간적 순서에서 매우 늦음에도 불구하고 절대적으로 시작하는 철학들 가운데, 사상의 진정한 시원들 가운데 위치해 있으며, 바로 이 때문에 그 독특성을 표시하려 할 때 헤겔에게는 동양적 은유가 중요한 것이 되는 것이다.

헤겔은 『철학사 강의』에서 스피노자의 전기傳記를 제시하면서 다음과 같이 논평하고 있다.

> 그가 [광학의] 빛에 사로잡혀 있는 것은 [그의 사상과] 무관하지 않다. 왜냐하면 물질 세계in der Materie에서 빛은 동양적 시각의 토대를 구성하는 절대적 동일성 자체이기 때문이다.

> 이 시원적 빛은 직접적 사상의 요소다. 헤겔이 『대논리학』의 첫번째 장에서 순수 존재 ──이 역시 **척도 없는** 것이다── 의 가상들을 표상하기 위해 동일한 이미지를 사용한다는 사실은 의미심장하다.

> 사람들은 때로 순수한 빛의 이미지에 따라 존재를 아무런 장애 없는 명료한 시각으로 표상하며, 반대로 무는 순수한 어둠으로 표상한다. 존재와 무

---

[32] 『도량 이론』 pp.22~23; 독어본 p.390.

의 차이를 잘 알려져 있는 감각적 차이와 결부시키는 셈이다. 하지만 우리가 이 시각을 좀더 정확하게 표상해 본다면, 절대적 명료함에서는 절대적 어둠에서만큼이나 거의 아무것도 볼 수 없으며, 이 두 가지 시각 중 하나는 또한 다른 것, 순수한 시각, 무의 시각이라는 점을 쉽게 이해할 수 있을 것이다. 순수한 빛과 순수한 어둠은 두 개의 공허이며, 이는 동일한 것이다.[33]

직접적인 것의 비규정적인 번득임은 밤과 같이 근본적으로 어두운 것이다. 밤과 마찬가지로 이 번득임은, 그 무한성에 견주어 보면 여전히 하나의 한계에 불과한 모든 윤곽을 흡수하고 삭제하고 와해시킨다. 마찬가지로 존재를 그 자체로, 아직 타자와의 관계에 의해 오염되지 않은 그 직접적인 자기 동일성 내에서 포착하겠다는 주장은 절대적 무라는 정반대의, 그리고 형식적으로 동등한 순수함 안에서 좌절하고 만다. 시작의 모순은 모든 이행의 뇌관이다.

이러한 관점에서 볼 때 헤겔이 스피노자주의에 대한 자신의 해석을 환기해야 하는 『대논리학』의 특권적 장소는 직접적인 것이 자신의 고유한 환상을 반박하는 이 첫번째 장이라고 생각해 볼 수 있다. 그렇지만 이 유명한 텍스트에는 스피노자주의에 대한 언급이 전혀 없다! 이는 분명 헤겔이 이처럼 너무 손쉬운 연결을 피하려고 했기 때문일 것이다. 이러한 연결을 문자 그대로 받아들인다면 결국 혼합물로 변해 버리기 십상이니 말이다. 우리가 이미 언급했던 것처럼 스피노자의 철학은 다른 시작들과 같은 시작이 아니다. 이 철학은 그의 본래적인 무척도성 때문에 그리스인들에 뒤떨어져 있지만, 다른 한편으로는 합리적 사유의 가장 근대적인 측면들을 한참이나 앞서 보여 주고 있다. 스피노자 철학은 근본적으로 몰연대기적인, 정상적인 흐름

---

33) 『대논리학』 1권, 라바리에르 옮김 p.68; 독어본 p.96; 국역본 p.87.

에서 벗어난 담론이라고 말할 수 있을 것이다. 즉 그것은 더 이상 시초에 있는 것이 아니라 이미 [시초와는] 다른 곳에 존재하고 있는 하나의 시작이다.

헤겔이 실체의 관점을 전체적으로 제시하기 위해 『대논리학』 2권의 마지막에 위치한 「현실성」Wirklichkeit 장을 선택했다는 점은 주목할 만하다. 이처럼 헤겔이 『대논리학』의 핵심적인 장을 할애했다는 것은 그가 스피노자주의에 부여하는 핵심적 의미, 곧 스피노자주의에서 관건이 되는 것은 철학 자체의 운명이라는 의미를 잘 보여 준다. 왜냐하면 『대논리학』 2권과 3권 사이의 바로 이 접점에서 객관 논리에서 주관 논리로의 이행이 일어나기 때문이다. 이처럼 지식의 전체 과정에서 그에게 부여된 자리에 따를 경우, 실체의 관점은 거짓된 시작을 대표한다는 점이 분명해진다. 곧 이 시작 자체는, 존재에 대한 사유에서 본질에 대한 사유로 인도했던 선행하는 운동의 귀결점, 축약인 것이다. 따라서 스피노자의 의미에서 실체 안에서는 객관 논리의 전 과정이 성취되고 축약된다.

이와 유사한 방식으로 『대논리학』 1권 말미의 '절대적 무차별성'이라는 절, 존재에서 본질로 이행하는 계기를 이루는 객관 논리의 이 접합 지점에서 스피노자의 실체에 대한 고찰이 이미 이루어진 바 있다.

> 스피노자의 실체의 근본 개념인 절대적 무차별성은 본질에 도달하기 이전의 궁극적 규정이지만, 이는 본질 자체에 이르지 못한다는 점을 환기해 두기로 하자.[34]

따라서 스피노자는 합리적 사유의 모든 전환점에 현존하고 있다. 절대적 시작으로서 그의 철학은 이러저러한 하나의 시작의 위치로 제한될 수 없

---

34) 같은 책 p.358; 독어본 pp.454~455; 국역본 p.403.

으며 이성의 전개 과정에서 본질적인 어떤 것이 생산될 때마다 다시 출현해야 한다. 스피노자는 헤겔 체계의 전개 과정 전체에 걸쳐 유령처럼 출몰한다. 스피노자라는 증상이 보여 주는 이 강박증은 단 한 번에 떨쳐질 수 없으며, 아직 자신의 시초와 진정으로 결말을 보지 못한 헤겔의 담론 안에서 끊임없이 되돌아온다.

체계의 재구성
La reconstruction du système

헤겔의 저작에는 스피노자에 대한 언급이 매우 많이 나온다. 이 언급들은 때로는 부수적으로 끼어든 논평의 형태를 띠고 때로는 다소 엄밀하거나 상세한 논평의 형태를 띤다. 하지만 헤겔은 스피노자 체계 전체에 대한 해명을 제시하기도 한다. 『철학사 강의』의 스피노자에 관한 장은 텍스트 연구에 기초하여 스피노자 체계에 대한 연속적인 분석을 제공해 준다. 하지만 우리는 헤겔이 『대논리학』 2권의 절대자에 관한 장[35]에서 제시한 또 다른 논평에서 출발할 생각인데, 여기서 헤겔의 스타일은 매우 상이하다. 여기서는 세부 사항은 배제하고 일반적 의미에서 파악한 스피노자 학설에 대한 포괄적 해석을 제시하는 것을 목표로 삼고 있다. 스피노자의 이름을 명시적으로 거론하지 않고 있는 이 텍스트의 서두에서부터 헤겔은 스피노자주의와 거리를 두고 자신의 고유한 관점의 논리에 따라 자유롭게 스피노자주의의 담론을 재구성하고 있다. 텍스트에 대한 이러한 폭력은 분명하게 설정된 목표에 상응한다. 말하자면 이 폭력은 체계의 본질적 **운동**을 드러낼 수 있게 해주는데, 왜냐하면 헤겔은 이 철학을 특히 부동주의로 특징짓기 때문이다. 명백히 자의적인 이러한 재구성의 이점은, 주요 범주들을 분리하고 상호 관련시킴으로써 헤겔이 파악한 대로의 스피노자 사상의 주요 접합점들을 드러낸다는 데 있다. 헤겔은 이러한 해석에서 출발하여 이 장의 마지막 부분을 이루는 스피노자와 라이프니츠에 대한 중요한 '역사적 논평'에서 스피노자주의에 대한 비판을 제시한다. 이러한 일반적 소개는 학설의 구성 요소들을 위치시키고 이것들의 접합을 명시해 준다는 점에서 대단히 흥미롭다.

이 논의 전체의 대상을 이루는 절대자는 우선 "그 단순하고 포괄적인 동일성"[36]으로 특징지어진다. 이는 자기 자신과 완전히 융합된 실체의 내면성 안에 갇혀 있는 것으로 보인다. 하지만 우리가 곧 보게 될 것처럼 절대자의 외현外顯, exposition 과정이 존재한다. 이는 처음에 절대자가 실체로 긍정되고, 그 다음에는 속성들 안에서, 그후에는 양태들 안에서 반성되는 데로 나아가는, 절대자의 외재적 발현 과정이다. 스피노자의 저작 안에서 역사적으로 표현되고 있는 실체의 관점의 독특한 배열을 구성하고 있는 것이 바로 이러한 이행이다. 곧 보게 되겠지만, 이 이행은 단지 운동의 외양을 지니고 있을 뿐이다. 이러한 전개의 연속적인 단계들을 따라가 보자.

이 과정은 직접적으로 그 자체로 외현하는 절대자 자체에서 시작한다. 헤겔의 논변은 이러한 외관상의 통일성에 유령처럼 따라다니면서 이를 은밀하게 해체시키는 잠재적 모순을 발견하는 데 있다. 절대자는 시초의 구성에서는 내용과 형식의 무차별적인, 따라서 자기와의 무차별적인 동일성으로 제시된다. 절대자로서의 절대자, 이는 모든 술어들이 그 안에서 정립되어 온 동시에 그에 대해 부정되어 온 주어이기도 하다. 이는 하나의 출발점, 하나의 기초이지만, 아직 아무것도 그 위에 설립되어 있지 않은 순간에만 그 자체로 인정될 수 있고, 또한 어떤 것을 위해 존재하는 것도 아닌 기초다. 여기서 헤겔의 추론 전체는 zum Grunde gehen이라는 표현을 실마리로 하는

---

35) 『대논리학』 2권, 라바리에르 옮김 pp.229~245; 독어본 pp.187~200; 국역본 pp.256~274.
36) 같은 책 p.229; 독어본 p.187; 국역본 p.256.

언어유희에 기초하고 있다. 이 표현은 '기초로 복귀하다'라는 의미를 갖지만 '몰락하다'를 뜻하기도 한다. 실체의 근본적인 내면성 안에 갇힌 절대자의 충만함은 공허의 충만함이다.

따라서 규정들의 원천으로 제시되는 절대자는 그 자체로 무규정성이기도 한데, 실체는 모든 규정에 선행하고 이것들을 조건짓는 비규정적인 것이기 때문이다. 이것이 바로 실체의 고유한 모순이다. 곧 실체는 먼저 자신의 절대적 실정성positivité 안에서 가장 실재적인 것으로 주어진다. 하지만 동시에 이러한 존재의 최대치를 보증하기 위해 실체는 자신이 아닌 것, 그리고 그것이 자신에게 종속시키는 것으로부터 실재성을 박탈해야 한다. 실체는 자신의 선행성과 우월성을 긍정함으로써, 시초에도 존재하지 않는 외양과 관련하여 자신을 존재하는 것으로서 정립한다. 따라서 실체의 기능은 본질적으로 **탈실재화하는** 기능이다. 왜냐하면 실체는 단지 부정적인 것에 불과한 부정적인 것의 끝없는 심연 안으로 자기 자신의 최초의 실정성과 직접적으로 부합하지 않는 모든 것을 집어넣기 때문이다. 실체 안에서는 존재자가 주어지는 동시에 함몰된다. 실체는 실재성을 부여하는 것이면서 또한 이를 제거하는 것이기도 하다.

다른 한편으로 모든 규정이 부재하는 가운데 자기 자신에 의해 정의되는 실체의 자족성은 주어에서 술어들로의 이행, 기초와 그 기초가 세우는 것 사이의 관계를 파악할 수 없게 만든다. 절대자 안에 기초를 두고 있는 규정들은 사후에, 외재적으로, 내재적 발전 없이 자의적으로만 절대자에 추가될 수 있다. 이 때문에 모든 인식의 대상인 실체는 인식 불가능한 것이기도 하다. 곧 즉자적으로 존재하는 실체는 그 자신 외에는 아무것도 긍정할 수 없는 주어/주체이며, 실체에 기초하고 있는 규정들과 실체의 관계는 파악 불가능하다. 실체는 그 완전한 자족성 때문에 필연성도 이유도 없는 부가물들에 불과한 이 규정들이 전혀 필요하지 않다.

따라서 절대적 시초로서의 실체는 하나의 끝이기도 하다. 아무것도 결여하고 있지 않은 그 고유한 존재의 충족성을 통해 실체는 이미 모든 운동의 가능성을 소진시켜 버렸다. 실체가 개시한 것은 실체 안에서 곧바로 종결되어 버린다. 이는 아무것도 시작하지 않는 시초이며, 여기서 부동적인 절대자는 모든 과정에 대한 부인dénégation이다. 절대자의 외현에서 출발하는 체계는 출발점에서 곧바로 정지하게 된다. 처음에 모든 것이 주어졌기 때문에 더 이상 전진할 수가 없는 것이다.

하지만 이 분석이 암묵적으로 준거하고 있는 스피노자의 학설은 최초의 정의에서 절대자의 충만함을 지적하는 데 만족하지 않는다. 이 학설은 또한 절대자의 합리적 내용을 해명하면서 일관된 방식으로 절대자의 [자기 전개의] 내적 순서를 제시하고 있다. 하지만 이러한 서술의 전진은 겉보기에 불과하다. 서술의 형식적 전개는 실제로는 퇴보일 뿐인데, 절대자의 자기 자신과의 직접적 동일성은 모든 후속적 발전을 금지하기 때문이다. 절대자에 대한 서술이 개시하는 실체의 가상적인 **전진**은 실정적 구성의 운동이 아니라——왜냐하면 전체는 단번에 구성되기 때문이다——퇴락의 운동에 불과하며, 이는 절대자로부터 차례로 그 실재성의 요소들을 빼내어 이를 외생적인extrinsèque 규정들로 이동시킨다. 절대자는 완전히 자족적이기 때문에 이 규정들은 실제로는 절대자에 아무것도 추가할 수 없다.

이러한 퇴보는 실체를 속성으로, 곧 절대적인 것을 상대적인 것으로 이끌어 가는 최초의 이행에서부터 분명히 드러난다.[37] 절대자로서의 절대자는 절대자에 불과한 것이기도 하다. 절대자의 원초적 충만함은 또한 그 제한성의 불가피한 형태이기도 하다. 절대자의 완전성은 동시에 그가 진정한 절대자이기 위해 결여하고 있는 것이다. 곧 그는 자기 자신으로 돌아가기 위해, 자기로만 존재하기 위해 규정들 전체를 거부해야 하는 것이다. 절대자에 불과한 절대자, 이는 또한 절대자의 부정이기도 하다. "따라서 이는 절대적으로 절대적인 것이 아니라 하나의 규정성 안에서의 절대자다."[38] 절대자는 속성이 되고 규정들을 수용하지만, 이렇게 되면 절대자는 줄어든 실재성 안으로 자신을 외현하는 것이 된다.

속성은 절대자의 외관상의 과정 ─절대자는 시초에 그 자체로 직접 주어지며, 이 사실 때문에 그의 전진은 방해받는다─ 의 두번째 계기, 중간항을 이룬다. "속성은 단지 상대적인 절대자에 불과하다."[39] 또는 단지 자신의 형식에 대해서만 규정되어 있는 절대자다. 자신의 속성들이 자신과 동일하다는 것을 발견함으로써 속성들을 통해 표현되는 실체는 자기 자신을 외화함으로써 스스로를 반성하는 절대자다. 정확히 말하면 절대자는 그 자체로 아무런 규정도 포함하고 있지 않기 때문에 내재적 반성을 할 수가 없다. 절대자는 이러한 반성에서 소진되어 버린다. 왜냐하면 비본질적인 것이 본질적인 것에 맞서고 대립하듯이 절대자의 규정은 절대자에 맞서고 대립하기 때문이다. 절대자는 여기서 그 규정의 무용성을 발견할 뿐이다. 속성은 자기

---

37) 이 책 3부 「속성의 문제」에서 마슈레 자신이 헤겔의 이러한 해석을 상세히 비판하면서 『윤리학』 1부에 제시된 스피노자 존재론의 쟁점들을 해명하고 있지만, 헤겔의 논의나 스피노자 철학에 익숙하지 않은 독자들을 위해 아래에서 전개되는 쟁점을 개괄해 보는 게 좋을 것 같다. 헤겔은 『윤리학』 1부의 첫머리에서 스피노자가 제시한 자기원인(정의 1), 실체(정의 3), 속성(정의 4), 양태(정의 5)의 정의들을 스피노자 철학 체계를 해석하기 위한 준거틀로 삼고 있다. 스피노자는 자기원인을 "나는 그 본질이 실존을 함축하는 것, 곧 그 본성이 실존하는 것으로밖에 사고될 수 없는 것을 자기원인으로 이해한다"라고 정의하는데, 헤겔은 이를 충만한 절대자, 신 자체에 대한 정의로 이해한다. 그 다음 스피노자는 실체를 "나는 자신 안에 존재하고 자기 자신을 통해 인식되는 것, 곧 그 개념을 형성하기 위해 다른 것의 개념을 요구하지 않는 것으로 이해한다"라고 정의하는데, 헤겔에게 이는 자기원인에 대한 정의와 동일하다. 그리고 헤겔은 속성에 대한 정의에서부터 이 절대자, 실체의 퇴락이 시작된다고 생각한다. 곧 스피노자는 속성을 "나는 지성이 실체의 본질을 구성하는 것으로 지각하는 것을 속성으로 이해한다"라고 정의하는데, 여기서 헤겔의 주장은 실체의 본질을 구성하는 것은 **하나의 양태, 곧 유한자인 지성**이므로 결국 절대자인 실체가 자신의 본질을 유한자에 의존하는 셈이며, 따라서 스피노자 철학 체계의 모순을 보여 준다는 것이다. 그리고 마지막으로 스피노자는 양태를 "나는 실체의 변용들, 곧 다른 것 안에 있고 다른 것을 통해 인식되는 것을 양태로 이해한다"라고 정의하는데, 이처럼 양태는 철저하게 자립성을 상실한 존재자, 거의 비존재자에 가까운 외양에 불과한 것이다. 따라서 헤겔에 의하면 『윤리학』 1부의 정의들은 스피노자의 철학 체계가 빠질 수밖에 없는 모순과 한계를 극명하게 보여 준다. ―옮긴이

38) 『대논리학』 2권, 라바리에르 옮김 p.233; 독어본 p.190; 국역본 p.261.
39) 같은 곳; 독어본 p.191; 국역본 p.262.

바깥에 있는 주어를 반영하는 술어다. 이는 주어의 표상, 현상이며 단지 실체의 한 이미지를 제공해 줄 뿐이다.

따라서 속성은 공허한 형식인데, 속성은 외부로부터 필연성 없이 실체의 성질을 규정하기 때문이다. 절대자가 자기 자신을 속성과 동일한 것으로 긍정하는 한, 속성 안에서 절대자는 축소되고 줄어든다. 우리가 하나의 속성 안에서 실체를 반성할 때부터 나타나는 이러한 축소는 다수의 속성들이 정립되면서 더욱 심화된다. 그 외면성과 우연성 때문에 단 하나의 형태만으로는 절대자를 표상하는 데 불충분하다. 이 때문에 절대자는 새로운 규정들을 무한정하게 추구하는 가운데 소진되어 버린다. 절대자는 서로 대립하는 이 규정들을 거쳐 가면서 헛되이 자기 충족성을 회복하려고 시도한다. 속성의 형식 안에서 무한자는 필연적으로 다수성의 외양을 띤다. 무한자는 자신의 외적 반성의 가상적 운동이 불러일으키는 이미지들의 무한정한 계열로 분할되고 분산되고 소멸된다. 실체에서 속성으로의 이행은 절대자의 외양화 devenir-apparence로, 이는 절대자가 순수 차이의 파편 안에서 자신의 통일성을 사유하게 만든다.

실체는 속성들 안에서 자기 자신을, 필연적으로 낯설 수밖에 없는 하나의 의식으로 투사함으로써 와해되고 해소된다. 왜냐하면 실체의 통일성이 다양한 형식들을 통해 규정되기 위해서는 내용의 동일성을 그 다양한 형식들 안으로 해체시키는 추상적 지성이 개입해야 하기 때문이다. 절대자에 불과한 절대자의 순수한 객관성에 대해 주관성의 외적 형식이 제기되고 대립된다. 이 형식은 하나의 관점을 열어 놓고 존재 방식[40]을 불러일으키며 외양을 투사한다. 표상의 형식적 관계 안에서 속성을 실체와 연계시키는 추상적 동일성에도 불구하고, 그 자체로 포착된 속성은 실체와 분리되어 있으며 단순한 양태성으로서 실체와 멀어진다. 이렇게 해서 우리는 이미 속성에서 양태로 **이행한** 셈인데, 양태는 절대자의 전진 과정의 세번째 계기를 구성한다.

양태는 아직 실체이지만 절대적 외재성의 요소 안에서 포착된 실체다. "양태는 자기 자신 바깥에 존재하는 절대자이며, 존재의 가변성과 우연성 안에서의 자기 상실이다."[41] 이렇게 되면 절대자는 더 이상 자기 자신과 동일하지 않으며 자신의 실재성 전체를 상실하고 자신의 고유한 외양 안에서, 더 이상 자신의 원인을 자기 안에 지니고 있지 않은 것[곧 양태]의 무제한적 사실성facticité 안에서 희석된다. 향수가 공기 중에 퍼뜨리는 마지막 향내처럼 실체는 자신의 발현의 극단적인 한계에서, [속성에서 양태에 이르는] 순전히 부정적인 현시의 말미에 이르러 스스로를 해체하면서 보여 주는 다수의 상相들로 약화되고 소진된다. 역으로 절대자로 거슬러 올라가 보면, 이 모든 양태를 추가함으로써 가능해진 직접적으로 지각 가능한 실재성은 용어의 가장 부정적인 의미에서 외양으로 전환된다. 왜냐하면 외양은 절대자에 대해 가상적인 표현만을 제시해 주는데, 여기서 절대자는 사라짐으로써 종말을 맞이하고 심지어 외양은 절대자 안으로 삼켜져 버리기 때문이다. 절대자 안에서 직접 외현된 실재성이 완전히 분해되어 버리는 이 지점에서 실체의 **운동**, 순전히 부정적인 운동이 완성된다.

양태 안에는 실체 안에서 주어졌던 것이 더 이상 아무것도 남지 않는다. 곧 모든 실재성이 폐절되어 버리는 이 무無 이외에는 아무것도 남지 않는다. 다른 텍스트, 곧 『대논리학』 1권 3부 「도량」의 서두에서 헤겔은 양태 일반에 관해 다음과 같이 말한다.

---

40) '양태'를 의미하는 라틴어 modus는 '방식'이라는 의미도 지니고 있다. 예컨대 최근 불어권에서 널리 사용되는 베르나르 포트라의 『윤리학』 불역본(1999)에서는 modus의 번역어로 기존의 '양태' mode라는 용어 대신 '방식'manière라는 용어를 채택하고 있다. 물론 이런 번역에 대해서는 당연히 이견이 존재할 수 있는데, 어쨌든 현재의 맥락과 관련하여 중요한 것은 여기서—마슈레가 요약적으로 제시하고 있는—헤겔이 "존재 방식"manière d'être이라고 부르는 것은 '실체의 양태'를 가리킨다는 점이다. 헤겔은 속성에 대한 정의에 개입하는 '지성'이 속성에서 양태로 이행 또는 퇴락하는 계기를 구성한다고 보는 셈이다.—옮긴이
41) 『대논리학』 2권, 라바리에르 옮김 p.236; 독어본 p.193; 국역본 p.264.

만약 세번째 항이 단순한 외재성으로 포착된다면, 이는 양태일 것이다. 이런 의미에서 세번째 항은 자기 자신으로 복귀하지 않는다. 하지만 두번째 항이 외재성과의 관계의 시작, 아직 시원적 존재와 관계를 유지하고 있는 이탈이라면, 세번째 항은 단절의 완성이다.[42]

그는 곧바로 스피노자에 준거하여 좀더 분명히 해명한다.

스피노자에게 양태는 실체와 속성 이후의 세번째 항이다. 그는 양태가 실체의 변용들과 대등한 것이라고, 또는 타자 안에 존재하는 것 ─ 따라서 양태는 타자를 매개로 해서 파악된다 ─ 과 대등한 것이라고 주장한다. 이 개념에 따르면 이 세번째 항은 외재성에 불과하다. 따라서 내가 다른 곳에서 환기시켰던 것처럼 스피노자에게는 일반적으로 경직된 실체성 때문에 자기 자신으로의 복귀가 결여되어 있다.[43]

속성들의 매개를 거쳐 실체와 그 변용들을 결합시키는 **삼단논법**은 스피노자 체계의 본질적 의미를 요약해 준다. 그러나 그것은 헤겔에게는 추상적 삼단논법일 뿐이다. 곧 그 삼단논법은 절대자의 완성이 아니라 절대자를 그 자신으로부터 멀어지게 만드는 전진적인 실추를 기술해 준다.

이러한 전체의 재구성으로부터 실체의 관점을 부동성으로 특징짓게 하는 이유가 명료하게 나타난다. 절대자에서 시작해서 실체를 속성들로, 이후에는 양태들로 이끌어 가는 운동은 실재적 운동, 절대자를 구성하는 과정과 정반대다. 이 때문에 여기에서 실재적인 것의 현실성은 퇴락의 비웃음 아래

---

42) 『대논리학』 1권, 라바리에르 옮김 p.291; 국역본 p.336.
43) 같은 책 p.292; 독어본 p.388; 국역본 p.337.

희화적으로 주어질 뿐이다. 이는 처음에 주어진 존재의 최대치에서부터 점점 더 외재화되고 존재 방식이라기보다는 존재하지 않음의 방식들인 형식들을 통해 총체적인 고갈로 치닫는 연속적인 타락의 퇴보 운동이다. 절대적으로 실정적인 기원과 결정적으로 부정적인 종말——이 종말 후에는 아무것도 존재하지 않는다——사이에 갇혀 있는 이 하강의 운동은 헤겔이 모든 실재의 원리로 삼고 있는 변증법적 과정, 이성적 원환과는 정반대다. 이 변증법적인 과정은 우리가 방금 기술했던 과정과는 반대로 시초는 비규정적이고 잠정적이고 외양적인 특징을 지닌다는 것을 발견한 다음, 자신이 진정으로 현실화되는 순간에만 긍정될 수 있는 동일성의 총체적인 규정을 경유하여 과정이 완성되는 최종점/목적fin을 향하여 전진해 간다. 반대로 절대자에 불과한 절대자의 발현은 사라짐, 쇠퇴, 동일성의 상실의 무의미한 재발을 산출할 뿐인데, 왜냐하면 이러한 발현은 내용의 **점점 증가하는** 결여에 의해 규정되기 때문이다.

따라서 단 하나의 개념 안에 실재 전체를 포괄한다고 주장하는 실체의 관점은 부정적 인식으로 역전된다. 곧 실체가 옹호하는 절대적 실재성의 짝은, 실체 자신과 다르고 실체에 후속하는 모든 것의 실재성에 대한 부정이다. 절대자의 순수 담론은 [유한한] 사물들, 절대자 자신이 아닌 모든 것의 실재성의 빈곤이라는 주제를 중심적으로 전개한다. 절대자의 생성은 자기 시초의 완전성에서 멀어지고 그것을 쇠퇴시킬 수밖에 없다. 이는 자신의 형식주의 안에 실재성을 온전히 흡수하는 실체의 회의주의다. 이렇게 되면 부정적인 것은 모든 실재적인 규정의 작업 바깥으로, 소멸로 이끄는 공제控除 운동에 불과하다. 『철학사 강의』의 한 구절은 이를 매우 잘 표현해 준다.

> 모든 차이, 모든 사물들 및 의식의 규정들이 실체의 통일성으로 귀착하기 때문에, 스피노자의 체계에서는 모든 것이 무화無化의 심연으로 던져진다.

하지만 여기서는 아무것도 생겨나지 않고, 스피노자가 말하는 특수한 것은 정당성을 지니지 못한 채 표상 안에서만 회수되고 회복된다. 특수한 것이 정당성을 얻기 위해서는 스피노자가 이를 실체로부터 도출했어야 한다. 하지만 실체는 생명, 정신성, 활동성으로서 개방되지도 못하고 그것들에 도달하지도 못한다. …… 이 특수한 것에 닥친 불운은 그것이 절대적 실체의 한 변양에 불과하며 그 자체로 표명되지도 못한다는 데 있다. 그리고 이 부동적이고 경직된 존재에는 부정성의 계기가 결핍되어 있는데, 이 존재의 유일한 작용은 모든 사물로부터 그 규정과 특수성을 벗겨 낸 후 모든 사물이 소멸하고 모든 생명이 부패하게 되는 절대적 실체의 통일성 안으로 사물들을 던져 넣는 데 있다. 바로 이것이 우리가 스피노자에서 철학적으로 불만스럽게 생각하는 점이다.

절대자는, 저항할 수 없는 공백의 심연에서 모든 규정이 제거되고 모든 실재가 상실되는 구렁텅이로만 열릴 뿐이다.

따라서 헤겔이 보기에 스피노자 철학은 모든 운동이 소멸하고 모든 생명이 종결되는, 완전히 추상적인 사상이다. 헤겔은 자신의 『철학사 강의』에서 스피노자의 생애를 간략하게 소개하고 그 끝부분에 다음과 같은 의미심장한 지적을 남겼다.

스피노자는 44세인 1677년 2월 21일에 오랫동안 앓아 온 폐결핵으로 사망했다. 이는 그의 체계와 부합하는 결과인데, 그의 체계에서도 역시 모든 특수성, 모든 독특성이 실체의 통일성 안에서 사라져 버리기 때문이다.[44]

---

44) 『철학사 강의』 독어본 p.160. ─ 옮긴이

스피노자주의는 모든 현실적 실재의 소멸을 향해 전진적으로 일탈해 가는, 그것이 외면적으로, 비활동적으로, 생명 없이 표상할 수밖에 없는 절대자에 대한 긍정 속으로 소진되어 버리는 폐병의 철학이다.

따라서 이 철학에 대해서, 이 철학을 지탱하고 있는 관점에 대해서 내려진 불충분성이라는 평결은 정당화된다. 단지 부정적일 뿐인 부정적인 사유는 자신의 내용을 제거하는 방향으로 나아갈 수밖에 없다. 그것은 자신의 고유한 결여, 고유한 비생명성에 따라 부정적으로 서술될 수밖에 없다. 시작하는 철학=퇴락하는 철학. 사유는, 단지 부정적인 것에 불과하지 않은 부정적인 것의 노동에 따라 이 시작을 반대하여 나아갈 때에만 실체의 심연을 넘어서 고양될 수 있고 현실적인 것의 구체적 운동을 발견할 수 있다. 스피노자에서 시작해야 하고 스피노자를 통과해야 하고 스피노자에서 벗어나야 하는 것이다.

이를 위해서는 스피노자의 학설을, 우리가 지금까지 따라온 것과 같은 전반적인 해석뿐 아니라 논변의 세부까지 고려하는 비판의 시험에 부쳐야 한다. 그래야만 우리는 그 내용의 고유한 모순을 명료하게 밝힐 수 있을 것이다. 이러한 분석은 헤겔이 체계 안에서 논변의 초점을 맞추고 있는 세 가지 비판적인 논점, 세 가지 개념을 분리해 낸다. 곧 증명의 문제(기하학적 방법

---

45) 스피노자주의를 동양적인 철학으로 해석하는 것은 독일 철학의 공통적인 경향이다. 칸트의 유고인 『만물의 끝에 대하여』Das Ende aller Dinge에서는 다음과 같은 내용을 읽을 수 있다. "지고한 선, 이는 무다. 우리는 신성의 심연으로 흘러들어 간다. 우리는 여기서 삼켜지고 인격은 사라져 버린다. 이러한 열락을 미리 맛보기 위해 중국 철학자들은 밀실에 틀어박혀, 감기는 눈꺼풀을 애써 지탱하면서 자신들의 무를 명상하고 느끼려고 시도한다. 티베트인 및 다른 동양 민족들의 범신론과, 훨씬 뒤에 형이상학적으로 승화된 스피노자주의 역시 여기에 속한다. 이는 가장 오래된 체계 중 하나인 유출의 체계에 긴밀하게 결부되어 있는 두 개의 학설인데, 유출론에 따르면 모든 인간 영혼은 신성에서 빠져나온 뒤에 결국 다시 거기로 흡수되어 들어감으로써 끝을 맺게 된다. 이 모든 것은 오직 인간들이 어떤 대가를 치르고서라도 그들이 보기에 만물의 행복한 종말을 구성하는 영원한 휴식을 누릴 수 있게 하려는 데 있다. 이러한 관점은 모든 지성의 제거, 모든 사유의 정지와 조금도 다르지 않다"[독어본 학술원판 8권 p.335.—옮긴이]. 보다시피 헤겔이 발명해 낸 것은 아무것도 없다.

에 따른more geometrico이라는 유명한 표현이 지시하는), 속성들의 정의의 문제, 마지막으로 헤겔이 스피노자에게 전가하면서도 자신의 전 체계를 집중시키고 있는 "모든 규정은 부정이다"omnis determinatio est negatio라는 정식이 바로 그것들이다. 이제 이 세 가지 논점들을 엄밀하게 고찰해 보기로 하자.[45]

2부

기하학적 방법에 따라

More geometrico

헤겔과 방법
Hegel et la méthode

헤겔은 우선 스피노자가 철학적 지식 안에서 방법에 부여하는 위치에 대해, 그리고 이 방법의 내용 자체에 대해 비판한다.

헤겔에 따르면 스피노자는 수학으로부터 증명 절차, 합리적 논의를 구성하는 모델을 빌려 온다는 점에서 데카르트를 계승한다. 곧 그는 철학적 진리를 형식적 명증의 보증, 외적이고 추상적인 규칙에 종속시키고 있다. 그리하여 그는 실체의 절대적 통일성을 긍정함으로써 일원론자를 자처하지만, 지식 자체 안에서 형식과 내용을 분리하고 있기 때문에 다시금 일종의 이원론을 개시한다. 방법의 형식적 관점에서 볼 때 완전히 추상적인 방식으로 보편성이 규정되는 인식의 조건들은 자신의 대상과 무관하며, 이 조건들은 대상 외부에서 확정될 수 있다. 그런데 이러한 [인식과 대상의] 분리는 철학적 지식에 특유한 것, 곧 개념 안에서 실현되는 존재와 인식의 동일성을 잘못 인식한 것이다.

스피노자의 수학적 증명 방법은 겉으로는 단지 형식하고만 관련된 단순한 외재적 불충분함처럼 보인다. 하지만 여기서 문제가 되는 것은 스피노자주의의 관점을 전반적으로 특징짓는 심층적 불충분함이다. 이 방법에서 철학적 지식 및 그 대상의 본성은 완전히 잘못 인식되고 있다. 왜냐하면 수학에서 인식과 방법은 형식적 인식에 불과하며, 이 때문에 철학에 완전히 부적합하기 때문이다. 수학적 인식은 인식된 대상이 아니라 존재인 한에서의 대상에 증명을 적용함으로써 논증한다. 따라서 여기에는 개념이 결여되어 있다. 그런데 철학의 대상은 개념 및 개념적으로 인식된 것이다. 또한 존재하는 것에 대한 지식으로서 이 개념을 우리는 사후에야 비로소 재발견하게 되는데, 철학적 주체에게는 이 개념이 결여되어 있다. 하지만 스피노자 철학 특유의 방법은 바로 이처럼 제시된다.[46]

이 방법은 고대의 논리학처럼——헤겔에 따르면 이는 아리스토텔레스에서 데카르트에 이르기까지 본질적으로 변화하지 않은 채 계속 유지되어 왔다——연역의 형식적이고 외적인, 엄밀하게 반성적인 측면에 특권을 부여한다. 이 경우 참된 것은, 표상 안에서 언표되는 주체/주어, 곧 개념 그 자체에 내속하는 모든 실재적 규정과 무관하게, 표상의 순서 안에서 명제들을 구성하고 연속적으로 배열하는 명제들의 상호 관계에 따라 규제된다. 사고의 현실적 내용을 담론 안에 존재하는 그 반성 형식들과 분리시키는 이 형식주의 때문에 스피노자의 체계는 본질의 영역 안에 기입되며, 이 체계는 말하자면 이 영역의 절대적 한계를 구성한다. 바로 이 때문에 헤겔은 ['본질'을 다루는] 『대논리학』 2권의 말미에서 스피노자주의에 대해 길게 역사적 논평을 하고 있다.

헤겔은 이처럼 스피노자 방법의 원리를 문제 삼는 데 그치지 않는다. 그는 이 방법의 실제 전개 방식에 대해서도 이의를 제기한다. 우리가 방금 본 것처럼 **방법**을 특징짓는 것은 그 허식주의verbalisme다. 이는 모든 진리의 조

---

46) 『철학사 강의』 독어본 p.187.—옮긴이

건들을 명제들의 형식적 순서로 귀착시킨다. 이때부터 지식은 추상적 언표들의 연속 안에서 전개되며, 이 언표들의 타당성은 그 시초에서, 곧 모든 진리들이 파생되고, 말하자면 추출되는 최초의 명제들에서 정초되어야 한다. 인식은 이 최초의 명제들과의 관계 속에서만 존재할 수 있다. 헤겔은 『윤리학』의 논의를 시작하는 정의들의 내용을 제시한 후에 다음과 같이 쓴다.

스피노자의 철학 전체는 이미 이 정의들―이것들이 완전히 형식적이긴 하지만―안에 포함되어 있다. 스피노자주의에 고유한 결함은 전반적으로 이 철학이 이처럼 정의들로부터 시작한다는 데 있다. 수학에서 이러한 절차는 나름의 가치를 지닌다. 왜냐하면 수학은 점, 선 등과 같은 전제들로부터 진행하기 때문이다. 하지만 철학에서 즉자대자적으로 참되다고 인정받아야 하는 것은 그 내용이다. 예컨대 우리는 어떤 경우에 **실체**라는 단어는 정의가 그에 부여하는 표상과 합치한다는 식으로, 명목적 정의가 정확하다는 것을 인정할 수 있다. 하지만 이 정의가 가리키는 내용이 즉자대자적으로 참된 것인지는 별개의 문제다. 이런 질문은 기하학적 정리들 안에서는 절대 다루어지지 않지만 철학적 반성에는 핵심적인 것이다. 그리고 스피노자가 하지 않은 것이 바로 이 질문이다. 그는 처음에 정립한 정의들에서 단순한 사유들을 간단하게 설명하며 이를 구체적인 것으로 제시한다. 하지만 그는 이렇게 할 것이 아니라 이 정의들의 내용이 참된 것인지 탐구했어야 한다. 외관상 주어진 것은 단어들에 대한 해명에 불과하다. 하지만 중요한 것은 여기서 발견되는 내용이다. [이런 식의 논증에서는] 이 단어로 전혀 다른 내용을 지시하기만 하면, 또 다른 내용이 충분히 이 단어를 통해 확립될 수 있다. 또한 다른 모든 내용이 의존하는 것이 바로 이 첫번째 내용이다. 왜냐하면 이 내용은 모든 필연성이 파생되는 토대로 주어지기 때문이다.[47]

우리는 여기서 헤겔이 지식을 절대적 시작의 전제에 종속시키려는 시도를 근본적으로 반대한다는 것을 재발견한다. 이런 절차에 따라 생겨난 지식은 순전히 상대적인 지식에 불과하다. 개념들의 의미를 고정시키고 그 기능을 규제하려고 시도하는 최초의 명제들, 예컨대 정의들은 이후의 모든 인식이 의존해 있는 진리의 원천으로 제시된다. 그 이유는 이후의 인식들이란 정의들에 곧바로 주어져 있는 것을 설명하는 데 불과하기 때문이다. 역설적인 것은 나머지 모든 명제들이 의존하는 이 [최초의] 명제들의 진리가 질문의 대상이 되고 있지 않은 것 같다는 점이다. 이는 바로 진리가 처음부터, 따라서 아무런 전제 없이 확립되어 있기 때문이다. 하지만 이 시초의 진리를 정립하는 행위는 형식적 결정에 불과하며, 그 내용은 그저 말로만 남아 있을 뿐이다. 명증성이라는 척도에 의지하는 것은 본질적으로 상대적인 가치만 지니고 있는 자의적이고 추상적인 보증을 이 절차에 대해 제공해 줄 뿐이다. 이는 명제들 사이의 외적 순서를 **정초**하고 내용, 곧 진리는 규정하지 않은 채 명제들의 일관성만 보장해 준다는 말이다.

이 반론들은 헤겔의 독자 모두에게 아주 낯익은 어떤 것을 환기시킨다. 곧 이 반론들은 헤겔이 지속적으로 주장하고 있는 새로운 논리의 필요성에 준거하고 있는데, 이 논리는 더 이상 표상 및 그 형식적 배열 조건들의 논리가 아니라 내용 그 자체의 논리다. 이 내용의 논리는 더 이상, 또한 일차적으로 사유의 형식적 실행에 관여하지 않으며 개념의 현실적 운동과, 개념이 자신의 내재적 활동성에 따라 자기 자신에게 부여하는 규정의 필연성을 서술해 준다.

순수 학문의 내용을 형성하는 것이 바로 이 객관적 사유다. 따라서 실재적

---

47) 같은 책 p.172.—옮긴이

이고 참된 인식을 형성하기 위한 소재를 결여하거나 형식적이기는커녕, 절대적으로 참인 것은 오히려 이 내용이다. 또는 질료라는 단어를 사용하자면, 참된 질료를 구성하는 것은 바로 그 내용이다. 하지만 이때의 질료는 형상에 대해 외재적인 어떤 것이 아니라 그 자체가 순수한 사유인, 따라서 절대적 형상인 질료다.[48]

이런 관점에서 볼 때 실격되는 것은 인식의 방법론이라는 기획이다. 예컨대 아리스토텔레스의 논리학은 헤겔에게는 인식 절차에 대한——필연적으로 사후에 작성된——경험적 기술에 불과하다. 이 논리학은 인식 절차를 모든 내용에 외적인 규칙들, 절차들로 체계적으로 환원시킨다.

그 내부에서 볼 때 이 학문의 관심은 자신의 절차를 통해 유한한 사유에 대한 인식을 습득하는 데 있으며, 전제되어 있는 자신의 대상에 상응할 때 이 학문은 정밀하다고 할 수 있다.[49]

방법론은 자신 이전에 미리 형성되어 있는 외적 소여로서의 대상을 전제한다. 방법론이 대상을 구성할 수는 없기 때문이다. 이처럼 내용 또는 사물 그 자체의 실재적인 운동과 무관하게 머물러 있기 때문에 방법은 그 자체로 참된 것으로 인정받을 수는 없으며 오직 적용의 수준에서 검증되기 때문에 참된 것으로 인정받을 뿐이다. 이는 **지식 자체**Savoir, 심지어 하나의 지식 un savoir도 아니며 단지 얼마간 효과적인 지식의 기술에 불과하다. 이리하여 진리 자체를 조건짓고 형식적 절차들에 대한 일치 여부에 따라 정해져 있

---

48) 『대논리학』 1권, 장켈레비치 옮김 p.35; 독어본 pp.43~44; 국역본 p.37.
49) 『철학요강』, 부르주아 옮김 1부 20절의 보론 p.421; 독어본 p.75.

는 적절한 길을 통해 인식을 인도한다는 방법의 야심이 얼마나 가소로운 것인지 드러난다.

따라서 우리가 규칙 및 법칙들이라고 부르는 것, 특히 삼단논법이라 부르는 연역 행위는 길이가 다른 막대들을 모아서 크기에 따라 결합하려는 조작이나 아이들이 좋아하는 조각난 그림의 여러 단편들을 맞춰 나가는 놀이보다 더 가치 있는 것이 아니다. 따라서 사람들이 이 사고를 계산에 동화시키고 또 그 반대로 계산을 이 사고에 동화시키는 것은 잘못이 아니다.[50]

헤겔에게 『윤리학』의 증명들이 이처럼 분산되고 필연적으로 불완전한 진리의 요소들의 무익한 배치——진리는 이 요소들 안에서는 그 자체로 필연적이고 총체적으로 파악될 수 없다——와 다른 것이겠는가?

따라서 사유의 실행 이전에, [사유를] 시작하기 위해서 그 자체로 연구될 수 있는 선행적인 방법이란 존재하지 않는다. 곧 『방법이 적용된 시론들』에 선행하는 『방법서설』이란 존재하지 않는 것이다.[51] 왜냐하면 방법서설이란 실제 학문의 회고적 회화화에 불과한 것으로, 여기서는 이미 실제로 수행된 운동이 지식의 일반 형식이라는 가상 안에서 반영될 뿐이기 때문이다. 우리가 여전히 방법에 대해 말할 수 있다면, 이는 이 방법은 그것이 수행되는 지식과 분리될 수 없다는 것, 곧 방법은 지식 이전이나 이후에 오는 것이 아니라 지식과 함께 온다는 것을 정확히 해둔다는 조건 아래에서만 그러하다.

---

50) 『대논리학』 「서문」, 라바리에르 옮김 p.23; 독어본 p.47; 국역본 pp.41~42.
51) 여기서 『방법서설』 *Discours de la méthode*은 1637년 익명으로 출간된 데카르트의 유명한 방법에 관한 저서를 가리키고, 『방법이 적용된 시론들』 *Essais de cette méthode*은 원래 『방법서설』과 함께 출간된 데카르트의 논문들, 곧 「굴절광학」 *Dioptrique*과 「기상학」 *Météores* 및 「기하학」 *Géométrie*을 가리킨다. 데카르트는 『방법서설』을 이 논문들에 대한 '방법론적 서문'으로 작성했기 때문에 여기서 『방법서설』이란 명칭이 유래했다.——옮긴이

방법은 순수하게 본질적으로 현전하는 전체Tout의 건물과 다르지 않다.[52]

방법은 시초의 규칙의 형식적 조건 안에서 지식이 전개되는 전체 과정을 축약하지 않는다. 방법은 지식의 전개가 이루어지는 순간에 구체적인 필연성에 따라 파악되는 지식의 전개 자체와 다르지 않다. 바로 이 때문에 헤겔은 다음과 같이 덧붙일 수 있다.

지금까지 이 주제에 관해 통용되어 온 것을 고려해 볼 때 우리는 철학적 방법과 관련된 표상들의 체계는 이미 사라진 문화에 속한다는 점을 의식하지 않을 수 없다.[53]

이것은 방법이 스스로를 실현하는 지식 바깥에서는 가치를 지니지 못하기 때문이다.

논리학 책은 철학적 학문의 진정한 방법일 수 있는 것이 무엇인지 좀더 정확하게 제시해 주어야 한다. 왜냐하면 방법은 철학적 학문 내용의 내적 자기운동 형식에 대한 의식이기 때문이다.[54]

방법은, 실현 과정에 존재하는 그대로의 자기 자신을 재인지하는 지식의 자기인식과 다르지 않다.

이때부터 **방법**——이 단어가 여전히 의미를 보존하고 있다면——은 일

---

52) 『정신현상학』, 「서설」, 이폴리트Jean Hyppolite 옮김 p.111; 독어본 p.47; 국역본 p.106[이하에서 『정신현상학』, 「서설」의 불어 번역은 모두 이폴리트의 것이다.—옮긴이].
53) 같은 곳.
54) 『대논리학』 1권, 라바리에르 옮김 p.24; 독어본 p.49; 국역본 p.43.

체의 형식적이고 자의적인 성격을 상실하게 된다. 그 이유는,

이는 자신의 대상 및 내용과 전혀 다르지 않기 때문이다.[55]

이는 더 이상 **하나**의 방법, 곧 인식의 규칙이 아니라, 자신의 대상──이는 지식의 고유한 대상으로 반성된다──안에서 스스로를 반성하는 지식 그 자체다.

방법은 이처럼 외적 형식이 아니라 영혼이자 내용의 개념이다. 방법이 내용과 다른 점은, 개념의 계기들 역시 [개념 그 자체와 마찬가지로] 그 자체로 자신들의 규정성에서 개념의 총체성으로 나타난다는 데 있을 뿐이다. 이러한 규정성 또는 내용이 형식과 함께 이념으로 다시 인도되는 한에서, 이념은 체계적 총체성으로 서술된다. 이때 이 총체성은 하나의 유일한 이념일 뿐이며 그 각각의 특수한 계기들도 역시 즉자적으로 이념이어서 개념의 변증법에 의해 이념의 단순한 대자존재들임이 밝혀지게 된다. 학문은 자기 자신의 개념을 순수 이념──학문은 이 순수 이념에 대해 이념이다──의 개념으로 파악함으로써 이렇게 결론짓는다.[56]

방법의 서술은 지식의 전개 과정과 일치하며, 이 서술은 지식의 운동을 총체적으로, 총체성으로서 표현한다. 방법의 서술은 시초의 정초 행위 안에서 인식 과정을 개시하는 것이 아니라 지금까지 이루어진 것을 최종적으로 축약함으로써 이 과정의 결론을 이룬다. 헤겔에게 방법의 범주가 모든 자율

---

55) 같은 책 p.26; 독어본 p.50; 국역본 p.44.
56) 『철학요강』, 부르주아 옮김 243절 p.463; 독어본 p.392.

적인 의미를 상실했음은 분명하다. 이 범주가 보존되기 위해서는 그 철학적 가치가 완전히 변환되어야 한다.

그런데 헤겔이 방법이라는 통념 및 철학적 방법의 기획을 논의할 때, 그는 항상 수학에서 방법이 기능하는 방식을 준거로 삼고 있다. 인식의 전개 과정 및 진리의 전개에서 방법에 부여된 특권은, 수학 그 자체는 아닐지 몰라도 적어도 수학이 보편적으로 타당한 추론 모델로서 제공하는 이념 또는 선입견에 그 근원을 두고 있다. 수학이 인식의 작업에서는 이러한 규제적 기능을 요구할 수 없다는 것이 헤겔이 항상 천착했던 주제이다.

> 명제를 제시하고 이를 옹호하기 위한 근거들을 대고, 같은 방식으로 나름의 근거들을 지닌 대립적인 명제들을 논박하는 방식이 진리가 출현하는 형식이 아니라는 점을 이해하기란 어렵지 않다. 진리는 진리 자체 내에서 진리 자체의 운동인 반면, 이 방법은 소재에 대해 외적인 인식이다. 이 때문에 이 방법론은 수학에 적합하며 수학에 국한되어야 한다.[57]

만약 지식이 필연적으로 규정된 과정이라면, 이는 그것이 일련의 명제들을 규제하는 이유들의 형식적 순서와 일치하기 때문에 그런 것은 아니다. 철학은 개념의 자기생산 운동으로, 정밀한 연역의 이상에 더 이상 종속되지 않는다.

그렇다고 해도 철학이 역사적으로 이전 시기에는 이처럼 복종해야 한다고 믿었다면, 이는 분명 철학과 수학 사이에 어떤 공통적인 것이 있기 때문이다. 이 두 학문이 공유하는 것은 일반성의 존엄성을 보유하고 있는 인식 안에서 사유를 통해 실재를 규정하려는 기획이다. 하지만 이런 공통의 요소

---

[57] 『정신현상학』, 「서설」 p.113; 독어본 p.47; 국역본 p.107.

는 본질적인 것이 아니다. 그 요소는 어디까지나 인식의 내용에 외적인 것으로 머물러 있고 추상적 반성에만 국한되기 때문이다.

과학 문화가 철학과 공유하고 있는 것은 형식le formel이다.[58]

이 때문에 수학적 진리와 철학적 진리 사이에는 표면적 유사성만 존재할 뿐이다. 그렇다면 바로 스피노자의 시대에 이 양자를 통합하게 만들었던 혼동을 정당화해 준 것은 무엇일까? 헤겔에 따르면 이는 엄밀히 말해 당시의 상황적인 이유였을 뿐이며 다른 역사적 시기에는 그 모든 효력이 상실된다고 한다. 인식의 기획이 불가침의 교조적 권위에 의해 방해받고 분쇄되던 시기에는 수학적 추론은 이러한 억압에 맞선 투쟁에서 가장 강력한 무기처럼 보일 수 있었다. 이러한 추론은 철학의 편에 위치하여 공통의 운동에 따라 모든 외적 구속에서 벗어나 "자기 스스로 사유"[59]하려는 동일한 노력을 대표할 수 있었다. 하지만 이 시기는 지나갔다. 교리의 전능함이 사라지면서 이 교리에 맞서 타협을 이루어야 할 필연성——이는 이러한 상황이 사라지면 곧바로 애매해진다——역시 사라진 것이다. 헤겔이 글 쓰던 시기, 자신의 고유한 수단을 통해 자신을 실현하는 행위를 수행하는 데까지 나아가는 자유로운 사유의 시기에는 오히려 잠시 동맹을 맺었던 수학으로부터 철학을 분리하려는 태도가 우세해진다. 이러한 차이는 본질적으로 유한자에 대한 학문과 무한자에 대한 학문의 차이다. 이 두 경우에 **학문**이라는 용어가 아주 상이한 실재를 가리킨다는 점은 분명하다. 전자의 경우는 항상 외부에서 자신의 대상을 발견하는 추상적 인식이다. 후자의 경우는 그 자신이 곧 자신

---

58) 『철학사 강의』, 지블랭 옮김 p.183.
59) 같은 책 p.193; 독어본 p.80; 국역본 p.92.

의 고유한 내용이며, 그리하여 자기 자신을 절대자로 실현하는 구체적 지식이다. 만약 인식하기와 표상하기가 형식적으로 동일하게 존재하는 탁월한 장소로서의 지성[60]이 이성적 사고의 필수적인 규정, 지식의 전체 과정에서 자신의 자리를 보유하고 있는 한 계기라면, 지성은 바로 이러한 전개 과정의 어딘가에 자신을 위치시키는 한계를 통해 비로소 실존하는 셈이다. 그리고 지성에 상응하는 관점은 이러한 특정한 위치에서만 상대적으로 가치를 지닐 뿐이다. 그러므로 지성이 보편성에 대한 권리를 요구할지언정 우리에게 그러한 권리 부여를 거부할 이유는 충분하다.

이처럼 헤겔이 수학을 비판할 수 있게 해주는 논변은 우리가 이미 여러 번 참조한 바 있는 『정신현상학』 「서설」의 잘 알려진 구절에 가장 명료하게 제시되어 있다. 대단히 놀랍게도 헤겔은 이 텍스트에서 수학의 진리들과 역사의 진리들을 혼합하고 있다. 이 양자 모두를, 참된 것과 거짓된 것을 단번에 결정적으로 분리시키는 "교조적인 사고방식" 특유의 사실의 진리들로 귀착시키는 것이다.

> 카이사르는 언제 태어났고, 1미터는 몇 센티미터로 이루어져 있는가라는 질문에 대해 우리는 명쾌한 답변을 제시할 수 있다. 마찬가지로 직각삼각형에서 빗변의 제곱은 나머지 두 변 각각의 제곱의 합과 동일하다는 것 역시 분명히 참이다. 하지만 우리가 진리라고 부르는 이러한 것의 본성은 철학적 진리들과는 구분된다.[61]

---

60) '지성'은 원문의 entendement의 번역이다. 이는 라틴어로는 'intellectus', 독일어로는 'Verstand'에 해당하는 단어이다. 칸트 및 독일 관념론 분야에서는 주로 '오성'이라고 번역되지만, 여기서는 모두 '지성'이라고 번역했다. — 옮긴이
61) 『정신현상학』 「서설」 p.95; 독어본 p.41; 국역본 p.99.

이러한 비교는 매우 의미심장하다. 헤겔이 수학을 한편으로는 그 형식주의 때문에, 다른 한편으로는 그 경험주의 때문에 공격하고 있다는 것—왜냐하면 이 양자는 본질적으로 수렴하는 경향이 있으므로—을 잘 보여 주기 때문이다. 추상은 우리를 직접적인 것에서 벗어나게 하기는커녕 오히려 거기에 얽어맨다. 제라르 르브룅이 헤겔에 관한 훌륭한 저서에서 다음과 같이 쓰고 있듯이 말이다.

> 지성의 사유의 비극drame은 자기 자신을 감각적인 것에서 분리하면서도 감각적인 것과의 교류에서 유래하는 표상들(예컨대 시간)을 문제 삼지 않고, [감각적인 것과] 동일한 순진성에 따라 계속 작용한다는 데 있다.[62]

헤겔에 따르면 이러한 수학의 순진성은, 형식적 추론은 자신의 대상을 산출할 수 없다는 사실로 설명된다. 따라서 이 대상은 이 추론에 주어져야 하며, 이 추론이 이 대상을 사유하는 운동 바깥에 실존해야 한다. 그렇다면 대상은, 보통의 의식에게 경험에 속하는 모든 것이 그렇듯이 사실상 전제되어 있다. 대상은 그것에 대해 외적인 지성을 통해 다만 표상될 뿐이다.

> 수학적 증명의 운동은 대상의 본질에 속하지 않으며, 이 증명은 사태에 대한 외적인 조작에 불과하다.[63]

이 경우 형식과 내용은 필연적으로 유한하게 실존하는데, 이는 이것들이 서로에게 외적이기 때문이다.

---

62) 제라르 르브룅Gérard Lebrun, 『개념의 인내』 *La Patience du concept*, 갈리마르, 1972, p. 78.
63) 『정신현상학』 「서설」 p. 99; 독어본 p. 42; 국역본 p. 100.

이 유한성은 수학적 추론과 이 추론이 목표로 하는 내용 사이의 관계만을 특징짓는 것이 아니라 그 형식 자체에 기입되어 있다. 겉보기에는 불가역적이고 불가피한 증명 순서의 엄격한 전개 과정 배후에서 헤겔은 실재적 소통이나 필연성 없이 서로 단순히 부가되어 있을 뿐인 독립적 요소들의 분열된 연쇄를 간파해 낸다. 또한 이러한 증명은 자유로운 사고에 대한 희화, 운동 중인 인식에 대한 가상만 제공해 줄 뿐이다. 증명은 인위적으로 결합되고 배치되고 배열된(이미 언급한 그림 맞추기의 은유를 참조하라) 명제들 안에서 실현되는 유한한 조작으로부터만 구성되며, 이러한 배열, 이러한 제약을 부과하는 조작 **주체**의 작용에 자신을 종속시키면서 명증의 감정에 사로잡힌 어떤 **주체**의 확신, 곧 집착을 잠정적으로 낳을 뿐이다. 여기서도 르브룅의 다음과 같은 정식을 그대로 인용하는 것이 최선일 듯하다.

> 사유들을 분리시키고 이것들을 단순한 인식 대상으로 연쇄시킴으로써 지성은 **지식**Savoir이 **주관적** 전략이라는 관념을 믿게 만든다. 이렇게 되면 사유는 원칙적으로 추상적이고, **인식**들은 원칙적으로 단편적이며, **인식**의 영역은 실천에서 분리되어 있다는 것이 자명하게 된다. 지성은, 어떤 것이 내 **머릿속**에서 참이며 **지식**은 내가 쉽게 진행할 수 있는 순서로 내용들을 분배하는 것으로 환원된다는 점을 받아들인다.[64]

그리하여 객관적 인식을 생산한다는 수학자의 주장 역시 무너지게 된다. 하지만 그의 주관주의는 자유의지를 지닌 개인의 환상이 지령하는 기술주의적 환상에 따라 불가피하게 외부로부터 조작될 수밖에 없는 죽은 사유의 주관주의다. 이는 자신에 대한 실질적인 제어 ─이는 또한 그것의 지식

---

(64) 르브룅, 『개념의 인내』 p. 77.

이기도 하다——안에서 실현되는 개념의 살아 있는 참된 주관성이 아니다. 여기서 수학자의 기획과 철학자의 기획은 분리된다. 기하학적 방법은 철학자의 방법이 아니며, 그 역도 마찬가지다.

따라서 스피노자주의의 첫번째 오류는 철학 안에 수학적 추론을 수입하려 시도하고, 따라서 수학적 추론에 고유한 결함을 철학에 끌어 오려 했다는 데 있다. 그런데 『정신현상학』「서설」의 각별히 단도직입적인 정식에 따르면, "수학적 인식을 철학이 도달하려고 노력해야 할 이상으로 파악하는 것은 비철학적 지식이다."[65] 실체의 관점은 이처럼 외적인 모델에 대한 고착에 완전히 의존해 있다. "스피노자주의는 반성 및 그 다양한 규정 작용이 외면적 사유에 머물러 있기 때문에 결함을 지닌 철학이다."[66] 또는 "스피노자주의의 내용이 가진 결함은 정확히 말하면 형식이 그 자신에게 내재적인 것으로 인식되지 않고, 바로 이 때문에 내용에게 단지 주관적이고 외적인 형식으로 도래할 뿐이라는 데 있다."[67] 표면적으로 스피노자주의를 특징짓는 엄밀성에 대한 절대적 의지는 객관적이고 구체적인 자기 내용에 실제로 적합한 필연적 합리성을 그 자체 내에서 발전시키지 못하는 무능력과 합치한다.

기하학은 철학에게 형식적 일관성의 외양을 부여함과 동시에 자신의 모든 절차의 기저에 놓여 있는 자의성도 전달한다. 『철학요강』 229절 '보론'에서 헤겔은 이렇게 말한다. "철학에게는 분석적 방법만큼이나 종합적 방법도 거의 적합지 않다. 철학은 무엇보다도 자신의 대상들의 필연성에게 자기 자신을 정당화해야 하기 때문이다."[68] 그런데 종합적 방법은, 스피노자 자신이 하려고 했던 것처럼 정의들에서 자신의 대상들을 구성하는 기하학자의

---

65) 『정신현상학』「서설」 p.91; 독어본 p.40; 국역본 p.97.
66) 『대논리학』 2권, 라바리에르 옮김 p.238; 독어본 p.195; 국역본 p.267.
67) 『철학요강』, 부르주아 옮김 151절 보론 p.586; 독어본 p.297.
68) 같은 책 p.619; 독어본 pp.381~382.

방법이다. 하지만 헤겔에 따르면 기하학적 방법은 추상적 실재들을 다루는 그것의 고유 영역 안에서만 제한적으로 타당성을 지닐 뿐, 이를 이 영역 바깥에 적용하겠다고 주장하는 순간부터 전혀 적합하지 않게 된다. 특히 이는 철학이 추상이 배제되어 있는 대상들을 효과적으로 다룰 수 있는 가능성을 제거해 버린다. 스피노자가 파악하지 못한 것이 바로 이 점이다. 스피노자는 "정의들에서 출발하며, 예를 들어 '실체는 자기원인이다'라고 말한다. 그의 정의들에서는 가장 사변적인 것이 서술되고 있지만, 이는 보장의 형태로 이루어진다".[69] 따라서 스피노자가 곧바로 진리의 영역 바깥에 위치한다는 점은 분명하다.

---

[69] 같은 곳.

방법에 대한 스피노자의 재평가
La réévaluation spinoziste de la méthode

우리는 헤겔이 기하학자들의 방법에 대해 제기한 반론들이 근거가 있는 것인지 묻는 대신에, 이 반론들이 스피노자 철학에 존재하는 무엇인가를 실제로 건드리고 있는지, 만약 그렇다면 어떤 지점에서 그러한 조우가 일어나고 있는지를 질문해 보겠다.

스피노자 자신이 방법에 대해 제시하는 정의들로부터 출발해 보자. "우리는 참된 방법이란 어떤 것이어야 하는지, 그리고 이것은 본질적으로 어디에 놓여 있는지 명료하게 볼 수 있습니다. 곧 이는 순수 지성 및 그 본성과 법칙들에 대한 인식일 뿐입니다."[70] "우리가 앞서 보여 준 것처럼 만약 참된 관념들을 형성하는 것이 사유의 본성에 속한다면, 이제 우리가 지성의 힘들 및 역량으로 이해하는 바를 탐구해 봐야 한다. …… 우리 방법의 주요 부분은 지성의 힘들 및 본성을 가급적 잘 파악하는 데 있다."[71] 이는 방법은 일상적인 의미에서 인식이 아니라는 점을 의미한다. 사실 방법은 우리의 인식 능력, 곧 방법이 그 본성을 표현하고 있는 지성과 다른 어떤 것도 인식하지 않는다. 방법을 인식들의 질서 바깥에 위치시키는 이러한 구별이야말로 스피노자의 반反데카르트주의를 탁월하게 나타낸다.

실상, **지성의 힘들 및 본성을 인식**한다는 것은 무엇을 의미하는가? 이는 결코 데카르트에서처럼 지성의 사용의 한계들을 제시한다는 것을 의미하지 않는다. 지성의 능력은 지성의 활동을 제한하는 조건들에 의해 선험적으로 규정되지 않기 때문이다. 반대로 스피노자에게 지속적인 주제는, 데카르트가 자신의 **방법**에 의지하여 고정시켜 놓은 길과는 다른 길로 **사고**를 이끌어 간다는 것을 전제로 할 때 우리는 모든 것을 인식할 수 있고 일종의 절대지식에까지 이를 수 있다는 것이었다.

사실 대상들 자체가 아니라 우리의 대상 인식 능력을 목표로 하는 한에서 방법은 이 능력의 실행을 전제하며, 따라서 자신이 산출하는 인식들을 전제로 삼고 있다. "이로부터 방법은 반성적 인식 또는 관념의 관념과 다르지 않으며, 먼저 관념이 존재하지 않으면 관념의 관념도 존재하지 않기 때문에, 먼저 관념이 존재하지 않으면 방법도 존재하지 않을 것이라는 결론이 따라 나온다."[72] 여기서 전통적인 우선권의 순서가 역전되는 것을 볼 수 있다. 곧 지성의 능력을 **대상**으로 갖는 관념의 관념, 반성적 인식은 참된 것의 발현 조건이 아니라 반대로 그 효과, 그 결과다. 방법은 인식들의 전개 과정에 선행하지 않으며 이를 표현하거나 반영한다. 이는 참된 관념들을 파악하기 위한 조건들을 (헤겔이라면, "형식적으로"라고 말할 것이다) 재-인식할re-connaître 수 있기 이전에 이 참된 관념들을 생산해야 함을 의미한다. 『지성교정론』의 유명한 괄호 안 문장, "왜냐하면 우리는 참된 관념을 갖고 있기 때문이다" habemus enim ideam veram가 가리키고 있는 것이 바로 이것이다.[73] 우리가 이미 참된 관념을 갖고 있지 않다면, 우리는 우리가 참된 관념을 소유하고 있다는 것을 알 수 없고 참된 관념을 가진다는 것이 무엇인지도 알 수 없다. 그런데 데카르트의 이야기는 정반대다. 곧 진리 속에서 순서에 따라 인식하

---

70) 보우메스트르Johannes Bouwmeester에게 보내는 37번째 편지.
71) 『지성교정론』 105~106절.
72) 같은 책 38절.

기 이전에 이러한 인식의 수단들을 제공받아야 한다. 다시 말해 진리 구성의 (헤겔이라면, "형식적인"이라고 말할 법한) 규칙들에 따라 진리가 가능한 곳에서 진리를 인지할reconnaître 줄 알아야 한다는 것이다.

스피노자의 전도는 방법의 전위轉位와 재평가라는 결과를 낳는다. 전위라고 말하는 이유는, 만약 방법이 결과라면 이는 우리가 말한 것처럼 인식 이전이 아니라 이후에 와야 하기 때문이다. 이렇게 해서 예컨대 모든 주석가들을 당혹스럽게 만든 『신학정치론』 구성의 이례적인 측면이 해명된다. 스피노자는 『신학정치론』에서 예언들과 기적들에 대한 분석을 완전히 전개한 다음 7장에 가서야 자신의 『성서』 해석의 **역사적 방법**을 설명하고 있다.[74] 이는 방법론을 정식화할 수 있기 전에 우선 방법을 실제로 작동해 보아야 한다는 것을 의미한다. 곧 인식이 방법에서 응용되는 것이지 그 역이 아니라는 것이다.

이는 재평가, 또는 사실상의 가치절하다. "이를 이해하기 위해서는, 적어도 방법이 이를 요구하는 한에서, 제일원인에 따라 정신의 본성을 인식할 필요는 없고, 베이컨식으로 정신 또는 지각들에 대한 간단한 기술historiolam

---

73) 이는 『지성교정론』 33절에 나오는 문장이다. 알튀세르는 스피노자가 이 문장을 통해, 데카르트에서 칸트에 이르기까지 인식의 선험적-초월론적 기준을 추구하는 근대 인식론과 다른 인식 이론, 인식의 문제설정을 제시했다고 평가한 바 있다. 이와 관련해서는 루이 알튀세르 외, 『자본을 읽자』; 루이 알튀세르, 『자기비판의 요소들』, 이브 생토메Yves Sintomer 편, 『마키아벨리의 고독』 Solitude de Machiavel, 프랑스대학출판부, 1998; 루이 알튀세르, 「유일한 유물론의 전통」 L'unique tradition du matérialisme, 『리뉴』 Lignes 18호, 1993 등을 참조하라. —옮긴이
74) 「서문」 이외에 총 20장으로 이루어진 『신학정치론』은 1장에서 15장까지는 『성서』 해석을 중심으로 한 신학적 문제(또는 신학적 이데올로기에 대한 비판)를 다루고 있고, 16장에서 20장까지는 사회계약론과 이스라엘의 역사에 대한 분석을 기초로 한 정치적 문제를 다루고 있다. 이러한 구성에서 『신학정치론』이라는 제목이 유래한다(국내에서는 간혹 『정치신학론』이라는 특이한 제목을 사용하는 경우도 있는데, 이는 '정치신학'이라는 주제와 혼동한 결과다). 스피노자는 1장에서 6장까지 예언과 예언자들, 신의 율법, 기적 등과 같이 『성서』에 나타나는 특수한 주제들을 다룬 다음에 7장 「『성서』 해석에 대하여」에서 『성서』 해석의 방법론에 대한 일반적인 논의를 전개하고 있다. 마슈레의 말은 이러한 서술의 구성이 스피노자 방법론의 근본적인 특징을 잘 보여 준다는 뜻이다. —옮긴이

을 해보는 것으로 충분합니다."[75] 이미 실행된 인식을 사후에 반성하는 것이기 때문에, 방법은 인식의 작용을 지도하는 모든 실재적인 원인들에 대한 규정 밖에서 인식 절차들을 경험적으로 조사하는 데 불과하다. 특히 이는 데카르트의 인식 이론이 방법에 부여한 보증이라는 사법적 기능을 방법이 상실했음을 의미한다. 방법은 더 이상 진리에게 그 원초적 조건들을 지정할 만한 권능pouvoir을 갖고 있지 않으며, 사후에 진리로부터 몇 가지 특성, 몇 가지 측면을, 그것도 고립되고 자의적인 방식으로 이끌어 낼 뿐이다. 이런 의미에서 『지성교정론』은 일종의 『반反방법서설』로서 읽어야 한다.

방법이라는 통념과 마찬가지로 순서라는 고전적인 통념 역시 전복된다. 곧 합리적 인식의 전개는 더 이상, 단번에 연쇄 과정이 확정적으로 고정되는, 연속적인 조작들의 엄격한 위계에 종속되지 않는다. 만약 『윤리학』이 부제가 가리키듯이 "기하학적 질서에 따라 증명"ordine geometrico demonstrata되었다면, 여기서 질서는 정리들 사이의 우선적인 관계와 전혀 다른 것을 가리킨다.[76] 우리는 스피노자가 계속해서 『윤리학』의 증명이 배치되는 질서를 재구성하고 변경하였다는 것을 알고 있으며, 그가 마지막에 남겨 놓은 배치 질서가 확정적인 것이라고 주장할 만한 근거는 전혀 없다. 따라서 데카르트에서처럼 시초에서 최종 지점까지 일련의 선형적인 논거들에 따라 똑바로 나아가면서 이 사이에서 확정적으로 폐쇄되는 경직된 연결 관계가 문제 되지는 않는다. 스피노자와 더불어 방법 및 질서의 관념은 우선성의 척도에 따라 형식적으로 규정되기를 그치고 사고의 실제 운동을 표현하게 된다.

---

75) 보우메스트르에게 보내는 37번째 편지.
76) 이 점을 감안하여 스피노자와 관련해 ordre라는 단어가 사용될 경우에는 '순서' 대신 모두 '질서'로 번역했다. ─옮긴이

진리가 아무런 징표도 요구하지 않고, 모든 의심을 제거하기 위해서는 사물들의 표상적 본질,[77] 또는 같은 것이지만, 관념들을 소유하는habere 것으로 충분하기 때문에, 참된 방법은 관념들을 얻은 다음 후속적으로 진리의 기호를 추구하는 데 있는 것이 아니며, 진리 자체 또는 사물들의 표상적 본질 또는 관념들(이 용어들 모두는 동일한 것을 의미한다)이 적절한 질서에 따라 추구되는 길via이 바로 참된 방법이다.[78]

방법이라는 단어의 원래 의미로 되돌아감으로써 스피노자는 방법을, 모든 외적 모델에서 독립하여 정신의 본성의 고유한 법칙들에 따라 정신 안에서 형성되는 참된 관념의 실재적 길via과 동일시하고 있다. 따라서 관념들의 질서는 관념들의 실제 생산의 질서다. 이러한 질서는 필연적인데, 이는 우연적으로만 충족되는 법적 의무 덕분에 그런 것이 아니라, 참된 관념이 자신의 효과들 전체, 곧 그 자신에 의존하는 모든 관념들을 생산하도록 규정하는, 참된 관념에 본래적인 인과성 때문이다.

이 모든 고찰은 스피노자를 헤겔로부터 멀어지게 하기는커녕 오히려 헤겔에 근접시킨다. 헤겔과 마찬가지로 스피노자도 데카르트적인 의미의 방법 안에서 적합한 사고의 발전을 위한 효과적인 도구가 아니라 장애물을 발견한다. 특히 흥미로운 점은, 스피노자가 방법과 인식 사이에 설정된 전통적인 연계를 끊어 냄으로써 헤겔이 제시하는 것과 매우 가까운 방법에 대한 정의에 도달하였다는 것이다. 여기서 문제는 반성적 인식이다. 헤겔에 따르면 이 반성적 인식에서 인식들이 생산되었던 **내적 자기운동** 형식이 의식적으

---

[77] 데카르트에게 objectiva/objective라는 개념은 '표상에 의해'par représentation라는 말을 의미한다 (AT판 9권 p.33 참조). 그리고 스피노자도 이러한 용법에 따라 이 개념을 사용하고 있다. 표상적-형상적이라는 개념쌍에 관한 좀더 상세한 내용은 이 책 뒤의 '용어 해설'을 참조하라.—옮긴이
[78] 『지성교정론』 36절.

로 된다. 스피노자에 따르면 반성적 인식은 관념의 실제 운동을 재생산하는 **관념의 관념**이다. 따라서 방법이라는 통념에 대한 두 철학자의 입장에서 대립의 동기를 발견하기는——이는 헤겔의 비판들을 엄밀하게 정당화해 줄 것이다——커녕, 이 주제에 관한 공동의 적과의 투쟁에 참여하는 학설들을 연계시키는 일종의 공동 노선이 도출되는 것을 보게 된다. 사태를 좀더 가까이서 살펴보자.

『지성교정론』의 중요한 한 부분(30절)에서 스피노자는 방법에 대한 전통적인 관점이 유지될 수 없는 이유들을 제시한다.[79] 데카르트처럼(예컨대 『정신지도를 위한 규칙들』Regulae ad directionem ingenii에서) 지식의 실재적인 전개에 대하여 방법의 우위를 확립하게 되면 불가피하게 회의주의자들의 반론에 부딪히게 된다. 이들은 인식에 앞서 설정된 조건들로부터 매우 논리적으로 모든 인식의 현실적 불가능성을 연역해 낸다. 인식을 위해서 방법이

---

[79] 『지성교정론』 30~31절의 내용은 다음과 같다. "[30절] 어떤 인식[의 양식]이 우리에게 필요한지 알게 되었으므로, 이제 우리가 이러한 인식으로부터, 우리가 알아내야 할 사물들에 대한 인식에 이를 수 있게 해주는 길과 방법을 다뤄야 한다. 이를 위해 우선 고려해야 할 점은 여기서는 무한하게 진행되는 탐구가 문제 되지 않는다는 점이다. 곧 진리 탐구를 위한 가장 좋은 방법을 발견하기 위해, 이 진리 탐구를 위한 방법을 연구하기 위한 다른 방법이 필요하지 않으며, 이 두번째 방법의 탐구를 위해 세번째 다른 방법이 필요한 것도 아니고, 이처럼 무한하게 진행된다. 사실 이런 식으로는 결코 진리에 대한 인식에, 더 나아가 아무런 인식에도 이르지 못한다. 이는 물질적인 도구들instrumenta의 경우와 마찬가지이며, 우리는 이 도구들에 대해서도 같은 식으로 논변할 수 있다. 왜냐하면 금속을 연마하기 위해서는 모루가 필요한데, 모루를 갖기 위해서는 이 모루가 만들어져야 하며, 이를 위해서는 또 다른 모루 및 또 다른 도구들이 필요한데, 다시 이것들을 갖기 위해서는 다른 도구들이 필요하고, 이처럼 무한하게 진행되기 때문이다. 이로써 사람들이 금속을 연마할 능력을 갖지 못한다는 점을 증명하려는 것은 부질없는 짓이다. [31절] 사람들이 처음에는 본유적인 도구들로, 아주 힘겹게, 그리고 불완전하게나마 매우 간단한 것들을 만들 수 있었고, 이것들을 일단 제작한 뒤에는 힘을 덜 들이고도 좀더 완전한 것들을 만들었고, 이처럼 좀더 간단한 작업들에서 도구들로, 그리고 그로부터 다른 작업들 및 다른 도구들로 점차 전진해 감으로써 아주 적은 노력으로 여러 가지 매우 어려운 것들을 만들어 내는 데까지 이르게 된 것처럼, 지성도 자신의 본성적인 힘vim nativam[나는 본성적인 힘을 외부 사물들 때문에 우리 안에서 생겨나지 않은 것으로 이해하는데, 이에 대해서는 나중에 나의 『철학』에서 설명할 생각이다.—스피노자의 원주]을 사용해서 지적 도구들을 만들고, 이를 사용해서 다른 지적 작업을 위한 다른 힘들을 획득하고, 이 작업들로부터는 다른 도구들 또는 탐구를 좀더 진행할 수 있는 힘을 얻는 식으로 점차 전진해서 지혜의 정점에 오르게 된다." 『지성교정론』의 번역 대본으로는 베르나르 루세Bernard Rousset의 고증본(1992)을 사용했다.—옮긴이

필요하다면 또한 방법 자체를 확립하기 위해서도 방법이 필요하고, 이처럼 무한하게 퇴행하게 되기 때문이다. 이로써 우리는 사람들이 전혀 아무런 인식도 얻을 수 없었다는 점을 쉽게 입증할 수 있다. 사람들이 진리 탐구에 불가결한 것이라고 공표하는 수단들 자체가 진리에 도달하는 것을 금지하기 때문이다.

이러한 난점을 해명하기 위해 스피노자는 데카르트로부터 특이한 비교를 빌려 오지만 이 비교의 목적은 데카르트와 전혀 다른 것을 말하기 위해서다. 데카르트는 『정신지도를 위한 규칙들』 중 8번째 규칙에서 방법에 대한 자신의 관점을 몇몇 기계적 작업과 결부시킴으로써 정당화하고 있다.[80] 곧 대장장이의 작업에는 망치와 모루 같은 도구들이 필요하며, 따라서 이것들은 작업에 앞서 미리 존재해야 한다. 대장장이는 정해진 대상들(투구, 칼)의 생산에 들어가기 전에 자연적으로 얻을 수 있는 수단들(자갈, 돌판)로부터 이 도구들을 갖춘다. 마찬가지로 데카르트는, 사물들을 인식하려는 기획을 시작하기 전에 우리의 정신에 직접 속해 있는 본유적 요소들을 활용함으로써 인식에 불가결한 수단들을 이미 지니고 있어야 한다고 말한다. 이러한 사

---

80) 『정신지도를 위한 규칙들』의 원문은 다음과 같다. "그런데 이 방법은 기계학에서 발견되는 기예들과 유사하다. 이 기예들은 다른 것의 도움을 전혀 필요로 하지 않으며, 오히려 그 도구를 고안할 수 있는 수단을 제시해 주고 있다. 그래서 어떤 사람이 이 기예들 중의 한 기예, 예컨대 대장 기술을 보이려고 하는데 아무런 도구가 없다면 별 수 없이 돌판이나 거친 쇳덩이를 모루로 사용하고 망치 대신 자갈을 잡고 나뭇조각을 집게로 쓰고 나머지 필요한 것을 장만할 것이다. 그러나 이런 것들을 모두 마련했다고 하더라도, 그는 곧장 다른 사람들이 사용하게 될 칼이나 투구 및 다른 철제품을 만들어 내지는 않을 것이다. 무엇보다도 그는 먼저 자신이 필요로 하는 망치, 모루, 집게 및 다른 도구를 만들 것이다. 이 예가 보여 주는 바는, 우리가 최초로 발견할 수 있는 것은 기예에 의해 획득되는 것이라기보다는 오히려 우리 정신에 내재되어 있는 것으로 보이는 간단한 규칙들이기 때문에, 우리는 이 규칙들을 갖고 곧바로 철학의 쟁점을 판정하려 해서도, 또 수학의 어려움을 해결하려 해서도 안 된다는 것이다. 오히려 먼저 우리는 진리 탐구에 더 긴급히 요구되는 것을 아주 열심히 찾는 일에 이 규칙들을 활용해야 한다. 이런 것을 발견하는 일이 기하학이나 자연학 혹은 다른 학문에서 제기되는 문제를 해결하는 것보다 더 어려울 하등의 이유가 없기 때문이다." AT판 10권 p.397; 국역본 「정신지도를 위한 규칙들」, 『방법서설·정신지도를 위한 규칙들』, 이현복 옮김, 문예출판사, 1997, pp.59~60.—옮긴이

전 준비 사항이 바로 방법인 것이다.

우리가 여기서 준거하고 있는 『지성교정론』의 한 구절에서 스피노자는 문자 그대로 데카르트의 비교를 다시 제시하고 있지만, 그와는 정반대의 결론에 도달한다. 곧 인식의 기획에 사전 준비 사항은 없다는 것이다. 사실 회의주의자들이 인식에 대한 전통적인 관점을 활용함으로써 진리에 도달하는 일이 불가능하다는 것을 입증하고 있는 것처럼, 우리는 동일한 무한 퇴행의 방식을 써서 사람들이 금속을 연마할 수 없다는 점을 증명할 수 있을 것이다. 왜냐하면 사람들이 금속을 연마하기 위해서는 도구들이 필요한데, 이 도구들 자체는 이미 주어져 있는 도구들을 사용하여 가공되어야 하고 다시 이 도구들은 또 다른 도구들을 필요로 하고 등등과 같이 계속 진행하기 때문이다. 그런데 인식의 경우와 마찬가지로 이 경우에도 논변의 작위적 성격을 드러냄으로써 문제를 해결하는 것은 실천이다. 왜냐하면 사람들은 [실제로] 금속을 연마하고 사유하기 때문이다(『윤리학』 2부 공리 2). 따라서 자연을 변형시키기 위해 최초의 도구는 전혀 필요하지 않다. 마찬가지로 사물들을 인식하기 위해 최초의 관념, 데카르트적인 의미의 원리는 전혀 필요하지 않다. 동시에 스피노자는 여기에서 회의주의자들이 제기한 난점을 해소하며, 더욱이 그들의 논거를 이용하여 그렇게 한다. 사실 우리가 회의주의자들의 논거를 인식에 대한 전통적 관점 ──이들은 이 관점의 내적 모순을 드러내고 있다── 이라는 그들의 진정한 대상과 관련시키면, 이들의 논변은 논박의 여지가 없게 된다. 따라서 인식의 내적 모순에서 벗어나려면 진리를 그것에 선행하는 가능성의 조건들에 종속시키는 문제설정에서 벗어나는 것으로 충분하다.

역설적이게도 스피노자가 다시 활용하고 있는 지적 인식의 발전과 자연 변형의 물질적 기술의 역사의 비교는, 데카르트의 사고를 지배하고 있는 도구적 지식관을 제거하는 기능을 한다. 데카르트가 따르는 추론은 다음과 같다. 우리가 인식하기 위해서는 **먼저** 연장들을 지니고 있어야 하고, **그 다음에** 우리는 잘 인식하기 위해 이 연장들을 사용한다. 따라서 먼저 좋은 방법을 획득하는 것에서부터 시작하기로 하자. 우리가 인식할 수 있는 것이 무엇인지, 우리가 의지할 수 있는 관념들은 어떤 것들인지, 우리가 진리 인식에 도달하기 위해 따라야 하는 길은 어떤 것인지 잘 알아보자. 데카르트가 이런 처방을 정당화하기 위해 들고 있는 위의 사례를 스피노자는 정반대의 방향에서 해석한다. 곧 인식의 역사에서(왜냐하면 단지 이유들의 순서만이 아니라 인식의 역사라는 것이 존재하기 때문이다) **연장들**은 인식에 선행하는 조건들로서 관여하지 않는다. 연장들도 다른 모든 생산물, 곧 정해진 대상이나 참된 관념과 같은 생산물을 산출하는 동일한 운동 안에서 생산되어야 하기 때문이다. 시초에 주어진 것이라는 전제에 따라 연장들의 사용을 조건짓는 어떤 원칙적인 특권도 없이, 인식 과정에서 이 연장들 자체가 가공되어 온 한에서만 인식은 이 연장들을 작동시킬 수 있다. 이는 곧 참된 관념들의 생산은 이것들의 타당성을 방법의 전제에 종속시키는 지적 기술technologie의 단순한 유희에 따라 규제되지 않는다는 뜻이다. 그런데 우리가 이미 지적한 것처럼 방법을 도구들의 조작으로 귀착시키는 전통적인 방법관에 대한 논박은 헤겔에게도 핵심적인 것이다. 심지어 그는 이를 스피노자를 반대하는 논거들 중 하나로 내세우기까지 한다.

하지만 좀더 나아가 볼 수 있을 것이다. 만약 스피노자에서 인식들의 발전이 형식적 기법의 작동으로 귀착되지 않는다면, 이는 인식에는 절대적 시초가 존재하지 않기 때문이다. 그런데 데카르트에서 진리 탐구는, 몰인식들에 불과하며 혼란의 근원인 모호성에서 발원한 선행하는 사유 형식들과의 단절이라는 바로 이 시초의 조건에 종속되어 있다. 데카르트에게 지성의 교정은, 인식을 탄생의 순간으로 재인도하는 그 진정한 기원을 규정하는 것이며, 이로부터 다른 모든 관념들이 합리적이고 필연적인 순서에 따르는 올바른 길 위에서 따라나온다. 이러한 데카르트의 관점을 다시 취하는 것처럼 보이는 **지성의 교정**emendatio intellectus(프랑스 학계에서는 의학적 기원에서 유래한 '에멘다치오'라는 용어를 법적이거나 종교적 맥락에서만 의미를 지니는 '개혁'이라는 단어로 번역하고 있다)이라는 스피노자의 기획은 사실은 전혀 상이한 기초 위에서 인식 및 그 역사라는 질문을 제기함으로써 위의 관점을 저지하고 폐기해 버린다.

스피노자에게서 도구적 인식관이 함축하는 악순환에서 벗어날 수 있게 해주는 **주어진 참된 관념**은 사실 데카르트적 의미의 원리와는 정반대의 의미를 지닌다. 스피노자는 분명 정신이 인식을 시작하기 위해서는 **본유적 도구**가 필요하다고 말하지만, 그것이 진리의 맹아, 모든 지식이 그로부터 유래하고 실제로 표현되기 전부터 미리 그 안에 실존하는 원초적 인식이 아니라는 것은 분명하다.

그리고 바로 여기서 데카르트에서 빌려 온 기계적 기법의 역사와의 비교가 자신의 전체 의미, 필연적으로 데카르트를 벗어날 수밖에 없는 의미를 가진다. 대장장이가 사용한 최초의 망치는 진짜 망치였을 리 없고, 더욱이 이를 사용한 사람도 진짜 대장장이는 아니었을 것이다. 이 망치는 길가에서 발견한 자갈, [진짜 망치라고 하기에는] 불완전한 **자연적** 도구였으리라. 처음에는 분명 연장이 아니었던 자갈이 사람들이 그것을 연장으로 사용함으로써, 곧 이를 활용함으로써 비로소 도구가 되었을 뿐이다. 이처럼 원시 시대의 사람들은 즉석에서 취한 도구들의 도움을 받아 처음에는 매우 조잡한, 나중에는 좀더 다듬어진 대상들을 만들어 낼 수 있었다. 이 대상들 중에는 자신들이 수행해야 할 기능에 좀더 적합하게 다듬어진 도구들도 포함되어 있었다. 이런 식으로 사람들은 **조금씩**gradatim[81] 전진해서 결국은 "아주 적은 노

---

81) 불어 원문에는 paulatim으로 되어 있는데, 이는 착오인 것으로 보인다.—옮긴이

력으로 여러 가지 매우 어려운 것들을 만들어 내는 데까지 이르게 된다". 마찬가지로, 지성도 처음에는 자신이 지니고 있는 관념들로 작업을 해야 했다. 지성은 마치 이 관념들이 진정한 인식들인 양 사용함으로써 이것들이 산출할 수 있는 모든 효과들을 산출하고 그후에 점진적으로 지성 자신의 활동을 교정해rectifier 나가야 한다. 지성은 이런 식으로 지적 작업opera intellectualia을 성취함으로써 "지혜의 정상에" 오르게 된다.

이러한 분석은 사유에게는 좋은 시작, 사유를 단번에 확정적으로 올바른 길 ─이때 이 길의 방향은 이미 처음부터 모두 답사되었을 것이다─에 올려놓는 시작이란 존재하지 않음을 명료하게 보여 준다. 이러한 좋은 시작이라는 선입견은 데카르트 이론 안에 존속하고 있는 목적론적 가상의 증상이다. 반대로 스피노자에게 인식은 활동이며 ─이는 그에게 본질적인 생각이다─ 인식은 그 자체로 참되게 시작하지도 않고 진리 안에서 시작하지도 않는다. 그 이유는 인식은 항상 이미 시작했기 때문이다. 항상-이미 관념들이 존재하는데, 왜냐하면 본성의 사실에 의해 "인간은 사유하기"[82] 때문이다. 이 때문에 우리가 조금 전에 제시한 무한 퇴행의 논거는 한 가지 타당성을 지니고 있는데, 단 이 논거에서 논박의 가치는 부정되어야 한다. 곧 이 논거는 절대적으로 연속적이고 지정할 수 있는 시초를 지니고 있지 않은 관념들의 연쇄에 의해 인식이 생산되는 조건들을 단순히 기술하고 있을 뿐이다. 진짜 문제는 우리가 사실상 소유하고 있는 이 관념들("왜냐하면 우리는 참된 관념을 갖고 있기 때문이다")이 무엇이 되는지, 그리고 사람들이 자갈을 망치로 변형시킬 수 있었던 것처럼 어떻게 이 관념들을 변형할 수 있을지 알아내는 데 있다. 그런데 이러한 변형은 단순히 기술적인 문제를 제기하지는 않는다. 곧 관념들이 사용에 선행하는 것이 아니라 반대로 사용으로부터 산출되

---

82) 'homo cogitat.' 『윤리학』 2부 공리 2.─옮긴이

는 한, 중요한 문제는 이 관념들을 [기술적으로] 이용할 줄 아는 데 있는 것이 아니다. 인식에 도달하기 위해 우리가 그것들과 더불어 잘 **시작**해야 하는 관념들은, 우리가 단 한 번에 확정적으로 이유들의 순서를 정초할 수 있는 부동의 반석 같은 본유진리들이 아니라 작업의 소재, 장차 진리의 생산에 사용되기 위해 광범위하게 변형되어야 할 소재다.

이미 살펴본 것처럼 우리는 여기서 헤겔이 중요하게 간주하는 한 가지 논거, 곧 원초적 지식, 인식의 토대에 대한 주장은 가소로운 주장에 불과하다는 논거를 재발견하게 된다. 사실 이런 주장은 정신이 인식의 실제 역사에서 불가피하게 직면하게 되는 시작들은 필연적으로 작위적factice일 수밖에 없음을 제대로 인식하지 못하고 있다. 시작에 놓여 있는 것은 그 정의상 취약하고 미완적이고 소멸할 수밖에 없는 것이다. 그것은 자신이 예비하고 있는 것에 자리를 내어 주어야 하기 때문이다. 이 시초의 것들은 그것들이 지닌 내적 취약함에 의해서만, 본래적으로 모순적인 본성에 의해서만 정당화될 수 있다. 이 시초의 것들이 자신들의 뒤를 이으면서 자신들을 말소하는 운동의 추동력 구실을 효과적으로 할 수 있는 것은 바로 이 취약함 및 내생적 모순 덕분이기 때문이다. 만약 인식이 가능하다면, 이는 정확히 말해 인식이 자신의 시작에 대해 거리를 두기 때문이다. 인식은 이미 시초에 실정적으로 주어져 있는 내용을 발전시키기 위해서가 아니라, 시초의 비규정성에서, 그 필연적인 추상에서 빠져 나오기 위해 시초에서 **벗어난다**. 지식에 대한 입문, 인식하기 위한 좋은 방법 따위는 없다. 왜냐하면 사고는 오직 실제로 실행됨으로써만 정신의 실재적 활동으로서 —정신은 실행을 통해 형성되는 자신의 본성적 힘vis sua nativa을 작동시키고 시험에 부친다— 반성될 수 있기 때문이다.

인식이 단순히 그 안에서 자리를 차지하기만 하면 되도록 자의적으로 어떤 틀을 정해 놓고 이유들의 순서에 따라 진행하지 않는 까닭은, 인식이 우선 인식의 실제 역사 안에서, 현실적인 인식의 노동 안에서 실존하기 때문이다. 인식은 하나의 과정이며, 또는 이렇게 말할 수 있다면, 관념들의 생산 과정이다. 이 때문에 인식을 물질적 생산 과정과 비교하는 것이 정당화된다. 우리가 사물들의 인과연쇄와 동일한 관념들의 인과연쇄에 대해 말할 때, 이는 완전히 해명될 수 있다. 이 양자는 단 하나의 동일한 질서, 단 하나의 동일한 운동이며, 이는 실재로서 그리고 사고된 것으로서 표현된다. 이 때문에 인식은 수동적 표상이 아니라 활동으로 제시되어야 하며, 스피노자는 이 문제로 지속적으로 다시 돌아간다. 곧 인식은 이미 확립된 진리의 단순한 전개가 아니라, 자신의 실현 이전에는 결코 미리 실존하지 않는 지식의 현실적 발생이다. 이 때문에 또한 지식의 진보는, 지식을 **정초함**으로써 그 진리를 보증해 줄 절대적 기원이라는 조건에 종속되지 않는다. 자신의 한계에 의해 규정되는 형식적 순서와는 반대로 [인식의] 실천은 결코 참되게 시작하지 않는다. 그것은 항상 결코 **참된** [시작]이라고 말할 수는 없는 방식으로 이미 시작했기 때문이다. 우리는 스피노자에게는 또한 인식의 역사라는 관념이 존재한다는 것을 볼 수 있다. 이 관념에 따르면 인식은 결코 처음에 정해져 있는 규범으로서 진리와 조우하지 않는다. 이는 인식이 인식을 구성하는 운동과 분리될 수 없으며, 이 운동 자체가 인식의 규범이기 때문이다. 또한 헤겔이, 스피노자가 경직된 순서를 재생산해야 하는 의무에 얽매여 응고되고 죽어 있는 지식의 이상 및 모델을 설정함으로써 자신의 철학에서 모든 운동을 몰아냈다고 비난할 때, 우리는 그가 스피노자주의에 본질적인 한 경향에 무지하거나 아니면 그것을 왜곡하고 있다는 사실에 놀라지 않을 수 없게 된다.

하나의 관념, 모든 관념은 자신의 원인에 의해 적합하다. 관념은 자신의 내생적인 규정 안에서 정신 ─여기서 관념이 생산된다─ 의 행위 역량puissance d'agir을 표현한다. 하지만 이 역량은 데카르트적 의미의 자연의 빛과 같이 자신의 조건들에 의해 한정되어 있는 어떤 본성의 추상적 능력pouvoir이 아니다. 이는 자신의 실현 노력, 노동에 참여하고 있는 사고의 구체적인, 심지어 물질적이라고까지 할 만한 기획이다. 『윤리학』에서 스피노자는 "인간 정신 및 그 지복에 대한 인식으로 손으로 이끌어 가듯이 우리를 인도"(2부 「서문」)하겠다고 제안한다. 이러한 인도는 우리가 그로부터 벗어날 수 없으며 반드시 따라야 하는 필연적인 증명의 질서를 따름으로써 이루어진다. 이 질서는 데카르트적 의미의 이유들의 순서와 어떤 점에서 다른가? 어떤 점에서 스피노자가 열어 놓은 길이, 방법이라는 전제에 따라 이미 완전히 규정되어 있고 주지하다시피 우리를 전능하고 진실한 신의 허구로 이끌어 가는 경직된 길과 다른가?

우리가 확립해 놓은 전제들에 따르면, 우리는 절대적 시작이라는 가상을 멀리하고 모든 형식주의적 전제에서 벗어난 『윤리학』 독해를 시도해야 한다. 스피노자 학설의 서술이 정의들과 공리들 및 요청들postulats에서부터 시작한다면, 신까지는 아닐지라도 실체로부터 시작한다면, 이는 이 시초의 통념들이 진리의 원천이라는 것, 곧 이 통념들에 뒤따르는 모든 것이 미리 규정된 경직된 전개 과정에 따라 이루어지는 설명이라는 형태를 띠고 그로부터 간단하게 연역될 수 있는 진리의 원천을 구성한다는 것을 의미하지는 않는다. 이 시초의 원리들 안에 출현하는 실체, 속성들 및 양태들은 최초의 대장장이들이 작업을 **시작하기** 위해서 필요로 했던 제대로 다듬어지지 않은 자갈 같은 것들에 불과하다. 그것들은 아직 단순한 단어들에 불과한 추상적 통념, 자연적 관념들이다. 그랬던 것들이 증명 과정 안에서 기능하면서 실재적인 효과들을 생산하고, 그리하여 자신들이 처음에는 보유하지 못했던 역량을 표현하는 순간부터 진정한 의미를 갖게 된다. 어쩌면 스피노자의 『윤리학』을 헤겔의 『대논리학』처럼 취급해야 할지도 모르겠다. 『윤리학』은 일관성의 이상에 집착하면서 이미 확립된 순서를 전진적으로 탐구해 가는, 선형적이고 동질적이며 처음부터 끝까지 획일적으로 참된 서술이 아니다. 오히려 그것은 자기인식autoconception, 발생의 현실적인 운동에 따라 나아가면서 자신의 필연성을 구성하는 인식의 실재적인 과정이다. 그렇다면 『윤리학』 1부 서두의 기하학적인 정의에서 우리에게 제시되는 실체 또는 자기원인은 헤겔적인 의미의 존재에 가까운 어떤 것이다. 다시 말해 그것은 취약하고 그 자체로는 유지될 수 없기 때문에 이를 파악하고 제어하기 위해서는 변형되어야만 하는 하나의 통념이다.

하지만 방금 소묘된 근접성은 곧바로 한계에 부딪친다. 헤겔에게 합리적 발전의 동력을 구성하는 모순은 스피노자의 증명에는 전혀 부재하며 여기서 이를 발견할 수 있다고 말하는 것은 완전히 그릇된 주장이기 때문이다. 스피노자에게는 지성의 모든 실행에서 지성이 지닌 능력은 전적으로 실정적이며, 후퇴와 실패를 배제하는 자기긍정이다. 이는 어떤 종류의 부정성도 포함하고 있지 않다. 그렇다면 헤겔이 한 것처럼 이러한 부재를 스피노자주의에 고유한 결함의 증상으로 해석해야 하는가? 왜냐하면 헤겔에 따를 경우 운동을 규정하는 모순과 더불어 체계에 결여되어 있는 것은 운동, 곧 역사와 이성이 서로 결합하는 지점까지 정신을 자기 자신에게 인도하는, 또는 재인도하는 내적인 생명이기 때문이다. 실정적인 것에 불과한 실정적인 것을 목표로 삼는 사고는 죽어 있고 정지된 사고다. 반대로 헤겔의 개념은 전진하기 위해서는 극복해야 할 장애물들에 계속 직면한다. 개념이 이루어 가는 역사는 실제로 이 역사를 지속하게 해주는 이러한 기대와 조급함, 역경으로 점철될수록 더욱 실재적이고 필연적이다. 그런데 스피노자의 체계 역시 나름대로 인식을 과정으로 다룬다면, 이 과정은 헤겔식의 발전과는 매우 다른 식으로 진행하는 것이다. 스피노자가 말하는 그 과정은 하나의 동일한 절대적 긍정을 영속시키기 때문이다. 이는 이 과정이 동시적이면서도 계기적이고, 그 연속적인 전진이란 순전히 외양에 불과한 추상적 시간성의 법칙들에 종속되어 있다는 것을 의미하는가? 만약 그렇다면 스피노자에서 합리적인 것의 역사성을 발견하는 것은 사실상 착각에 불과할 것이다.

이러한 난점에서 벗어나기 위해서는 스피노자식의 역사에 빠져 있는 것은 단지 모순이라는 동력만이 아니라, 이 모순의 가장 특유한 산물, 곧 과정 전체를 하나의 목적을 향해 이끌어 가며 과정 중에 일어나는 모든 작용의 은밀한 원리를 이루는 정향성定向性이라는 점을 지적해야 한다. 스피노자의 증명의 근본적 측면은 바로 일체의 목적론에 대한 근원적 거부다. 그런데 헤겔에게는 모순이야말로 하나의 역사를 일으킴과 동시에 이 역사를 모든 계기적 측면들이 총체화되고 화해를 이루는 최종 지점까지 추동함으로써 넘어설 수 있게 해주는 수단이다. 이런 점에서 볼 때 헤겔의 변증법은 순서라는 고전적 통념의 대체물에 불과하며, 이 통념에서 보증의 기능을 다시 취해 쇄신시키는 데 불과하다고 말할 수 있을 것이다. 역사는 부정성에 의지하여 수많은 우회라는 대가를 치르면서 자기 자신으로 되돌아감으로써 하나의 목적, 또한 역사의 완성이자 실현이기도 한 목적을 향해 전진한다. 이것은 회귀하는 역사인데, 왜냐하면 그것은 정향되어 있기 때문이고, 모든 계기에서 영속적으로 자신을 긍정하는 하나의 의미/방향[83]을 갖고 있기 때문이다. 그렇다면 데카르트의 진짜 계승자는 스피노자가 아니라 바로 헤겔 자신이라고 할 수 있을 것이다.

본질적으로 목적화되어 있는 헤겔의 정신의 발전과는 반대로 스피노자가 구성하는 인식의 과정은 절대적으로 인과적이다. 곧 이는 그 자체로 필연적이면서도 동시에 모든 확립된 규범들에 대해 자유롭다. 이 과정의 실정성은 지성의 성취 과정과 독립해 있는 어떤 외적 모델에 지성의 활동을 종속시키는 일체의 규제적 기능을 상정하지 않는다. 인식 과정이 부정적인 것과의 모든 관계를 배제하는 것은 바로 이 때문이다. 이러한 관계는, 모든 부정

---

83) 불어에서 sens는 '방향'과 '의미'라는 두 가지 뜻을 지니고 있다.—옮긴이

적인 것과 실정적인 것을, 이것들이 공유하고 있는 공통의 의도 및 이것들의 화해의 약속 안에서 단번에 확정적으로 상호 배치시키는 목적론적 전망 안에서만 맺어질 수 있기 때문이다. 만약 스피노자식의 역사가 존재한다면 그것은 이러한 전제에 대해 전적으로 독립적이다. 이 역사의 물질적 과정은 파악되기 위해 의미나 정향 같은 이상적 지표를 요구하지 않는다. 이 역사의 합리성은 강제된 순서의 전개와는 아무 관계가 없다. 이 역사는 더 이상 어떤 목적 안에서 성취되지 않기 때문이다.

원인에 의한 인식
La connaissance par les causes

그렇다면 스피노자 자신에게 **기하학적 방법에 따른** 절차는 어떤 것인가? 스피노자가 수학이 제시하는 증명 모델에 대해 계속 충성을 다짐하는 것은, 인식을 형식적으로 순서로 규정하는 대신 현실적이고 비목적론적인 과정으로 제시함으로써 그 자신이 참여하고 있는 새로운 길과 반대 방향으로 나아가는 것이 아닌가? 이 질문에 답변하기 위해서는 스피노자가 **기하학적 방법에 따른** 절차에 계속 준거하는 것이 정확히 무엇을 의미하는지 알아야만 한다.

여기서도 우리는 헤겔이 스피노자의 사상은 데카르트 사상의 연속이라고 전제함으로써 그의 실제 사상을 완전히 오해하고 있음을 보게 될 것이다. 헤겔이 전제하듯 스피노자 사상이 데카르트 사상의 연속이라면, 『윤리학』을 구성하고 있는 일련의 정리들은 데카르트가 『방법서설』에서 기하학자들이 확실한 인식에 직접 도달하기 위해 구성하는 "아주 단순하고 쉬운 근거들의 긴 연쇄"[84]의 모델에 따라 정식화한 엄밀함의 이상을 적용한 것과 다르지 않을 것이다. 하지만 그와는 반대로 **기하학적 방법에 따른** 절차는 근본적 상위성 相違性의 징표다. 이 절차는 스피노자를 데카르트의 인식의 문제설정에 정렬시키기는커녕 양자 사이의 근본적 대립을 주장할 수 있게 해준다.

이 대립의 의미를 파악하기 위해서는 데카르트의 「『성찰』 논박에 대한 답변들」 중 한 텍스트를 살펴볼 필요가 있다. 스피노자는 『데카르트의 『철학원리』』 첫머리에 「서문」을 쓴 루이 메이으르[85]의 펜을 빌려 이 텍스트에 대한 논평을 하고 있다. 이 텍스트에서 데카르트는 두 가지의 **증명 방식**을 구분한다. 한 가지는 분석적 순서를 따르며 결과들에서 원인들로 거슬러 올라간다. 이는 자신의 대상들에 접근할 때 사고 안에 존재하는 그 대상들의 표상의 관점에서 접근하는 인식의 순서ratio cognoscendi를 나타내며, 인식을 전진적으로 이끌어 가는 운동에 따라 이루어진다. 데카르트가 『성찰』 Meditationes de prima philosophia에서 따랐던 순서가 바로 이것이다. 하지만 역으로 증명은 원인들에서 출발해서 이로부터 그 결과들을 구성할 수도 있다. 데카르트에 따르면 이 경우 "증명은 정의들, 요청들, 공리들 및 정리들과 문제들을 사용하여 만약 어떤 사람이 증명의 결과들을 부정할 경우 어떻게 이 결과들이 앞선 것들에 포함되어 있었는지 보여 줌으로써 아무리 집요하고 완고한 독자들일지라도 동의하게끔 만든다."[86] 하지만 고대의 기하학자들이 따랐던 이 방법은 "[분석적 방법만큼—마슈레의 추가] 형이상학과 관련된 문제들에 잘 부합하지 않는데 …… 이 방법의 경우 최초의 통념들을 명석판명하게 인식하는 데 주요한 어려움이 있다."[87] 분명 하나의 서술 순서를 다른 순서로 전환하는 것은 가능하다. 「두번째 논박에 대한 답변들」은 '기하학적 개요'와 함께 종결되는데, 여기서 신神 존재증명은 정확히 말하면 "기하학적 방법에 따라 배열되어" more geometrico dispositae 있다. 여기서 **배열**

---

84) 『방법서설』, AT판 6권 p. 19; 국역본 p. 169.—옮긴이
85) 루이 메이으르Louis Meyer의 원래 이름은 로더베이크 메이으르Lodewijk Meyer로, 그는 스피노자와 절친했던 자유 사상가 중 한 명이다. 『신학정치론』과 유사한 문제설정에 기초하여 『성서』를 비판적으로 분석하는 저서인 『철학에 따른 성서 해석』Philosophia S. Scripturae interpres(1666)을 남겼다. 그는 또한 1663년에 출간된 스피노자의 『데카르트의 『철학원리』』Renati Descartes Principiae pilosophia에 스피노자를 대신하여 「서문」을 쓰기도 했으며, 스피노자의 『유고집』 간행에도 참여했다.—옮긴이
86) 「두번째 논박에 대한 답변들」, AT판 9권 p. 122.—옮긴이
87) 같은 곳.—옮긴이

되어라는 용어가 의미심장하다. 기하학적 순서는 증명들을 **배열한다**. 데카르트에게 이는 그 자체로는 인위적인 순서에 불과한 것으로, 어떤 질문들을 다루는 데만 적합할 뿐 인간 정신 특유의 본성에 외적이고 인간 정신의 자연적 빛에 낯선 것이다. 종합적 순서는 관념들의 형식적 조작으로 귀착되는 것으로, 형이상학에서는 분석적 순서──이 순서의 요구들만이 진정으로 합리적이다──를 위해 멀리해야 한다. 따라서 우리는 헤겔이 기하학적 방법을 폄하하면서 내리는 판단이 데카르트가 이미 제시했던 관점과 별반 다르지 않다는 것을 알 수 있다.

스피노자는 **기하학적 방법에 따른** 절차를 채택하면서 바로 데카르트가 이 방법에 대해 제기한 비판을 참조하고 있지만, 그는 이 비판의 이유들 및 결론을 거부한다. 『데카르트의 『철학원리』』──이 책의 부제는 '기하학적 방법에 따라 증명된' more geometrico demonstratae이지 '배열된' dispositae이 아니다──에서 스피노자는 언뜻 아주 이상해 보이는 작업을 시도한다. 그는 데카르트가 사례로 제시한 기하학적인 개요에 의거하면서 데카르트 학설 전체를 다시 취하여 『성찰』에는 결여되어 있는 증명의 형태를 부여했던 것이다. 따라서 스피노자는 데카르트 자신이 확립한 선호의 위계를 거부한 셈인데, 이는 데카르트가 체계를 서술하면서 분석적 순서에 특권을 부여했기 때문이다. 하지만 스피노자는 체계를 제시하는 형식에 대해서만 거리를 둔 것은 아니다. 그는 처음부터 자신이 데카르트 학설의 내용 역시 참된 것으로 인정하지 않음을 주지시켜 두는 데 공을 들인다. 따라서 스피노자가 데카르트 철학을 기하학적으로 **번역**한 것은 동일한 것을 다른 방식으로 말함이 아니요, 이미 어떤 입장을 취하는 방식, 데카르트 철학에 대해 거리를 두는 하나의 방식이다.

스피노자가 데카르트 체계와는 완전히 상이한 철학적 내용을 전개하고 있는 『윤리학』의 경우는 **기하학적 질서에 따라 증명되어**ordine geometrico demonstrata 있다. 곧 원인들에서 결과들로 나아가는 전진적 과정에 따라 종합적으로 서술되어 있다. 스피노자가 이러한 제시 방식을 택한 것은, 데카르트가 해석한 것과는 달리 그가 이러한 종합적 서술에서 증명의 형식적 배열과는 다른 것을 보고 있기 때문이다. 이러한 선택은 **기하학적 방법에 따른**more geometrico(종합적) 절차와 구분되는 **철학적 방법에 따른**more philosophico(분석적) 절차, 서술의 순서와 구분되는 탐구의 순서, 존재의 질서ratio essendi와 구분되는 인식의 질서ratio cognoscendi는 존재하지 않음을 의미한다. 사물들 사이에서처럼 관념들 사이에서도 원인들에서 결과들로 나아가는 단 하나의 연관connexion이 존재할 뿐인데, 이는 그 자체로 필연적이기 때문이다. 모든 주관적 보증(자아에 의해 제공되든 신에 의해 제공되든 간에 이는 궁극적으로 동일한 것이다) 바깥에서 인식의 객관성, 곧 단지 우리에게 존재하는 대로만이 아니라 그 자체로 존재하는 대로의 사물들의 실재성을 표현하는 인식의 본성적 역량을 규정하는 것이 바로 이 동일성이다. 그러므로 스피노자에게 **기하학적 방법에 따른** 절차는 인식에 대한 사법적 관점, 곧 여전히 사고의 실행을 인위적인 조건들에 종속시키는 데카르트의 관점에서 벗어나기 위해 필요했던 수단이라는 점을 이해할 수 있다.

    종합적으로 규정된 인식의 과정은 나에게 존재하는 대로의 사물들이 아니라 그 자체로 존재하는 대로의 사물들을 목표로 삼는다. 따라서 이는 주지하다시피 자아의 투사投射로부터 출발하는 목적론적 가상에서 완전히 자유롭다. 반대로 종합적 인식 과정은 엄격하게 인과적인 필연성에 의거하고 있으며, 이 인과적 필연성이 바로 그 객관성의 형식이다. 이런 관점에서 볼 때 『윤리학』 1부가 "그 본성으로부터 아무 결과도 따라나오지 않는 것은 아무것도 실존하지 않는다"[88]는 인과성 원리의 언표로 완성되는 것은 아주 의

---

88) 『윤리학』 1부 정리 36.

미심장하다. 이 언표는 몇 가지 주목할 만한 특수성을 지니고 있다. 우선 이는 절대적으로 일반적인 방식으로 정식화되는데, 이는 그 보편성이 추상적이라는 의미는 아니다. 이 원리가 어떤 대상에 적용되는지 스피노자가 분명히 하지 않은 것은 이것이 모든 내용에 무차별적이며 단지 형식적으로 규정된 가능태만을 목표로 삼는다는 것을 지적하기 위해서가 아니라, 이것이 모든 내용의 구분을 벗어난다는 점을 지적하기 위해서다. 이 원리는 모든 실재, 능산적能産的 자연 및 소산적所産的 자연 모두에 대해 타당하며 양자 모두에서 동일하게 실행된다. 비록 원인과 그 결과들 사이의 관계가 자기원인의 과정과 양태적 연쇄 안에서 매우 상이한 형태를 취한다 할지라도—왜냐하면 전자의 경우에는 이 관계가 내생적인 반면, 후자의 경우에는 외생적이기 때문이다—이 관계는 모든 경우에서 계속 단 하나의 동일한 필연성을 긍정하며, 이 필연성은 분할될 수 없고 동일한 것으로 인식되어야 한다. 정확히 말하면 바로 이 점에 제3종의 인식이 존재한다. 다른 한편으로 스피노자가 언표하는 인과성 원리는 전통적인 인과성 원리의 항들을 문자 그대로 역전시킨다. 분석적인 방식으로 결과에서 그 원인으로 나아가는 "어떤 것도 원인 없이 존재하지 않는다"는 잘 알려진 정식을 그는 종합적으로 원인에서 결과로 나아가는 "어떤 원인도 결과 없이 존재하지 않는다"는 새로운 정식으로 대체한다. 이는 간단한 한 문장으로 스피노자가 고안해 낸 인식에 대한 발생적 관점을 요약해 준다. 원인 또는 이유causa seu ratio, 이유 또는 원인ratio seu causa.

  정확히 이 지점에서 스피노자는 데카르트적인 방법의 문제설정과 절대적으로 단절한다. 『성찰』은 결과에서 원인으로 거슬러 올라간다. 곧 『성찰』은 원인에서 결과로 필연적으로 나아가는 사물들의 실제 생산 순서와 역전된 순서로 사물들을 고찰하면서 유한자에서 무한자로, 예컨대 인간 영혼에서 신으로 나아간다. 따라서 왜 이 관점에서는 인식이 무엇보다도 표상으로 규정되는지 쉽게 알 수 있다. 여기서 인식은, 사고 안에 미리 주어져 있고 실재의 질서를 거꾸로 재생산하는 타당성의 척도들에 자신을 맞추면서 사고 안에서 자신의 관점에 따라 실재를 반영하기 때문이다. 반대로 스피노자에게 적합한 인식이 자신의 대상을 **설명하는/펼쳐 내는**expliquer 것은 이 인식이 자신의 대상과 동일한 것으로서 자신을 긍정하는 한에서이다. 이러한 긍정은 대상과 일치하는 표상의 투명성에 의해서가 아니라 [인식의 질서와] 마찬가지로 필연적인 실재의 질서를 공유하는 가운데 이루어진다.

이 실재의 질서는 사물들이 생산되어 온 질서이자 관념들의 질서이어야 한다. 이는 원인들에서 결과들로 나아가는 발생적 질서이며, 기하학적 방법에 따른 절차가 엄밀하게 표현하는 것이 바로 이 질서다.

우리는 참된 관념은 단순한 관념이거나 단순한 관념들로 합성된 관념이라는 것을 보여 주었으며, 참된 관념은 왜 그리고 어떻게 어떤 것이 존재하거나 생겨나게 되었는지 알려 준다는 점을 보여 주었다. 또한 우리는 참된 관념의 표상적 결과들은 정신 안에서 대상의 형상적 본질과 일치하게 진행한다는 점을 보여 주었다. 이는 고대인들이 말한 것, 곧 참된 인식은 원인에서 결과들로 나아간다는 것과 같은 점이다.[89]

여기서 아리스토텔레스에 대한 준거가 특히 중요하다. 참된 인식은 원인에 의한 인식이다vere scire est scire per causas(루이스 로빈슨은 다음과 같은 전거를 제시한다. 『분석론 후서』 1권 C2, 『형이상학』 983a, 『자연학』 2권 c3[90]). 하지만 이처럼 아리스토텔레스에 준거하는 것이 원천으로 회귀하자는 의

---

[89] 『지성교정론』 85절.
[90] 루이스 로빈슨Lewis Robinson, 『스피노자 『윤리학』 주석』 *Kommentar zu Spinozas Ethik*, 펠릭스 마이너 Felix Meiner, 1928, p.88.—옮긴이

미는 아니라는 점을 제대로 이해해야 한다. 만약 그런 의미라면 이는 근대인 데카르트의 등을 타고 넘어 고대의 전통을 복원하는 일이 될 것이다. 사실 스피노자는 곧바로 이 전통으로부터도 조심스럽게 거리를 둔다.

> 단 내가 아는 한 고대인들은 결코 우리가 지금 여기서 한 것처럼 정신을 정신적 자동장치로 인식하지 않았다는 점을 제외한다면 그렇다.[91]

원인에 의한 인식의 필연성을 긍정했던 한에서 고대인들(아리스토텔레스)은 근대인들(데카르트)보다 선호된다. 하지만 고대인들은 사유 과정의 인과적 성격을 포착하지 못했는데, 사유 과정은 사물들의 질서와 필연적으로 동일한 질서에 따라 자기 자신의 원인들에 의해 진행한다. 따라서 그들은 [사유의] 진짜 원인들의 본성을 몰랐으며, 이에 따라 인식을 허구적인 순서로 제시할 수밖에 없었다.

사실 고대인들에게 관념의 형상인은 추상적 보편자, 유(類)나 종이다. 그런데 이 추상적 보편자는 우리 안에 존재하는 상상의 역량에 준거하며, 우리는 이 역량에 의거하여 인식에 외재적인 법칙들을 따라 **자유롭게** 허구들을 산출한다. 하지만 스피노자에게 관념의 원인은 개별 주체의 독특한 능력이 아니라 사유 속성의 양태가 지닌 영원한 특성으로 파악된 지성의 역량이며, **정신적 자동장치** 이론이 의미하는 것이 바로 이것이다. 따라서 모든 관념 안에서 규정된 방식으로 표현되고 모든 관념을 **적합하게** 산출하는 것은 실체의 무한한 속성으로서의 사유다.

이 점에서 스피노자는 고대인들에 맞서고 데카르트와 일치한다. 사유한다는 것은 직관적이거나 연역적인 개별적 작용에 따라 진행하는 것이다.

---

91) 『지성교정론』 85절.

이는 보편자들, 곧 추상 관념들을 거쳐 우회하지 않고 정신에 실제로 현존하는 관념들을 연쇄시키는 것이다. 사고상의 존재êtres de raison는 순전히 가능태에 불과한 것으로 허구적인 가치만을 지닐 뿐이며, 본질적으로 부적합한 사유의 증상이다.[92] "실재에 대한 탐구를 할 때 추상적 통념들로부터 어떤 것을 추론해 내는 것을 우리는 결코 허락하지 않을 것이다."[93] "원인들의 계열에 따라 한 실재로부터 다른 실재로 우리가 할 수 있는 한 전진해 가되, 결코 추상적 사물들 또는 보편자들은 거치지 말고, 또한 이것들로부터 어떤 실재적인 것을 연역하지 않고 어떤 실재적인 것으로부터 이것들을 연역하지도 않으면서 ─전자와 후자는 지성의 진정한 진보verum progressus intellectus를 중단시키기 때문이다─ 우리의 모든 관념을 자연적 사물choses physiques/rebus Physicis, 즉 실재적 사물들로부터 연역하는 것이 무엇보다 필요하다."[94] 이 진보, 지식의 진정한 진보는 사물들로부터 관념들로 나아가는 것도 관념들로부터 사물들로 나아가는 것도 아니며, 관념에서 관념으로 나아간다. 곧 이는 사물들이 현실 안에서 연쇄되는 질서와 동일한 필연적인 인과질서에 따라 사유의 행위들을 연결시킨다. 사물의 질서와 연관은 인과적 질서와 연관과 같고, 관념들의 질서와 연관과 같다Ordo et connexio rerum, idem ac ordo et connexio causarum, idem ac ordo et connexio idearum.[95]

따라서 기하학적 방법에 따른 절차는 복합적인 철학적 전략의 틀 안에서 기능하며, 여기에 상응하는 이론적 장치는 이중적 효과를 생산한다. 왜냐하면 이 장치가 데카르트에 맞서 아리스토텔레스를 대립시킴과 동시에 아리스토텔레스에 맞서 데카르트를 대립시키기 때문이다. 곧 스피노자는 정

---

92) 『윤리학』 2부 정리 40의 주석 1.
93) 『지성교정론』 93절[마슈레는 해당 원문의 출처를 92절로 잘못 표기하고 있는데, 여기서는 바로잡았다.─옮긴이].
94) 같은 책 99절.

치학적으로만 마키아벨리주의자였던 것이 아니다. 데카르트에 맞서 아리스토텔레스를 대립시킬 경우 스피노자는 발생적 방법에 특권을 부여한다. 이 방법은 원인들에서 결과들로 종합적으로 진행하며, 따라서 사물의 질서와 관념의 질서를 동일화하게 된다. 아리스토텔레스에 맞서 데카르트를 대립시킬 경우에는 사유의 역량을 표현하는 관념들 안에 실제로 현전해 있는 현행적 사유를 위해 형식적이면서 경험적인 인식에 대한 추상적 관점과 거리를 둔다. 하지만 이러한 추상에 대한 비판은, 잘 알려진 카바예스의 정식을 빌려 말하자면, 개념의 철학에서 판단의 철학으로 우리를 이끌어 가지는 않는다는 점을 잘 이해해야 한다.[96] 각각의 관념 안에서 긍정되는 사유는 마치 왕이 자신의 왕국에 군림하듯이 자신의 창작물 위에 군림하는 자유로운 주체의 발현이 아니며(자아 또는 신. 이 양자는 각자의 이미지에 불과하다), 사유 양태로서의 독특한 관념을, 관념 안에서 스스로를 표현하고 행위하는 실체와 관계시키는 객관적인 실재적 과정에 사유 자체가 의존하기 때문이다. 따라서 이것은 아리스토텔레스도 아니고 데카르트도 아니다. 스피노자는 스

---

95) 마슈레가 라틴어로 제시한 문장은 원래 『윤리학』 2부 정리 7의 유명한 문장(소위 스피노자의 '평행론'을 대표하는 문장)에 준거하고 있으나, 이를 약간 변형·부연하고 있다. 『윤리학』의 원래 문장은 다음과 같다. "관념들의 질서와 연관은 사물들의 질서와 연관과 같다"ordo et connexio idearum idem est, ac ordo et connexio rerum. 마슈레는 문법적·문헌학적 논거를 들어 이 문장을 평행론의 관점에서 해석하는 것을 반대하고 있다. 이 문장에 대한 좀더 상세한 마슈레의 설명은 3부 「속성의 문제」의 "'사물들'의 질서와 연관" 및 『스피노자 『윤리학』입문. 2권: 정신적 실재성』*Introduction à l'Éthique de Spinoza. 2ᵉ partie: La réalité mentale*, 프랑스대학출판부, 1997 참조.—옮긴이

96) 장 카바예스Jean Cavaillès는 20세기 전반기의 프랑스 과학철학·인식론을 대표하는 철학자 중 한 사람이다. 대표적인 저작으로는 『논리학과 과학 이론에 대하여』*Sur la logique et la théorie de la science*(1947), 『철학과 수학』*Philosophie et mathématiques*(1962), 『공리론적 방법과 형식주의』*Méthode axiomatique et formalism*(1981) 등이 있고 현재 이 저작들은 모두 『과학철학 전집』*Oeuvres complètes de philosophie des sciences*, 에르망Hermann, 1994에 수록되어 있다. 초기 저작들에서 집합론과 수학기초론에 관한 20세기 초의 논쟁을 검토한 이후 카바예스는 1947년 유작으로 출간된 『논리학과 과학 이론에 대하여』에서 새로운 과학철학의 가능성을 모색하고 있다. 이 책에서 그는 칸트에서 시작해서 후설에 이르는 **의식의 철학**에 맞서, 주어진 자료의 내재적 구조와 가지성可知性에 기초한 **개념의 철학**을 구상한다. 카바예스에게 이는 종별적인 과학들(특히 수학)의 이론적 자율성과 진보의 가능성을 이론화하는 문제였으며, 그는 스피노자의 관념 이론, 또는 정신적 자동장치론에서 개념의 과학철학을 위한 영감을 얻고 있다.—옮긴이

피노자인 것이다.

사유의 운동은 모든 실재와 동일한 필연성에 따라 진행한다. "인간은 사유한다." 이 공리는 사실의 물질적 명증성과 함께 이 과정의 절대적으로 자연적인 성격을 표현한다. 곧 인식의 과정은 **정신적 자동장치**의 운동을 규제하는 자신의 고유한 법칙에 따라 제어되어야 한다. 여기서 우리는 스피노자가 어떤 점에서 헤겔과 가까운지 알 수 있다. 곧 스피노자는 인식과 그 생산 과정 사이의 필연적 관계를 확립함으로써 인식이 스스로를 절대자로 파악하고 그럼으로써 절대자를 파악할 수 있게 해준다. 이 객관적 발전 과정 밖에서 파악된 인식은 실재에 대한 추상적 표상에 불과할 것이며, 이때 인식은 이 실재에 관해 추상적인 가상만을 제공해 줄 것이다. 하지만 스피노자는 이미 헤겔로부터 거리를 둔다. 사유를 실체의 한 속성으로 만듦으로써 그는 사유의 운동을 절대적으로 객관적인 것으로 구성하고, 이 운동을 주체——이것이 사유 자체라 할지라도——에 대한 일체의 준거에서 해방시킨다. 이때부터 모든 합리성의 기저에 놓여 있는 본질적 인과성은 목적론적 전제 없이 정의될 수 있다. 이러한 전제의 가장 미묘한 형태는 자기 활동의 자율적 주체로서의 사유로 제시되며, 이때 이 주체로서의 사유는 자기 자신의 실현을 목표로 삼을 것이다. 그리고 자기에게, 주체로서의 자기에게 복귀하는, 자기 자신을 실현함으로써 모든 실재를 전유하는 이러한 사유에 대한 관점은 바로 헤겔 관념론의 열쇠다. 이렇게 되면 헤겔의 스피노자주의 해석은 동요하기 시작한다. 곧 스피노자의 사상은, 조숙하지만 아직은 불가능한 변증법의 지켜지지 못한 약속이 아니다. 오히려 이미 이는 헤겔 자신이 **주관 논리**라는 개념을 생산함으로써 연루되어 있는 변증법의 도착倒錯에 대한 비판이다. 여기서 스피노자에게 변명해야 할 사람은 되레 헤겔 자신인 것처럼 보인다.

적합한 관념과 부적합한 관념
Idée adéquate et idée inadéquate

따라서 스피노자가 고안해 낸 인식의 전략에서 **기하학적 방법에 따른** 절차는 본질적 위치를 차지하며, 진리에 대한 형식적 관점과는 정반대로 진리를 객관적으로 규정된 필연적 과정으로 제시하도록 인도한다. 그리고 이는 철학자들, 특히 데카르트가 진리와 오류 사이에 확립해 놓은 전통적인 관계를 전복시키는 결과를 낳게 된다. 헤겔이 "참과 거짓을 경직되게 대립시키는" 추상적 사유들을 비난하는 유명한 구절들[97]은 이미 스피노자에서 읽을 수 있다. 물론 이는 헤겔의 방식과는 전혀 다르게 쓰여 있을뿐더러 헤겔의 정신으로서는 용인할 수 없는 효과들을 산출하기까지 한다.

『윤리학』 1부의 공리 5에서 스피노자는 참된 관념과 그 대상의 합치 convenientia를 긍정하고 있다. 이 명제는 정의가 아니기 때문에 참된 관념의 내생적 성격을 표현하지 않는다. 곧 이는 참된 관념을 그 원인으로부터 구성하는 것이 아니라, 참된 관념의 외생적 특징과 내생적 특징을 구분하면서 2부 정의 4[98]가 입증해 주듯이 참된 관념을 그 특성들 중 하나에 따라 후험적으로 특징짓는 데 불과하다. 관념을 관념 바깥에 있는 대상과 관련시키는 합치라는 통념은 분명 외생적 특징을 가리킨다. 반대로 참된 관념의 인과적 정의는 이 관념을 그것의 **적합성**adaequatio에 따라 규정한다. 스피노자에게 본질적인 이 개념이야말로 인식에 대한 전통적인 관점과의 단절을 표시해 주는 것이다. 사실 적합성은 합치로 제시된 것과는 정반대의 것으로 사고되어야 한다.

적합성은 참된 관념의 내생적 규정이다. 곧 **관념 안에서** 관념의 진리를 생산하는 것이다. 이 규정은 관념에 내적이라는 주장을 아주 진지하게 받아들이자. 관념이 실제로 **포함하고** 있는 관념의 내용의 필연적 실존을 긍정하기 위해 관념에서 벗어나 외부에 있는 것, 예컨대 관념의 대상으로 나아갈 필요는 없다. 관념은 자신의 경계들 안에 머물러 있으면서도 관념의 내용의

---

97) 예컨대 『정신현상학』 「서설」의 다음 구절을 참조할 수 있다. "참과 거짓은 바뀔 수 없는 상태에서 자기의 고유한 본질에 해당되는 특정한 사상에 속하는 듯이 보임으로써 이 두 갈래의 사상은 마치 아무런 상호 연관도 없이 이편 저편으로 갈라진 채 서로가 제자리만을 움켜쥔 꼴을 하고 있다. 여기에 대해서 한 가지 분명히 주장할 수 있는 것은 진리란 마치 완성품으로서의 동전처럼 마구 주머니에 쓸어 넣고 다니며 사용할 수 있는 것은 아니라는 것이다. 마치 본래적으로 악한 것이 있을 수 없듯이 허위적인 것만이 따로 떨어져 있을 수도 없다. 따라서 악하다거나 거짓된 것을 마치 악마를 대하듯이 위해한 것으로 볼 필요도 없다. 왜냐하면 악마라는 탈이 씌워지면 이들 사악하거나 허위적인 것은 모름지기 어떤 특수자로서의 주체가 되어야겠지만, 그것이 거짓과 악의 상태에 그대로 머물러 있는 한은 단지 일반자에 지나지 않음으로써 이들은 다만 양자의 관계 속에서만 서로가 그 나름의 본질을 소유할 뿐이기 때문이다. …… 물론 그렇다고 허위적인 것이 진리의 한 계기라거나 혹은 그의 구성 요소라는 듯이 강변하려는 것은 아니다. 허위적인 것에는 언제나 약간의 진리가 담겨 있다는 식의 표현은 마치 도저히 융합될 수 없는 것임에도 불구하고 다만 외적·표면적으로만 결합된 데 지나지 않는 기름과 물의 관계를 놓고 하는 말과 다를 바가 없다. 그야말로 참과 거짓이 쌍방 간에 지니는 진정한 의미, 즉 그들이 결코 사용될 수 없는 완전한 타재성의 계기를 간직하고 있다는 점만을 감안한다면 그들의 타재성이 지양되어 버린 상태에서 더 이상 참과 거짓이라는 표현이 사용되어서도 안 될 것이다. 이를테면 주체와 객체, 유한과 무한, 존재와 사유 등의 통일이라는 표현이 어딘가 걸맞지 않은 이유는 바로 이 객체나 주체라는 등의 표현이 실은 이 양자가 통일되어 있지 않은 어떤 상태를 의미하는 까닭에 이때의 통일이라는 말은 역시 그것이 본래 표현하려는 것과는 다른 의미를 지닐 수밖에 없기 때문이다. 이와 마찬가지로 허위적인 것만을 따로 떼어 놓고 단지 그것이 허위적이라는 그 한 가지 이유만으로 진리의 계기가 될 수 있다고는 할 수 없는 것이다. 일상적인 지의 영역이나 또는 철학의 연구가 행해지는 곳에서 이를 주도하는 사고방식이 독단론으로 치우친다는 것은 결국 진리를 하나의 고정된 최종적 결과이거나 또는 그것이 직접적으로 인지되는 명제 속에 있다고 보는 속된 견해에서 기인된 것이라고밖에 할 수 없다." 『정신현상학』 pp. 97~99. —옮긴이

98) "[정의 4] 대상과의 관계 없이 그 자체로 고려되는 한에서 참된 관념의 모든 내생적 특성 또는 특징denominationes을 갖고 있는 관념을 나는 적합한 관념으로 이해한다. 〈해명〉 나는 내생적이라고 말하는데, 이는 외생적인 특징, 곧 관념과 그 대상ideato의 합치를 [정의로부터] 제외하기 위해서이다." —옮긴이

실재성을 발견하기 때문이다. 우리는 외관상으로는 여기서 관념론의 극단에 위치하게 되는 것 같다. 하지만 관념론의 과잉은 또한 어떤 유물론과 접할 수 있거나 적어도 유물론적 효과들을 생산할 수 있다.

적합성 범주의 본질적 기능은 아직 데카르트주의를 지배하고 있는 표상적 인식관과 단절한다는 데 있다. 표상한다는représenter 의미에서 인식한다는 것은 재-현하는re-présenter 것이며, 이는 문자 그대로 재생산한다는 것, 반복한다는 것이다. 이렇게 되면 관념은 자신이 그 표상을 제시하고 있는, 그리고 관념 바깥에서 실존하고 존립하는 사물의 이미지, 복제에 불과하게 될 것이다. 속류 유물론 역시 나름대로 다시 받아들이고 있는 이 경험론적 도식에서 본질적인 것은 무엇인가? 이는 관념, 곧 주체에 대한 또는 주체 안에 있는 대상의 표상으로서의 관념은 자신의 내용을 자기 바깥에 지니고 있다는 전제이다. 이때 관념은 이 내용을 단지 모방하고 지시하고 모사하고 가리키거나, 흔히 말하듯 **반영하게** 될 것이다. 그렇다면 인식의 문제는 관념과, 관념이 대면하는 대상 사이의 일치 관계에 대한 정당화에 있을 것이다. 그리고 이는 인식의 형식과 내용 사이의 외적 관계의 타당성 또는 **객관성**을 입증하는 보증을 발견함으로써만 가능하게 될 것이다.

예컨대 우리는 데카르트가 처음에는 관념들의 진리를 그것들의 내적 명증 위에서 확립하려고 시도했다가 형식적인 이 척도의 불충분성을 깨닫고 객관성에 대한 상위의 보증을 얻어야 할 필연성을 발견했다는 점을 알고 있다. 심지어 과장된 회의의 시험까지도 견뎌 내는 이 확고부동한 보장은 속이지 않는 전능한 신, 영원진리의 창조자에 의해 제공된다. 이러한 관점은 우리의 관념들이 우리 외부에 자신의 내용──이 관념들이 정확하게 상응하는──을 갖고 있으며 우리로 하여금 이 내용을 인식할 수 있게 해준다는 데 의존한다. 이 진실한 신은 또한 자연의 체계를 조정하고 절대로 거역할 수 없는 법칙들에 따라 그 질서를 유지하는 기계공으로서의 신이기도 하다. 따라서 관념들을 사물들에 대응시키고, 이를 통해서 우리가 알고 있는 것을 모든 가상의 위험에 빠지지 않고 진실로 아는 것이 되게 해주는 이는 바로 신이다. 그리고 왕이 신민들 위에 군림하듯이 우리의 관념들 위에 군림하는 전능한 **존재**Etre 안에 육화되어 있는 이 범례적인 보증의 체계는 또한 한편으로 신이 원했던 진리의 질서[99] ──우리는 물론 여기에 복종해야 한다──와, 다른 한편으로 이러한 [진리의 질서의] 한계들 바깥에 실존하며 모호하고 혼란스럽고 위협적인 오류의 세계를 구성하는 무질서를 엄격히 분리할 수 있게 해준다.

데카르트가 발전시킨 오류 이론에 대해 한 마디 덧붙여야 할 것 같은데, 그 까닭은 스피노자가 이를 자신의 주요 목표들 중 하나로 삼고 있기 때문이다. 이 이론에 따르면 거짓된 관념은 모든 진리를 보증해 주는 신의 본성적인 완전성 때문에 신이 원했던 것일 수는 없다. 신은 모순을 범하지 않고서는 오류를 창조할 수 없었다. 따라서 인식의 영역에서 오류는 인간 본성에 책임이 돌아가며, 특히 인간에게 속하는 자유의지, 엄밀히 말하면 그 부정적인 부분에 책임이 돌아간다. 데카르트에게 자유의지는 역설적이게도 인간 본성을 신의 본성과 유사하게 만들어 주는 것이다. 자유의지가 신에서만이 아니라 우리 안에서도 무한하기 때문이다. 하지만 여기서 확립되는 동일성은 전도되고 도착적이며 악마적인 이미지의 동일성이다. 우리 스스로가 창조주가 되는, 곧 우리의 절대적 주도권에 의존하는 작업에 대해 우리 자신이 전능한 자가 되는 유일한 방식은 말하자면 오류를 범하는 길이다. 하지만 그렇다면 결국 이는, 신 자신이 마치 빛과 같이 이성 안에 단번에 확정적으로 기입해 놓은 것을 그 그림자 안에서 부정적으로 재생산하는 것, 신의 창조에

---

[99] 여기서 마슈레가 지적하고 있는 것은 소위 데카르트의 '영원진리 창조론'doctrine de la création des vérités éternelles이다. 영원진리 창조론에 관한 좀더 상세한 내용은 이 책 뒤의 '용어 해설'을 참조하라.─옮긴이

대한 가소로운 희화화, 신의 창조에 대한 사악한 모방에 불과할 것이다. 따라서 오류의 책임은 우리 안에 존속하는, 우리의 무자격성의 고유한 표시인 이 허무의 몫으로 돌아간다. 이로부터 다음과 같은 본질적 결과가 따라나온다. 만약 우리가 오류를 범한다면, 이는 우리가 오류를 의지하기[원하기] 때문이다. 따라서 오류에 대한 최선의 치유책 역시 오류를 산출한 자유의지 안에서 발견된다. 곧 우리의 자유, 우리의 판단력을 잘 사용하려고 의지하는 [원하는] 것으로 충분하며, 우리를 바닥으로 잡아당기는 이 중력의 힘에 저항하고, 우리를 진리의 질서와 대립시키는 우리 자신에게만 속하는 이 부정성의 효과들을 중지시키면서 신의 법령에 복종하는 것으로 충분하다. 그렇다면 진정한 창조주의 전능함을 표현하는 순수하게 실정적인 진리와, 피조물의 연약함 및 자신의 주인의 자리를 차지하려는 그의 광기 어린 노력을 표현하는 데 불과한 순수하게 부정적인 거짓 사이에는 절대적 분리, 분명한 경계, 우리가 도저히 무시할 수 없는 구분이 존재한다. 이는 곧 진리와 오류를 각자 그 고유한 장소로 보내고 양자 사이의 소통을 일절 금지하는 것이다.

그런데 스피노자는 우리가 본 것처럼 인식 행위를 주체의 주도권과 연계시키는 것(진리의 경우에는 신, 오류의 경우에는 우리 자신)을 거부한다. 그는 또한 진리와 오류 사이에 엄격한 분리, 대립을 설정하는 것을 거부한다. 우선 우리가 오류를 범할 때 자유의지를 사용하지 않는다──설령 해로운 사용 방식이라 하더라도──는 점은 확실하다. 반대로 오류를 범할 때 우리는 상상의 관점에 의해 불가피하게 산출되는 가상과 몰인식의 냉혹한 질서에 갇히는 것이다. 오류는 우리의 일상적 예속의 조건들이기도 한 가장 엄격한 조건들에 따라 규제되는 메커니즘이다. "부적합하고 혼란스러운 관념들은 적합한, 곧 명석판명한 관념들과 **동일한 필연성**에 따라 연결된다."[100] 진리

---

100) 『윤리학』 2부 정리 36.

를 소유할 때 우리가 창조적인 주체의 존엄성을 얻게 되는 것은 아니다. 이는 단지 모든 관념이 신 안에서는, 따라서 우리의 주도권 바깥에서는 참이기 때문만이 아니라, 신 안에서도 관념들은 어떤 질서 ──이는 또한 사물의 질서이기도 하며 관념들은 여기서 벗어날 수 없다──에 따라 관념들을 서로 연쇄시키는 필연적 법칙들에 종속되기 때문이다. 그리하여 지식만이 아니라 무지 안에서도 정신은 [주체의] 일체의 개입 가능성 ──이 가능성이 완전한 존재의 주도권에만 위임되어 있다 하더라도──의 여지없이, 그리고 이에 따라 모든 복종obligation을 넘어서 존재하는 객관적 규정들에 따라 기능하는 **정신적 자동장치**일 뿐이라는 점이 드러난다. 거짓 관념들만이 아니라 참된 관념들도 그 원인들에 의해 설명된다. 따라서 우리는 거짓 관념들과 참된 관념들 사이에 일종의 근본적 공동성이 출현하는 것을 보게 되는데, 이 공동성은 두 가지 관념들을, 이미 완전히 획정된 하나의 경계선, 부정적인 것과 실정적인 것을 분리하는 바로 그 경계선의 양편에 위치시킴으로써 상이한 두 질서로 분배하는 것을 금지시킨다.

　스피노자에게 관념들은 이미지, 수동적 표상들이 아니며, 자신들 바깥에 있는 실재들을 얼마간 정확하게 재생하는 것들이 아니다. 또는 적어도 관념들을 참된 것으로 구성하는 것은 이 점이 아니다. 스피노자가 놀라운 한 정식, 분명 데카르트를 반대하고 있는 한 정식에서 말하고 있는 것이 바로 이 점이다. 관념들은 "도판 위의 침묵하는 그림들"[101]이 아니며, 관념들 바깥에서 존립하는, 그리고 관념들로서는 기껏해야 닮을 수밖에 없는 실재나 모델을 암시하는 허구들이 아니다. 관념들, 모든 관념들은 행위들이다. 곧 관념들은 어떤 양상──이 양상은 관념들의 원인, 곧 최종 심급에서는 그 속성들

---

101) 이는 『윤리학』 2부 정리 49의 주석(및 정리 43의 주석)에 나오는 말이다. 데카르트는 관념을 이미지로 생각했고, 특히 「세번째 성찰」 불역본에서는 관념을 그림에 비유하고 있다. "관념들은 내 안에 그림들 또는 이미지들로 존재한다"(AT판 9권 p.33).─옮긴이

중 하나인 사유의 형태로 관념들 안에서 표현되는 실체에 준거한다——에 따라 항상 자신들 안에서 어떤 것을 긍정한다. 정신은 정신적 자동장치인데, 이는 정신이 전적으로 허구적인 자율성을 지니고 있을 뿐인 주체의 자유의지에 종속되지 않기 때문이다. 바로 이 때문에 관념들은 기계적인 형식들, 예컨대 복사기처럼, 어떤 식으로든 참과 거짓을 분리시키고 싶어 하는 철학자들이 발명해 낸 실재들을 재생하지 않는다. 인식 주체는 물론이거니와 미리 진리의 형식들을 보유하고 진리들vérités을 넘어서 존재하는 **진리 그 자체** Vérité의 주체도 존재하지 않는다. 관념은, 사물들의 질서 또는 창조주의 법령에 자신을 종속시키는 일체의 외적 규정들 없이 독특하게, 능동적이고 긍정적으로, 자체적으로/자기 안에서en elle-même 참이기 때문이다.

여기서 우리는 적합성이라는 관념을 재발견하게 된다. 이는 근본적으로 참된 관념은 자기 자신하고만 관계함을 의미한다. 참된 관념은 사유 속성 안에서 실체의 형식을 구성하는 규정들의 연쇄——더욱이 이는 다른 모든 속성들에서도 동일하다——에 따라 실체에 의해 산출되기 때문이다. 따라서 적합성adaequatio은 진리veritas의 열쇠이다. 적합성은 관념이 자기 자신과 맺고 있는 이 내생적 관계를 표현하기 때문이다. 예컨대 취른하우스 Ehrenfried Walther von Tschirnhaus에게 보내는 60번째 편지[102]가 말하는 것이 바로 이 점이다. "저는 참된 관념과 적합한 관념 사이에서 다음과 같은 점 외에는 아무런 차이도 인정하지 않습니다. '참된'이라는 단어는 오직 관념과 관념 대상idéat 사이의 합치convenientia와 관계하는 데 비해 '적합한'이라는 단어는 관념 자체의 본성과 관계합니다. 따라서 이 외생적 관계가 문제라면, 이 두 종류의 관념 사이에는 아무런 사실적인 차이도 존재하지 않습니다." 사실 참된 관념을 말하는 것과 적합한 관념을 말하는 것은 같은 것이다.

---

[102] 원문에는 '50번째 편지'라고 잘못 적혀 있는데, 번역에서는 이를 바로잡았다.—옮긴이

하지만 이 두 가지를 설명하는 것이 문제일 경우, 이 둘은 전혀 다르다. 스피노자는 적합성이라는 단어를 직접적이고 축어적으로 받아들여, 이를 합치, 따라서 외적 일치라는 의미로 이해하는 관점을 반대한다. 그는, 관념이 사유 속성 내에서 자신이 의존하고 있는 다른 모든 관념들의 매개를 통해 자기 자신과 연계되고, [이로써] 절대적으로 무한한 실체의 독특한 긍정, 행위가 될 수 있게 해주는 필연성 또는 내적 인과성을 적합성이라는 범주로 표현한다. 사물들, 실존하는 모든 것과 꼭 마찬가지로 관념들은 자신들을 전체적으로 설명해 주는/펼쳐 주는 인과질서에 종속되어 있다.

따라서 적합성이라는 관념의 기능은 우선 비판적이다. 이 기능은 관념의 인과적 규정으로부터 다른 질서 ─예컨대 관념 대상이 필연적으로 실존하는 질서─에 속하는 모든 것을 제외할 수 있게 해준다. "대상과의 관계 없이 그 자체로 고려되는 한에서 참된 관념의 모든 내생적 특성 또는 특징을 갖고 있는 관념을 나는 적합한 관념으로 이해한다."[103] 관념들과 사물들 사이에는 전자를 후자에 종속시키는 어떠한 상응 관계도 존재하지 않으며, 각각의 것을 그 질서나 운동, 또는 좀더 정확히 말하자면 그 고유한 과정의 필연성 안에 위치시키는 인과적 동일성이 존재한다. 따라서 관념들은, 그것들이 표상하는, 그리고 마치 기원처럼 그로부터 파생되는 대상들과의 유사성에 따라─이전에 사물 안에 존재했던 것을 관념 안에서 그대로 재발견할 수 있도록─형성되지 않는다. "신의 속성들 및 독특한 사물들에 대한 관념들은 자신들이 그에 대한 관념들인 대상들idéats 또는 달리 말하면 지각된 사물들을 작용인으로 인지하지 않고, 사유하는 사물인 한에서의 신 자신을 작용인으로 인지한다."[104] 하지만 그렇다고 해서 반대로 먼저 관념 안에 주어

---

103) 『윤리학』 2부 정의 4.
104) 『윤리학』 2부 정리 5.

져 있던 것을 사물 안에서 그대로 재발견할 수 있도록 사물들은 관념들에 따라 형성되었으며, 사물들은 이 관념들의 발현물들이라는 식으로, 사물들 자체가 관념들의 이미지에 따라 창조되었다고 말할 수 있는 것도 아니다. "사유의 양태가 아닌 사물들의 형상적 존재가 신의 본성에서 따라나오는 것은 이것이 이전에 미리 사물들을 알고 있었기 때문이 아니라, 관념들의 대상들인 사물들은 우리가 보여 준 것처럼 관념들이 사유 속성에서 따라나오는 것과 동일한 방식, 동일한 필연성에 따라 각각의 고유한 속성들로부터 따라나오고 귀결되기 때문이다."[105] 이는 분명 앞선 주장들과 잘 대응하는 주장이다. 사물들은 선행하는 관념[이데아]——이 경우에 이 사물들은 이 관념의 실현체들이 될 것이다——에 일치하도록 신에 의해서 **창조된** 것이 아니다. 마찬가지로 관념들은 자신들이 그에 대한 표상을 제시하는 사물들로부터 유래하지 않는다. 스피노자는 여기서 두 가지 상반된 [대칭적인] 오류를 비난한다. 이 두 가지 오류들은 하나의 동일한 전제, 곧 속성들 및 그 양태들 상호간의 위계적 종속이라는 전제에 준거하고 있기 때문에 궁극적으로는 등가적인 것들이다. 그러나 인과연쇄는 전적으로 각각의 속성의 형태 안에서 자족적으로 이루어지며, 이는 속성들 사이의 모든 소통, 심지어 비교까지도 금지한다.

따라서 관념과 그 관념 대상 사이에 하나를 다른 하나에 의존하도록 만드는 일치 관계는 그러한 환원이 어떠한 방향으로 이루어지든 간에 존재하지 않는다. 『지성교정론』의 유명한 정식이 의미하는 것이 바로 이 점이다. "원과 원의 관념은 서로 전혀 다른 것이다"(33절). 하지만 그 결과, 자기 자신 안에서만, 곧 사유 속성을 구성하는 다른 관념들과의 연쇄에 의해서만 규정되는 관념은 용어의 직접적인 의미에서 일체의 **객관성**, 곧 대상과의 모든 관

---

105) 『윤리학』 2부 정리 6의 보충.

계를 상실하지 않았는가? 본질적으로 다음과 같은 두 가지 이유 때문에 전혀 그렇지 않다. 첫째, 관념 자체는, 실체의 모든 변용들처럼 인과적으로 규정되는 한에서 하나의 사물이다. 따라서 관념 자신이 다른 관념의 대상이 될 수 있으며, 이는 우리가 다시 말하게 되겠지만 매우 중요한 특성이다. 다른 한편으로 독특한 관념은 사유 속성을 구성하는 요소들의 질서와 연관 안에서 그것이 차지하는 위치에 의해 자신의 관념 대상과 동일한데, 이는 또한 이 관념 대상이 자신의 고유한 속성 ——이것이 어떤 속성이든 간에[106]—— 의 질서와 연관에서 정확히 동일한 위치를 차지하고 있는 한에서다. 그리고 이 질서는 사유 속성을 구성하는 요소들의 질서와 동일하다. 위계적 특권화는 하나를 다른 것에 종속시키는 것을 함축하는데, 모든 속성은 이러한 위계적 특권화 없이 실체를 동등하게 표현하기 때문이다. 관념은 실체 자신 ——이 안에서는 각각의 속성의 형식에 따라 실행되는 모든 것은 동일하다—— 의 매개를 제외하고는 자신의 관념 대상과 소통하지 않으며, 바로 그 이유 때문에 관념은 관념 대상에 적합하다. 관념은 절대적으로, 자족적인 방식으로 관념 대상과 상호 일치하는 것이다. 이렇게 되면 참된 관념과 그 대상의 합치를 긍정하고 있는 『윤리학』 1부의 공리 5가 의미를 얻게 된다. 적합한 관념과 그 대상 사이에는 분명히 상응 관계가 존재하지만, 이 두 항 사이에 존재하는 통상적인 관계는 전도된다. 곧 참된 관념은 자신의 대상에 상응하기 때문에 그것에 적합한 것이 아니다. 반대로 참된 관념이 적합하기 때문에, 곧 필연적인 방식으로 자체 내에서 규정되기 때문에 그것은 자신의 대상에 상응한다.

이로부터 매우 중요한 결과가 따라나온다. 관념은, 정도의 차이는 있으

---

[106] 스피노자는 우리 인간이 알 수 있는 사유와 연장이라는 속성 이외에도 무한하게 많은 속성들이 존재한다고 주장한다. 따라서 관념 대상은 연장 속성에 속하는 몸체 이외에 우리에게 알려지지 않은 다른 속성들에 속하는 양태들이 될 수도 있다.—옮긴이

나 모델을 모방하고 그 부합 정도에 따라 가늠되는 표상과 같은 방식으로 더 적합하거나 덜 적합하다고 할 수 없다. 적합한 관념의 이론은 인식의 질서에서 모든 규범성을 제거하며 동시에 고전적인 인식론에 유령처럼 따라다니는 목적론적 환상의 복귀를 방지한다. 관념이 이처럼 자유의지가 전혀 개입할 여지없이 필연적으로 존재하는 한, 그 관념은 전적으로 적합하다. 바로 여기에 관념의 객관성의 열쇠가 존재한다. 스피노자는 이를 다음과 같은 도발적인 문장으로 표현하고 있다. "신과 관련된 한에서 모든 관념은 참되다."[107] 신과 관련된 한에서, 곧 관념들을 산출한 과정의 인과적 필연성에 따라 파악하는 한에서 관념은 참되다는 뜻이다. 이러한 관점에서 볼 때 모든 관념은 적합하며 참되다. 모든 관념, 곧 부적합하거나 혼란스러운 관념들인 거짓 관념들 역시 그 나름대로는 참되다. 이 때문에 스피노자는 다음과 같이 쓴다. "진리는 자기 자신 **그리고 거짓**의 지표다"verum index sui et falsi(강조는 마슈레).[108] 진리의 본성 자체 내에 오류의 가능성을 지시하고 설명해 주는 어떤 것이 있다. 역으로 데카르트는 진리와 오류 사이에 원칙적으로 넘어설 수 없는(사실상으로는 그렇지 않다 하더라도) 분리선을 설정했는데, 이는 데카르트가 인간의 자유의지론을 통해 오류 그 특유의 기원을 찾을 수밖에 없게 만들었다. 반대로 스피노자에게 오류 이론은 진리 이론 안에 곧바로 포함되어 있으며, 그와 합체되어 있다. 거짓 관념들 역시 독특한 관념들이며, 거짓 관념들이나 참된 관념들에서 문제는 이것들이 어떻게 필연적으로 생산되는지 아는 일이다.

따라서 **진리를 거짓으로부터 구분하다**라는 전통적인 표현은 스피노자의

---

107) 『윤리학』 2부 정리 32.
108) 이는 뷔르흐Albert Burgh에게 보내는 76번째 편지에 나오는 표현이다. 칼 겝하르트Carl Gebhardt 편, 『스피노자 전집』 *Spinoza Opera*, 칼 빈터Carl Winter, 1925, 4권 p.320(다음부터 이 책은 'G 4권 p.320'과 같은 식으로 인용하겠다). 그리고 『윤리학』 2부 정리 43의 주석에도 이와 비슷한 "진리는 자기 자신과 거짓의 규준이다"veritas norma sui et falsi est라는 표현이 나온다. ─ 옮긴이

학설에서는 완전히 새로운 의미를 얻게 된다. 이는 어떤 명령이나 금지에 따라 두 가지의 환원 불가능한 질서 사이에 설정된, 그리고 이를 준수하는 책임은 선의지에게 돌아가는 이상적 한계를 가리키지 않는다. 이 표현은 **인식 양식들** 사이의 차이에 준거하는 것이다. 스피노자가 인식 양식으로 의미하는 것은 관념들과 관계를 맺는 방식이며, 다시 이 관계 방식은 실천적으로 존재 방식에 의해, 곧 실존 조건들에 의해 규정되는 방식이다. 무지자無知者는 일종의 노예이기도 한 것이다. 서로 구분되는 인식의 실천들이 존재하며, 이것들은 물질적이고 사회적인 규정들의 집합 전체에 의존한다. 따라서 고전주의 시기[17세기]에 통용되던 표현에 따르면 상상은 하나의 **인식의 종류**나 오류의 능력, 곧 그 자체로 거짓된 관념들을 산출하는 능력이 아니다. 왜냐하면 "관념들 안에 이것들을 거짓이라고 말할 수 있게 해주는 실정적인 것은 아무것도 존재하지 않기"[109] 때문이다. 거짓된 것, 곧 우리를 어떤 가상의 상태에 위치시키는 것은, 우리가 부적합한, **절단되고 혼란스러운** 방식으로 지각하고 심지어 살아가게 만드는 모든 관념들과의 규정된 관계다.

따라서 관념은 그 자체로는 결코 거짓이 아니다. 이는 관념은 또한 결코 그 자체로는 참되지 않다는 것을 의미하는가? 이것이 바로 데카르트의 테제다. 데카르트에 따르면 관념들은 그 자체로 고찰될 경우에는 수동적인 표상들에 불과하다. 그것들은 참도 거짓도 아니다. 진리는 판단의 기능이며, 판단은 의지의 매개를 통해 관념들이 작동하게 만든다. 지성의 표상들에 대해 동의하거나 동의하지 않고, 이것들이 실재에 일치하는지의 여부를 선언하는 것 역시 의지다. 이런 관점에서 볼 때 만약 인식 안에 능동적인 요소(가령 주의에 대한 데카르트의 이론에서 나타나는 것과 같은)가 존재한다면 그것은 본질적으로 주관적인데, 왜냐하면 이 요소는, 판단을 발화하고 지성이 제시하

---

109) 『윤리학』 2부 정리 33.

는 관념들을 신뢰하거나 신뢰하지 않음으로써 자신의 자유를 활용하는 자아의 긍정에 의존하기 때문이다. 그러나 스피노자의 경우에는 전혀 그렇지 않다. 그는 데카르트처럼 지성과 의지를 구분하는 것을 거부한다. 곧 인식의 능동적 성격은 자유로운 주체의 주도권에 기초하지 않으며, 실체의 무한한 인과성을 독특하게 표현하는 한에서 관념 그 자체가 능동적이다. 관념은 수동적인 표상처럼 자신의 진리 내용과 무관한 것이 아니다. 관념을 작동시키는 인과연쇄에 따라 신 안에서 고찰될 때 관념은 항상 참되며 자신의 조건들에 적합하다. 그렇다면 때때로 관념을 거짓된 것으로 확인하게 만드는 것은 무엇인가?

거짓을 "인식의 결핍"[110]으로 정의함으로써 스피노자가 말하려는 것은 거짓이 내생적으로 부정적이고 따라서 인식의 질서에 외재적인 것이라는 점이 아니다. 그가 말하려는 것은 거짓이 그 자신이 한 **양태**를 이루고 있는 인식과의 관계 속에서만 파악될 수 있다는 점이다. 부적합한 관념은 우리가 단편적으로밖에 파악하지 못하기 때문에 불완전한 관념이다. 부적합한 관념도 그 자체로 본다면, 곧 신 안에서 본다면 적합하다. 하지만 우리는 이것을 부분적으로 파악함으로써 이 관념의 필연성을 파악하는 데 실패하며, 바로 이러한 우연성, 그 실질적인 원인은 우리 안에 있는 이 우연성으로부터 자유의지라는 가상이 생겨나는 것이다.

여기서 잘 알려진 한 사례를 살펴보아야 한다. 행동의 한 방식, 노예의 예속적 실존 안에 물질적·사회적으로 구현되어 있는 삶의 한 방식인 상상은 우리에게 태양을 2백 걸음 가량 떨어져 있는 것으로 **표상**해 준다. 그런데 이성이 태양은 수평선 위에서 빛나는 커다란 원형의 물체가 아니라 우리로부터 멀리 떨어져 있고 우리가 속해 있는 천체의 중심에 위치해 있는 별이라는

---

110) 『윤리학』 2부 정리 35.

것을 설명해 주면서 우리는 이러한 지각이 거짓이라는 것을 알게 된다. 상상적 표상을 참된 인식으로부터 구분해 주는 것은 무엇인가? 그것은 인식과 관련되어 있는 관점 및 우리의 인식 양식이다. 상상의 경우, 인식은 **자유로운 주체**의 관점에 종속되어 있다. 이 주체는 자신의 표상 체계의 중심에 위치해 있으며 이 체계가 마치 자율적인 것처럼, 국가 속의 국가[111]인 것처럼 구성하고 있다. 이렇게 되면 겉보기에 자유로운 이 인간의 우주 안에서 태양은 생활 환경을 아름답게 장식하는 커다란 가구처럼 나타나며, 이 생활 환경과 관련하여 자신의 위치와 용도를 얻게 된다. 왜냐하면 상상의 고유성은 모든 것을 **자아**와 관련시킨다는 데 있기 때문이다. 하지만 만약 내가 나의 삶을 변화시킨다면, 그리고 만약 내가——마치 실재는 내가 사용하기 위해서 존재한다는 듯이——나 자신에 따라, 곧 목적들에 따라 실재를 **표상**하는 것을 중지한다면 나는 사물들을 전혀 다른 장소에서 보게 된다. 곧 사물들을 절대적으로 탈중심화된 우주 안에서 보게 되는데, 왜냐하면 이 우주는 그 전체적인 객관성에서 어떤 주체, 심지어 전능한 창조주라고 할지라도 그 주체의 주도권에 좌우될 수 없기 때문이다. 사물들은 더 이상 자의적인 질서에 의존하는 것이 아니라 일체의 목적에 따른 규정들 없이 필연적인 인과연쇄에 따라 상호 관계하게 된다.

따라서 실재를 상상적으로 표상하는 것과, 실재를 적합하게 인식하는 것은 전혀 다른 두 가지 일이다. 하지만 우리가 방금 사례를 제시했던 상상적 표상 안에도 적합한 어떤 것, 참된 어떤 것이 존재해야 한다. 사실 만약 우리가, 그리고 대부분의 사람들이 실재를 상상적 관점에서 고찰한다면 이는

---

111) '국가 속의 국가' imperio in imperio라는 표현은 스피노자가 『윤리학』 3부 「서문」에서 자유로운 주체의 관점을 비판하기 위해 사용한 말이다. 스피노자에 따르면 이러한 관점은 인간을 자연의 일부로 보는 것이 아니라 자연이라는 하나의 **국가** 안에서 그와 독립적인 또 다른 **국가**를 이루고 있다고 보며, 이는 결국 인간이 자연적인 질서의 필연성을 몰인식하게 만들고 나아가 가상과 미신에 종속되도록 만든다.—옮긴이

우리가 우리에게 사법적 책임이 있는 행동에 따라 이를 원하기 때문이 아니라 달리 어찌할 수가 없기 때문이다. 따라서 우리 모두가 상상의 노예라는 관념을 문자 그대로 받아들여야 한다. 상상에 따라 이루어지는 우리의 삶에서 자유의지 그 자체는 필연적인 가상이며 우리는 여기에서 벗어날 수 없다. 상상은 우리의 활동을 실질적으로 규정하는 원인들에 무지하지만, 그렇다고 해서 이 원인들을 제거하지는 않는다. 이런 의미에서 부적합한 인식에는 순전히 주관적이지 않고 그 나름대로 참된 어떤 것이 존재한다. 이 때문에 우리가 실재를 적합하게 인식할 때에도, 우리가 필연성의 합리적 관점에서 태양은 우리가 **자생적으로** 상상하듯이 2백 걸음 떨어져 있는 것이 아니라는 점을 알 때에도, 우리는 태양이 처음에 상상의 관점에서 우리에게 나타났던 대로 계속 볼 수밖에 없다.[112] 좀더 정확히 말하자면, 우리는 태양은 필연적으로 그처럼 나타난 것이며 그것과 달리 나타날 수 없었음을 알고 있다. 현자는, 단번에 자신의 지성을 교정하려는 의지적인 결정에 따라 지성에 나타날 수 있는 거짓 관념들을 단번에 지성으로부터 배제하고 그로써 자신의 실존으로부터 상상적인 인식 양식의 효과를 모두 제거한 사람이 아니다. 정념들이 전적으로 그 자신에게 속하는 것이 아니고 그에게 의존하는 것도 아닌데도 불구하고, 자신이 모든 정념들로부터 벗어날 수 있다고 믿는 사람은 절반의 현자에 불과하다. 반대로 자유로운 사람은 자신의 정념들을 고려할 줄 아는 사람이다. 그는 정념이 어떤 식으로 필연적인지를 적합하게 파악했기 때문이다. 자기 자신과 거짓의 지표로서의 진리 verum index sui et falsi, 곧 거짓된 것이 거짓으로 출현하기를 그치고 자신의 고유한 진리성을 보여 주는 한계점에 이르기까지, 참된 것은 거짓된 것을 그것에 고유한 객관성에 따라 고려하는 것이다.

---

112) 『윤리학』 4부 정리 1의 주석.

그렇다면 거짓 관념에서 참된 것은 무엇인가? 우리가 2백 걸음 떨어져 있는 것으로 보는 태양의 예를 다시 들어 보자. 이 관념은 신 안에서는 적합하고 참되다. 그런데 같은 관념이 우리 안에서는 절단되고 혼란스럽다. 왜냐하면 우리는 이를 불완전하게, 자신의 원인에서 분리되어 나타나는 대로 파악하기 때문이다. 그렇다면 이 상상적 표상은 어떤 점에서 적합한가? 이는 이 표상이 우리가 자생적으로 그것과 관계시키는 관념적인 것l'idéal, 곧 태양과는 전혀 다른 것을 객관적으로 가리키는 한에서다. 곧 이 상상적 표상이 실제로 표현하는 것은 [태양이 아니라] 우리 신체의 배치 상태disposition이며, 이것이 우리가 태양에 대해 태양의 실재성을 박탈하는 지각을 형성하도록 부추긴다. 따라서 이미지는 그것이 목표로 삼는 대상과 관련해 거짓이다. 하지만 이는 그것이 [합리적으로] 논박하기만 하면 충분히 그 외양을 몰아낼 수 있는 순전히 가상적인 표상, 대상 없는 관념이라는 의미는 아니다. 사실 이것은 하나의 관념, 참된 관념idée vraie이 아니라면 적어도 진짜 관념vraie idée이다. 이 관념은 그 자체로는 적합하며 어떤 대상에 상응하지만, 이 대상은 우리가 직접적으로 그것이라고 생각하는 것과는 다른 것이며 우리가 자생적으로 위치시켰던 곳과는 다른 곳에서 발견된다. 곧 우리가 절단되고 혼란스러운 관념을 갖고 있는 태양이 객관적으로 존재하는 저곳이 아니라, 우리가 태양에 대한 정확한 표상을 갖지 못하게 방해하는 우리의 신체와 함께 우리가 존재하는 바로 여기서 발견된다. 만약 태양에 대한 거짓된 이미지를 우리 자신의 신체적 실존과 관련시킨다면, 이는 참된 관념이다. 그렇다면 어떤 점에서 이는 부적합한가? 이 관념이 자신의 대상으로부터 분리되고, 이것을 다른 내용으로 대체하는 한에서 그렇다. 파스칼은 동일한 추론을 간결하고 인상적인 한 문장을 통해 표현한 바 있다. "……사람들의 의견이 건전하다고 해도 그의 머릿속에서는 그렇지 않다. 왜냐하면 그는 진리가 있지 않은 곳에 진리가 존재한다고 생각하기 때문이다"(브륀슈빅판 『팡세』 335절).

현자의 자유는 정념들과 예속의 효과들을 제거하는 데 있지 않고, 자신의 정념들 및 이 정념들이 동반하거나 불러일으키는 이미지들과의 관계를 변형시키는 데 있다. 그는 이것들이 그 나름대로 표현하는 필연성을 인지함으로써 이것들을 기쁜 정념들 및 명석한 이미지들로 전환시킨다. 이렇게 전환된 것들은 자신들의 전체적 규정 안에서 설명될 수 있다. 바로 이것이 스피노자 정치학의 특유성인데, 왜냐하면 인식, 일차적으로 사람들이 이를 실천하는 양식에 의존하는 인식은 정치의 문제이기도 하기 때문이다.

스피노자의 상상 이론의 실질적인 복잡함에 비하여 지나치게 간략한 이러한 우회는, 이로부터 유래하는 스피노자 진리관의 대단히 독창적인 성격을 해명할 수 있게 해준다. 이 관점의 독특성은 두 가지 본질적인 논점에서 드러난다. 곧 적합성이라는 범주에서 출발하는 진리의 내생적 규정과 이로부터 생겨나는 진리와 오류 사이의 내재적 관계가 그것이다. 이 두 가지 논점에 대해 스피노자는 헤겔이 마찬가지로 제시했던 테제들을 **선취하는** 것으로 보인다.

사실 헤겔은 독단적이고 형이상학적이며 **제한적인** 진리관에 사변적 관점을 대립시킨다. 이 관점은 진리를 무엇보다도 사유가 자기 자신에 대해 맺는 관계에 따라 구성한다.

> 보통 우리는 대상과 우리의 표상의 일치를 **진리라** 부른다. 우리는 이 경우 우리가 갖고 있는 표상이 일치해야 하는 대상을 [진리의] 전제로 삼고 있다. 반대로 철학적 의미에서 진리는, 추상적으로 일반적 방식으로 표현하자면, 내용이 자기 자신과 일치함을 의미한다.[113]

---

113) 『철학요강』, 부르주아 옮김 24절 보론 p.479; 독어본 p.86.

따라서 철학적 관점에서 볼 때 진리를 자신과 맞서 있는 대상과의 관계에 따라 파악된 관념의 외생적이고 형식적인 특성, 관계로 이해해서는 안 되며, 자기 자신 안에서 참되거나 참되지 않은 것으로 주장되는 내용 자신의 규정으로 이해해야 한다. 어떤 것을 참되게 인식하는 것은 외적이고 주관적인 관점에 따라 이것에 관한 표상을 형성하는 것이 아니라, 이것이 자신을 구성하는 운동 안에서 스스로를 반성하는 그대로의 고유한 본성을 전개하는 것이다. 우리는 여기서 적합성이라는 통념과 매우 가까워진다. 곧 우리는 표상과 그 대상의 일치로 정의된 추상적인 진리의 문제설정을 배격함으로써 적합성의 비판적 기능을 재발견하게 될 뿐만 아니라 실정적으로 본다면 인식 과정에 대한 분석에도 관여하는 것이다. 사실 헤겔에서 참된 것으로 스스로를 표현하는 이 내용은 자기를 실현함으로써 자기를 재파악하기 위해 자기에게 복귀하는 사고와 다른 것이 아니다. 이 때문에 인식은 사유가 자기 자신과 맺고 있는 내재적 관계이며, 이는 외부로 나가려는 실재 ─이 경우 이는 추상적으로, 인식 바깥에서 규정될 것이다─ 와 재결합하려는 일체의 시도를 배제한다.

다른 한편으로, 잘 알려져 있다시피 사유의 내생적 규정으로서 헤겔의 진리관은 진리와 오류 사이의 완전히 새로운 관계를 함축한다. 사변적 관점에서 볼 때 거짓은 단지 부정적인 것에 불과하고, 그렇기에 참된 것에 대해 완전히 외적이고 부정적인 어떤 것이 아니다. 인식은 자신이 실현되는 과정과 분리될 수 없기 때문에 자기 자신으로 복귀함으로써 내재적 부정성을 전개한다. 이런 의미에서 진리 그 자체는, 그것이 자기 자신의 발전 과정에서 극복하게 되는 거짓과 관련하여 부정적인 것이기도 하다. 이 때문에 더 이상은 교조적으로 진리와 거짓 사이에 경직된 분리선을 고수하는 것이 불가능하다. 더욱이 변증법은 실정적인 것과 부정적인 것이 이러한 대립 안에서 고착되는 것을 허락하지도 않는다. 거짓 안에서 이 거짓에 대한 부정의 형태로 스스로를 생산하는 것은 진리 자체이며, 이는 곧바로 이러한 규정을 부정하고 좀더 상위의 자기관계의 형태로 고양됨으로써만 이를 수행할 수 있다. 헤겔은 단도직입적인 한 문장에서 이를 말해 준다. "우리는 분명 거짓되게 사유할 수 있다."[114] 거짓되게 사유하는 것도 여전히 사유하는 것이다. 진리는 항상 오류 안에 함축되어 있으며, 그 역도 마찬가지다. 헤겔은 변증법 개론서에서 말하듯이 거짓을 "진리의 한 계기"[115]로 만드는 것까지도 거부할 정도로 이 관점을 철저히 한다. 개론서의 관점은 여전히 거짓을 진리로 인도하는, 하지만 일단 목표가 이루어지고 난 후에는 자신의 결과 안에서 소멸해 버리는 하나의 매개, 수단으로 정립함으로써 거짓을 진리에 종속시키는 하나의 방식이기 때문이다. 참과 거짓 사이에서 끝까지 통일성을 사유해야 한다. 이런 상호 귀속이 없다면 참된 것은 주어진 것으로서, 사실적인 상태로서 추상적이고 부분적으로 반성될 수밖에 없다. 곧 참된 것은 관념에 불과한 관념일 것이며, 참된 것이 자신을 실현함으로써 현실 자체로 되는 운동에서 분리될 것이다.

따라서 스피노자와 헤겔은 각자 진리의 질문에 관해 비교 가능한 결론들에 도달하고 있는 것처럼 보인다. 이 결론들이 상이한 절차에 따라 얻어졌고, 서로 관계가 먼 용어들로 표현되고 있다는 것은 사실이다. 그런데 이 저자들이 인정하는 바에 따른다면, 자신을 확립하는 절차 바깥에서 파악된 결과란 도대체 무엇이겠는가? 마찬가지로 우리의 목표도 이 두 철학자를 동일화하기 위해 비교하는 것은 아니다. 만약 그런 식으로 비교를 한다면 두 철학의 내용을 과도하게 단순화하고 심각한 의미의 왜곡을 낳을 것이다. 오히려 우리의 목표는 한 가지 당혹스러운 현상, 곧 두 철학자의 학설이 서로 근

---

114) 『정신현상학』 「서설」 p.93; 독어본 p.40; 국역본 p.98.
115) 같은 책 p.95; 독어본 p.41; 국역본 p.98.

접하고 있는 지점에서 헤겔은 자신이 스피노자주의에서 가장 멀리 떨어져 있다고 공언하는 현상을 해명하는 데 있다. 헤겔은 먼저 이러한 일시적인 수렴을 확인해 볼 수 없었을까? 비록 곧바로 두 관점을 구분시켜 주는 다른 이유들을 발견하게 되어 이 수렴은 표면적인 것에 불과하다고 비판하는 결과가 나온다 하더라도 말이다.

그런데 헤겔이 진행하는 방식은 이와는 정반대다. 스피노자의 학설의 불충분함을 증명하기 위해서 헤겔은 스피노자에게 스피노자 자신의 것이 아닐뿐더러 내재적 합리성의 관점과는 양립할 수 없는 추상적 인식관에 속하기 때문에 그가 명시적으로 거리를 두었던 몇 가지 철학적 입장들을 전가한다. 이 문제에서 이상한 것은, 헤겔이 스피노자가 이미 데카르트주의자들에게 맞서 전개했던 것과 아주 유사한 논변을 스피노자에게 맞서 제시한다는 점이다. 따라서 스피노자는 헤겔이 제기했던 논박에 미리 답변한 셈이다. 이런 의미에서 헤겔의 태도는 명백히 설명하기 어려운 놀라운 오해를 품고 있다고 할 수 있다. 헤겔은 다른 어느 누구보다 그 자신이 그 중요성과 의미를 더 잘 인지할 수 있었던 것을 스피노자에게서 읽어 내지 못하고 **망각**하고 말았다.

이것은 분명히 단순한 실수 문제가 아니다. 헤겔은 스피노자주의라는 문제를 매우 진지하게 받아들였고, 신뢰할 수 있고 충분한 근거를 지닌 정보에 입각하여 여러 번 이 문제를 다루었다. 그러므로 오해의 이유는 다른 곳에서 찾아야 한다. 그 이유는 헤겔 체계 자체 안에서만 찾을 수 있으며, 이 체계는 그 고유한 운동에 따라 헤겔이 스피노자주의의 실상을 왜곡할 수밖에 없게 만들었다. 사실 스피노자주의와 좀더 분명히 거리를 두기 위한 목적으로 헤겔은 자신의 입장을 변론하기 위해 가공된 허구적 학설로 실제의 스피노자주의를 대체해야 했으며, 이는 스피노자 체계가 거둔 모든 역사적 성과를 제거해 버린다. 마치 헤겔이 스피노자를 좀더 잘 **지양하기** 위해 우선 스피노자를 원래 그의 위치 아래로 깎아내리고 축소시켜야 했었던 것 같다는 생각마저 든다. 헤겔이 스피노자주의를 논박하기 위해 이를 최소화해야 할 필연성을 느끼고 있었다는 점에서, 헤겔처럼 스피노자주의에서 불충분함을 볼 것이 아니라 반대로 헤겔로서는 견디기 어려운 과도함의 징표를 보아야 하지 않을까?

여기서 우리는, 어째서 두 체계를 상호 근접시켜 단순한 유사성의 유비를 설정하는 것만으로는 불충분한지를 좀더 잘 이해할 수 있다. 양자 사이의 관계는 본질적으로 모순적 통일의 관계이기 때문이다. 헤겔은 두 사람의 친족성이 드러나는 바로 그 지점에서 스피노자에 맞선다. 헤겔이 스피노자에서 참기 어려워했던 것, 그리고 왜곡의 대가를 치르고서야 비로소 제거할 수 있었던 것은 헤겔 자신의 체계를 의문에 부치는 어떤 사상, 헤겔 자신의 철학적 입장이 그 속에 포함되어 있는 것으로 나타나는 어떤 사상이다. 이 때문에 두 체계 사이에는 단지 외적 관계──독립성의 관계든 친족성의 관계든 간에──만 존재하는 것은 아니다. 헤겔과 스피노자가 서로 대립하는 철학적 테제들은 하나의 진정한 양자택일의 지주이며, 이 양자택일의 항들은 서로 내재적으로 연결되어 있다. 우리가 여기서 연구하고 있는 특수한 질문으로 되돌아가 보면, 설명을 요구하는 것은 다음과 같은 사실, 곧 헤겔과 스피노자는 두 사람이 구체적이고 능동적이고 절대적인 진리에 대한 동일한 관점을 옹호하고 있는 한에서 서로 대결하고 있다는 사실이다.

헤겔처럼 스피노자에게도 진리는 사유의 내적 규정이며, 이는 외부 대상과의 모든 관계를 배제한다. 하지만 양자 사이의 모순의 진정한 쟁점은, 두 사람이 **사유**라는 용어 아래 매우 다른 실재를 제시하고 있다는 것이다. 스피노자에게 사유는 한 속성, 곧 절대적으로 무한한 실체의, 자신의 유類 안에서 무한한 한 형식이다.[116] 헤겔에게 사유는 자기의 주체로서 **정신**Esprit이다. 이는 자신의 현실화devenir-Réel의 운동에서 자신을 실현함으로써 자신과 그 자체로 동일화되고 이 운동의 끝에서 전체적으로, 전체로서 출현한다. 사유의 합리적 전개는 사유를 절대적으로 유일한 것으로 발견하는데, 왜냐하면 이러한 전개는 사유 안으로 모든 실재, 모든 내용을 흡수하기 때문이다. 스피노자의 철학이 용인하지 않는 것이 바로 이러한 사유의 배타적 특권이다. 스피노자에게 사유는 실체의 유일한 표현도 가장 뛰어난 표현도 아니다. 사유는 그저, 실체가 그 안에서 자신의 고유한 인과성을 전개함으로써 활동하는 **본질들** 중 하나일 뿐이다.

따라서 폭력적으로 시간적 순서를 거스르는 대가를 치러야겠지만, 스피노자가 헤겔을 논박한다고 말하는 것도 가능할 것이다. 이러한 논박이 겨냥하는 것은 변증법에 대한 관념론적 설명이다. 관념론은 사유는 그 내적 반성 능력 때문에 실재, 모든 실재의 탁월한 형식이라는 전제 위에 자신의 주장의 보편성을 확립한다. 따라서 사유는 자신의 총체화의 운동 안으로 다른 모든 질서를 결집하고 흡수하는 절대적인 합리적 질서로 제시된다. 자기 자신을 원들의 원으로 서술하는 헤겔의 변증법은, 자신이 궁극적으로 재통합하는 모든 요소들 사이의 위계적 종속 관계를 전제하며, 이러한 종속은 변증법적 진보의 전체 과정을 파악할 수 있는——왜냐하면 이 진보는 하나의 목적을 갖고 있기 때문이다——종국적 관점으로부터 반성된다. 스피노자는 이러한 전제를 처음부터 멀리한다. 그는 실재, 실체에 대한 자신의 관점에서 요소들 사이의 위계적 종속 관계에 관한 일체의 생각을 제거하기 때문이다.

---

116) 속성의 문제는 다음 장에서 상세하게 다루고 있으므로 여기서는 스피노자가 『윤리학』 1부 정의 4와 6에서 제시하는 정의들만 간단히 제시하겠다. "[정의 4] 나는 지성이 실체의 본질을 구성하는 것으로 지각하는 것을 속성으로 이해한다." "[정의 6] 나는 절대적으로 무한한 존재자, 곧 무한하게 많은 속성으로 구성되어 있고, 이 속성들 각자는 영원하고 무한한 어떤 본질을 표현하는 실체를 신으로 이해한다. 〈해명〉 나는 절대적으로 무한하다고 말하지 자신의 유 안에서 무한하다고 말하지 않는다. 왜냐하면 우리는 자신의 유 안에서만 무한한 것에 대해서 무한하게 많은 속성들을 부정할 수 있기 때문이다. 반면 절대적으로 무한한 것의 본질에는 본질은 표현하되 부정은 함축하지 않는 모든 것이 속한다."—옮긴이

실체의 속성으로서 사유는 전체와 동일하며, 따라서 속성 위에는 아무것도 존재하지 않는다. 하지만 동시에 사유가 실현되는 연쇄는, 실체가 표현되는 다른 모든 형식들[곧 다른 모든 속성들] ──이는 수적으로 무한하다──과 사유의 절대적 동등성을 정립한다. 반대로 헤겔은 실재로서 생산되는 모든 것을 정신에 종속시키도록 강제하는 탁월성의 관점[117]에 따라 정신을 주체로, 전체로 사유한다. 합리적 운동 안에 형식들의 위계를 설립하는 이러한 종속이 헤겔 목적론의 열쇠다. 그리고 이 목적론이야말로 바로 스피노자가 배격하는 것이다.

 이는 우리를 아주 역설적인 질문으로 이끌어 간다. 자기 자신을 주체, 전체, 목적으로 파악하는 정신으로부터 출발하여 이 정신에 의존하는 모든 실현 형식들의 위계를 설립함으로써, 결국 놀라운 역전 운동에 따라 자신이 스피노자에게서 비판하는 관점, 곧 실체의 관점에 안주하는 것은 바로 헤겔 자신이 아닌가? 왜냐하면 하나의 전체가 정립되고 이 전체가 점점 더 실재성이 줄어드는 규정들 안에서 연속적으로 중개된 후 결국 그 계열의 끝에서 소진될 수밖에 없게끔 모든 실재들을 포괄하고 있다는 것이야말로 실체의 관점을 특징짓는 점이기 때문이다. 이 [실체의 관점의] 원 안에서 헤겔이 경악스럽게 생각하는 점은 이러한 관점을 지휘하고 있는 전체와 부분들 사이의 관계가 아니라 전체가 실현되는 연속적 계기들의 순서다. 이 순서에 따를 경우 절대적 시초에 먼저 주어지는 것은 바로 전체다. 그런데 헤겔이 제안하는 것은 결국 이 순서를 전도하는 것에 불과하다. 왜냐하면 그는 전체를 과정의 끝/목적에 위치시키고, 전체의 규정들은 이 끝/목적을 향해 전진적으로 인도해 가는 계기들로 배열하고 있기 때문이다. 하지만 이러한 전도 이후

---

117) '탁월성의 관점'perspective d'éminence 또는 '탁월성'éminence은 중세 및 근대 초기의 신학과 철학에서 특수한 의미를 지닌 전문용어다. 이 용어에 대한 좀더 자세한 설명은 이 책 뒤의 '용어 해설'을 참조하라. ─옮긴이

에도 위계적 순서에 따라 부분들을 전체에 종속시키는 내재적 통합의 관계는 고스란히 남아 있다. 그리고 바로 이 점에 헤겔의 진화주의가 존재한다.

반대로 스피노자는 비진화론적 방식에 따라 인식 과정을 목적 없는 과정으로 사유한다. 곧 인식 과정은 사유의 자기규정 과정이며, 이 과정은 절대적인 인과성의 법칙에 따라 실재를 전체적으로 인식할 수 있게 해주지만 실재의 규정들에 완전히 통달하게 해주지는 않는다. 목적 없는 과정, 이것이야말로 헤겔에게는 사고 불가능한 것이다. 그리고 이 때문에 그는 스피노자가 이러한 과정을 반성하고 있는 관점 자체를 인정할 수 없었다. 헤겔이 이 목적 없는 과정을 절대적으로 시작하는 과정이라는 그릇된 이미지에 따라 해석할 수밖에 없는 필연성이 바로 여기에 있다. 하지만 이 왜곡된 이미지가 헤겔의 관점에는 적합한 것이다. 왜냐하면 이 이미지는 이 과정에 희화화된 형식, 내포적 순서 l'ordre intensif를 부연함으로써, 헤겔 사상의 불가피한 전제를 이루는 전체와 부분 사이의 통합적 통일성과 탁월성의 관계를 반복하고 있기 때문이다.

그렇다면 헤겔이 스피노자가 말하는 것을 문자 그대로 이해하지 못하고 있다는 점이 분명해지는데, 스피노자를 그대로 이해한다는 것은 곧 헤겔 자신의 체계의 고유한 전제들을 포기하는 일이 될 것이기 때문이다. 이 때문에 헤겔로서는 스피노자가 그에게 제기한 질문을 만족스럽게 해결하기 위해서는 스피노자를 자신의 학설의 한 계기로 제시함으로써 자기 관점 안으로 흡수할 수밖에 없었을 것이다. 곧 이는 시초의 계기, 잠정적인 계기, 지양해야 할 계기, 이미 넘어선 계기, 이미 극복된 위협이다. 이는 폐기된 역사 속으로 던져졌고, 일체의 현재성을 상실한 채 기억에 대해 말하고 있을 뿐이기 때문이다.

스피노자주의의 진리에 맞서기 위해 헤겔이 구축한 이 방어 체계는, 우리가 그 안에서 이 체계가 제시하는 대상, 곧 스피노자에 대한 표상이 아니라 이 체계가 고수하려고 하는 헤겔 자신의 입장——스피노자는 이 입장의 취약성을 잔인하게 폭로한다——에 대한 표상을 보게 되면서부터 그 효력을 많이 상실한다. 헤겔은 스피노자에게 부과한 이미지의 주인이 되고 싶어 했지만 헤겔 자신도 모르게 그의 진실을 투사하는 거울을 제시해 주는 것은 오히려 스피노자 쪽이다.

3부

속성의 문제

Le problème des attributs

속성 개념의 애매성
L'ambiguïté de la notion d'attribut

속성들과 실체의 관계라는 문제에 대해 헤겔이 제기한 논박들은——이 논박들이 확장하고 있는——**기하학적 방법**에 **따른** 절차에 대한 헤겔의 비판과 동일한 관점을 취한다. 앞서의 논의는 본질적으로 참된 인식의 조건들에 관한 것이었기 때문에 실재에 대한 사유의 위치가 문제되었다. 그런데 이 문제를 다루는 중에 개입하는 실체와 속성이라는 범주들은 스피노자와 헤겔 사이의 본질적인 분기점을 드러내 준다. 헤겔에게 사유와 실재는 양자 모두 동일한 과정에 속한다는 점에서 근본적으로 통일된 것이며, 이 과정에서 현실적인 것으로서의 정신은 자기 자신의 주체이다. 따라서 참된 것을 실체로 제시하는 관점을 넘어서, 참된 것을 주체로, 곧 운동 중에 있는 총체성으로 파악하는 관점이 **또한** 존재한다. 이와는 반대로 스피노자는 사유를 실체로 제시하는 것이 아니라 실체의 속성으로 제시함으로써, 다시 한 번 자신이 진정으로 이성적인 지식——스피노자의 체계는 이에 대해 불완전하고 미완성된 소묘를 제시해 주고 있을 뿐이다——에 이르지 못하고 있음을 시인하는 것으로 보인다.

주체가 되는 실체로서의 사유에서 실체의 속성으로서의 사유로 이처럼 옮겨 감으로써 일차적으로 문제가 되는 것은 사유의 지위다. 헤겔에 따르면 스피노자는 사유를 실체의 **외부**에, 그리고 어떤 식으로든 실체에 의존하는 것으로 정립함으로써, 사유의 탁월한 위치를 박탈함과 동시에 사유의 보편적 사명에 저항한다. 이런 의미에서 스피노자는 관념론적 관점에 대해 이질적인데, 이는 그가 사유의 실체적 성격을 부인하기 때문이다(반대로 데카르트는 사유에 실체의 성격을 부여했다). 실제로 "절대적으로 무한한" 것으로서의 실체와 "자신의 유 안에서**만** 무한한"[118] 것들인 속성들 사이에는 전체를 그 부분들로부터 분리시키는 것과 유사한 위계적 차이가 존재하는 것으로 보인다. 따라서 만약 사유가 하나의 속성이라면(이는 스피노자의 체계가 이론의 여지없이 긍정하고 있는 점이다), 그리고 속성들이 실체에 대해 하위의 위치 ─ 이는 속성들에 [실체에 비해] 감소된 또는 불완전한 기능들을 부여한다 ─ 를 차지하고 있다면, 사유는 더 이상 사유를 실현함으로써 사유의 필연성을 긍정하는 절대적 과정 자체가 아니라 이 과정의 한 양상이나 계기에 불과하다. 이때 사유가 자신의 모든 조건들을 자신 안에 지니고 있지 않고 외부 원인에 의존하는 한에서 사유의 발전 ─ 이를 있는 그대로 고려한다면 ─ 은 우연적인 것이 된다. 그리하여 헤겔은 속성들에 대해 "곧 이것들은 어떤 특수한 자립적인 것, 즉자대자적 존재를 지니고 있지 않으며, 지양되는 것, 계기들에 불과한 항들[용어들]이다"[119]라고 말한다. 하지만 스피노자에게 속성들은 실체의 부분들인가? 그리고 속성들을 실체에 연결시키

---

118) 『윤리학』 1부 정의 6에 대한 해명['해명'의 원문은 "Dico absolute infinitum, non autem in suo genere; quicquid enim in suo genere tantum infinitum est, infinita de eo attributa negare possumus……"이며, 이는 문자 그대로는 "나는 절대적으로 무한하다고 말하지 자신의 유 안에서 무한하다고 말하지 않는다. 왜냐하면 우리는 자신의 유 안에서만 무한한 것에 대해서 무한하게 많은 속성들을 부정할 수 있기 때문이다"를 뜻한다. 그런데 마슈레는 원문에서 '자신의 유 안에서만 무한한'이라고 하지 않고 '자신의 유 안에서만 무한정한indéfini'이라고 잘못 번역하고 있다. 이는 부주의에 따른 실수로 보이는데, 어쨌든 스피노자(및 17세기 철학 일반)에게 '무한성'과 '무한정성'이라는 개념은 엄격한 차이를 지니고 있기 때문에, '무한정한'이라는 술어를 속성에 대해 사용할 수 없다. 여기서는 '무한정한'이라고 번역하는 대신 '무한한'이라고 번역하여 바로잡았다. ─옮긴이].
119) 『대논리학』 1권, 라바리에르 옮김 p.112; 독어본 p.121; 국역본 p.139.

는 의존 관계는 헤겔이 해석하는 것처럼 본질적으로 불균등한 요소들 사이의 위계적 관계인가? 모든 것은 여기에 달려 있다.

이 논변에서 헤겔이 스피노자의 속성들 중 하나, 곧 사유와 특별히 관련되어 있는 하나의 난점(그에게는 중심적인 난점이다)으로부터, 일반적으로 고찰된 속성들의 본성에 대한 비판적 분석 —그는 방법에 대한 첫번째 논박들을 속성의 문제로 확장한다— 으로 옮겨 간다는 점을 알고 있어야 한다. 따라서 그가 처음에 방법에 대해 제기했던 논거들을 속성들에 대해서도 동일하게 반복한다는 것은 놀라운 일이 아니다. 곧 여기서도 헤겔이 스피노자에 대해 비판하고 있는 것은, 헤겔에 따르자면 스피노자의 체계 전체를 특징짓고 있는 형식주의와 추상성이다. 이는 헤겔이 보기에는 스피노자가 정의한 대로의 속성들은 추상적 본질들이며 실체에 외적인 것으로 머물러 있어서 구체적인 발전의 모든 가능성 바깥에서 불완전한 방식으로 실체를 **표상**하는 데 불과한, 실체에 **대한** 관점들이기 때문이다.

스피노자에게는 절대자에 대한 정의 이후에 비로소 속성에 대한 정의가 등장하며, 이 정의는 지성이 절대자의 본질을 파악하는 방식으로 규정되고 있다. 지성은 본성상 속성에 후속 —스피노자는 지성을 양태로 규정하기 때문이다— 할 뿐만 아니라, 절대자의 규정으로서의 규정인 속성은 사실은 하나의 타자, 곧 실체에 맞서 외적이고 직접적인 방식으로 등장하는 지성(타자)에 의존하고 있는 것으로 드러난다.[120]

여기서 문제가 되는 것은 분명 스피노자가 『윤리학』 1부 첫머리에서 속성에 대해 제시하고 있는 정의다. "나는 지성이 실체의 본질을 구성하는 것

---

[120] 같은 책 p.240; 독어본 p.196; 국역본 p.269.

으로 지각하는 것을 속성으로 이해한다"(정의 4).[121] 분명 헤겔은 이 정의를 문자 그대로 따르고 있다. 만약 속성이 지성이 실체에 대해 지각하는 **것**이라면, 속성은 자신을 지각하는 지성 외부에서 그 자체로 실존하지 못하며, 지성 안에서 속성은 하나의 표상, 곧 실체에 대해 외재적이며, 이 때문에 필연적으로 불완전한, 실체에 대한 이미지나 관념으로 나타난다. 이렇게 되면 속성을 실체로부터 분리시키는 간극이 분명해진다. 속성은 실체가 스스로를 반성하는 하나의 관점일 뿐이지만, 그러나 이는 실체의 내적 반성에 고유한 운동 속에서 자체적으로 이루어지는 반성은 아니다. 헤겔에 따르면 스피노자의 실체는 본질적으로 부동적不動的이기 때문이다. 오히려 실체는 환원될 수 없는 자신의 **한** 본질을 지각하는 지성 속에서 자기 자신에게 외적으로 반성될 뿐인데, 지성은 실체의 총체성을 분할함으로써, 곧 실체를 그것의 여러 측면이나 계기 중 하나로 국한시킴으로써 표상하기 때문이다.

이러한 헤겔의 논박은 겉으로는 아주 강력해 보인다. 이 논박이 스피노자의 언표 자체 안에 있는 가공할 만한 모순을 부각시키기 때문이다. 곧 스피노자는 속성은 실체를 **표현**하고 실체와 어떤 한 가지 방식으로 동일한 것이며 실체의 무한성에 참여하고 실체의 본성을 구성한다고 말한다. 심지어 그는 속성은 실체적이라고도 말한다. 하지만 속성은 내밀한 본성 안에 존재하는 대로 실체를 제시해 주지 않으며——그러나 실체가 이러한 내밀한 본성이라는 것을 지니고 있기는 한가? 헤겔에게 토대로서의 스피노자의 실체는 심연, 무규정성이다——실체를 파악하는 어떤 지성에게 나타나는 대로, 자기 자신 바깥에서 보이는 대로 제시해 줄 뿐이다.

---

121) 정의 4의 라틴어 원문과 마슈레의 불어 번역은 다음과 같다. "Per attributum intelligo id, quod intellectus de substantia percipit, tanquam ejusdem essentiam constituens./Par attribut, j'entends ce que l'entendement perçoit de la substance comme constituant son essence."——옮긴이

그런데 실체를 지각하며, 따라서 속성의 본성이 그에 의존하고 있는 것으로 간주되는 이 지성은 무엇인가? 이것이 유한한 지성이든 무한한 지성이든 간에 ──스피노자의 정의에는 이러한 구분이 나타나지 않는다는 점을 유념해 두자 ── 이는 하나의 양태, 곧 실체의 속성들 중 하나(여기서는 사유)에 의해 매개된 한 변용affection이다. 이렇게 되면 헤겔의 추상적 추론 방식이 스피노자의 체계를 가두는 원환이 명료하게 나타난다. 곧 체계의 **순서**에 따르면 실체의 본질로서의 속성은 실체의 후속적 규정인 양태에 선행한다. 하지만 속성에 대한 정의에서는 하나의 양태, 곧 지성의 고찰이 개입하고 있다. 좀더 정확히 말하면 이 정의는 속성의 본성이 이 양태의 실존에 의존하도록 만드는데, 왜냐하면 이 양태가 없다면 속성은 파악 불가능할 뿐만 아니라 아예 존재 불가능할 것이기 때문이다.

헤겔에게 스피노자의 체계는 본질적으로 추상적인데, 스피노자는 절대자를 하나의 시초 안에서, 하나의 시초로서 사유하고자 하기 때문이다. 이렇게 되면 절대자에 대한 규정은, 자신의 외부에서 실체가 발현되는 퇴행적인 ── 처음에는 자신의 속성들 안에서, 다음에는 자신의 양태들 안에서 ── 순서로 귀착된다. 그런데 그 형식적 성격 때문에 이 순서는 자신이 전개되는 바로 그 순간에 전도된다. 양태는 속성에 뒤따르는 한에서 속성에 의존한다. 하지만 스피노자는 속성을 양태로부터 출발하여, 따라서 양태로서 사유한다. 또는 오히려 정의한다. 따라서 최소한 속성과 양태의 구분은 이해 불가능한 것이 되고 만다.

하지만 이러한 비일관성은 추론의 잘못으로 전가될 수 없다. 이는 하나의 의미를 지니고 있다. 곧 이는 자기 자신이 제시한 전제들, **원리들**에 따라 불가피하게 이런 난점에 빠져들 수밖에 없는 스피노자 사상의 고유한 한계를 표현하고 있는 것이다. 실체의 절대적 자족성, 자기 자신 안에 모든 실재를 흡수해, 외양들 내지는 **존재 방식들**[122]이 아니라면 아무것도 빠져 나올 수 없는 토대 안에 직접 주어진 실체의 통일성은 체계에 존재론적 보증을 제공해 주지만, 동시에 체계가 스스로 전개되어 나가지 못하게 한다. 따라서 체계가 전개되면서 이 전제들은 문제가 될 수밖에 없다. 실체에서 속성들로의 **이행**은 실체가 스스로를 파괴하거나 약화시키고, 속성들의 다수성[123] ——속성들은 실체의 진정한 본성에는 무지한 채로 실체를 **파악하는** 데 불과하다—— 안에서 자신의 심원한 통일성을 분산시키게 되는 추상적이고 자의적인 과정이다. 스피노자 속성 개념의 비일관성, 취약성은 자기 자신에 대한 실체의 필연적인 또는 오히려 불가피한 외재성을 표현하는데, 이에 따르면 실체의 본질이 실체의 외부에서 파악된, 따라서 부적합한 규정으로서 실체 자신에게 대립할 경우에만 실체는 자신의 본질에 따라 포착될 수 있다. 하지만 이러한 부적합성은 실체 자체의 결함이다. 곧 보편적이고 공허한 형식인 실체는 자기 자신 안에서 스스로를 참된 것으로서 파악하기 위해 자기 자신에게 복귀하지 못하는 것이다. 이 때문에 속성들에 대한 정의에 나타나고 있는 스피노자 체계의 비일관성은 자신의 전제들——체계의 비일관성은 이것의 불가피한 결과일 뿐이다——로부터 **논리적으로** 따라나온다. 스피노자가 맴돌고 있는 악순환은 또한 그의 진리이기도 하다. 곧 그것은 그의 논의의 가능성의 조건이자 그 결함의 명백한 증상이라는 것이다.

    스피노자는 추상적으로 추론하기 때문에 절대자를 분해함으로써만 그것을 규정할 수 있다. 곧 직접 주어진 [체계의] 일관성의 관점으로부터 이를 구성하는 요소들, **본질들**에 대한 분석의 관점으로 **이행함**으로써만 규정할 수 있다. 우리가 속성들, 그 다음에는 양태들과 같은 연속적인 규정들을 고찰하

---

122) '존재 방식'에 대한 설명은 각주 40을 참조하라.—옮긴이
123) '다수성'의 원어는 multiplicité다. 헤겔의 경우 속성들을 수적인 관점에서 파악하기 때문에, 여기서는 multiplicité를 '다수성'으로 번역했다. 하지만 스피노자 자신의 관점이 논의되는 165쪽 이하에서는 multiplicité를 '다양성'으로 번역했다.—옮긴이

면서 기초지어지는 것으로 나아가기 위해 기초를 벗어나자마자, 우리는 기초의 통일성이 와해되거나 심지어 사라지는 것을 목격하게 된다. 다수성, 상이성[124]이 통일성을 대신하는 것이다. 사실 속성들은 실체에 외재적이며, 따라서 내생적인 운동을 통해 스스로를 실제로 결집하지 못하는 자기 자신에 대한 실체의 외재성을 드러내 줄 뿐만 아니라, 또한 서로에 대해 외재적인 측면들aspects 내지는 관점들이기도 하다. 곧 이것들은 환원 불가능한 본질들이어서 서로의 곁에 병치되고 열거될 수 있을 뿐 진정한 공동성을 확립할 수 없다. 사실 스피노자는 속성들이 서로에 대해 작용하지 못하며 상호 소통 관계에 따라 연계되어 있지 않고 근본적으로 독립해 있다는 점을 분명히 긍정하고 있다.

헤겔은 바로 이러한 속성들의 분리에서, 자신들이 부분적으로 **표상/대표하는** 절대자와 대등하게 될 수 없는 속성들의 무능력의 증상을 본다. 이렇게 되면 실체의 직접적이고 공허한 통일성은 불완전한 형식에 따라 실체를 표현하는 속성들의 다수성으로 분산되며, 이 형식들은 하나의 현실적 전체 속에서 함께 파악되고 포착될 수 없다. 이것들은 추상적이고 자의적으로 하나의 집합으로 합쳐진 단편들처럼 서로 결합되고 병치되고 부가될 뿐이다.

하지만——바로 여기서 헤겔의 비판은 결정적 지점에 도달한다——속성들은 분리된 존재자들로 실존하는 것만은 아니다. 각자 그 자체로, 추상의 고립[125] 속에 놓여 있는 이것들은 또한 서로 대-립되고op-posés 있다. 속성들

---

124) '상이성'이라고 번역한 diversité에는 '다양성'이라는 의미가 들어 있는데, 여기서는 multiplicité와 구분하기 위해 '상이성'으로 번역한다. 이후에 나오는 '상이성'이라는 단어는 모두 diversité의 역어이다. 이렇게 번역한 데는 스피노자에게서 diversus가 전문적인 용어로 많이 사용된다는 점도 감안되었다. 이처럼 전문적 용어로 쓰일 경우 diversus는 질적 차이, 유적 차이를 가리키며, 양태적 차이와 구분되는 의미를 갖는다.—옮긴이

125) '추상'abstraction은 어원상으로 abstrahere, 곧 '제거하다', '분리하다'를 의미한다. 따라서 '추상의 고립'이라는 표현은 속성들이 '실체의 통일성에서 떨어져 나와 서로 분리되어 있음'을 가리킨다.—옮긴이

은 자신들이 그 내용을 분유分有하고 있고 불구적인 방식으로 나타내는 실체에 대한 관점들에 불과하기 때문에, 서로 경쟁적인 형식들로서 대치하고 있다. 곧 이것들 각자는 다른 모든 것의 결여에 의해서만, 그리고 그것들과 대립함으로써만 실존할 수 있다.

여기서 새로운 논거의 밑그림이 그려진다. 이 논거는 "모든 부정은 규정이다"라는 잘 알려진 테제를 구실로 삼고 있다. 속성들은 실체를 부정적으로만, 곧 결성缺性으로서만 규정할 뿐이라는 것이다. 그리하여 한 속성에 형식을 부여하는 것은 다른 모든 속성에는 결여되어 있다. 이 때문에 이것들은 서로 환원 불가능하다.

우리는 4부에서 이 논거를 본격적으로 검토해 볼 생각이다. 여기서는 그 결과만 미리 말해 두자. 우리는 스피노자 체계가 속성들을 실체 다음에 오는 실체의 추상적 규정들로 설정하기 때문에 퇴행 운동으로 귀착될 수밖에 없다는 것을 살펴보았다. 유일한 실체에 대한 절대적 지식에서 출발한 뒤, 오직 출발하기만 한 뒤 ——앞에서 본 것처럼 스피노자의 오류의 뿌리는 그의 출발점에 있으며, 이로부터 그는 계속 일탈할 수밖에 없었다——그는 곧 퇴보하며 **결국 데카르트의 이원론을 재발견하게 된다**. 『철학사 강의』의 다음 문단은 헤겔이 자신이 스피노자식의 관념론이라 부르는 것을 어떻게 자신의 기본 원리에 따라 제시하고 있는지 잘 보여 준다.

스피노자의 철학은 절대적 진리의 형식을 취하고 있는, 데카르트 철학의 객관화Objektivierung이다. 스피노자식의 관념론의 기본 사상은 다음과 같은 것이다. 참된 것은 단적으로 하나의 실체이며, 이것의 속성들은 사유와 연장(자연)이다. 그리고 오직 이 통일만이 현실적이고, 현실적인 것이며 wirklich, die Wirklichkeit, 오직 이것만이 신이다. 이것은 데카르트에서처럼 사유와 존재의 통일 또는 자신의 실존의 원칙을 자신 안에 포함하는 것이다. 물론 데카르트에서도 실체, 이념은 자신의 개념 안에 존재 자체를 지니고 있다. 하지만 이는 실재적 존재reales Sein로서의 존재가 아니라 추상적 존재로서의 존재에 불과하다. 또는 연장이 아니라 물체성들corporéités, 곧 실체의 양태 중 하나도 아니고 실체와도 다른 어떤 것인 물체들에 불과하다. 마찬가지로 생각하는 나 역시 대자적으로 자립적인 존재다. 이 두 극단의 자립성은 스피노자주의에서 지양되며, 이것들은 절대적으로 하나인 존재의 계기들이 된다. 우리는 여기서 존재를 대립물의 통일로서 파악하는 관점이 표현되고 있음을 알 수 있다.[126]

처음 볼 때는 이 텍스트가 데카르트와 스피노자의 차이를 해명해 주는 것 같다. 곧 데카르트가 자율적 실체들인 사유와 연장(헤겔은 이를 **자연**, 심지어 **실재**le Réel에 동화시킨다)으로 정립한 것이 스피노자에서는 실체의 절대적 통일에 의해 재통일되고 화해된다. 실체의 절대적 통일은 **대립물의 통일**이기도 하다. 하지만 우리는 헤겔에게 이러한 통일은 추상적임을 알 수 있다. 곧 이 통일은 대립물들의 대립을 잠정적으로만 **지양**하고 재통일한 데 불과하며, 바로 이 대립물들 안에서 스스로를 규정하면서 분해되고 마는 거짓 통일이다. 스피노자가 제시하는 대립물들은 단지 대립물들에 불과하기 때문에 가상적으로만 지양될 수 있을 뿐, 결국 단순히 전치轉置되고 만다. 이 때문에 스피노자 체계의 핵심부에서 우리는 변형된 형태이긴 하지만 데카르트의 이원론을 재발견하게 된다.

헤겔이 『철학사 강의』의 같은 장에서 속성들의 정의에 대해 제시하는 주석은 정확히 이 방향으로 진행하고 있다.

---

126) 『철학사 강의』 3권 독어본 p.161.—옮긴이

실체 이후에 두번째로 오는 것은 속성들이다. 속성들은 실체에 속한다. "나는 지성이 실체의 본질을 구성하는 것으로 지각하는 것을 속성으로 이해한다." 그리고 스피노자에 따르면 오직 이것만이 참된 것이다. 이는 위대한 규정이다. 속성은 규정성이면서 총체성인 것이다. 사유와 연장이라는 두 가지의 규정만 존재한다. 지성은 이것들을 실체의 본질로 파악한다. [실체의] 본질은 실체가 아니며, 이는 지성의 관점에서만 본질일 뿐이다. 이런 관점은 실체에 외재적인 것이다. 실체는 두 가지 방식으로, 곧 연장과 사유로서 고찰될 수 있다. 이 각각은 총체성, 실체의 내용 전체이지만 오직 한 가지 형식 아래에서만 그럴 뿐이다. 이 때문에 두 측면은 즉자적으로 동일한 무한자들이다. 이는 진정한 완전성이다. 속성 안에서 지성은 실체 전체를 파악하지만, 실체가 어떻게 속성으로 이행하는지에 대해서는 말하지 않고 있다.[127]

만약 우리가 각각의 속성에서 실체의 내용 전체를 재발견하게 된다면, 그것은 실체 자체가 이미 모든 내용을 결여하고 있는 한에서만 그렇다. 속성은 하나의 형식일 뿐이며 이 형식은 자율적이고 무한할 수 있다. 하지만 그렇다 하더라도 이 형식은 모든 현실적 운동, 따라서 구체적 통일을 결여하고 있다. 속성들은 서로 대면하고 대립하고 있는 본질들이며, 이것들 사이의 외재적 관계는 실체, 곧 직접적인 것으로 정립된 절대자의 자기규정의 무능력을 드러내 준다.

하지만 심상치 않은 한 가지 누락이 위의 두 텍스트를 특징짓는다. 스피노자는 실체는 무한하게 많은 속성들 안에서 스스로를 표현한다고 말하는데, 우리는 이것들 중 사유와 연장이라는 두 가지만을 지각할 수 있다. 그런

---

127) 같은 책 p.169.―옮긴이

데 헤겔은 속성들의 본성을 특징지을 때 마치 우리가 지각할 수 있는 두 개의 속성들만이 존재하는 것처럼 말한다. "이[실체—마슈레의 추가]는 사유와 연장 두 가지만을 갖고 있다." 이러한 한정은 매우 중요한 결과를 낳는데, 왜냐하면 헤겔이 스피노자와 데카르트 사이에 계통 관계를 확립할 수 있게 해주는 것이 바로 이것이기 때문이다. 또한 그가 실체 안에서 속성들의 통일을 대립물들의 통일로 제시할 수 있게 해주는 것도 바로 이것이다.

스피노자가 속성에 대해 제시하는 정의를 다시 살펴보면, 속성은 "지성이 실체의 본질을 구성하는 것으로 지각하는 것"이다. 우리는 이미 스피노자가 여기서 실체를 지각하는 지성이 어떤 것인지 엄밀히 말하고 있지 않다는 점을 지적한 바 있다. 실체의 모든 본질을 지각하는 무한 지성이 문제인가, 아니면 그 중 둘만을 지각하는 유한 지성이 문제인가? 왜 이 구분은 속성들에 대한 일반적 정의 안에 들어 있지 않은가? 어쨌든 헤겔이 이러한 비엄밀성 또는 오히려 엄밀성의 부재라고 할 만한 것을 전혀 고려하지 않고 있으며, 속성들에 대한 정의를 매우 특수하고 제한적인 의미로 해석하고 있다는 점은 분명하다. 그에게 실체를 지각함으로써 속성들을 **구성하는** 지성은 실체를 사유와 연장이라는 두 형식들 아래서만 파악하는 유한 지성이다.

게루는 헤겔이 스피노자에 대해 제시하는 해석이 칸트적이라는 점을 강조한 바 있다. 사실 칸트에 대한 이러한 암묵적 준거가 바로 스피노자를 형식주의자라고 비난하는 것을 정당화해 준다. 속성들은 실체의 **본질들**일 뿐 아니라 그 형식들이기도 하며, 극단적으로는 그 현상들이기도 하다. 속성은 어떤 지성에게 나타나는 대로의 실체이며, 이 지성은 자신의 지각의 조건들에 따라 실체를 분해한다. 곧 실체를 한정하면서 규정한다. 이런 의미에서 헤겔에게 속성들과 실체의 동일성을 표현하는 속성들의 무한성[속성들이 무한하게 많음][128)은 내용 없는 무한성이다. 곧 이 무한성은 하나의 형식의 무한성인데, 이 형식은 그것을 구성하는 것의 한계 안에서, 다시 말해 **지각하는**

지성의 관점에서 볼 때 그 자체로 유한한 형식이다. 모든 것은 바로 여기에 달려 있다. 절대자를 구체적으로 사유하지 못하는 스피노자의 무능력은 그가 처음부터 유한 지성의 관점을 취한다는 사실에서 비롯한다. 이 관점은 자신의 본성상 분해, 곧 추상적 본질로 이끌어 가는 것과 달리 무한자를 파악할 수 없다. 이 모든 논변 아래서 이성(무제약자로 향하는)과 지성(조건들 아래에서만 자신의 대상을 규정할 수 있는) 사이의 칸트식 구분이 나타나고 있다는 점에 주목하자. 스피노자가 제시한 속성들에 대한 정의에서 헤겔이 보지 못한 것, 읽으려고 하지 않은 것은 바로 이러한 구분에 대한 선취된 거부이다. 이러한 거부는 지성의 개념이 절대적으로 일반적인 방식으로 이 정의 안에 나타나고 있으며, 여러 종류의 지성들 사이에 아무런 차이도 두지 않고 있다는 사실에서 표현되고 있다.

그렇다면 헤겔은 스피노자의 텍스트를 해명하는 것이 아니라 하나의 해석을 제시하고 있다는 것이 명백해진다. 이러한 해석을 통해 그는 스피노자 안에서 데카르트를 재발견한다. 곧 속성들의 본성을 규정하는 데 사용된 지성이 두 개의 속성만을 지각하는 유한 지성이기 때문에 실체의 통일은 사유와 연장의 구분 속에서 해소되고 와해되는 것이다. 그리고 이러한 구분은 실체 안에 시인되지 않은 이원성을 다시 위치시킨다. 이런 의미에서 헤겔은 스피노자주의는 데카르트주의의 한계들을 지양하려다가 실패한 시도라고 말할 수 있는 것이다. 전자와 후자 모두는 동일한 전제들에 의거하고 있으며, 비록 상이한 방식이기는 하지만 동일한 문제, 곧 일치의 조건들이 확립

---

128) 앞서 본 것처럼 스피노자는 『윤리학』 1부 정의 6에서 절대자를 정의하면서 '무한'이라는 표현을 두 번 사용하고 있다. 한 번은 '영원하고 무한한 어떤 본질을 표현하는' 각각의 속성에 관해서, 한 번은 이 속성들이 무한하게 많다는 의미에서 사용하고 있다. 불어 번역에서는 대개 '속성들이 무한하게 많음'을 '속성들의 무한성'infinité des attributs으로 표현한다. 아래에서 속성의 내포적 무한성을 표현하는 경우는 '**속성의 무한성**'으로 번역하고, 속성들의 외연적 무한성, 곧 속성들이 무한하게 많음을 표현하는 경우는 '**속성들의 무한성**'으로 번역하겠다. ─옮긴이

되어야 하는 두 개의 구분되는 존재자들 사이의 관계라는 문제를 다루고 있다. 스피노자는 곧바로 실체의 통일——이때 이는 내용 없는 통일이다——을 정립했기 때문에, 그 다음 이 통일이 분해되는 사유와 연장은 서로 조화해야 하는, 하지만 형식적인 방식과 다르게 조화하는 데는 실패한 대립물들로서 서로 대면해 있다.

우리는 이 해석이 스피노자가 자신의 증명들에서 실제로 전개하고 있는 내용에서 완전히 **벗어나** 있음을 보게 될 것이다. 그에게 사유와 연장은 이후에 극복되어야 할 대립항들로서 서로 대면해 있지 않기 때문이다. 속성들의 환원 불가능성이라는 테제가 의미하는 것이 바로 이 점인데, 이는 속성들 사이의 모든 관계——대립 관계까지도——를 배제하고 있다. 그런데 체계의 문자 그 자체로 되돌아가 본다면 속성들의 이러한 독립성——하지만 속성들은 자신들이 그 본질들을 구성하는 실체 안에서는 동일하다——은 실체가 하나나 둘, 심지어 그 수가 얼마이든 간에 다수의 속성들 안에서가 아니라, 속성들의 무한성[무한하게 많은 속성들]——이는 어떤 형태로든 속성들 사이에 항 대 항 관계를 설정하는 것을 금지한다——안에서 스스로를 표현한다는 사실에서 출발할 때에만 파악될 수 있다는 점을 깨닫게 된다. 하지만 이상의 내용을 파악하기 위해서는 헤겔이 스피노자에게 전가하는 것과는 아무 관련이 없는 추론 방식을 따라야 한다.

속성들의 실재성
La réalité des attributs

스피노자는 데카르트주의에 대한 비판을 통해 주관-객관 또는 형식-내용의 관계라는 관점에 따라 정립된 칸트식의 인식의 문제설정을 미리 무효화한다. 헤겔 역시 이러한 문제설정을 비난하고 자신이 이를 지양한다고 주장하지만, 그는 이러한 사정을 완전히 무시해 버렸다. 이것이 스피노자주의에 대한 그의 모든 해석을 지휘하고 있다. 여기서 놀라운 것은 헤겔이 자신의 철학과 스피노자의 철학이 본질적으로 수렴하는 한 지점에서 정반대로 상위성의 동기를 찾고 있다는 점이다. 이러한 반전은 다음과 같은 두 가지 방식 외에는 설명이 불가능하다. 한편으로는 헤겔이, 고전적인 진리관에 대한 스피노자의 비판은 불충분하며, 이 때문에 스피노자의 비판은 그것과 분리할 수 없게 연루된 고전적인 관점의 결함들에 다시 빠져들게 된다는 점을 확증할 수 있게 해주는 이론의 여지없는 논거들을 제시하는 경우이다. 또는 반대로 헤겔이 스피노자의 이 비판을 용납하기 어려운 이유는 이 비판이 헤겔 자신의 비판보다 훨씬 더 근원적이어서 헤겔 체계의 한계들을 해명하고 이 체계가 자신에 선행하는 관점들──헤겔의 체계는 자신이 이 관점들의 모든 모순을 해소함으로써 이것들을 실격시켰다고 주장하지만──과 항상 맺고 있는 공모 관계를 드러내 주기 때문이다. 곧 보게 되겠지만, 우리는 이 후자의 설명을 받아들여야 한다.

속성들의 문제로 되돌아가 보자. 헤겔에 따르면 속성들은 실체가 지성의 관점에서 반성되게 해주는 **규정**들, **형식**들이다. 말하자면 실체는 엘레아학파의 공허한 존재처럼 절대적인 비규정성 아래 직접 주어진 형식 없는 내용이다. [이처럼 직접 주어진] 그 다음 실체는 내용 없는 형식들 속으로 외화外化되는데, 이 형식들은 칸트의 범주들과 같은 방식으로 실체를 반성한다. 그런데 이런 도식은 적어도 한 가지 점에서 스피노자의 학설을 왜곡하고 있다. 곧 만약 속성들이 스피노자에게 형식들 내지 존재의 유들genres 또는 본성이나 본질들이라면, 이는 분명 내용과 대립하는 형식들은 아니며 주어와 대립하는 술어들이나 외재적인 구체적 현실과 대립하는 추상적 범주들은 더욱 아니다. 또는 반대로 이것들은 하나의 형식인 실체에 대해 타당한 내용들이라고 말할 수도 있을 것이다. 실체는 속성들로 **이루어져 있으며**consiste, 속성들을 자신의 본질을 **구성하는**constituant 것으로 파악하기 때문이다. 이는 아주 간단하게도 형식과 내용이라는 관점은 속성들과 실체를 연결하는 관계를 특징짓기에는 전혀 부적절하다는 것을 의미한다.

속성들이 "지성이 실체에 대해 지각하는 것"이라 하더라도, 이것들은 지성의 관점 — 여기서는 속성들은 반성된 형식들로 존재할 것이다 — 에 의존해 있는 것은 아니며, 무한 지성과 대립하는 유한 지성의 관점에 의존해 있는 것은 더욱 아니다. 속성들에 대한 정의에서 스피노자가 **지각하다**percipere라는 단어를 사용한다는 사실을 진지하게 받아들여야 한다. 지성은 속성들을 실체의 본질을 구성하는 것으로 **지각한다**. 『윤리학』 2부 첫머리의 정의 3에 덧붙인 '해명'을 참조해 보면, 우리는 이 용어가 매우 엄밀한 의미를 지니고 있음을 확인할 수 있다. **정신의 개념**인 관념에 대해 스피노자는 다음과 같이 쓰고 있다. "나는 지각보다는 개념이라고 말하는데, 왜냐하면 지각이라는 단어는 정신이 대상에 대해 수동적이라는 것을 가리키는 것처럼 보이는 데 반해 개념은 정신의 능동성을 표현하기 때문이다." 이러한 지적은 소급해서 [1부의] 속성들에 대한 정의에도 적용될 수 있다. 스피노자는 속성들은 지성이 실체에 대해 **인식하는** 것이라고 말하지 않는데, 이 경우 이 용어는 자신의 **대상**과 관련한 지성의 능동성을 함축할 것이기 때문이다. 곧 지성은 예컨대 대상에 하나의 형식을 부여하여 형상화함으로써 이 대상을 변형시킬 것이기 때문이다. 속성은 지성이 실체에 대해 **지각하는** 것인데, 왜냐하면 여기서 확립된 [지각-수동성, 개념-능동성] 관계에 따르면 위와는 반대로, 자신을 구성하는 본질들, 곧 속성들 안에서 존재하는 그대로 실체를 받아들이는 지성은 이 실체에 대해 수동적이기 때문이다.

따라서 속성들에 대한 정의에 나오는 **지성**이라는 용어는 칸트의 의미대로 해석될 수 없다. 비록 독특한 지성, 곧 우리의 유한 지성과 관련된 반박이긴 하지만, 스피노자가 베이컨에 대해 제기한 반박은 여전히 타당하다. "그는 인간 지성은 감각에서 비롯하는 오류들 외에도 지성 자체의 본성 및 ─세계에서 유래한 것이 아니라─ 지성에서 유래한 관념들 때문에 오류를 범할 수 있으며, **따라서 인간 지성은** [사물을] 반영하면서 자신의 고유한 특징들과 사물 자체의 특징들을 뒤섞어 버리는 **왜곡된 거울과 같다**고 가정하고 있습니다."[129] 헤겔이 속성의 정의에서 지성의 역할에 대해 제시하는 해석은 정확히 이 방향으로 나아가고 있다. 곧 속성들이라는 형식에 따라 실체를 반영하는 지성은 자신이 생산하는 이미지들에 자신의 표시를 새겨 놓는 일종의 왜곡하는déformant 혹은 형식을 부여하는informant 거울이다. 그러므로 이미지들이 보여 주는 것은 거울 속에 반영된 대상이 아니라 거울 자체이다. 스피노자에게 지성이 거울인가에는 논란의 여지가 있는데, 관념은 이미지가 아니기 때문이다. 하지만 만약 그에게 지성이 거울이라면 이는 분

---

129) 올덴부르크Henry Oldenburg에게 보내는 2번째 편지.─옮긴이

명 자신의 척도에 따라 현실을 재구성하기 위해 현실을 분해하면서 개입하는 능동적 거울은 아니다. 적어도 문제의 속성들의 정의에서 이는 완전히 객관적인 거울, 곧 실제로 실체를 구성하는 본질들 속에서 존재하는 그대로의 실체를 **지각하는** 거울이어야 한다. 스피노자가 속성들에 대해 제시하는 정의는 분명히 지성의 일체의 창작력을 배제한다.

여기서 한 가지 논평이 필요하다. 이 논평의 전체 의미는 나중에야 밝혀질 것이다. 우리는 속성들에 대한 정의에서 지성과 실체를 연결시키는 지각의 관계는 능동성보다는 수동성을 함축한다는 점을 보여 주려고 했다. 하지만 좀더 가까이서 살펴보면 이러한 수동성의 관념도 당혹스럽기는 마찬가지다. 이는 모델을 재생산하는 데 만족하는 충실한 모상들로서의 속성들이 자신들이 보게 해주는—곧 잘 알려진 표현을 다시 쓴다면, 자신들이 그에 대한 "도판 위의 그림들"인—대상[실체]에 정확하게 상응하는 수동적 표상들이라는 것을 의미하지 않는가? 이렇게 되면 우리는 속성들을 지성에 의해 산출된 형식들로 간주하지 않음으로써 한쪽에서 얻게 된 것을, 속성들을 외적 실재를 수동적으로 반영하는 관념들로 몰아감으로써 다른 쪽에서 상실하게 될 것이다. 이런 새로운 난점에서 벗어나기 위해서는 속성들이 지성의 **능동적** 표상들도 아니고 **수동적** 표상들도 아니라는 점을 덧붙여야 한다. 이는 아주 단순하게도 이것들이 표상들도, 이미지들도 아니고 지성의 또는 지성 안의 관념들도 아니기 때문이다. 속성들은 지성이 실체 안에 주어진 내용을—객관적으로든 아니든 간에—포착할 수 있게 해주는 지성 안에 존재하는 형식들이 아니다. 속성들은 자신들이 그 본질들을 구성하는 실체 자체 안에 존재한다. 속성에 대한 정의에서 일체의 수동성의 관념으로부터 벗어나기 위해서는 이처럼 엄밀화하는 것으로 충분하다. 속성들 안에서, 곧 자신의 모든 본질 안에서 자기 자신을 표현하는 것이 실체인 한에서 속성들은 능동적인 것이다.

그런데 속성들을 지성의 관념들로 간주하지 않는다는 것은 동시에 헤겔이 제시한 해석의 또 다른 요소를 문제 삼는 것이기도 하다. 헤겔은 속성들의 추상적 성격을 보여 주기 위해 속성들을 실체로부터 분리시키며, 양자 사이의 관계를 계기적 연속의 관계, 곧 **처음에는** 실체, **다음에는** 속성들이 나오는 관계로 제시한다. 이렇게 되면 스피노자가 분명히 주장하고 있음에도 불구하고, 속성들과 실체의 동일성은 완전히 문제가 있는 것이 되어 버린다. 실체 바깥에서, 그리고 실체 이후에 속성들은 지성이 ─속성들이 준거하고 있는 기초로부터 속성들을 분리시키면서─ 실체를 반성하는 형식들에 불과한 것이 되고 만다. 하지만 자신의 속성들에 대한 실체의 선행이라는 관념, 속성들 사이에 위계 관계를 설정하는 이러한 관념은 스피노자 학설의 문자 자체와 완전히 반대되는 것이다.

여기서는 반론의 여지없는 반대 입장의 증거로 들뢰즈와 게루의 논변을 그대로 받아들여야 한다. 이들은 로빈슨을 따라 신, 곧 속성들의 무한성[무한하게 많은 속성들]을 포괄하는 유일한 실체의 실존에 대한 증명[1부 정리 11 및 증명과 주석]으로 귀결되는 『윤리학』의 최초 [10개의] 정리들의 비 "가설적"이고 "발생적"인 성격을 강조했다.[130] 스피노자의 『윤리학』이 신에서부터 **출발한다**는 것은 일반적으로 널리 받아들여지는 관념이다. 헤겔은 스피노자가 중국인들처럼 절대자에서 **출발한다**고 비난하면서 자기 나름대로 이 관념을 다시 취하고 있다. 스피노자의 체계가 절대적 시초라는 토대 위에

---

130) 독자들의 이해를 돕기 위해 『윤리학』 1부의 구성과 논의 주제에 관해 간단히 정리해 보겠다. 『윤리학』 1부는 주제에 따라 몇 개의 부분으로 나뉠 수 있는데, 게루 같은 이는 정리 1~15(신의 본질의 구축), 정리 16~29(신의 역량의 연역), 정리 30~36(신의 본질과 신의 역량의 동일성으로서 신의 역량)의 세 부분으로 구분한다. 그리고 게루는 다시 정리 1~15의 첫번째 부분을 1) 정리 1~8(신의 본질의 요소들, 곧 단 하나의 속성만을 갖는 실체의 연역), 2) 정리 9~15(절대적으로 무한한 실체의 구축)로 구분한다. 이 중에서 정리 11은 **이른바** 신 존재증명이 이루어지고 있는(하지만 이것이 **전통적 의미의 신 존재증명**인지는 의심스럽다) 곳으로서, 여기서 처음으로 절대적으로 무한한 신, 곧 무한하게 많은 속성들로 구성된 신이 실존함이 정리로 제시되고 증명된다.─옮긴이

설립되어 있다는 생각 자체가 매우 의심스러운 것이기는 하다. 하지만, 만약 그렇다고 한다면 『윤리학』 서두에 대한 세심한 독해는 이러한 시초가 정확히 말하면 신, 곧 절대적으로 무한한 유일한 실체일 수 없다는 것을 보여 준다. 처음에 우리는 신에 대해 하나의 정의(정의 6)만을 갖고 있을 뿐이며, 이 정의가 실제로 유일한 실재적 존재에 상응한다는 것을 발견하기 위해서는 정리 11에 이를 때까지 기다려야 한다. 이 사이에서 어떤 일이 일어나는가?

만약 『윤리학』의 첫번째 열 개 정리를 일반 존재론, 또는 형식적 조합의 방향에서 해석한다고 치자(이러한 해석은 이 정리들을 단지 가능태들과 관련된 언표로 만듦으로써 이 정리들의 모든 실재적인 의미작용을 부정하게 된다).[131] 그렇다면 사람들은 이 사이에서는 분명히 아무 일도 일어나지 않는다고 답변할 것이다. 이 정리들은 예비적 가치만을 지니고 있으며, 나중에 [정리 11에서] 실체의 실존이 실재적으로 확립된 순간──여기에서 실존 여부는 고려하지 않은 채 이루어진 순수 본질들에 대한 고찰[정리 10까지의]이 종결된다──에야 시작되는 실체에 대한 실질적인 논의의 방법론적 전제로 사용된다는 것이다.

이 해석은 한 가지 본질적인 점에서 헤겔의 해석과 결합한다는 점에 주목하자. 곧 이는 실체에 대한 논의를 일종의 절대적 시초로 만든다. 이 때문에 사람들은 신, 곧 실체 그 자체가 몸소en personne 문제 되지 않는 한 스피노자의 증명들은 도입적 기능만을 지닐 뿐이라고 말한다. 사실을 말하자면 이 증명들은 아무것도 말해 주지 않는데, 왜냐하면 이 증명들의 대상은 실존 조건들 바깥에서 파악된 **존재 일반**이기 때문이다. 본질과 실존 이원론에

---

131) 도즈가 바로 이렇게 했다. 앙드레 도즈, 「『윤리학』 1부 전반부 11개 정리에 대한 고찰」Remarques sur les onze premières propositions de l'Éthique, 『형이상학과 도덕 평론』Revue de métaphysique et de morale, 1976년 2호[같은 저자, 『철학 편력 2권. 아리스토텔레스에서 하이데거까지』Parcours philosophique t. 2. D'Aristote à Heidegger, 아르마탕Harmattan, 2001에 재수록.──옮긴이].

따라 제시된 속성들에 대한 형식주의적 관점이 여기서 다시 출현하지만, 스피노자는 이를 분명하게 거부한다. "속성들의 실존은 속성들의 본질과 전혀 다르지 않습니다."[132]

이러한 독해는 종합적인, 진정으로 인과적인 진행 과정 속에서 **기하학적 방법에 따른** 절차가 확립하고 있는 추론의 필연성을 문제 삼는 것 아닌가? 스피노자에 따르면 참된 논의는 또한 동시에 현실적이기도 하며, 이는 이러한 논의가 가능태에 대한 탐구를 포함하고 시초 또는 도입의 전제에 종속된다는 것을 배제한다. 따라서 신 존재증명에 앞서 나오는 정리들의 지위를 확인하기 위해서는 이 정리들 전체를 다시 살펴봐야 한다.

게루는 다음과 같은 구분법을 통해 이 정리들을 제시하고 있다.[133]

— 정리 1에서 8까지는 신의 본질을 구성하는 요소들, 곧 하나의 속성만을 갖고 있는 실체들의 연역이 이루어지고 있다.
— 두번째 단계(정리 9에서 정리 15)에서는 이 단순한 요소들, 곧 하나의 속성만을 갖고 있는 실체들로부터 신을 구축하고construire …… 이 실체들 각자의 알려진 고유성들propres을 신에게 부여하는 것이 문제가 된다.

우리는 이 정식들 중에서 어떤 것들은 중대한 반론을 낳으며 유지될 수 없음을 보게 될 것이다. 그러나 비록 이 정식들은, 적어도 한 가지 점에서는 체계의 문자에서 벗어나는 부당한 논의를 제시하고 있기는 하지만, 이전까지는 분명하게 드러나지 않았던 스피노자 증명의 매우 중요한 한 측면을 해명할 수 있게 해준다.

---

132) 시몬 드 프리스Simon de Vries에게 보내는 10번째 편지.
133) 게루, 『스피노자 1권. 신』 p.109.

게루의 분석도 몇 가지 점에서는 분명히 수용할 수 없기는 하지만, 그의 분석의 요체를 따라가면 우리는——앞서 제기된 질문의 표현을 다시 사용한다면——『윤리학』 1부를 시작하는 이 정리들에서 무언가가 발생한다는 점을 깨닫게 된다. 그리고 이 사건은 엄밀히 말하면 정리 8과 정리 9 사이, 곧 우리가 substantia unius attributi(이 표현은 문제를 낳기 때문에 잠정적으로 번역을 유보해 둔다)에서 절대적으로 무한한 실체——이는 모든 속성을 소유하고 필연적으로 실존하기 때문에, 이것 이외의 다른 어떤 실체도 인식될 수 없다——로 **이행하는** 순간 일어난다. 게루의 표현을 다시 사용하면 실체는 자신을 합성하는 요소들로부터, 곧 실체를 구성하는 것으로서의 속성들(왜냐하면 속성들은, 정확히 말해 그것들 자체가 실체들은 아니지만, **실체적**이기 때문이다) 자체로부터 **구축된다**. 따라서 실체는 자신의 실재적 과정 속에서 나타난다. 이러한 객관적 발생에 대한 논의는 [도즈가 주장하는 것처럼] 하나의 조합의 형식적 전제에 불과한 실속 없는 지식을 표현하는 것이 아니라, 말하자면 자신의 구체적 역사 속에 존재하는 자신의 대상의 현실적 운동을 능동적으로 표현한다.

이 분석의 본질적인 장점은 자기원인이라는 관념에 온전한 의미를 부여한다는 데 있다. 만약 신이 **자기원인**이라면, 이는 헤겔이 해석하는 것처럼 원초적 정초의 활동을 통한 절대자의 직접적 선사donation라는 의미가 아니다. 이 경우 절대자는 소외될 수 없는, 따라서 외부로부터만 규정될 수 있는 어떤 현전의 환원 불가능성 속에서 단 한 번에 자기 자신을 모두 전달함과 동시에 소진되어 버릴 것이다. 반대로 자기원인은, 실체를 구성하는——그리고 실체의 실존이 그에 의거해 확립되는——**본질들**로부터 출발해 실체가 자신을 산출하는 과정과 다르지 않다. 이 운동은, 실체가 자신의 활동의 산물로, 자신의 고유한 규정의 결과로 산출되는 지점에까지 이르게 된다. 이렇게 볼 때 스피노자의 실체는 엘레아 학파의 존재와 무관하다. 자신의 내재적인 삶——반면 헤겔은 계속해서 **죽어 있는 실체**에 대해 말한다——속에서 실체는 자기를 향한 운동, 자기의 긍정이며, 자기 바깥에서 자신의 형식을 찾아내야 하는 모든 비현실적인 내용과는 정반대의 것이다. 여기서도 우리는 헤겔과 **아주 가까이** 있지만, 헤겔은 이러한 근접성을 전혀 보지 못한다.

신에 대한 정의가 표현하는 것이 바로 이 운동이며, 이 정의는 발생적이고 인과적으로 해석되어야 한다. "나는 절대적으로 무한한 존재자, 곧 무한하게 많은 속성으로 구성되어 있고, 이 속성들 각자는 영원하고 무한한 어떤 본질을 표현하는 실체를 신으로 이해한다."[134] 이 정의는 종합적 또는 기하학적이다. 이 정의가 자신의 대상을 생산하면서 그것을 필연적으로 규정하기 때문이다. 만약 신이 자기원인이라면, 신은 원인이 없는 것은 아니다. 반대로 그는 자신에 의해 절대적으로 규정되어 있다. 그리고 속성들은 바로 이러한 규정의 형식들이다. 이 정의에서 출발해 우리는 이 정의의 대상의 모든 특성들을 마찬가지로 필연적 방식으로 연역해 낼 수 있다. "제가 신을 지고하게 완전한 존재로 정의할 때는 이 정의가 작용인을 표현하지 않기 때문에 (왜냐하면 저는 작용인은 내적일 뿐만 아니라 외적이기도 하다고 생각하기 때문입니다), 제가 신을 절대적으로 무한한 존재로 정의할 때처럼(1부 정의 6) 저는 이로부터 신의 모든 특성들을 연역해 낼 수 없을 것입니다."[135] 이처럼 자신의 내적 작용인인 속성들 안에서 산출된 실체는 또한 자기 자신의 원인이기도 하다. 그렇다면 실체는 직접적 절대자가 아니라는 점이 분명해진다. 비록 자기 자신으로부터이기는 하지만, 실체는 연역되어야 하기 때문이다.

따라서 실체와 그 속성들 사이의 관계는 [헤겔의 해석과는] 근원적으로 다른 것으로 드러난다. 우선 실체에 대한 속성들의 외재성을 주장하는 것은

---

134) 『윤리학』 1부 정의 6.
135) 취른하우스에게 보내는 60번째 편지.

가능하지 않다. 속성들은 실체가 자기 자신을 구성하는 요소들 또는 계기들로서 실체 안에 있다. 다른 한편으로 만약 실체와 그 속성들 사이에 어떻게 해서든지 꼭 계기적 연속의 순서를 세워야 한다면, 실체가 속성들 **앞에** 와야 하는지는 더 이상 확실치 않다. 오히려 속성들이 실체의 자기생산의 조건으로서 실체에 선행한다. 속성들은 실체의 구성 과정에서 본질적으로 인과적인 역할을 맡고 있기 때문이다. 그리하여 자주 지적되는 다음과 같은 이례성이 설명된다. 곧 『윤리학』은 신에서 **시작하는** 것이 아니라 일련의 증명들을 거친 뒤에 신에게 귀착, 또는 적어도 도달하게 된다. 전통적으로 해석가들이 **아직** 유일하고 현실적으로 실존하는 실체와 관련되지 않은 [1에서 10까지의] 정리들에서 모든 내용을 제거하고, 이 정리들을 그 다음에 비로소 진짜로 시작되는 어떤 논의의 형식적 전제조건들로 만듦으로써 우회하려고 했던 난점이 바로 이것이다.

하지만 우리는 실체에 대한 속성들의 **선행성**에 대해 말하는 것 역시 만족스럽지 않다는 것을 앞으로 보게 될 것이다. 이 때문에 우리는 속성들과 실체의 동일성과 관련된 논변의 본질적인 또 다른 양상을 강조하는 데 당분간 집중할 것이다. 만약 우리가 이러한 동일성을 인정한다면, 시간적 연속이나 위계적 종속 관계가 모두 상정하고 있는 실체와 속성들 사이의 불균등성을 사유하는 것은 더 이상 불가능하다. 실체 안에는 속성들 안에서보다 더 많거나 적은 존재 또는 실재성이 존재하는 것이 아니라, 정확히 **같은** 실재성이 존재한다. 적어도 이러한 실재성이 양적으로 측정될 수 있다면 이처럼 말할 수 있을 것이다. 속성들은 실체보다 덜한 것이 아니다. 예컨대 속성들은 그 자체로만 따로 놓을 경우 실존을 결여하고 있는 본질들이 아니며, 실체는 정확히 바로 속성들 자체다. 『데카르트의 『철학원리』』에서 스피노자는 이미 다음과 같이 쓰고 있다.

그[데카르트―마슈레의 추가]가 "실체를 창조(또는 보존)하는 것은 속성들을 창조(또는 보존)하는 것보다 더 중대한 일이다"라고 말할 때 분명히 그는 속성들을, 실체 속에 형상적으로 포함되어 있고 사고상의 구분에 의해서만 실체로부터 구분되는 것으로 이해할 수 없게 된다. 이 [후자의] 경우, 실체를 창조하는 것과 그 속성들을 창조하는 것은 동일한 것이기 때문이다(정리 7의 주석).

하지만 모든 속성들을 포함하고 있는 실체인 신은 실체도 속성들도 **창조하지 않는다**. 데카르트가 특히 **파악하지 못하는** 것이 바로 이 점이다.

시몬 드 프리스에게 보내는 9번째 편지는, 우리가 이를 올바르게 읽는다면 이스라엘과 야곱이라는 이름이 동일한 존재를 지시하는 것과 마찬가지로 속성과 실체는 동일한 사물의 다른 이름들이라는 점을 명시하고 있다.[136] 사람들은 대부분 이 편지를 반대로 읽고 여기서 속성들에 대한 형식주의적인 해석에 대한 확증을 발견하곤 한다. 마치 속성들이 실체라는 이 동일하고 유일한 **사물**의 다른 **이름들**인 것처럼 말이다. 이러한 잘못의 지속[137]은 한 가지 방식으로만 설명될 수 있다. 곧 스피노자는 편지에서 하나의 동일한

---

136) 이 편지의 해당 구절은 다음과 같다. "잘못 생각한 게 아니라면 제가 선생에게 제시한 세번째 정의는 다음과 같습니다. '나는 자기 자신 안에 존재하고 자기 자신에 의해 인식되는 것, 곧 그것의 개념이 다른 것의 개념을 함축하지 않는 것을 실체로 이해한다. 속성들은 실체에게 그 특유의 본성을 귀속시키는 지성과 관련하여 이처럼 불린다는 점을 제외하면, 나는 속성도 이와 똑같이 이해한다.' 거듭 말하거니와 이 정의는 제가 실체 또는 속성으로 의미하는 바를 명석하게 설명하고 있습니다. 하지만 선생은 어떻게 한 가지 동일한 사물이 두 개의 이름으로 의미될 수 있는지 ―꼭 필요한 것은 아니지만― 제가 예를 들어 설명해 주기를 원하고 있습니다. 까다롭게 구는 것처럼 보이기는 싫기 때문에, 두 가지 예를 들어 보겠습니다. 첫째, 저는 '이스라엘'로 세번째 족장을 의미합니다. 저는 '야곱'으로 동일한 인물을 의미하는데, 이 후자의 이름은 그가 자기 형제의 발뒤꿈치를 잡았기 때문에 붙여졌습니다." G 4권 p.46.―옮긴이
137) 질 들뢰즈, 『스피노자와 표현의 문제』 *Spinoza et le problème de l'expression*, 미뉘Minuit, 1980, p.52[해당 구절에서 들뢰즈는 속성들을 실체라는 하나의 사물에 대한 두 가지 이름으로 해석하는 주석가들은 속성들을 관념론적으로 또는 지성주의적으로 해석하는 경향이 있다는 점을 지적한다.―옮긴이].

사물에 대한 **두 개**의 이름에 대해 말하면서 사례들을 들고 있는데, 바로 이로부터 이러한 가설이 제시되는 것이다. 마치 이 독해자들의 눈은 그 자체로는 아무런 중요성도 없는 이 숫자에 고정되어 있는 듯하다. 그리하여 형이상학에 흔한 환상을 반복할 기회가 마련되는데, 헤겔은 이미 이것의 좋은 사례를 제시한 바 있다. 곧 헤겔에 따르면 **둘**은 데카르트식의 실체 분할에 따른 사유와 연장의 이원성, 오직 그 한 가지만을 가리킬 수 있는 것으로 보인다. 바로 이 때문에 속성들 ──우리의 유한한 지성이 지각하는 두 개의 속성들로 단번에 확정된── 을 이름들로서, 곧 자신들이 외재적인 방식으로 지칭하는 어떤 내용에 외적인 형식들과 동일한 것으로 간주하게 된다. 하지만 이 문제에 관해 스피노자는 아주 분명하다. 속성들은 본질들, 따라서 실재들이다. 그러므로 이것들은 절대 이름들이 아니다. 곧 실체를 다수의 관점들 내지는 외양들로 추상적으로 분해하는 매개체로서의 지칭들désignations이 아니다.

속성들과 실체를 연결하는 이러한 실재적인 동일성을 파악하기 위해서는 두 개의 텍스트를 함께 읽는 것으로 족하다. 두 텍스트 사이의 일치는 모든 애매성을 제거해 준다.

> 저는 자기 자신에 의해서 그리고 자기 자신 안에서 인식되는 모든 것을 속성으로 이해하며, 이러한 속성의 개념은 다른 것의 개념을 함축하지 않습니다.[138]

> 저는 자기 자신에 의해서 그리고 자기 자신 안에서 인식되는 것을 실체로, 곧 그 개념이 다른 어떤 것의 개념도 함축하지 않는 것으로 이해합니다.[139]

---

[138] 올덴부르크에게 보내는 2번째 편지.

속성과 실체는 단 하나의 동일한 정의에 속하며, 이 정의는 동일한 실재를 가리킨다. 이 사실은 이 인용문에서 직접 읽을 수 있다. 스피노자는 마찬가지로 다음과 같이 쓸 수도 있었을 것이다. "나는 실체와 속성을 단 하나의 동일한 것으로 이해한다."

그리고 다른 구절도 살펴보자.

> 신의 속성들은 신적인 실체의 본질을 표현하는exprimit 것, 곧 실체에 속하는pertinet 것으로 이해해야 한다. 말하자면 속성들 자체는 이것[실체]을 함축involvere해야 한다.[140]

"속성들은 실체를 표현한다"에서 **표현한다**라는 단어는 결코 속성들이 술어나 특성 또는 이름의 형식으로 실체를 표상한다는 것을 의미하지 않는다. 이는 속성들이 실체의 구체적 존재라 불릴 수 있는 것 안에서 실체를 구성한다는 것을 의미한다. **속한다**라는 단어의 경우, 속성들은 실체 안에 포함되어 있으며, 실체 또한 속성들 안에 포함되어 있다. 속성들은 자신의 고유한 범주들에 따라 실체를 반성하는 어떤 지성의 자유의지에 의존하는, 외적이고 자의적인 발현들이 아니다. 우리가 지금 주해하는 이 정리가 전혀 지성에 준거하고 있지 않다는 점에 주목하자. **함축한다**라는 단어는 속성들과 실

---

139) 올덴부르크에게 보내는 4번째 편지[현재 스피노자 연구자들은 대체로 스피노자가 1660년대 초에서부터 1675년에 걸쳐 『윤리학』을 저술했다는 점에 합의를 보고 있다. 더 나아가 『윤리학』은 확정된 한 가지 구도와 편제에 따라 집필된 것이 아니라, 쓰이는 동안 계속 수정과 변경이 이루어졌으며, 더욱이 1665년경부터 『신학정치론』이 출간된 1670년까지 스피노자는 『윤리학』 저술을 중단하고 대신 『신학정치론』 저술에 몰두했다는 데에도 대체로 합의를 보고 있다. 그래서 어떤 연구자들은 첫번째 시기에 쓰인 『윤리학』을 『윤리학 I』로, 두번째 시기에 쓰인 『윤리학』을 『윤리학 II』 등으로 구분해서 표시하기도 한다. 앞의 2번째 편지와 4번째 편지는 모두 1661년경 작성되었을 것으로 추정되며, 따라서 이 편지들에 실린 내용들은 『윤리학』의 최초 판본의 내용들로 볼 수 있다.—옮긴이].
140) 『윤리학』 1부 정리 19의 증명.

체가 상대방이 없이는, 상대방 바깥에서는 인식될 수 없다는 점에서 서로 분리될 수 없다는 것을 의미한다. 이러한 상호 의존은 바로 이 양자의 실재적 통일성이라는 사실을 표현하는 것이다.

마지막으로 한 가지를 더 언급해 두자. 『윤리학』 첫머리의 속성들에 대한 정의(『윤리학』 1부 정의 4)에 대한 해석을 둘러싸고 누적되어 온 애매함들[141]은 만약 스피노자가 이 정의를 "나는 실체의 본질을 구성하는 것을 속성으로 이해하며 지성은 이를 이처럼 (있는 그대로) 지각한다"라고 약간 다른 방식으로 썼더라면 피할 수 있었을지도 모른다. 이렇게 바꿔 쓴 정식은 지성에 대한 속성들의 의존을 둘러싼 일체의 의혹을 제거한다. 요컨대 스피노자의 텍스트의 엄밀성을 인정한다는 것이 반드시 그 문자를 손댈 수 없는 것으로 간주한다는 뜻은 아니다. 또한, 이를 심원한 신비가 잠들어 있는 보고寶庫——깨우지 않도록 조심스럽게 거리를 두면서 관조하는 것에 만족해야 하는——로 간주하고 하나의 숭배 대상으로 만든다는 의미도 아니다. 스피노자가 [『신학정치론』에서] 『성서』를 『성서』에 의해 설명했던 것처럼, 『윤

---

141) 속성에 대한 정의를 둘러싸고 전개된 논쟁들에 대한 가장 상세한 연구로는 마르샬 게루, 『스피노자 1권. 신』, 「부록 3: 속성에 대한 논쟁들」L'appendice 3: La controverse sur l'attribut을 참조할 수 있다.—옮긴이

142) 여기서 마슈레가 '물질적 제약들의 체계'라고 부르는 것은, 물질과 관념, 토대와 상부구조라는 속류 유물-반영론적 공식에 따라 **정신적인 것이** 텍스트를 규정하는 텍스트의 외부에 있는 물질적 관계들을 의미하는 것이 아니라, 텍스트의 의미가 생산되기 위해 필수적인 물질적 조건, 이를테면 텍스트 내의 **비의미론적인 하부구조**를 가리킨다. 이런 관점에 따르면 예컨대, 정리들이나 증명들 사이의 논리적-의미론적 관계에 대한 분석만으로는 『윤리학』이 충분히 이해되지 않는다. 『윤리학』을 정확히 이해하기 위해서는 이러한 관계를 가능하게 하는 조건들, 곧 스피노자가 정의나 공리, 정리 및 증명들을 제시하는 규칙들, 정리나 증명 이외에 보충이나 해명을 추가하는 방식, 그리고 들뢰즈가 강조했던 것처럼, 정리 및 증명들의 체계와는 상이한 체계를 구성하는 주석들의 구성 방식 및 이것이 정리와 증명들의 구성 방식과 맺고 있는 관계, 더 나아가 개별적인 어휘들이 『윤리학』 전체에서 사용되는 빈도 및 그 용법 각각의 특징들 등에 대한 분석이 필요하다. 이를 '물질적'이라고 부르는 것은 이것이 **의미론적 질서에 속하지 않는다는 점**에서, 그리고 마슈레가 알튀세르엥으로서 문학 이론이나 텍스트 이론, 또는 좀더 일반적으로는 이데올로기 이론에서 진정한 유물론적 입장은 텍스트(또는 이데올로기) 외부의 물질적 조건들을 통해 텍스트(이데올로기)를 설명하는 데 있는 것이 아니라 **텍스트(이데올로기) 자체의 물질성**을 밝혀내는 데 있다는 입장을 취하고 있다는 점에서 이해될 수 있다.—옮긴이

리학』은 『윤리학』에 의해 설명해야 한다. 곧 『윤리학』의 텍스트를 조직하고 이 텍스트가 자신의 목표를 효과적으로 달성할 수 있게 해주는, 물질적 제약들의 체계[142]를 규정해야 한다. 여기에서 출발해야 비로소 텍스트의 공백들을 확인하는 것이 가능할 것이다.

속성들의 상이성
La diversité des attributs

따라서 속성들은 실체와 동일하며, 마찬가지로 실체는 자신의 속성들과 같은 것이다. 지성의 관점만이 실체와 속성의 구분을 확립할 수 있다는 것은, 이러한 구분이 실재적인 구분이 아니며 단지 사고상의 구분일 뿐이라는 것을 의미한다.[143]

그렇지만 실체와 속성들 사이의 관계를 형식적 상호성의 의미로 해석하지 않도록 주의해야 한다. 이들 사이에 동일성이 존재한다는 것이 논의의 여지없는 사실이라 할지라도, 이 동일성이 추상적이고 공허한 동등성인 것은 아니다. 그렇지 않다면 우리는 증명의 필연적인 경제 속에서 속성이라는 개념의 역할이 무엇인지 이해할 수 없을 것이며, 따라서 이를 아주 간단하게 제거해 버리려고 할 수 있다. 스피노자는 외관상으로는 이런 의미에서 "공리 1과 정의 3과 5에 분명히 나타나듯이 자연 안에는 실체와 그 변용들 외에는 아무것도 주어져 있지 않다"[144]고 주장하는 것 같다. 또한 그는 "실체와 우유들accidents 외에는 실재 안에, 곧 지성 바깥에 아무것도 주어져 있지 않습니다. 왜냐하면 주어진 모든 것은 자기 자신에 의해서 또는 다른 것에 의해서 인식되며, 이것의 개념은 다른 사물의 개념을 함축하거나 함축하지 않기 때문입니다"[145]라고 말하기도 한다. 스피노자는 실재 안에, 곧 "지성 바깥에"

라고 쓰고 있다. 따라서 우리는 다시 출발점으로 되돌아가게 되는 것처럼 보인다. 만약 속성들이 아무런 실재적 실존도 지니고 있지 않다면, 이것들이 지성의 관점에 의해서만 실체로부터 분리될 뿐이라면, 이것들은 사고상의 존재, 모든 내용에 외재적인 지적 허구, 곧 순수한 표상 형식들이 아닌가?

지성에 대해서만 실존하는 것은, 분명 지성 안에 존재하지 않는 속성들 자체가 아니라, 실체와 이것들 사이의 구분이라는 점을 상기하도록 하자. 하지만 여기서 새로운 논거를 추가해야 한다. 곧 속성들이 실체 안에 실존하는 것 ─ 이것이야말로 속성들의 동일성의 비결이다 ─ 은 단순한 형식적 동등성에서 생겨나는 무차별적 통일이 아니라, 차이 속에서의 동일성인 구체적 동일성이다. 이 때문에 속성들은 실체의 규정에 필수적이며, 실체의 내적 인과성을 표현하고 실현한다. 하지만 어떻게 실체는 속성들로, 또는 속성들은 실체로 넘어갈 수 있는가? 이제 우리가 알아내야 할 것이 바로 이 점이다.

마르샬 게루가 제안한 『윤리학』 1부의 분할을 다시 살펴보자. 처음 8개의 정리는 substantia unius attributi[하나의 속성을 갖는 실체]를 대상으로 삼는다. 이는 실체를 부동적이고 미분화未分化된, 따라서 그 자체로는 인식될 수 없는 기체substrat로 간주하는 관점을 제거할 수 있게 해준다.[146] 그리고 이에 따라 처음부터 실체는 자신의 속성들 안에서만 실존하며, 속성들은 그 자체로 실체적이라는 점이 확립된다. 하지만 이 추론에서는 속성들만큼의 실체들이 존재한다는 결론 또한 나온다. 게루가 지적하는 것처럼 이 최초의 전개 과정에서 실체는 복수로 쓰여 있다. 이는 예컨대 나머지 전체의 전개 과정에 대해 본질적인 점(두 실체는 자신들의 속성에 의해서만 구분될 수

---

143) 여기서 마슈레가 말하는 실재적 구분, 사고상의 구분에 관한 좀더 자세한 내용은 이 책 뒤의 '용어 해설'을 참조하라. ─ 옮긴이
144) 『윤리학』 1부 정리 6의 보충.
145) 올덴부르크에게 보내는 4번째 편지.

있다)을 증명하고 있는 정리 5에서 예시되고 있다.

정리 9에서 15 사이에서는 복수가 단수로 바뀐다. 곧 substantia unius attributi, 다시 말해 **단지** 자신의 유 안에서만 무한한 [복수의] 실체들에서, 속성들의 무한성[무한하게 많은 속성들]을 지니는 실체, 따라서 절대적으로 무한하다고 할 수 있는 실체로 넘어가는 것이다. 절대적으로 무한한 실체는 어떤 속성도 결여하고 있지 않으므로 모든 속성들을 포함한다. 이러한 **이행**은 휘드Johannes Hudde에게 보내는 36번째 편지에 개괄되어 있다. "만약 우리가 자신의 유 안에서만 비규정적이고 완전한 어떤 존재가 자기 자신에 의해 [충분히] 실존한다고 정립한다면, **그렇다면 또한** 절대적으로 비규정적이고 완전한 존재에게도 실존을 부여**해야 할** 것입니다. 제가 신이라 부르는 것이 바로 이런 존재입니다."[147] 이리하여 우리는 손을 잡혀 인도되듯이 속성들에 대한 관념에서 실체에 대한 관념으로 나아간다. 곧 우리가 우선 속성들

---

146) 이 구절을 이해하기 위해서는 얼마간 설명이 필요할 것 같다. 게루는 스피노자 철학의 혁신적인 측면 중 하나는 실체와 속성 간의 관계를 새롭게 규정했다는 데 있다고 본다. 이는 무엇보다도 스피노자가 실체와 속성 사이의 관계를 **내속**inhérence 관계로 파악하는 전통적인 관점에서 탈피했기 때문이다. 이 내속의 관점에 따르면 속성은 주체/주어로서의 실체가 소유하고 있는 이러저러한 성질들/술어들이며, 실체는 이 성질들이 내속해 있는 기체基體가 된다. 그런데 속성들 각자는 인식론적인 관점에서 볼 때 다른 것에 의해 규정될 수 없는 상위上位의 유類이기 때문에, 이 속성들과 실체의 관계가 애매해지게 된다. 곧 속성들 각자가 상위의 유인 이상 실체는 속성들보다 상위에 있는 가지성可知性의 원리로 간주될 수는 없고, 따라서 실체는 인식 불가능한 기체로 남지만, 다른 한편으로 실체는 속성들이 내속해 있는 것이기 때문에 속성들에 대해 초월적인 trancendentalis(곧 스콜라 철학의 용법을 따르면, 범주적 한계들을 넘어서는) 위치에 존재하게 된다. 반면 게루에 따르면 스피노자는 속성을 성질들/형용사들이 아니라 실사들로 간주하고, 실체의 본질을 구성하는 것으로 정의함으로써, 실체와 속성들 사이에 존재하는 초월적이며 비가지적인 불균등한 관계를 제거한다. 마슈레가 지적하듯이 이는 실체를 인식 불가능한 기체로 간주하는 관점을 제거할 수 있게 해주지만, 동시에 절대적으로 무한한 실체, 곧 무한하게 많은 속성들로 구성된 실체를 설명해야 하는 어려움을 안게 된다. 이하의 마슈레의 논의는 이 점을 해명하는 데 초점을 맞추고 있다.─옮긴이
147) 이 편지에서 쓰이고 있는 '규정'이라는 개념은 적극적인 의미가 아니라, '제한'이나 '한정'이라는 부정적 의미를 지닌다. 따라서 '자신의 유 안에서만 비규정적'이라든가 '절대적으로 비규정적'이라는 표현은 자신의 유 안에서 또는 절대적으로, 타자에 의해 제한되거나 한정되지 않음을 의미한다. 스피노자 철학에서 규정 개념이 지니는 이중적 측면에 대한 분석은 이 책 4부「모든 규정은 부정이다」의 '규정'을 참조하라.─옮긴이

의 완전성을 인식한다면, 이 완전성은 속성들 전부를 포함하고 있는 신의 절대적 완전성 바깥에서는 파악될 수 없다는 점도 인식해야 한다. 만약 우리가 각각 따로 놓인 속성들에 대한 고찰에 그치면, 자연히 속성들을 서로 대립시키고 각각의 속성의 고유한 본성을 나머지 모든 속성들의 고유한 본성의 결여를 통해 파악하게 됨으로써 속성들을 부정적으로 사유하게 되기 때문이다. 그런데 속성들의 무한성은 우리가 이러한 무한성을 절대적으로 무한한 신의 본성 ——이 안에서 속성들은 대립 없이 공존한다——과 관련시킬 경우에만 실정적으로 파악될 수 있다. 이 때문에 속성들은 신 바깥에서는 실존할 수 없고 필연적으로 신 안에서만 존재할 뿐이며, 여기서 속성들은 모든 부정성을 배제하는 규정 양식에 따라[곧 적극적인 또는 실정적인 규정들로서] 각자 자신들의 유 안에서 무한한 본질들로서 동일하게 긍정된다[자기 자신을 긍정한다]. 역으로 실체는, 그것이 자신의 절대적 실존 안으로 결집시키는 자신의 속성들의 통일과 다르지 않다.

시몬 드 프리스가 스피노자에게 보내는 8번째 편지가 보여 주듯이 이 추론은 이미 『윤리학』의 최초 독자들을 놀라게 했다. "만약 제가 각각의 실체는 하나의 속성만을 가질 뿐이라고 말한다면, 그리고 제가 두 속성의 관념을 갖고 있다면, 저는 정당하게 두 개의 다른 실체가 존재한다고 결론 내릴 수 있습니다. 왜냐하면 두 가지 다른 속성이 존재하는 곳에는 두 개의 다른 실체가 존재하기 때문입니다. 이 점에 대해서도 우리는 선생께서 저희에게 명료한 해명을 해주시길 부탁드립니다." 그런데 여기서 이 문제는 사실 해결될 수 없다. 이 문제가 속성들의 상이성을 일차적으로 수적인 관점에서 제시하기 때문이다. 시몬 드 프리스에게서 **하나**의 속성은 "하나, 둘, 셋 ······ 무한한 수의 속성들"의 계열과 관련해서만 의미를 갖는 표현이다. 속성들을 이처럼 제시하는 것은 특징적인데, 이는 첫째로 이러한 제시가 이 무한 계열 안에서 속성들의 상이성을 지시하기 위해 매우 특수한 하나의 숫자——마치 우연적인 것처럼, 둘이라는 숫자──를 특권화하기 때문이다. 그런데 이 선택은 여기서 문제가 일방적으로 유한 지성의 관점──유한 지성은 두 개의 속성, 곧 사유와 연장만을 인식할 뿐이다──에서 파악되고 있다는 것을 곧바로 드러내 준다. 반대로 우리가 이미 지적한 것처럼, 지성의 개념을 일반적으로 사용하는 스피노자의 추론에 이러한 관점이 전혀 들어 있지 않다는 사실은 아주 의미심장하다.

다른 한편으로 수적 연속에 따른 속성들의 계산은 자신들의 유 안에서만 무한한 실체들로부터 절대적으로 무한한 실체로의 **이행**을 점진적이고 연속적인 전진으로 나타나게 만든다. 모든 것은 마치 속성들이 실체 속에서 서로 더해지는 것처럼 나타나며, 이 실체 자체도 속성들의 무한한 합에 의해 합성되는 것으로 나타난다. 이와는 반대로 스피노자가 전혀 상이한 방식으로 실체가 자신의 속성들로부터 산출되는 과정을 제시하고 있다는 점은 매우 주목할 만하다. 곧 이 과정은 아무런 매개 없이 한 수준에서 다른 수준으로 이행하는 뚜렷한 단절 속에서 실현되며, 여기서 자신의 유 안에서만 무한한 것과 절대적으로 무한한 것 사이의 관계는 처음에는 진정한 모순으로 제시되고, 그 다음에는 모든 중재의 시도와 무관하게 힘의 작용coup de force에 따라 해결된다.

추론을 다시 한 번 처음부터 살펴보자. 정리 2("다른 속성을 갖는 두 실체는 서로 아무것도 공유하지 않는다")와 5("자연 안에는 동일한 본성이나 속성을 갖는 둘 또는 다수의 실체는 존재하지 않는다")가 보여 주듯이 실체는 처음에는 자신의 속성들의 실재적 상이성에 따라 사유된다. 그 다음 실체는, 자신 안에 모든 속성들을 결집시키고 자신을 그 속성들과 동일한 것으로 정립하는 한에서 절대적 통일성으로 사유된다. 여기에는 관점들의 완전한 전도가 존재한다. 이를 어떻게 해석해야 하는가?

이러한 추론을 귀류법적 추론으로 이해하려 할 수도 있을 것이다. 우리가 이미 비판했던 형식주의적 추론은 이러한 방향으로 나아간다. 이 경우 스피노자가 먼저 각자 하나의 속성에 의해 규정되는 실재적으로 구분되는 실체들의 가능성을 제시하는 것은 그 다음에 인위적인 서술 장치에 따라 자신의 유일성[이라는 특성]과 부합하는 실체의 절대적 통일성을 발견함으로써 이러한 [실재적으로 구분되는 다수의 실체의] 가능성을 논박하기 위한 목적 때문이라고 할 수 있을 것이다. 이런 식으로 생각할 경우 [정리 1에서 11까지의] 추론은 증거들을 배열하는 특정한 방식으로 귀착된다. 따라서 추론은 그 종합적 특징과 객관적 의미를 상실하게 된다. 이 때문에 **기하학적 방법에 따른 절차의 요구들**——이는 이미 보았듯이 단순히 형식적인 것이 아니다——에 따르면 이 해석은 제외되어야 한다.

따라서 논변의 두 계기에 동등한 실재성을 부여해야 한다. 곧 자신의 속성들의 (무한한) 상이성이라는 관점에 따라 고찰된다 해도 실체는 무한한 계산에 의해서만 구축될 수 있는 순전한 가능태의 표상이거나 허구에 불과한 것이 되지는 않는다. 왜냐하면 이러한 계산은 상상의 관점에서만 의미를 갖기 때문이다. 처음에는 상이성으로, 다음에는 통일성으로 제시되는 것은 같은 내용, 동일한 실재다. 하지만 우리가 헤겔이 비난한 직접적 토대의 아포리아들로 다시 전락하지 않기 위해서는 이 내용이 어떤 완성된 질서의 조화롭고 화해적인 전진 속에서 제시되어서는 안 된다. 반대로 이 내용은 이 극단적 측면들[상이성과 통일성]을 동시에 드러내는 대조적인 운동 속에서 서술되어야 하며, 동시에 이것들의 유대와 공동성, 곧 분리 불가능성이 증명되어야 한다. 이 두 측면 역시 계기적이지 않고 동시적이다.

이때 지성이 확립하는 실체와 속성들의 구분이 그 진정한 의미를 나타낸다. 존재하는 그대로의 실체를 그 본성의 실재적 복합성에서 파악할 수 있게 해주는 것이 이 구분이다. 곧 이는 실체의 통일성을 극단에 이르기까지, 절대적으로 사유할 수 있게 해준다. 실체는 속성들의 무한성[무한하게 많은 속성들]을 포함하고 있기 때문에 절대적으로 무한한 것이다. 따라서 실체의 통일성은 산술적 통일성이 아니다. 이 통일성은 자신의 본성의 단순성 때문에 다른 모든 것들로 환원될 수 없는 어떤 개체의 실존을 가리키는 것이 아니다. 실체는 하나의 존재가 아니며, 이것이 그의 유일성의 근본 조건이다.[148] 실체는 실존하고 파악될 수 있는 모든 것이며, 따라서 자신의 원인을 오직 자기 자신 안에 지니고 있는 것이다. 그런데 실체를 구성하는 이 존재의 충만성, 자기에 대한 이 절대적 긍정은 **일자**Un에 불과한, 또는 말하자면 **하나의 일자**un Un에 불과한 일자의 공허한 형식일 수 없다. 이는 모든 속성을 포함하는, 그리고 속성들의 무한성 속에서 자신을 표현하는 무한하게 상이한 실재성이다. 이 실재성은 시초의 주어짐 덕분에 이 총체성을 이미 내포하고 있는 **한 존재자**un Être의 실재성이 아니라, 속성들을 자신의 것으로 전유專有하는 실체 속으로 속성들이 이행하게 해주고 이 속에서 속성들이 서로 통일을 이루게 해주는, 거역할 수 없는 어떤 운동의 실재성이다.

하나의 실체만이 존재할 뿐이지만 이는 속성들의 무한성을 포함하고 있다. 실체의 통일성은 실체를 내생적으로 구성하는 이 무한한 상이성 바깥

---

[148] 이 문장의 원문은 다음과 같다. "La substance n'est pas un être, et c'est la condition fondamentale de son unicité." 이 문장은 아주 역설적이고 심지어 모순적인 문장처럼 보이지만, 마슈레의 논점은 두 가지로 이해할 수 있다. 1) 스피노자가 말하는 실체의 **유일성**은 실체의 본질(곧 자신의 유 안에서 무한한 무한하게 많은 속성들의 통일성)이 아니라 실체의 본질에서 비롯하는 하나의 특성이며, 따라서 유일성은 실체를 적합하게 인식하기 위한 조건이 아니라 실체를 적합하게 인식한 뒤 비로소 이해될 수 있는 특성이다. 2) 그런데 헤겔처럼 실체를 **한 존재**로, 곧 시초에 직접 주어진 무규정적 통일성으로 파악하는 것은 2-1) 결과로서의 유일성을 본질적 유일성으로 파악하는 것이고, 따라서 스피노자의 실체를 신플라톤주의적인 일자로 파악하는 것이다. 2-2) 그리고 이런 관점은 실재적 구분, 실재적 다양성과 수적 구분, 수적 다수성을 혼동하는 데서 비롯한다. 2-3) 따라서 실체의 유일성을 그 본질에 따라, 원인에 따라 파악하기 위한 조건은 이러한 혼동에서 벗어나는 것이다. 이런 관점에서 마슈레는 스피노자의 철학을 일원론monism으로 파악하는 것에 대해서도 반대한다. 왜냐하면 일원론, 이원론, 다원론 같은 분류법은 본질적으로 수적 구분에 기초하고 있으며, 이에 따라 수적 구분에 선행하는 스피노자 철학 또는 철학 일반을 분류하기 위한 타당한 기준이 되지 못하기 때문이다. 이에 관해서는 마슈레, 「스피노자는 일원론자인가?」Spinoza est-il moniste?, 뮈리암 르보 달론Myriam Revault d'Allones · 아디 리즈크Hadi Rizk 편, 『스피노자: 역량과 존재론』Spinoza: Puissance et ontologie, 키메Kimé, 1994 참조. ─옮긴이

에서는 이해될 수 없다. 이로부터 실체는 자신의 바깥이 아니라 자신 안에 다양성을 지니고 있다는 결론이 나온다. 그리고 이 사실로부터 이러한 다양성은 수적이지 않다는 결론이 나온다. 스피노자는 이 다양성이 무한하다고 말함으로써 바로 이 점을 표현했다. 왜냐하면 스피노자에게 무한자는 상상에 의해 표상될 수 없는 한에서 하나의 수가 아니기 때문이다.[149] 그리하여 우리는 보다시피 헤겔이 기하학적 방법에 따른 절차를 그리로 환원시키려고 했던 **철학적 계산**의 기획, 곧 어떤 존재를 형식적으로 구성하는 부분들의 기계적 열거의 기획의 대척점에 위치하게 된다.

이로부터——헤겔은 이를 무시했지만——실체와 그 속성들의 동일성은 형식적이고 추상적인 것이 아니라 실재적이고 구체적이라는 결론이 나온다. 이 동일성은 이중적 관계 속에서 전개된다. 한편으로는 실체를 속성들과 연계시키는 관계의 한 측면이 있다. 곧 속성들이 없다면 실체는 하나의 공허한 존재에 불과할 것이며, 사람들은 이 사실 때문에 실체에 대해 그것에 속하는 최대의 실재성이 아니라 최소의 실재성만을 인정하게 될 것이다. 다른 한편으로는 속성들을 실체와 연계시키는 관계의 다른 측면이 존재한다. 곧

---

149) 여기서 마슈레가 암묵적으로 준거하고 있는 텍스트는 스피노자의 유명한, 소위 '무한에 관한 편지'다. 메이에르에게 보내는 이 편지에서 스피노자는 사람들이 무한의 문제를 어렵게 생각하는 것은 무한을 인식할 때 필요한 몇 가지 구분이 제대로 이루어지지 않고 있기 때문이라고 말하면서 이 구분들을 시도하고 있다. 곧 그에 따르면 무한을 정확히 인식하기 위해서는 1) 본성상 또는 정의에 따라 무한한 것과 원인에 의해 무제한적인 것을 구분해야 하고, 2) 제한이 없기 때문에 무한하다고 불리는 것과 그 부분들의 최대치와 최소치는 알 수 있지만 이 부분들이 어떠한 수로도 설명될 수 없는 것을 구분해야 하며, 3) 지성으로만 파악할 수 있는 것과 지성만이 아니라 상상으로도 파악할 수 있는 것을 구분해야 한다. 그런데 스피노자는 17세기의 다른 철학자들이나 과학자들과 마찬가지로 수는 상상이 양을 표상하는 도구 중 하나라고 간주한다. 곧 그에 따르면 수적 관점은 양을 유한하고 분할 가능한 것으로 간주하기 때문에 연장의 연속성을 제대로 파악하지 못하며, 이에 따라 무한을 적합하게 파악할 수 없게 만든다. 이러한 수적 관점에 대한 비판은 『윤리학』 1부 정리 15 주석에서도 다시 제시되고 있다. 메이에르에게 보내는 12번째 편지에 대한 좀 더 자세한 분석은 이 책 4부의 '유한과 무한'을 참조하라. 이에 관한 주석으로는 마르샬 게루, 『스피노자 1권. 신』 「부록 9: 무한에 대한 스피노자의 편지」Appendice 9: Lettre sur l'infini de Spinoza 및 샤를 라몽Charles Ramond, 『스피노자 철학에서 양과 질』Qualité et quantité dans la philosophie de Spinoza, 프랑스대학출판부, 1995 참조.—옮긴이

속성들은 실체 바깥에서는 부정적으로, 대립물들로서 실존할 것이다.

　헤겔의 논의를 모방한다면 다음과 같이 말해 볼 수도 있을 것이다. 곧 실체와 속성들의 관계는 절대자가 자기 자신을 현실적인 것으로 긍정하게 되는 생성된 동일성이다. 그리고 이 과정은 자기원인의 과정, 또는 말하자면 실체의 자기복귀 과정이다.

자신의 속성들 안에서 실체의 구성
Constitution de la substance dans ses attributs

우리는 지금까지 자신의 속성들 **안에서** 실체의 자기생산 또는 자기구성에 대해 말해 왔다. 이제 이러한 자기생산 또는 자기구성이 자신의 속성들**로부터** 실체의 발생과는 아무 관련이 없음을 엄밀히 말해 두어야 한다. 또한 우리가 지금까지 본질적인 것으로 여기며 따라 왔던 게루의 주석이 여전히 포함하고 있는 한 가지 애매한 점을 제거해야 한다.

사실 만약 모든 속성이 전체적으로 실체에 속하고 그 존재를 구성한다면(『윤리학』 1부 정리 10의 주석), 이 속성들은 궁극적으로 실체의 총체적 체계를 구성하기 위해 서로 합치는 부분들로서 실체 안에 공존하는 것은 아니다. 만약 이처럼 공존한다면 속성들은 서로에 대한 상관적인 결여에 의해 각각 정의될 것이다. 곧 이 경우에 이것들 각자는 자기 자신에 의해 인식될 수 없을 것인데, 왜냐하면 이것들은 자신의 고유한 본성 안에서 다른 것에 의해 한정되기 때문이다. 그런데 하나의 속성, 예컨대 연장은 [굳이 말하자면] 자기 자신에 의해서만 한정될 수 있지만, 속성이 자신의 유 안에서 무한하기 때문에 이는 부조리한 것이다. "연장은 자신에 대해 사유를 부정하지만, 여기에는 어떠한 불완전성도 없습니다. 하지만 역으로 만약 연장이 어떤 연장물을 결여하고 있다면, 여기에는 하나의 불완전성이 존재하게 될 것입니다. 만약 연장이 지속이나 장소에 의해 규정된다면,[150] 또는 지속이나 장소를 결여한다면, 이런 일이 발생할 것입니다."[151] 무한자가 속성 안에(어떤 유 안에) 있든 실체 안에(절대적으로) 있든 간에, 무한자를 사유한다는 것은 일체의 분할 가능성의 개념을 배제하는 것이다. 연장 전체가 각각의 물방울 안에 있는 것처럼, 또는 사유 전체가 각각의 관념 안에 있는 것처럼, 실체는 전체적으로 자신의 각각의 속성 안에 있다(왜냐하면 실체가 이 속성들과 동일하기 때문이다). 앞에서 우리는 스피노자에게서 무한자란 하나의 수가 아니라고 말한 바 있다. 무한자가 모든 분할에서 벗어날 수 있는 것은 바로 이러한 이유 때문이다. 분할 불가능한 실체는 자신의 모든 속성들의 합계somme가 아니다.

이는 우리가 앞에서 제시한 주장들 중 하나를 재고再考하게 만든다. 우리는 실체는 자신으로부터 모든 규정된 내용을 배제하는 어떤 환원 불가능한 현전 속에 직접 주어져 있는 하나의 존재의 단순성을 지니고 있지 않으며, 자신의 모든 규정을 포함하는 어떤 절대적 운동의 복합적 실재라고 말했다. 하지만 자신의 속성들의 **내적인** 상이성 안에서 표현되는 실체의 복합성이 실체에게 합성물composite의 성격을 부여하는 결과를 낳지는 않는다. 이때문에, 실체가 복합적임에도 불구하고, 부분들로 분할될 수 없다는 아주 엄밀한 의미에서 실체는 단순하다고 말해야 한다. "이 존재는 단순하며 부분들로 합성되지 않습니다. 인식의 관점에서 볼 때 합성하는 부분들은 합성체에 선행해야 하는데, 이는 자신의 본성상 영원한 어떤 존재에게는 일어날 수 없는 일이기 때문입니다."[152] 이러한 지적은, 실체가 스스로를 생산하는 운동

---

150) 여기서 사용되고 있는 '규정'이라는 표현도 '제한'을 의미한다. 규정의 문제에 대해서는 4부를 참조하라.—옮긴이
151) 휘드에게 보내는 36번째 편지. 또한 올덴부르크에게 보내는 4번째 편지도 보라.
152) 휘드에게 보내는 36번째 편지.

에 대한 모든 기계론적 설명을 배제하기 때문에 매우 중요하다. 실체에 내재적인 자기원인의 과정은 이미 주어져 있는 요소들——[기계론적 설명에서는] 이것들의 조합이 하나의 결과résultat 또는 합력合力, résultante으로서 실체를 생산하게 된다——로부터 출발하여 서로 구분되는 작업들opérations의 계기적 연속 안에서 작용하게 될 시간적 발생이 아니다. 실체와 그 속성들 사이의 관계는 전체와 그 부분들 사이의 관계나 복합적 전체와 그것을 합성하는 단순 요소들 사이의 관계가 아니다.

이러한 관점에서 볼 때 게루가 실체의 **발생**을 설명하기 위하여 사용하는 정식들 중 어떤 것들은 받아들일 수 없다. 그는 분명히 스피노자의 텍스트들을 남용하고 있다. 예컨대 "이 경우 분명 스피노자는 그가 『지성교정론』에서 언표했던 규칙들과 일치하는데, 이 규칙들이란 가장 단순한 관념들idea simplicissimae로부터 출발하여 이것들과 함께, 이것들의 내적인 함의들에 따라, 복합적 관념을 재구축하라는 것이었다. 따라서 신의 경우 우리는 우선 '자연 전체의 일차적 요소들'prima elementa totius naturae, 곧 '자연의 기원이자 원천'origo et fons naturae으로서의 단 하나의 속성만을 갖는 단순 실체들les substances simples à un seul attribut을 발견한 뒤 이것들을 '하나이자 무한하고 총체적인 존재'(이것 바깥에는 어떤 것도 주어져 있지 않으므로 이것 역시 '자연의 기원이자 원천'이다)로 구성해야 한다. 주어진 참된 관념의 규준에 따라 작동하는 이러한 재구축은 신에 대한 발생적 정의에 이르게 된다."[153] 문제가 되는 용어는 **재구축**이다. 여기서 이 용어는 **기하학적 방법에 따른** 절차를 아주 특수한 의미로 해석한다.

우선 **기하학적 방법에 따른** 절차를 단순한 것으로부터 복합적인 것의 구축[154]이나 재구축으로 만드는 것은 이러한 절차를 하나의 방법으로, 곧 궁극

---

153) 게루, 『스피노자 1권. 신』 p.169.

적으로는 추론의 필연적 전개 과정을 하나의 순서의 모델에 종속시키는 인위적인 배열로 이끌어 가는 것이다. 여기서 순서는 부분들에서 전체로 또는 단순한 것에서 복잡한 것으로 나아가는 것이며, 이렇게 되면 우리는 데카르트로부터 거의 벗어나지 못한 셈이 된다. 하지만 스피노자가 기하학적 방법을 통해 사유하고자 했던 것은 하나의 다른 방법, 새로운 배열 순서가 아니었다. 정확히 말해 그는 필연적으로 추상적인 어떤 반성의 도식에 따라 참된 것의 서술을 순서라는 전제에 종속시키는 방법과는 다른 어떤 것을 사유하고자 했다. 이처럼 순서의 모델에 따라 사고하다 보면 우리는 아주 형식적인 이유 때문에 생겨나는 난점들에 빠져들게 된다. 예컨대 실체가 속성들에 선행하는지, 아니면 속성들이 실체에 선행하는지, 또는 속성들이 실체보다 더 **단순한** 것인지, 덜 **단순한** 것인지를 묻게 된다. 하지만 종합적 관점에서 보면 이러한 질문들은 엄밀하게는 아무런 의미도 없는 것이다.

다른 한편으로 실체의 구축이라는 관념은 실체가 단지 구성될 뿐만 아니라, 자신의 속성들인 요소들로부터 합성된다는 것을 전제한다. 이러한 전제는 게루가 substantia unius attributi(정리 8의 증명)라는 표현을 '단 하나의 속성만을 갖는 실체'la substance ayant un seul attribut라고 번역한 데서 특히 명시적으로 나타난다. 그런데 이러한 생각은 『윤리학』[1부 정리 15까지의] 앞부분 전체에 대한 게루의 설명 전체의 기초를 이룬다. 이 번역은 실체

---

154) construction이라는 단어는 일반적으로 '구성', '구축'을 의미하지만 기하학에서는 도형의 '작도'를 의미한다. 따라서 본문에는 '구축'이라는 한 가지 의미로 번역했지만, 스피노자의 기하학적 방법, 특히 발생적 정의의 함의를 온전히 이해하기 위해서는 이 단어는 구축과 작도라는 이중적 의미로 이해해야 한다. 그리고 우리가 '구성'이라는 용어 대신 '구축'이라는 용어를 역어로 사용한 이유는, 뒤에 나오듯이 마슈레가 스피노자가 사용한 constitutio/constitution이라는 개념, 곧 '무한하게 많은 속성들에 의한 실체의 구성'과, 여기서 게루가 사용하고 있는 construction이라는 용어를 엄밀하게 구분하고 있기 때문이다. 곧 그에 따르면 게루의 용어는 스피노자가 사용한 '구성'constitutio/constitution 개념과는 달리, 1) 단순한 것에서 복합적인 것으로의 진행 **순서**라는 의미를 담고 있고, 2) 따라서 또한 단순한 것들로 복합적인 것을 **합성**한다는 의미, 곧 기계론적 함의를 담고 있다. 이를 분명히 하기 위해 이 책에서 게루의 용어는 모두 '구축'이라는 단어로 번역했다.—옮긴이

가 그로부터 **구축되는** 단순 요소를 지시할 수 있게 해주기 때문이다. 하지만 문제의 표현은 이렇게 번역될 수 없다. 이는 이 번역이 원문의 unus[하나의]라는 단어를 unicus[단 하나의][155]라는 단어로 대체할 뿐 아니라 다음과 같은 좀더 근원적인 문제점을 안고 있기 때문이다. 이 번역은 각각의 속성이 구성하는 통일성unité을 하나의 수[156]로, 곧 모든 속성이 하나의 무한 수열의 요소들 내지는 계기들로 나타나는 하나의 계열 ──실체는 이 계열의 궁극적 표현 또는 결과일 것이다── 의 항으로 취급하고 있다.

이러한 관점은 스피노자주의에 절대적으로 이질적인데, 게루 자신이 이를 훌륭하게 설명한 바 있다. "[속성들의 ─마슈레의 추가] 열거는 완수되지 않는데, 왜냐하면 열거란 존재하지 않는다는 훌륭한 이유 때문에 열거는 결코 시작한 적이 없기 때문이다."[157] 우리는 하나씩 주어지는 속성들로부터 출발하여 어떤 무한 수열을 따라 실체로 이행해 가는 것이 아니다. "1부 정리 10의 주석 마지막에서 언급된 공리(……어떤 존재가 실재성이나 존재를 더 많이 지닐수록 그것은 더 많은 속성들을 지니게 된다……)는 우리가 절대적으로 무한한 어떤 존재에 대한 관념을 갖고 있다는 사실로부터 비롯하는 것이지, 세 개나 네 개 또는 그 이상의 속성들을 소유하고 있는 존재들이 존재하거나 존재할 수 있다는 사실로부터 비롯하는 것은 아닙니다."[158] 하나의 속성을 갖는 실체와 모든 속성을 소유하는 절대적으로 무한한 실체 사이에는 **아무것도** 존재하지 않으며, 이러한 이행을 기계론적 합성의 규칙들에 종속시키게 될 어떤 매개물도 존재하지 않는다. 이 때문에 이러한 이행을 하나의 전도로 제시하거나, 실체 안에서 실체의 절대적 통일성과 실체의 본질들

---

155) 이는 게루가 사용한 불어 seul의 라틴어 표현이다.─옮긴이
156) 이런 관점에서는 unité는 '통일성/통일체'가 아니라 '단위'를 의미하게 된다.─옮긴이
157) 게루, 『스피노자 1권. 신』 p.150.
158) 슐러Georg Hermann Schuller에게 보내는 64번째 편지.

의 무한한 다양성을 동일하게 만드는 하나의 모순의 발전으로 제시하는 것이 더 낫다.

만약 속성들이 서로 추가되거나 실체를 생성하기 위해 서로 합성되는 것이라면 이것들은 환원 불가능하지 않을 것이다. 이 경우 위태로워지는 것은 실체와 속성들의 동일성, 곧 속성들의 실체적 성격이다. 이렇게 되면 속성들은 더 이상 자신의 유 안에서 무한한 본질들, 따라서 어떤 것으로도 한정될 수 없는 것들이 아닐 것이며, 반대로 필연적으로 불균등한 실재성의 정도들로서, 속성들을 절대자 속으로 모두 통합시키는 전진적인 위계의 영역 안에 차례로 배치될 것이다. 하지만 스피노자는 데카르트적인 순서의 관점 못지않게 이러한 라이프니츠적인 순서의 관점에서도 완전히 벗어나 있다.

이로부터 매우 중요한 결론이 도출된다. 우리는 속성들이 비록 실재적으로 구분되는 것이긴 하지만, 또는 바로 그것들이 실재적으로 구분된다는 이유로, 무한하게 진행되는 원근법적 관점perspective에서까지도 열거될 수 없다는 것을 방금 살펴보았다. 왜냐하면 이 경우 속성들의 구분은 양태적 구분으로 환원되며, 이는 곧 유한자의 관점에서 무한자를 반성하는 셈이 될 것이기 때문이다. 그런데 속성들에 대해 참인 것은, 특히 이것들 모두를 포함하는 실체에 대해서도 참이다. 적어도 우리가 상상의 관점을 포기한다면, 우리는 실체를 셀 수 없듯이 속성들도 셀 수 없다. 이 때문에 실체의 **유일성**이라는 테제는 매우 이해하기 어렵다. 이 테제는 어떤 유일한 존재, 곧 다른 가능한 모든 실체를 배제하고 혼자만 유일한 표본으로 실존하는 어떤 실체에 준거하지 않는다. "하나의 사물은 우리가 이 첫번째 것과 [사람들이 말하듯—마슈레의 추가] 동일한 정의를 지니고 있는 다른 사물을 인식하기 이전까지는 단 하나의 유일한 것이라고 언급될 수 없습니다. 하지만 신의 실존은 자신의 본질 자체이기 때문에, 신에 대해 그가 단 하나의 유일한 것이라고 말하는 것은 사람들이 그에 대한 참된 관념을 갖고 있지 못하거나 그에 대해 부적절하게 말하고 있다는 점을 보여 줍니다."[159] 이 때문에 스피노자가 "신은 유일하다. 곧 자연 안에는 하나의 실체만이 있을 뿐이며non nisi unam substantiam dari, 그는 절대적으로 무한하다"[160]고 쓸지언정, 엄격하게 부정적인 **하나만이**non nisi una라는 이 통념은 어떠한 원인의 의미도 지니고 있지 않고 따라서 신의 본성에 대한 정의에도 관여할 수 없다는 점을 잘 이해해야 한다. 사실 절대적 실체는 유일하지만, 이 유일성은 하나의 결과일 뿐이다. 더욱이 그 결과는 실체 자체의 실재성의 결과가 아니다. 그것은 실체들에 대해 둘이나 셋 또는 그 이상의 수라는 허구를 만들어 낼 뿐만 아니라 좀더 일반적으로는 규정된 숫자——여기서 **하나**란 [여러 가지 중] 첫번째 것에 불과한 것이다——로 실존하는 실체들이라는 허구를 만들어 내는 상상력의 소산인 것이다. 단 하나의 실체만이 존재할 뿐이라고 말하는 것은 무로부터 출발하여, 곧 실체가 포함하고 있는 가능태에서 출발하여 절대자를 부정적으로밖에 고찰할 수 없는 상상에 따라 말하는 것이다. 신은 그 자체로는 **하나가** 아니고 둘 또는 셋도 아니며 훌륭하거나 추한 것도 아니다. 우리는 집요한 전통에 반대하여 스피노자는 이원론자가 아닌 것처럼 일원론자도 아니며, 또는 사람들이 이러한 허구를 어떤 수까지 세려 하든 간에 그 어떤 몇원론자도 아니라고 말해야 한다. 그러한 허구는 무지자나 예속자에게나 어울리는 것이기 때문이다.

---

159) 옐레스Jarig Jelles에게 보내는 50번째 편지.
160) 『윤리학』 1부 정리 14의 보충 1.

'사물들'의 질서와 연관
L'ordre et la connexion des 'choses'

속성들은 실체보다 덜 있는 것이 아니다. 또한 속성들은 서로에 비해 덜 있는 것도 아니다. 속성들의 상호 환원 불가능성이라는 테제가 표현하는 것이 바로 이것이다. 속성들은 비교 불가능한데, 왜냐하면 속성들은 필연적으로 그것들 전부를 소유한 실체 안에서 동일하기 때문이다. 만약 우리가 속성들 사이에 어떤 불균등성을 도입한다면 실체는 이것들을 소유할 수 없을 것이다. 어떠한 존재 형식도 다른 것보다 우월하지 않다. 따라서 이러한 존재 형식 중 이것보다는 저것이, 또는 이것을 배제하고 다른 것이 신에게 속하게 될 이유는 없다. 그리하여 신은 동시에, 그리고 동일한 방식으로 "사유하는 것"이면서 "연장되는 것"[161]이며, 또한 우리가 우리의 지성의 제한 때문에 파악할 수 없는 다른 모든 것이기도 하다. 이 점에 대해서는 들뢰즈의 책을 참조할 수 있겠다. 이 책은 **탁월성**이라는 통념에 대해 결정적인 비판을 제시하며, 이 통념이 스피노자주의에 완전히 이질적이라는 점을 보여 준다. 탁월성은 말하자면 고전주의적인 **지양** 개념이다. 그런데 스피노자는 항상 형상적/형식적으로, 곧 모든 내용을 배제하는 것이 아니라 모든 탁월성의 관점 바깥에서 추론한다. 이는 탁월성의 관점이 하나의 허구에 불과한 가능태라는 전제를 인식에 재도입하기 때문이다. 반대로 상상은 매우 손쉬운 전치轉置나

과장에 따라 이루어진다. 만약 삼각형이 말을 할 수 있었다면, 신이 **탁월하게** 삼각형 모양이라고 말했을 것이다(휘고 복셀Hugo Boxel에게 보내는 56번째 편지). 하지만 사실은 신은 모든 형식들의 특성들을 결집하고 **지양**하면서 이 형식들의 전진적 위계의 정점이나 최종 지점에 있는 것이 아니다.

바로 이 때문에 스피노자는 데카르트의 이원론이 제기한 문제를 해소하는 데 만족하지 않고 이 문제설정을 완전히 전도시킨다. 우리는 헤겔의 스피노자 해석에서는 실체가 마치 자신이 그 절대적 통일성을 구성하는 두 가지 주요 속성 ——이것들은 우리가 지각할 수 있는 것이며, 데카르트는 이것들에 독립적인 실체의 지위를 부여했다—— 안에서 스스로를 표현하는 것처럼 나타난다는 것을 살펴보았다. 이렇게 되면 이 두 속성에 대해 다른 모든 속성들은 가능태들로, 순수 허구들로 나타나게 되며, 이 나머지 속성들은 우리가 실제로 인식하는 두 개의 **실재적인** 속성들의 모델 위에서만 엄밀히 말해 인식될 수 있다. 그런데 스피노자가 따르고 있는 종합적 추론은 바로 이러한 관점을 불가능하게 만든다. 이 추론에 따르면 각각의 속성은 **그 자신에 의해**, 곧 각각의 속성에 실체적 특징을 부여하는 그 고유한 무한성 안에서 인식되어야 하며, 자신이 다른 속성 ——이것이 어떤 것이든 간에—— 과 맺는 관계에 따라서 인식되어서는 안 된다. 속성들의 본성을 파악하는 것은 엄밀히 말하면 서로 비교하기 위하여 속성들을 하나씩 고려하는 것을 중지하는 것이다.

이미 여러 번 나온 표현이지만 스피노자가 속성들은 "자신들의 유 안에서만 무한"하다고 말할 때, 이는 속성의 무한성이 어떤 식으로든 제한되고 불완전하다는 것을 의미하지 않는다. 반대로 이런 관점은 상상의 관점을 특징짓는 것이다. 『소론』 2장 뒷부분에 나오는 대화에서 탐욕[162]은 다음과 같

---

161) 『윤리학』 2부 정리 1과 2.

이 선언한다. "나는 사유하는 실체가 연장되는 실체와는 아무런 공통점도 지니고 있지 않으며 전자는 후자를 제한한다고 보네." 이 문장은 실은 서로 연결되어 있는 세 가지 주장을 결합하고 있다. 1) 속성들의 환원 불가능성은 실체들 사이의 분리로 제시된다. 2) 이 실체들은 제한의 관계 속에서 서로 맞서 실존한다. 3) 이러한 대립은 두 항들 사이의 관계로서, 사유와 연장의 구분에 따라 사유된다. 하지만 이성은 이 세 가지 주장 및 이를 결합시키는 논리를 비판한다. 이성은 필연성의 관점에 따라 사물들을 고찰하기 때문이다. 곧 1) 속성들은 속성들 모두를 포함하는 실체 안에서 동일하다. 2) 따라서 속성들은 필연적으로 불균등한 관계 속에서 서로 대립하지 않는다. 3) 속성들의 본성은 이것들의 무한성이라는 사실[속성들이 무한히 많다는 사실]과 별개로 파악될 수 없으며, 이는 속성들을 열거하려는 시도를 금지한다.

스피노자가 철학에 도입한 새로운 추론의 비결은 실체 안에서 속성들의 동일성이라는 테제이다. 이때 속성들은 실재적으로 구분되면서도 실체 안에서 통일되어 있다. 이러한 통일성은 잘 알려져 있는 정리, 곧 "관념들의 질서와 연관은 사물들의 질서와 연관과 같다"[163]에서 표현되고 있다. 곧잘 이 정리는 마치 사유 속성과 연장 속성에 의존하는 모든 것 사이의 부합, 일치 관계를 정식화한 것인 양 해석된다. 하지만 이런 해석은 받아들일 수 없다. 왜냐하면 만약 이 언표에서 **관념들**이라는 단어가 분명히 사유 속성의 양태들을 지시하고 있다면, **사물들**res이라는 단어는 절대 제한적으로 연장 속성의 양태들을 지시하는 것이 아니라 **사유 자체를 포함하는** 모든 속성의 양태들을 지시하기 때문이다. 관념들은 속성의 다른 변용들만큼이나 **사물들**인

---

162) 『소론』의 원래 제목은 『신과 인간, 인간의 지복에 관한 소론』 *Korte Verhandeling van God, de Mensch en deszelvs Welstand*으로 『지성교정론』과 더불어 스피노자의 가장 초기 저작으로 알려져 있다. 『소론』의 이 대화는 의인화된 지성Verstand, 사랑Liefde, 이성Reden, 탐욕Begeerlijkheid 사이에서 이루어지고 있다. ― 옮긴이
163) 『윤리학』 2부 정리 7.

것이다. 따라서 이 정리는 하나의 속성에 따라, 곧 어떤 존재 형식에 따라 파악된 모든 것은 다른 모든 속성들에 따라 파악된 것들과 동일하다는 것, 정확히 말하면 자기 동일성과 같은 방식으로 동일하다는 것을 의미한다. 곧 실체가 자신의 모든 속성들의 무한성[무한하게 많은 모든 속성] 안에서 스스로를 표현하는 한에서, 사유는 자신의 고유한 질서를 벗어나지 않고서도 자기 자신으로 복귀함으로써 실체 속에 포함된 모든 것을 발견하게 된다. 적합성 이론은 이미 우리를 이런 결론으로 인도한 바 있다. 그런데 이는 더 나아가 모든 속성들에 대해 주장될 수 있다. 모든 속성은 속성들 사이의 상호 외재성을 함축하는 비교나 일치, 부합이나 동형성 관계 속에서가 아니라, 속성들을 구성하고 또 속성들에 의해 구성되는 실체 속으로 단번에 속성들을 통합시키는 속성들의 내생적 본성 속에서 다른 모든 것과 동일하기 때문이다.

이제는 서로 조화를 이루는 질서와 연관을 지닌 것으로 인지되는 두 개, 세 개, 네 개 …… 무한 개의 계열이나 속성을 정립할 여지는 존재하지 않는다. 모든 속성 안에서 실현되는 것, 그리고 모든 속성의 존재 안에서 이 모든 속성을 동일하게 구성하는 것은 **단 하나의 동일한 질서, 단 하나의 동일한 연관**이라는 점을 잘 파악해야 한다(우리가 상상의 관점에 그친다면 이는 불가능할 것이다). 곧 실체는 형식들의 무한성[무한하게 많은 형식들] 안에서 동시에 표현되는 이 유일한 필연성과 다르지 않다. 따라서 우리가 각각의 존재의 유에서 정의상 나머지 모든 유에도 속하는 것을 재발견하는 데에는 아무런 신비도 없다. 이를 위해 어떤 조합이나 조화라는 전제를 개입시킬 필요는 전혀 없는 것이다. 따라서 우리는 스피노자의 **일원론**을 데카르트의 **이원론**의 지양으로 제시하는 것이 얼마나 가소로운 것인지 알게 된다. 스피노자의 사유 양식은 이 오래된 철학의 문제들이 아주 간단하게 실격되어 버리는 전혀 다른 영역에서 자신의 효과를 생산하는 것이다.

이러한 문제들의 전위轉位로부터 다시 다음과 같은 결과가 따라나온다.

곧 필연적으로 종속 관계일 수밖에 없는 항 대 항 관계에 따라 속성들이 서로를 제한하지 않는 것과 마찬가지로, 우리가 실체의 두 가지 속성들만 파악한다고 해서 우리의 인식이 제한되지는 않는다. 우리의 인식은 단 하나의 속성을 그 고유한 질서와 연관에 따라 파악하는 것만으로도 자신의 절대적 필연성 속에, 곧 자기 존재를 구성하는 인과연쇄 속에 존재하는 대로의 실체를 이해할 수 있다. 한 속성의 본성을 그 내생적 무한성 속에서 인식하는 것은 동시에 다른 모든 속성의 본성을 인식하는 것이다. 이 때문에 스피노자는 다른 모든 속성들이 우리가 인식하는 속성들과 동일한 질서와 연관에 따라 필연적으로 실존한다는 것을 파악하고 있는 한, 비록 우리가 실체의 두 속성만을 인식하더라도 다른 모든 속성들에 대한 인식을 **결여하고** 있지 않다고 말한다. 이리하여 유한 지성에 부과된 한계들 자체 내에서 우리는 모든 것을 인식할 수 있다. 곧 필연성의 형식 안에서 절대자를 사유할 수 있는 것이다.

따라서 스피노자의 이론적 장치 안에서는 모든 것이 수용될 수 있다. 모든 수적 계열과 독립적으로 인식된 속성들의 무한성[무한하게 많은 속성들]은 철학의 전통적 곤경들을 피하기 위한 조건이다. 절대자의 관점에서 볼 때, 양립 불가능하고 불균등한 존재 유들 사이의 대결은 존재하지 않으며, 따라서 외재적이고, 분명 자의적이고 비합리적인 보증을 통해 이것들의 공존이나 일치를 정당화할 필요도 없다. 실체의 인과성은 절대지의 조건인 동시에 대상으로서 내생적으로intrinsèquement 필연적인 관계들만을 정립할 뿐이며, 자기 자신 안에서 자신의 형식들을 내재적으로 전개한다. 여기에 유한한 주체의 책임 아래서든 무한한 주체의 책임 아래서든 자유의지가 개입할 여지는 전혀 없다.

속성의 문제에서 헤겔의 오류
L'erreur de Hegel sur les attributs

이제 지금까지 밟아 온 과정을 평가하기 위해 헤겔이 속성 문제를 다루는 텍스트들 중 하나로 돌아가 보자.

> 이 밖에도 속성들을 무한한 것들로 규정한 스피노자는, 더욱이 이것들을 무한한 다수성이라는 뜻에서 무한한 것들로 취급한다. 물론 이보다 뒤에 가서는 단지 사유와 연장이라는 두 개의 속성만이 등장하지만, 어떻게 해서 무한한 다수성이 필연적으로 하나의 대립으로, 그것도 더욱이 사유와 연장이라고 하는 이렇듯 규정적인 대립으로 환원되는지에 대해서 밝혀진 바는 없다. 이런 점에서 지금의 이 두 속성은 한낱 경험적으로 채택된 것이라고 할 수 있다. 곧 사유와 존재는 절대자를 하나의 규정 속에서 표상하는데, 절대자 자체는 이것들의 절대적 통일이기 때문에 이것들 자체는 본질적 형식들에 불과하고 사물의 질서는 표상들 내지는 사유들의 질서와 동일하며, 절대적 일자는 외재적 반성에 불과한 한 양태[지성]에 의해 사유와 존재라는 두 규정에 따라서 한 경우에는 표상의 총체성으로, 다른 경우에는 사물들 및 그것들의 변화의 총체성으로서 고찰되는 셈이다. 결국 사유와 존재의 구분을 만들어 내는 것이 외재적 반성인 것과 마찬가지로 이 구

분을 절대적 동일성으로 귀착시키고 그 속으로 몰입시키는 것도 역시 외재적 반성인 셈이다. 그러나 어쨌든 이 모든 운동이 절대자 외부에서 이루어지고 있음은 틀림없다. 물론 절대자는 그 자체가 곧 사유이며, 오직 이러한 한에서 이 운동은 절대자 안에 존재할 수 있다. 그러나 앞서 지적했던 것처럼 사유는 연장과의 통일로서만 절대자 안에 존재할 수 있는 것이지, 본질적으로 대립의 계기이기도 한 운동으로서 절대자 안에 존재하는 것은 아니다.[164]

이 구절에서 흥미로운 것 —이 때문에 이를 전부 인용해야 했다— 은, 이 구절에서 서로 연결되어 제시되고 있는 몇 가지 주장들이 자신이 공표하고 있는 대상, 곧 스피노자의 철학에 적용될 경우 모두 잘못된 것으로 드러난다는 점이다. 따라서 헤겔의 스피노자 철학에 대한 오해는 이 주장들을 산출한 **논리**, 스피노자주의의 문자와 정신 모두에 완전히 외재적인 **논리**에 의존하는 것으로 보인다.

우선 헤겔은 속성들을, 이것들이 분명히 유래한 실체와의 모든 실재적 연계를 상실한 반성의 외적 형식들로 환원한다. 이렇게 되면 실체가 자신의 속성들로 **이행하는** 운동에 대해 아무런 합리적 정당화도 존재하지 않게 된다. 우리가 충분히 보여 준 것처럼, 이러한 해석은 실체와 그 속성들 사이의 관계가 위계적이고 시간적 순서에 따른 관계라는 것을 전제한다. 이 경우 직접적인 토대로 제시되는 실체는 자신의 속성들 이전에 있으며 속성들보다 우월한 것이다. 하지만 스피노자가 정착시킨 대로의 속성 개념은 탁월성의 관점에서만 의미를 갖는 바로 이러한 종속의 가능성을 배제한다.

그 다음 헤겔에게는 실체가 속성들의 무한성[무한하게 많은 속성들] 안

---

164) 『대논리학』 2권, 라바리에르 옮김 p. 240; 독어본 pp. 196~197; 국역본 pp. 269~270.

에서 자기 자신을 표현한다는 테제는 어떤 실재적 의미도 갖지 못한다. 이 때문에 그는 이 테제를 단순히 형식적인 고찰로서 참고삼아 환기시킬 뿐이다. 왜냐하면 [헤겔처럼] 내용에만 국한하게 될 경우, 실체의 통일성은 항상 사유와 존재라는 두 속성들 사이의 관계를 통해 반성되기 때문이다. 하지만 이 내용은 합리적으로 정당화될 수는 없으며 경험적으로 인지될 뿐이다. 게다가 헤겔은 다음과 같이 쓰고 있다.

> 스피노자는 실체를 자신의 체계의 정점에 위치시키고 이를 사유와 연장의 통일로 정의하지만, 어떻게 자신이 이러한 차이에 이르게 되었고 이 차이를 실체적 통일로 환원하게 되었는지는 보여 주지 않고 있다.[165]

여기서 헤겔의 오류는 속성들의 실재적 구분을, 타자와 대결하고 있는 것으로 설정된 두 속성들 사이의 차이 속에 구현된 항 대 항 관계로 제시한 데 있다. 이 관점에서는 이러한 구분이 자의적인 것으로 나타날 수밖에 없으며, 외부에서 주어진 실체의 통일성에 단순히 병치될 수밖에 없다. 하지만 우리는 스피노자의 증명에서 속성들의 무한성[무한하게 많은 속성들]의 존재는 처음부터 이런 난점에서 벗어날 수 있게 해준다는 것을 살펴보았다. 이 경우 속성들의 상호 환원 불가능성은 실체 안에서 속성들의 동일성 ─ 속성들은, 일체의 경험적 제약 바깥에 있는 가능한 모든 유類 안에서의 실체의 본성을 표현한다 ─ 과 완전히 양립 가능하다.

결과적으로 헤겔은 내생적으로 실체를 구성하는 [무한하게 많은 속성들의] 질서의 동일성을 외재적인 두 계열, 사물들(연장)의 질서와 표상들(사유)의 질서 사이의 형식적 상응correspondance으로 귀착시킨다. 이 두 집합 사

---

165) 『철학요강』, 부르주아 옮김 151절 보론 p.586; 독어본 p.269.

이에는, 데카르트 철학에서 자연과 이성 사이에 신이 지령해 놓은 일치처럼 자의적이고 외적인 공동성만이 존재할 뿐이다. 그런데 스피노자 체계의 문자 속에서는 이러한 질서의 동일성이 결코 두 개의 분리된 질서 사이의 동일성으로 귀착되지 않기 때문에 사유와 존재 사이의 일치——이는 양자의 분리를 전제한다——라는 문제설정 전체가 처음부터 제외된다.

다른 한편으로 사유와 실재의 분리는——헤겔에 따르면 사유와 실재의 분리는 이후에 절대자 안에서 양자가 재통합되기 위한 조건이다——사유의 가치를 떨어뜨린다. 비록 헤겔이 사유를 연장과 동등하게 관계시킨다 하더라도 그가 사유를 연장과의 관계의 매개를 통해서만 절대자와 관계시킨다는 바로 그 점에서, 이러한 추론은 절대자와 관련하여 사유를 열등한 자리에 위치시킨다. "사유는 연장과의 통일로서만 절대자 안에 존재한다"는 주장은 사유가 자기 자신에 의해서는, 자신의 고유한 운동에 의해서는 절대자와 동등할 수 없음을 의미한다. 헤겔은 또 다음과 같이 말하고 있다.

> 분명 실체는 사유와 존재 또는 연장의 절대적 통일이며, 따라서 실체가 사유 자체를 포함하고 있는 것은 사실이지만, 그러나 이것은 어디까지나 연장과의 **통일** 속에서만 그럴 뿐이다. 다시 말해서 실체는 사유를 연장과 분리되어 있는 것으로서 포함하고 있지 않고, 더욱이 그 어떤 규정 작용이나 형태화 작용으로서 포함하고 있는 것은 더더욱 아니며, 자기에서 시작하고 자기 자신으로 복귀하는 운동으로서 포함하고 있는 것도 아니다.[166]

사유는 자기 자신 안에서 절대자와의 관계를 실현할 수 없다. 오직 실체 속에서만 실현되는 어떤 통일체의 계기로서 자기 자신을 발견하기 위해서

---

[166] 『대논리학』 2권, 라바리에르 옮김 p.239; 독어본 p.195; 국역본 p.268.

는 사유는 연장을 거쳐 가야 하기 때문이다. 그런데 우리는 스피노자에게 속성들의 무한한 상이성은 속성들이 실체 속에서 환원 불가능함과 동시에 동등함을 함축한다는 점을 여기서 굳이 반복할 필요가 없을 만큼 충분히 말한 바 있다. 따라서 사유와 연장의 차이, 또는 속성들 사이의 어떠한 관계도, 분할된 것이 통일된 것에 종속되듯이 속성들을 실체에 종속시키는 결과를 낳지 않으며, 반대로 속성들을 실체 안에서 절대적으로 동일화하게 된다. 자신의 유 안에서만 무한한 것은 절대적으로 무한한 것보다 덜 무한하지 않다. 이것은 사유만이 아니라 일반적으로 어떤 속성에 대해서도 참이다.

마지막으로 헤겔은 사유와 연장의 구분을 통해 반성되는 속성들의 구분을 대립 관계로 해석한다. 이 외적 형식들의 공존은 이 형식들 사이의 대결이기도 하다. 이것들은 하나인 실체를 분유하면서 경쟁적으로 이것을 표상/대표하기 때문이다. 이 사실 때문에 실체의 통일성은 이러한 갈등의 해소, 지양, 곧 그 자체로는 분리되어 있는 적대적인 항들을 절대자 안에서 재통합하는 데 불과하다. 실체는 대립물의 통일, 필연적으로 추상적일 수밖에 없는 통일이며, 이는 처음에 자신의 요소들로 인위적으로 분해되었던 총체를 지성을 수단으로 해서 재구성한다. 두 철학이 갈라지는 분기점의 기초 자체에는 이처럼 스피노자 자신의 용어들과는 명백히 다른 용어들로 스피노자의 체계를 전치시키는 작용——이러한 전치에는 대립, 모순이라는 개념들과 더불어 헤겔식의 변증법이 암묵적으로 개입한다——이 놓여 있음을 볼 수 있다.

이 질문을 그 자체로 전개시킴으로써 우리는 지금까지의 논의 전체의 이유들, 곧 쟁점들을 해명할 수 있을 것이다. 왜냐하면 헤겔이 스피노자에 대한 독해에서 **잘못을 저지르고** 있으며 스피노자 체계의 진정한 의미에서 완전히 빗나가 있다는 사실을 확인하는 것만으로는 불충분하기 때문이다. 무엇보다도 우리는 또한 왜 헤겔이 이처럼 명백한 것을 무시하면서까지 전력을 다해 스피노자의 철학이 확립하려고 하는 것과 정반대의 것을 그 철학 스스로 말하게 하려고 했는지 그 이유를 파악해야 한다. 마치 헤겔의 담론은, 필연적이지만 그로서는 참을 수 없는 이 철학을 단순한 논박으로 배격하거나 완전히 제거하는 것이 불가능했던 만큼, 실제와는 정반대의 가소로운 허구적 담론으로 대체하려고 한 것처럼 보인다.

이 궁극적 논쟁은 전적으로 "모든 규정은 부정이다"라는 단 하나의 문장 및 그에 대한 해석을 둘러싸고 벌어진다.

4부

모든 규정은 부정이다

Omnis determinatio est negatio

헤겔이 『철학사 강의』에서 말한 것처럼 스피노자는 이 위대한 문장을 제시했다. 우리는 이 문장을 원래의 맥락 속에 다시금 위치시키고자 한다. 그렇게 하면 이 문장이 그 맥락을 통해 말하고 있는 것은 헤겔이 거기서 발견했던 위대한 것, 곧 의미의 심연/극치abîme와는 무관하다는 것을 알게 될 것이다. 게다가 어떤 언표는 그것을 사용하는 사람에게 속하기 때문에, 이 문장을 쓴 사람은 헤겔 자신이 아닌지 생각해 볼 수도 있을 것이다. 그는 이 문장을 "규정성은 부정이다"die Bestimmtheit ist Negation(『대논리학』), 또는 "모든 규정은 하나의 부정이다"alle Bestimmung ist eine Negation(『철학사 강의』)로 옮기고 있다. 어쨌든 이 문장의 헤겔식 활용은 원래의 맥락에서 이를 분리시키는 것을 조건으로 한다. 헤겔은 이 문장을, 말하자면 스피노자주의 전체——그 모순들과 약속들 및 실패들과 더불어——를 요약해 주는 마법의 정식마냥 절대적으로 받아들이고 있다.

여기서 우리는 문자에 대한 숭배에 이끌려 방황해서는 안 된다. 헤겔이 스피노자에서 읽은 것——분명 모든 진정한 독해는 그 나름의 방식으로 폭력적이며, 그렇지 않을 경우 독해는 고분고분하게 부연하는 데 그칠 것이다——은 스피노자가 실제로 말한 것 못지않게 중요하다. 또는 오히려 문제가 되는 것은 이 두 담론이 서로에게 행사하는 반작용이다. 그 이유는, 이 반작용이 이 담론들에 관해 둘도 없는 계시자啓示者의 역할을 수행하기 때문이다. 이런 관점에서 볼 때 이 유명한 문장이 스피노자의 것인지 헤겔의 것인지의 여부는 두 철학의 관계를 분석하는 데 가장 중요한 증상이다.

따라서 이 문장을 헤겔의 상상 탓으로 돌리고, 이 문장의 작위적 성격을 드러낸 다음 이를 제거함으로써, 이 문장의 해석이 제기하는 문제를 해소하려고 해서는 안 된다. 우리는 헤겔이 어떤 추론에 따라 이 문장을 스피노자에게 전가하고 이를 자신들 사이의 상위성의 동기이자 주요 징표로 만들게 되었는지 밝혀야 한다.

따라서 "모든 규정은 부정이다"라는 문장을, 스피노자와 헤겔 **사이에서** 기능하며 이 두 철학의 모순이 가시적 형태를 띠게 해주는 전적으로 실재적인 언표로 받아들여야 한다.

스피노자의 부정주의
Le négativisme de Spinoza

헤겔이 받아들이는 문장의 의미를 해명하면서 시작해 보자. 이 의미는 헤겔이 스피노자에게 철학사 속에 할당하고 있는 위치, 곧 [불완전한] 선구자의 위치와 마찬가지로 근본적으로 이중적이다. 이 문장에서는 헤겔 자신이 표현한 대로 **위대한** 어떤 것이 예고되지만, 이는 단지 전조前兆의 형태를 띠고 있을 뿐 그것을 실현해 줄 수 있는 수단들은 결여하고 있다. 이 때문에 이는 동시에 두 측면을 나타내고 있다. 한편으로 이 문장은 그 안에서 이미 소묘되고 있는 본질적 진리와의 관계 속에서만 이해될 수 있다. 하지만 다른 한편으로 이 문장은 그 실현의 약속을 방해하는 결함에 의해서만 실존한다. 그렇다면 이를 특징짓는 것은 불완전성이다. 따라서 이 문장은 헤쳐나가야 할 길의 중간에서 포착된 어떤 운동 중인 진리를 표상한다. 이 때문에 이 문장은 이미 자신이 완수해 낸 과제의 관점에서 고려될 수도 있고 목적지에 당도하기 위해 계속 수행해야 할 과제의 관점에서 고려될 수도 있다.

우선 이 문장의 실정적인 내용을 이끌어 내면서 좋은 측면부터 살펴보도록 하자. 이것은 규정과 부정 사이에 확립된 연계에 있다. 규정된 것은 자기 자신 안에 부정을 지니고 있으며, 이를 규정된 어떤 것으로 실존하게 하는 것이 이 부정이다. 또한 부정이 결핍에 불과한 것만은 아닌데, 부정을 매개로 해서 어떤 것이 정립될 수도 있기 때문이다. 어쨌든 부정은 실존을 생산하며, 이는 그것이 어떤 구성적인 기능을 가진다는 것을 함축한다. 이 때문에, 헤겔이 『철학요강』 91절의 '보론'에서 설명하고 있는 것처럼, 충만하게 실정적이며 기초적인 어떤 **존재자**un Etre ──이 존재자는 모든 현실적 실재에 대해 무관하고 외재적이기 때문에 이처럼 존재할 수 있다── 와의 관계 하나만으로는 실재가 파악될 수 없다. 사실 그 자체로 비규정적인 이 존재자가 어떻게 규정의 원리가 될 수 있겠는가? 이러한 추론은 플라톤이 『소피스테스』Sophistes에서 이미 엘레아 학파에 맞서 제시한 추론과 아주 유사하다. 더욱이 플라톤의 추론이 이르는 결론 또한 헤겔의 결론과 아주 근접해 있다. 곧 만약 실존하는 것에 대해서 합리적인 논의를 하려고 한다면, 비존재[~이지 않음]non-être에, 따라서 부정적인 것에 반드시 실재성을 부여해야 한다는 것이다.

이 첫번째 측면에 따를 경우 우리는 헤겔이 계속 **부동적**이라고 비난하는 스피노자의 철학이 조금씩 움직이기 시작하는 것을 보게 된다. 적어도 규정된 실존을 지니고 있는 것의 수준에서 현실적 부정성의 원리를 인정하게 되면 스피노자의 철학은 더 이상 자신의 최초의 입장에, 곧 모든 것을 자신 속에 포괄하고 모든 실재가 그 속에서 용해되는 절대적이고 완전히 실정적인 어떤 존재자를 긍정하는 데 그치지 않는다. 이 철학은 공허하고 죽어 있는 실체 외에도 자신의 고유한 부정성에 따라 살아가는 규정들의 세계를 인정한다. 그렇다면 비록 아직 개념의 필연성에 통달하지 못한 불완전한 형태로 서술되었을지언정 이는 이미 부정의 노동이 아닌가?

우선 지적해야 할 것은, 헤겔은 자신이 스피노자에게 전가하는 문장을 거꾸로 읽고 있기 때문에 이 문장에서 이러한 약속을 발견하고 있다는 점이다. 모든 부정은 규정이다Omnis negatio est determinatio. 곧 모든 부정 속에는 규정, 다시 말해 정립하고 활동하며 결과들을 생산하고 실존하게 하는 어떤 것이 존재한다. 달리 말하면 모든 부정 속에는 실정적인 것 또한 존재한다. 부정은 다른 것autre chose으로 인도해 주고 형식적이고 공허한 동일성의 전제專制를 저지하는 수단, 중개물, 매개다. 이러한 부정은 실정적인 것에 불과한 실정적인 것의 직접적인 자기 현전을 초과하여 부정적인 것의 여정을 통해 이 실정적인 것을 타자 속에서 실현하는 동일성의 이러한 변조, 이 운동, 이 이행을 통해서만 현실적인 내용이 존재할 수 있음을 드러내 준다.

하지만 실정적인 것과 부정적인 것의 이러한 내적 연관은 불충분하고 불만족스러운 형태로 나타날 뿐, 진정으로 파악되지 못하고 있다. 바로 여기에 우리가 이 정식을 스피노자가 썼던 대로 제대로 읽게 되면 나타나게 될 나쁜 측면이 있다. 곧 스피노자는 (헤겔적인 의미에서) 지성의 관점에 머물러 있어서, 분리된 두 개의 질서에 속하는 실정적인 것과 부정적인 것을 계속해서 분리시키기 때문이다. 모든 규정 바깥에 직접 주어져 있는 절대자는 아무것도 결여하고 있지 않다. 절대자에게는 이 원초적인 현전 속에 이미 주어져 있던 것 이상으로 생성될 수 없는 어떤 존재자의 실정성만이 존재할 뿐이다. 이 때문에 비록 부정적인 것의 개입이 필연적인 것으로 인정된다 해도, 부정적인 것은 이 존재자의 외부로 밀려날 수밖에 없다. 규정들이 생산되는 곳에서만, 곧 본성상 무한한 실체에 외재적인 유한한 것의 영역 속에서만 부정적인 것이 출현한다.

그렇다면 "모든 규정은 부정이다"라는 명제는 전혀 새로운 어떤 의미, 부정적이라는 말이 지닌 고유한 의미에서 부정적이거나 제한적인 의미를 산출한다. 모든 규정은 부정이다. 곧 규정은 단지 부정적인 어떤 것, 부정적인 것에 불과하다. 유한자의 실재성, 유한자의 실존은 실체의 절대성과의 차이 및 공제控除를 통해서만 사고될 수 있다. 헤겔의 해석대로 보자면, 스피노자에서 부정은 역진逆進, régressif 운동이지만, 이는 존재하는 것의 자기 자신으로의 회귀가 아니라 그것의 해체, 퇴락, 실추의 운동이다. 규정된 것은 결핍에 의해, 존재의 고유한 결핍, 결여에 의해, 그 자신을 규정하는 부정성에 의해서만 파악될 수 있다. 이것은 실체와 거리가 먼, 그리고 전도된 이미지로밖에는 실체를 표상/대표할 수 없는 비현실적인 것이다.

헤겔은 나아가 스피노자가 부정을 추상적으로, 곧 그가 일거에 절대자 속에 위치시킨 실정성과 독립해 있는 변질의 원리로서만 인식했다고 말한다. 추상적 부정이란 결핍에 따라 제한적으로 파악된, 한낱 부정적인 것에 불과한 부정이다. 스피노자에게 부정적인 것은 실정적인 것의 대립물이므로 실정적인 것과 화해할 수 없다. 부정적인 것은 실정적인 것으로 환원 불가능한 것으로 늘 남아 있다. 그리하여 실정적일 뿐인 실정적인 것 ──이러한 한계를 지니고 있기 때문에 이는 그 자체가 하나의 추상이다. 그리고 이것이 바로 실체 안에 부정성을 도입할 수밖에 없는 스피노자주의의 고유한 모순이다──과 부정적일 뿐인 부정적인 것 사이에는 개념의 운동을 현실화하고 그것의 내생적 합리성을 파악하게 해줄 수 있는 어떠한 이행도 확립될 수 없다. 절대자가 직접적이라는 사실 때문에 이 절대자 외부에는 어떤 것도 존재하지 않게 된다. 또는 오히려 절대자의 외부에는 무에 따라, 실체의 결여에 따라 부정적으로만 측정될 수 있는 **존재자들**만이 있을 뿐이다. 이러한 실체의 결여는 이 존재자들을 내밀하게 합성하는 것으로, 이것들의 사실성의 원인이 된다.

우리는 여기서 우리가 잘 알고 있는 하나의 반론, 곧 스피노자의 실체는 자신의 고유한 질서로부터 모든 규정을 이물질들인 것처럼 제거했으며, 이것이 바로 실체의 절대적 자기 동일성의 조건이라는 반론을 재발견하게 된다. 그리하여 실체는 외생적 관계들을 통해서만 자신이 아닌 것과 관계한다. 이는 우선, 실체의 규정들이면서 이미 유한자의 세계에 속해 있는 속성들 또는 유類들에 대해 참이다. 이로써 우리는 속성들이, 실체의 충만함에는 낯선 추상적이고 유한한 실존을 자신들에게 부여하는 어떤 지성, 곧 어떤 양태에 의해서만 파악될 수 있다는 사실을 이해할 수 있게 된다. 다음으로 이는 특히 양태들 자체, 또는 헤겔이 개체들이라고 부르는 것들에 대해 참이다. 곧 이것들은 자기 안에 자신들의 실존 원리를 갖고 있지 않기 때문에 곧바로 소멸해 버릴 수밖에 없는 외양들임을 제외하면 사실 그 자체로는 아무것도 아니다. 외양들이야말로 양태들이 조금이나마 갖고 있는 실재성을 나타내는 최선의 방식인 것이다.

또한 스피노자의 철학은 실정적인 것의 충만함에 대한 자신의 공공연한 주장과는 모순적으로, 모든 동양 사상과 마찬가지로 근본적으로 하나의 부정주의에 불과하다.

> 이와 마찬가지로 유출의 문제를 다룬 동양적 표상에서도 절대자는 스스로를 밝히는 빛으로 간주된다. 하지만 이는 자기 자신만을 밝힐 뿐만 아니라 또한 방출하는ausströmt 것이기도 하다. 이러한 절대자의 자기 방출은 자신의 순수한 밝음으로부터 멀어짐을 뜻한다. 뒤따르는 산물들은 그것들을 생성한 선행하는 것들보다 훨씬 불완전하다. 방출 현상은 단지 하나의 사건으로만, 지속적인 손실에 불과한 생성으로만 간주된다. 그리하여 존재는 항상 자기 자신을 더 어둡게 만들고, 밤, 부정적인 것은 빛의 종착점, 곧바로 처음의 빛으로 되돌아가지 못하는 종착점이 된다.[167]

이 얼마나 놀라운 전도인가! 왜냐하면 실정적인 것과 부정적인 것 사이에 어떤 공통의 척도도 확립될 수 없어서 이것들은 서로에게 절대적으로 외재적인 것으로 머물러 있으며, 자신의 시원적인 빛 속에 있던 존재자는 곧바로, 자신의 모든 자리를 차지해 버리고 자신이 퍼져 나가는 그곳에서 자신

---

167) 『대논리학』 2권, 라바리에르 옮김 p.242; 독어본 p.198; 국역본 p.271.

못지않게 절대적인 무 속으로 자신을 삼켜 버리는, 그림자의 침입을 받기 때문이다. 헤겔이 이러한 실추를 인상적으로 기술하고 있는 또 다른 텍스트를 여기에 소개한다.

> 선행하는 변증법적 매개 없이 직접적으로 스피노자가 파악한 것과 같은 실체는 보편적인 부정적 역량Macht/puissance으로서, 말하자면 자기 안으로 모든 규정된 내용을 원래 무에서 비롯한 것으로 흡수시켜 버리고, 그 자체로 긍정적인 지속성을 지니고 있는 것은 전혀 산출하지 않는, 어둡고 무형적인 심연일 뿐이다.[168]

"그것은 보편적인 부정적 역량이다." 실체의 보편성이 공허한 한에서, 그리고 그 자체로 부동성과 죽음으로 귀착될 수밖에 없는 한에서, 이 실체는 자신을 퇴락시키고 파괴하면서 동시에 자신의 심원한 진리인 무Néant를 드러내는 이 전도된 역량을 투여받을 수밖에 없다.

따라서 우리는 절대자를 순수한 실정성으로 제시할 경우 이르게 되는 곳은 바로 그것의 진짜 목적인 부정적인 것의 승리라는 것을 알 수 있다. 이렇게 되면 쟁점은 분명하게 드러난다. 부정적인 것에 대해 구성적 기능을 인정하고 실정적인 것과 부정적인 것의 연합, 통일의 조건들을 창출하려는 헤겔에게 문제는 실정적인 것 자신에 맞서 실정적인 것을 옹호하고, 만약 이 실정적인 것이 자신의 직접적 존재의 공허하고 추상적인 충만성에 자족하려는 유혹에 굴복할 경우 불가피하게 일어나는 퇴락을 방지하는 것이다. 따라서 처음 나타났던 것에 견주어 보면 양자의 입장은 정확히 반대가 된다. 실정적인 것을 결연히 옹호하던 스피노자는 사실은 부정적인 것을 선택했

---

[168] 『철학요강』, 부르주아 옮김 151절 보론 p.586; 독어본 p.297.

거나 적어도 그것에 빠져든 반면, 헤겔은 부정적인 것에 실재성을 부여하지만 사실은 그것을 실정적인 것의 도구 내지는 보조물로 만든다. 부정적인 것은 자신도 모르게 실정적인 것의 승리를 보증하는 것이다(이성의 간지奸智). 이는 이성적인 방식으로 생각할 때 부정적인 것 속에는 실정적인 것으로 향하는 어떤 것이 존재함을 뜻한다. 추상적 지성이 파악하지 못하는 것이 바로 이것이다. 추상적 지성에게는 실정적인 것과 부정적인 것이 서로에게 확고하게 외재적이며, 화해할 수 없게 대립하고 있는 것이다.

절대적 부정성이라는 관념 속에서 표현되고 있는 것이 바로 부정적인 것에 대한 이러한 이성적 파악이다. 우리는 직접적 자기관계에 따라 사물들을 표상하는 추상적 반성의 영역을 포기할 때에만 이러한 관념을 이해할 수 있다. 우리가 사물들을 그 자체의 운동에 따라 고찰하면, 우리는 이것들은 자신들이 그 자체 안에서 반영하는 타자의 매개를 통해서만 그 자신들일 수 있음을 알게 된다. 그런데 이러한 이행은 부정, 곧 직접적 존재에 대한 부정이다. 하지만 이 부정은 사물을 그 개념 속에서 즉자대자적으로 존재하는 그대로 발견하는 한에서, 또한 이미 부정의 부정 또는 오히려 부정적인 것 자체의 부정이다.

따라서 사람들이 보통 **부정의 부정**이라는 표현으로 가리키는 것은 실재 전체가 실현되는 과정의 무한한 합리성이다. 하지만 이러한 합리성을 추상적 반성의 관점에서 해석하는 것이 일반적인 경향이다. 이 경우 이 합리성은 두 개의 항, 곧 서로 구분되는 계기적인 두 개의 부정들 사이의 관계가 된다. 이것이 바로 삼원성의 형식적 도식이다. 사람들은 헤겔주의의 골자를 곧잘 이 도식으로 요약하지만, 헤겔 자신은 명시적으로 이를 비판한 바 있다. 이 도식에 따르면 우선 직접적 현전 속에 어떤 존재가 주어지고, 그 다음 이것의 부정, 곧 이러한 직접성을 파괴하는 타자에 대한 인정이 나오고, 마지막으로 앞의 부정에 대해 말하자면 **추가되는** 또는 그것을 대상으로 잡아 소멸시키는 새로운 부정이 나타난다. 첫번째 부정의 소멸은 최초의 존재자를, 그것이 생성 과정 중에 얻게 된 모든 규정 및 이 우여곡절의 연속 중에 **습득한** 모든 것을 포함하여 한층 고양된 그것의 동일성으로 재통합시킴으로써 이루어진다.

그런데 헤겔이 부정의 부정을 통해 사유하려고 했던 것은 이와는 전혀 다른 것이며, 이는 이처럼 시간적 계열을 기계론적으로 재단하는 것으로 귀착될 수 없다. 앞의 도식에서 부정의 부정은 두 가지 분리된 조작들의 조합에서 생겨나며, 이 두 조작의 상호 조정은 일종의 균형을 산출함으로써 결과들을 수정하게 된다. 하지만 이 두 조작은 동일한 것들이며 동치다. 곧 과정의 전체 유효성은 이것들의 반복으로부터 비롯하는 것이다. 헤겔 자신이 말하듯 "잘 알려진 문법 규칙에 따르면"[169] 이 조작의 결과는 실정적이다. 하지만 이러한 실정성은 단지 사실적으로 확인된 것에 불과할 뿐 이성적으로 증명된 것은 아니며, 아무것도 그 필연성을 정당화해 주지 못한다. 게다가 두 개의 부정은 서로 연속하는 한에서 어떤 긍정을 **제공한다는** 점을 인정한다 하더라도, 이 조작이 항상 끝까지 진행되고 두번째 부정은 첫번째 부성을 수정하게 될 것이라는 점은 전혀 확실치 않다. 이 때문에 실정적인 것의 자기 복귀는 더 이상 보증되지 않는다.

헤겔 변증법에서 부정의 부정은 두 개의 부정의 결합으로 귀착되지 않는다. 헤겔 변증법에서 중요한 것은 내생적으로 일관되고 필연적인 어떤 과정이며, 여기서는 동일한 부정이 처음부터 끝까지 자신의 효과 전체를 전개시킨다. 첫번째 계기에서 이 부정은 유한한 부정으로 나타난다. 곧 이것은 가장 널리 쓰이는 의미에서 부정적인 것으로, 타자를 동일자의 외부에, 동일

---

169) 여기서 '문법 규칙'이란 "Duplex negatio est affirmatio", 곧 '이중부정은 항상 긍정이다'를 말한다. 부정 표현 두 가지는 긍정을 뜻한다는 의미다.―옮긴이

자와 대치하도록 설정하는 대립 행위로서 추상적으로 규정된다. 이처럼 부정적인 것을 외재화로 다루는 것이야말로 바로 헤겔이 스피노자에 전가하는 것이다. 그러나 두번째 계기에서——이 두번째 계기는 단순히 시간 순서적으로가 아니라 논리적인 방식으로 선행한 것을 뒤따른다——이러한 부정은 자체적으로 무한한 것으로 다시 알려지고 파악된다. 이렇게 되면 이것은 **궁극적으로는** 자기 자신과 다른 대상을 갖지 않는 것으로 나타난다. 또는 절대적으로 파악할 경우 이것은 부정으로서의 자기 자신에 대한 부정으로 나타난다. 따라서 헤겔에서 부정의 부정은 서로 결합하여 서로를 소멸시키는 두 개의 부정의 중첩이 아니라——이 경우에는 어떻게 두 개의 부정의 상호 조정이 하나의 생성을 구성할 수 있는지 알 길이 없을 것이다——자기 자신의 마지막까지 나아간 다음 자기 자신에게 되돌아오고, 그리하여 규정된 효과들을 생산하는 하나의 부정의 유일하고 내재적인 운동이다.

따라서 절대적 부정이란 어떤 것을 부정하면서 이 안에서 부정으로서의 자기 자신을 부정하며, 이렇게 함으로써 스스로 해소되는 어떤 부정이다. 그것은 단지 부정에 불과한 것이 아니요, 좀더 멀리 나아가 자기 자신 안에서 실정적인 것으로 인도하는 길을 발견하는 부정이다. 그리하여 우리가 방금 전에 지적했던 것처럼 부정적인 것은 하나의 중개물로 나타난다. 부정적인 것의 직접적인 외양은 반전되고, 부정적인 것은 자신이 그 도래를 예비하는 실정적인 것의 이익에 종속된다. 이 때문에 이 과정 전체를 가리키는 표현으로는 **부정적인 것의 부정**이 더 좋을 것이다. 왜냐하면 이 표현은 이 과정에 속한 계기들 사이의 내생적 연관성을 표시해 줄 뿐만 아니라, 지금처럼 실정적인 것과 부정적인 것 사이에서 이루어지는 대결에서 목표를 확정짓고 상대를 제압하는 것은 실정적인 것이며, 반면 부정적인 것은 실정적인 것이 자신의 고유한 목표를 위해 활용하는 수단들로서 이 실정적인 것에 꼼짝 못하고 종속되어 있다는 사실을 표시해 주기 때문이다. 이 점은 본질적인 쟁점이기 때문에 뒤에서 다시 한 번 다룰 생각이다.

헤겔이 보기에, 부정적인 것에 대한 이 발전된 관점에 견주어 볼 때 스피노자주의의 불충분성은 명백하다.

> 스피노자는 규정 또는 질로서의 부정에 머물러 있다. 그는 이 동일한 것[부정―마슈레의 추가]을 절대적인 부정으로, 곧 자기 자신을 부정하는 부정으로 인식하는 데까지 나아가지 못한다. 그리하여 그의 실체는 스스로 자신의 절대적인 힘을 포함하지 못하며, 이 실체의 인식은 내재적 인식이 아니다.[170]

스피노자주의는 자신이 자리 잡고 있는 추상적인 반성 양식 때문에, 부정적인 것이 자기 자신을 넘어 실정적인 것을 향해 나아갈 수밖에 없게 만드는 운동에 의거하여 이 부정적인 것을 파악하지 못하는 고착된 사유다. **그는 부정적인 것에 불과한 부정적인 것으로서 제한적으로 파악된 직접적 부정에 머물러 있으며**, 현실적인 것과 이성적인 것 속에서, 곧 개념 속에서 이 부정성을 해소하는 **데까지 나아가지 못한다**. 스피노자의 체계가 왜 궁극적으로 부정적인 것으로 전락할 수밖에 없는지 설명해 주는 것이 바로 이 점이다. 처음부터 절대자를 자기 자신에 대한 직접적 동일성으로 정립했기 때문에, 그는 추상적인 외재적 규정들, 곧 실체에 대한 부정, 단지 부정에 불과한 규정들에 따라 절대자를 반성할 수밖에 없다. 따라서 이 부정적인 것의 여정은 실정적인 어떤 것이 도래하게 함으로써 부정성의 외양들을 몰아내기는커녕, 완전히 소멸할 때까지 절대자를 점진적으로 퇴락시킴으로써 이러한 부정성을 강화시키고 있을 뿐이다. 스피노자주의의 취약성은 지성 안에서 부

---

[170] 『대논리학』 2권, 라바리에르 옮김 p.239; 독어본 p.195; 국역본 pp.267~268.

정적인 것에 대항하는 효과적인 무기, 특히 무한한 부정성 내지는 부정의 부정이라는 절대적 무기를 발견하지 못했다는 데 있다. 이러한 무기는 지성의 규정들로 환원되지 않으며, 지성의 규정들의 구체적 발전 및 내재적 삶을 보장해 주는 한에서 이성적 사유에 속하기 때문이다.

헤겔은 또 스피노자의 추론은 모순의 이성적 과정에까지 이르지 않기 때문에, 화해할 수 없는 또는 해소할 수 없는 대립에 얽혀 있다고 말한다.

> 지성은 서로 모순되지 않는 규정들을 갖고 있다. [하지만] 부정의 부정은 모순이다. 이것은 부정을 부정한다. 따라서 이는 긍정이지만, 또한 부정 일반이기도 하다. 지성은 이러한 이성적 모순을 감당할 수 없다. 이 점이 스피노자에게는 결여되어 있으며, 바로 이것이 스피노자의 결함이다.[171]

스피노자에게 어떤 존재자를 규정하는 것은 그것이 어떤 것이든 간에 그것을 유한한 방식으로 규정하는 것이다. 지성은 규정을 오직 어떤 한계로, 곧 우리가 본 것처럼 외재적 관계로 반성한다. 이 때문에 한 존재자는 항상 그것의 부정을 구성하는 다른 존재자와 관련하여 규정된다. 따라서 속성으로서의, 곧 실체의 규정으로서의 사유는 그것을 또 다른 속성인 연장과 분리시키는 제한에 따라 하나의 대-립물/맞서-있는 것 un op-posé으로서 정립될 수밖에 없다. 이 두 항은 자기 자신 안에 자기 통일성의 조건들을 갖고 있지 않으며, 따라서 이 통일성은 이 항들 외부에서, 곧 이것들이 그 속에서 서로 구별되지 않은 채 무차별하게 존재하는 실체 안에서 반성되어야 한다. 그리하여 절대자에서 그 규정들에 이르기까지, 그리고 이 규정들에서 절대자 자신에 이르기까지 어떠한 이성적인 전진도 이루어질 수 없다. 왜냐하면 이것

---

171) 『철학사 강의』 3권. ─ 옮긴이

들은 배타적으로 부정적인 관계들에 따라 연결되는 환원 불가능한 항들이기 때문이다.

반대로 모순에 대한 이성적 사유는 반대물의 통일을 긍정한다. 곧 이 사유는 이 반대물들을 기계론적 균형에 따라 연합하거나 재통합하는 데 만족하지 않고 이 반대물들의 내밀한 연관성을 드러냄과 동시에 실현한다. 모순Widerspruch은 서로 구분되는 적대적인 항들 사이에 고착되어 있는 관계가 아니라 자신의 각 요소들 안에서 타자의 진리를 발견하여 이것들을 하나의 유일한 과정의 계기로 생산하는 불가피한 운동이다. 이 과정 속에서 항들은 서로 분리할 수 없는 것으로 나타난다. 이와 같은 점에서 모순은 대립Gegensatz과 구분된다. 헤겔에 따르면, 스피노자의 실체는 대립물들의 통일에 불과하다. 실체가 진정한 필연성 없이 자신의 규정들 사이의 외재적 적대 관계를 일격에 해소시키기 때문이다. 반면 헤겔의 개념은 반대물들의 통일이다. 이 개념의 발전은 자기로의 복귀이기도 하며, 이러한 복귀는 동일자와 타자를 연결함으로써, 그리고 이에 따라 이것들 사이의 유대성을 인정함으로써 동일성을 성립하기 때문이다. 스피노자에게 절대자는 시초에 총체적인 자기 자신으로 주어져 있기 때문에 이 운동에 참여할 수 없고, 자신의 모순을 해결함으로써 자기 자신으로 생성되기 위해 이 모순을 전유할 수 없으며, 직접적으로 자기 자신과 동일하다는 그 가소로운 주장 때문에 빠져들게 되는 불가피한 적대 관계를 감수할 수밖에 없다.

이 때문에 절대적 부정성의 운동, 곧 부정이 자기 자신에 맞서 실정적인 것의 도구가 되는 운동을 아직 포함하지 못하는, 부정으로서의 규정이라는 관점 역시 스피노자 사유의 한계를 나타내 준다. 곧 이는 절대자를 사유하려는 그의 기획을 완수하는 데서 결여된 것이 무엇인지 분명히 보게 해준다. 헤겔이 스피노자의 철학에 적용하는 특수한 유형의 독해, 곧 결함을 읽어 내는 독해를 정당화해 주는 것이 바로 이것이다. 헤겔은 텍스트의 모든 수준에서 하나의 모순을 끝까지 사유해야 할 필연성, 곧 모순을 그 필연적인 해결의 관점에서 사유해야 할 동일한 필연성을 재발견한다. 그리고 그는 매번 이러한 목표를 달성하지 못하는 스피노자의 동일한 무능력을 확인하는데, 이 무능력을 가장 잘 표현해 주는 징표는 그의 체계에 부정의 부정이라는 개념이 없다는 사실이다.

무기력한 변증법
Une dialectique impuissante

두 가지 사례를 살펴보면, 어떤 철학을 자신의 고유한 경향들을 실현하는 데 무능력하다는 사실에 따라 평가하는 이 독특한 절차를 좀더 잘 해명할 수 있을 것 같다. 문제의 사례는 헤겔이 『윤리학』 1부 정의 1과 6에 대해 제시한 주석이다.

첫번째 정의는 자기원인을 대상으로 삼고 있다. 자기원인이라는 이 시초의 개념은 실체의 반성을 함축하고 있으며, 실체가 주체로 되는 전환 운동을 개시한다. "만약 스피노자가 자기원인 안에 담겨 있는 것을 좀더 주의 깊게 발전시켰다면, 그의 실체는 부동적인 것das Starre이 되지 않았을 것이다"(『철학사 강의』). 그렇다면 이 개념은 무엇을 포함하고 있으며, 또 어떻게 이 내용이 지각되지 않은 채 간과될 수 있었는가?

헤겔은 1802년 예나에 있을 때 출간한 한 텍스트에서 처음으로 이 정의에 주석을 붙였다.

스피노자는 다음과 같이 선언하면서 자신의 『윤리학』을 시작하고 있다. "나는 그 본질이 실존existence/Dasein을 함축하는schliet 것으로, 또는 그 본질이 실존하는 것으로 파악될 수밖에 없는 것을 자기원인으로 이해한다."

그런데 본질이나 본성이라는 개념은 우리가 실존을 유리시킬 경우에만 정립될 수 있는 것이다. 전자는 후자를 배제한다. 곧 전자는 후자와의 대립을 통해서만 규정될 수 있다. 만약 우리가 이 양자를 연결시키고 하나로 정립한다면, 이것들의 연결은 하나의 모순을 포함하게 될 것이며 양자 모두가 동시에 부정될 것이다.[172]

헤겔은 여기서 스피노자주의 안에 있는 실정적인 준거점을 발견한다. 그 이유는 헤겔이 이것을 곧바로 변증법적 의미로 해석하고 있기 때문이다. 곧 자기원인에 대한 정의 안에서 본질과 실존 사이에 정립된 필연적 통일은, 어떤 모순의 통일, 모순을 해결하는 통일인 한에서 이성적이라는 것이다. 따라서 헤겔은 훨씬 나중에야 스피노자가 지성적 사유에 머물러 있다는 의심을 하게 된 것으로 보인다. 이 당시에 그는 스피노자 철학 안에서, 모든 진정한 철학이 포함하고 있고 이 철학들의 합리성의 현실적 조건을 이루는 "부정적 측면"[173]을 정당화하려는 자기 자신의 노력을 뒷받침해 줄 수 있는 것을 발견했다. 그렇다면 스피노자는 이를테면 올바른 이성의 측면에 있는 셈인데, 왜냐하면 그는 지성이 고착되어 있는 대립물들에 대한 이성의 우위를 확고히 하고, 그리하여

……이성적인 것이 반성으로 전환되고 절대자에 대한 인식이 유한한 인식으로 전환[되는 것을 방지해 주기 때문이다—마슈레의 추가]. 이러한 전환 전체를 관통하는 근본 형식은, 자기원인을 그 본질이 동시에 실존을 함

---

172) 『철학과 회의주의의 관계』*La relation du scepticisme avec la philosophie*, 포케Bernard Fauquet 옮김, 브랭, 1972, p.38; 독어본 『저작집 2권: 예나 저작』*Jenaer Schriften 1801~1807*』 p.229; 국역본 『변증법과 회의주의』, 황설중 옮김, 철학과 현실사, 2003, p.41.
173) 같은 책 p.39; 독어본 p.230; 국역본 p.42.

축하는 것으로 설명하는 스피노자의 첫번째 정의와 반대되는 것contraire/Gegenteil을 원리로 설정하고, 사유das Gedachte는 하나의 사유된 것이기 때문에 동시에 하나의 존재ein Sein를 함축하지 않는다는 것을 근본 원칙으로 긍정하는 데 있다. 사유와 존재가 하나를 이루고 있는 이성적인 것을 이처럼 사유와 존재라는 대립항으로 분리하는 것, 그리고 이러한 분리를 절대적으로 고수하는 것, 따라서 지성을 절대화하는 것이야말로 이 독단적 회의주의가 끝없이 반복하고 도처에 적용하는 그것의 토대를 구성한다.[174]

따라서 스피노자 철학이 추상적 반성에 대한 비판에서 벗어나고, 더 나아가 이런 비판을 좀더 강화하는 데 도움을 주기 위해서는 이중의 전치轉置에 따라 진행해야 한다. 곧 한편으로는 이 정의가 본질과 실존 사이에 설정하고 있는 관계를 사유와 존재의 관계로 바꿔 놓아야 하며, 다른 한편으로는 이 관계를 하나의 모순과 동일시하고 정의된 대상인 자기원인을 이 모순의 해결과 동일시해야 한다. 스피노자 철학이 지닌 **진정으로 이성적인** 성격은 이 철학이 개작될 경우에만 인정받을 수 있다는 점이 분명해진다. 하지만 만약 우리가 스피노자 철학의 문자 자체로 돌아가, 이 철학의 합리성을 구제하겠다고 주장하는 이 전치들을 포기할 경우, 이런 합리성은 어떻게 되겠는가?

사실 헤겔이 훨씬 나중에 『철학사 강의』에서 이 동일한 정의에 붙이는 주석은 원문과 좀더 멀어진다.

사유와 실존의 통일die Einheit des Gedankens und der Existenz은 곧바로 동시에 정립된다[본질은 일반적인 것, 사유다—헤겔의 추가]. 영원히 문제가 될 것은 바로 이 통일이다. 자기원인은 중요한 표현이다. 결과는 원인과 대

---

174) 같은 책 p.63; 독어본 pp.250~251; 국역본 pp.76~77.

립한다. 자기원인은 결과를 산출하고 타자를 분리시키는 원인이지만, 이것이 밖으로-내놓는hervorbringt 것은 바로 자기 자신이다. 이러한 밖으로-내놓음에서 자기원인은 또한 차이를 지양한다. 자기를 하나의 타자로 정립하는 것은 퇴락인 동시에 이 퇴락의 부정이다. 이는 철저하게 사변적인 개념이다. 우리는 원인은 어떤 결과를 산출하며, 결과는 원인과 다른 어떤 것이라고 표상한다. 반대로 여기서는 원인의 외출das Herausgehen der Ursache은 곧바로 지양되며, 자기원인은 자기만을 산출한다. 이는 모든 사변에 근본적인 개념이다. 이는 원인이 결과와 동일한 무한한 원인이다. 만약 스피노자가 자기원인 안에 포함된 것을 좀더 주의 깊게 발전시켰다면, 그의 실체는 부동적인 것이 되지 않았을 것이다.[175]

헤겔은 이번에는 자기원인 안에서 새로운 모순, 곧 원인과 결과의 모순을 발견한다. 실체의 인과성에는 내적 모순이 있는데, 왜냐하면 원인은 자신이 밖으로 내놓는 자신의 결과들과 관계함으로써만 사유될 수 있기 때문이다. 이 모순은 원인과 결과라는 반대물들의 통일을 정초하는 실체의 자기 동일성 안에서 곧바로 극복된다. 하지만 이 **변증법**은 곧바로 멈춰 선다. 왜냐하면 스피노자는 자신의 체계를 이러한 모순의 전개와 일치시키는 대신, 직접적으로 실체의 자기 동일성을 정립함으로써 곧바로 이 모순을 해결된 것으로 제시하기 때문이다. 권총을 발사하는 식의 철학[176]의 좋은 사례인 이 철학은 처음부터 자신의 내용의 모든 함량을 소진시켜 버려서, 이후에는 아무것도, 참되고 이해될 만한 아무것도 없게 된다. 자기원인 안에 존재하는 것을

---

175) 『철학사 강의』 3권 독어본 p.168.—옮긴이
176) "……권총을 발사하듯이 직접 절대지에서 출발하고, 다른 관점들은 전혀 고려하지 않겠노라고 선언함으로써 이 관점들을 물리치려고 하는 열광", 『정신현상학』 「서설」 p.69, 또한 p.73도 참조; 독어본 p.31; 국역본 p.86.

좀더 정확하게 발전시킨다는 것은 단 한 가지를 의미할 뿐이다. 곧 "수단 없이 목적에 도달하라는 불가능한 일을 요구하는"[177] 이론적 조급성의 충동에 따라 곧바로 모순을 받아 버리는 대신, 모순의 해결이 자신을 실현하는 데 필요한 모든 매개를 포함할 수 있도록 모순의 성숙에 필요한 시간 전체에 걸쳐 이 모순을 개방해 놓는 것이다.

따라서 『윤리학』 서두에서부터 헤겔은 스피노자주의의 불충분성의 징표를 발견한다. 모순이 암묵적으로 현전하고 있기는 하지만, 이는 질서정연하게 전진하는 서술에 따라 자신의 이성적 내용을 명시할 기회를 결여하고 있는 것이다.

신을 대상으로 하는 정의 6에서 헤겔은 합리성에 대한 동일한 약속이 지켜지지 못하는 것을 발견한다. 『철학사 강의』의 논평에서 그는 무엇보다도 이 정의에 뒤따르는 '해명'에 관심을 기울이는데, 이 '해명'은 두 가지 무한자, 곧 절대적으로 무한한 것과 자신의 유 안에서만 무한한 것 사이의 차이에 관한 것이다. 스피노자가 정식화한 원래의 '해명'은 다음과 같다.

나는 절대적으로 무한하다고 말하지 자신의 유 안에서 무한하다고 말하지 않는다. 왜냐하면 우리는 자신의 유 안에서만 무한한 것에 대해서 무한하게 많은 속성들을 부정할 수 있기 때문이다. 반면 절대적으로 무한한 것의 본질에는 본질은 표현하되 부정은 함축하지 않는 모든 것이 속한다.

이 구절이 헤겔의 주목을 끈 것은 여기서 부정의 개념이 그 자체로 나타나기 때문이다. 따라서 우리는 여기서 이 개념에 대한 스피노자의 해석의 지표를 찾아야 한다.

---

177) 같은 곳.

자신의 유 안에서만 무한한 것,[178] 곧 속성은 우리가 그에 관해 사물들의 무한성[무한하게 많은 사물들]을 부정할 수 있는 것이다. 헤겔은 이러한 특수성을 다음과 같이 해석한다. 속성은 그 본성이 하나의 부정을 함축하고 있는 것이며, 그 자체가 실체의 한 규정, 한낱 부정에 불과한 외재적 규정이다. 그는 계속해서 이 무한은 **악무한**, 상상의 무한이며, 이는 한계로의 이행, 곧 "이처럼 무한하게 나아간다"는 것으로 표상될 뿐이라고 말하고 있다.[179] 이는 사유의 무한 또는 절대적 무한과 대립한다. 이 절대적 무한은 모든 부정성 바깥에 존재하는 순수한 자기긍정 내지는 현행적 무한infini en acte, 가능태로 표상되는 것이 아니라 현실적인 것으로 인식되는 무한이다. 헤겔은 다음과 같이 외치면서 이러한 개괄을 결론짓는다. "아주 정당하지만 좀더 잘 표현될 수도 있었을 것이다. 이는 바로 부정의 부정인 것이다!" 만약 우리가 속성들 사이의 관계를 모순으로 받아들이면——우리가 이미 살펴본 것처럼 사실 헤겔은 속성이라는 개념을 전개하기 위해 사유와 연장이라는 두 가지 속성만 받아들이며 전자와 후자를 대치시키고 있다——신은, 그가 자기 자신에 대한 절대적 긍정인 동시에 절대적 부정, 곧 각각의 속성 특유의 본질을 구성하는 모든 종별적 모순의 지양이라는 점에서 이러한 모순의 해결이 된다. 헤겔이 파악하고 있는 스피노자에게 전형적인 이러한 방식으로나마 이성적인 것을 향한 운동이 개시되는 것이다. 비록 이 운동이 곧바로 중지되고, 풍부한 모순은 빈약하고 추상적인 대립 속에서 곧바로 정지해 버리긴 하지만 말이다.

  헤겔의 해석의 잘못은 스피노자가 어디에서도 각각의 속성을 구성하는 **본질이 하나의 부정을 함축한다**고 말하지 않았다는 사실에 있다. 이 본질이 만

---

178) 불어 원문에는 '절대적인 것'absolu이라고 되어 있으나, 이는 착오다.——옮긴이
179) 여기서 '이처럼 무한하게 나아간다'et sic in infinitum는 스피노자가 『윤리학』에서 유한한 사물들의 타동적 인과연쇄를 지시하기 위해 사용하는 표현이다.——옮긴이

약 부정을 함축하고 있다면 **자기 자신에 의해 인식될** 수 없을 것이다. 다른 한편으로 스피노자가 절대적 무한은 자신의 본질 속에 "어떤 본질을 표현하면서 **아무런 부정도 함축하지 않는** 모든 것"을 포괄한다고 쓸 때, 속성들 전부가——이 속성들 안에서 완전히 긍정적인 방식으로 자신을 표현하는——실체 안에 있는 한, 이 표현은 속성들 자체를 가리킨다. 속성의 본질 안에 부정성을 도입하기 위해서는, 추상적인 방식으로 속성을 파악할 목적으로 다른 나머지 속성으로부터 한 속성을 분리시키는 차이에서 출발하여 이 속성을, 그것이 그 속에 실존하는 실체로부터 떼어 놓아야 한다. 따라서 속성을, 그것이 부정하는, 그리고 그것들 역시 이 속성을 부정하는 다른 본질들과의 관계 속에서 인식하려면 속성을 그 자체로 인식하는 것——그런데 속성은 실체 안에서만 그 자체에 의해 인식될 수 있다——을 중단해야 한다. 헤겔은 속성들, 곧 **자신의 유 안에서만 무한한** 것을 (메이으르에게 보내는 12번째 편지에서 스피노자가 해명하고 있는) 상상의 무한 내지는 악무한과 동일시하기 위해서 이처럼 속성들의 참된 본성을 전도시켜야 했다. 우리가 보았듯이 이는 속성들 중 둘만을 받아들여 서로 대립시키는 것이다. 따라서 자신의 유 안에서 무한한 것은 절대적으로 무한한 것보다 덜 무한한, 또는 그와 다르게 무한한 것이 아니다. 왜냐하면 그것은 절대적으로 무한한 것 안에서만 무한하기 때문이다.

이 때문에 헤겔처럼 스피노자의 철학에는 부정의 부정이라는 관념이 결여되어 있으며 이것이 바로 그의 철학의 불완전성 또는 미완성의 원인이라고 말해서는 안 된다. 스피노자 자신이 말하듯 불완전성이라는 단어는 "본성상 자신에게 속하는 어떤 존재를 결여하고 있는 것"[180]을 의미한다. 그런데 **부정의 부정**이라는 관념 및 이것과 결부되어 있는 모순에 대한 매우 특

---

180) 휘드에게 보내는 36번째 편지.

수한 관점은 스피노자의 추론이 결단코 배제하는 것이다. 그리고 우리가 방금 인용했던 헤겔의 주석들은 단지 잘못일 뿐만 아니라 뜬금없는 것들이기도 하다. 다른 곳에서는 헤겔 스스로가 지적하듯이, 이 주석들은 스피노자의 논증이 처음부터 배제하는 바로 그 유형의 논변을 이 논증에 억지로 적용하고 있기 때문이다. 하지만 이것은 우연이 아니며, 역설적이게도 우리의 논의와 관련이 깊다. 왜냐하면 이는 반대 추론을 통해 스피노자 철학의 본질적 특징 중 하나, 곧 특정한 유형의 논변에 대한 이 철학의 **저항**을 부각시켜 주기 때문이다. 이러한 유형의 논변, 곧 헤겔식의 변증법에 따라 스피노자의 철학을 측정하려고 하는 것은 부질없는 짓이다. 스피노자의 철학은 그러한 논변을 미리 논박하고 있기 때문이다.

유한과 무한
Le fini et l'infini

이제 "모든 규정은 부정이다"라는 정식으로 되돌아가서 스피노자 자신에게 이 정식이 무엇을 의미하는지 알아보자. 이 정식은 옐레스에게 보내는 50번째 편지에서 찾아볼 수 있다. 우리는 이미 스피노자가 이해한 신은 부적절한 방식으로만 유일한 존재자로 특징지어질 수 있다는 점을 명시하기 위해 이 편지를 참조한 바 있다. 여기서 이 정식은 문자 그대로는 "규정은 부정이다" determinatio negatio est라고 되어 있으며, [한 도형의 사례에 대한] 특칭긍정문의 형태를 띠고 있다. 로빈슨은 『윤리학』 주석서에서 이 편지는 원래 네덜란드어로 쓰였고 이 구절은 스피노자가 직접 쓴 것이 아니라, 스피노자의 생각을 해명한다는 구실 아래 라틴어본에 추가된 것이 틀림없다고 가정하기까지 했다.[181] 이처럼 극단적인 입장을 취하지 않더라도 스피노자 편지의 라틴어본에 나타나 있는 문장 형태와 헤겔이 이로부터 이끌어 낸 것 사이의 간극은 금방 알아차릴 수 있다. 잠시 뒤에 다시 다루겠지만, 헤겔은 매우 특수한 맥락에 준거하는 한 사례에 대해 어떤 한 단어를 추가함으로써 모든 것을 변화시키고 사태를 꽤나 혼란스럽게 만들며 보편적인 의미작용을 지닌 일반 명제를 만들어 냈다. 그 문제의 단어는 바로 **모든**omnis이다.

그런데 옐레스에게 보내는 50번째 편지에서 스피노자는 규정 일반의 문제를 다루고 있는 것이 아니라, 매우 특수한 도형의 한 사례와 관련하여 규정의 문제를 다루고 있다. 이 구절은 전체를 인용해 볼 필요가 있다.

> 모양은 실정적인 것이 아니라 부정이라는 점에 관해 보자면 무한정하게 고려된 순수 물질은 어떤 모양도 가질 수 없으며, 모양은 오직 유한하고 규정된 물체들에서만 발견된다는 점은 명백합니다. 왜냐하면 모양을 지각하고 있다고 말하는 사람은 자신이 유한한 사물 및 그 사물이 규정되어 있는 방식을 인식하고 있다는 사실 이외의 다른 것을 가리키고 있는 것이 아니기 때문입니다. 따라서 이러한 규정은 사물 자신의 존재에 의거하여juxta suum esse 사물에 속하는 것이 아니며, 반대로 그 사물이 아닌 것ejus non esse[그 사물의 본질에 속하지 않는 것]입니다. 따라서 모양이 규정에 불과하기—그리고 규정은 부정이기—때문에, 이미 말한 것처럼 모양은 부정과 다른 것이 아닙니다.

전체적으로 파악하면 이 텍스트는 전혀 애매할 게 없다. 이 편지의 **대상**은 모양인데, 이것은 하나의 관념도 하나의 사물도 아니고 **하나의 한계**인 한에서, 매우 특수한 실재다. 이런 의미에서 이것은 물리적으로 실재적인 존재자가 아니라 단지 사고상의 존재être de raison일 뿐이며, 이 때문에 이것의 내용은 부정적이다. 따라서 **모양을 지각하는 것**은 존재하는 대로의 사물을 **지각하는** 것이 아니라 규정된 것으로서, 곧 다른 사물에 의해 제한된 것으로서 **인식하는** 것이다. 모양은 **유한하고 규정된** 물체들 사이에 존재하는 상호 제한과 다르지 않으며, 이러한 상호 제한은 이 물체들을 그것들 자신의 고유한 존재가 아니라 그것들이 아닌 것에 의거해서 표상한다.

---

181) 로빈슨, 『스피노자 『윤리학』 주석』 p.103.

뒤에서 다루겠지만, 동일한 문제를 다른 관점에서 다루고 있는 다른 편지를 미리 참조하여 스피노자가 말한 것과 이 정의를 연결시켜 보자.

전체와 부분들[이라는 문제]에 관해 저는 사물들 각자가 다른 것들에 잘 들어맞아서 이것들 전체가 가능한 한 최대로 조화롭게 일치하고 있을 때, 이것들을 어떤 전체의 부분들로 간주합니다. 하지만 서로 불일치하는inter se discrepant 한에서 이 사물들 각각은 우리의 정신 안에서 분리된 관념을 형성하며, 따라서 부분이 아니라 전체로 간주되어야 합니다.[182]

모양을 지각하는 것은 사물을, 그것과 대립하는 다른 사물에 제한되어 있는 대로 인식하는 것이다. 따라서 이는 이 사물을 전체로 간주하는 것이며, 이것을 이러한 공형상共形象, configuration에 속하지 않는 다른 사물들로부터 구분하는 것이다. 하지만 우리가 또 다른 관점을 택하면, 곧 앞의 경우와는 반대로 이 사물을, 외부에서 이 사물에게 작용을 미치는 것으로 나타나는 사물들에게 적응하거나 합치하는 것으로 파악하는 관점을 택하면, 이 사물은 다른 규정에서 유래하는 어떤 전체의 부분으로 나타나게 된다. 이로부터 일단, 모양의 표상은 이 모양이 한정하는 사물에 의지하는 것이 아니라 이 사물을 하나의 전체로 간주하고 이를 독특한 사물들의 무한한 연쇄에서 잘라 내는 지성의 관점에 의존한다는 결과가 나온다. 다른 한편으로, 우리는 다음과 같은 관념이 스피노자에서 매우 중요하다는 것을 보게 될 것이다. 총체성이라는 개념은 이러한 [모양으로서의] 규정에 의존하는 한, 어떤 존재자의 실정적인 실존을 표상하는 것이 아니다. 그 존재자는 고정된 개체성에 따라 일거에 [실정적 존재자로서] 긍정된다. 총체성은 그 안에 제한의 관념을,

---

182) 올덴부르크에게 보내는 32번째 편지.

그리고 이를 매개로 하여 결국 부정의 관념을 포함하게 된다. 여기서 헤겔이 경악했던 실체와 주체의 구분에 대한 밑그림이 그려진다. 곧 실체는 절대적인, 따라서 비규정적인 것이기 때문에 하나의 전체로 규정될 수 없고 바로 이 점에서 주체일 수가 없는 것이다. 반면 주체는 [규정이라는] 자신의 고유한 제한 때문에 실체일 수 없다.

여기에서 문제를 낳는 것은 규정이라는 개념이다. 규정은 옐레스에게 보내는 50번째 편지에서 기능하고 있는 대로라면 분명히 어떤 유형의 실재에도 적용되지 않는다. 이는 무제한적이며 본질 안에 어떤 부정도 포함하고 있지 않은 속성들과는 무관하다. 속성들은 서로를 제한하지 않는데, 이는 바로 그것들의 무한성의 결과이며 그것들의 실체적 특징의 조건이라는 점을 우리는 충분히 설명했다. 다른 한편으로 속성들이 스스로를 제한하며 그 자체로 제한적이라고 말한다면, 이는 부조리할 것이다. 하지만 여기서 정의된 대로의 규정이라는 개념은 양태들에, 예컨대 속성들의 경우와는 반대로 실존 안에 제한을 포함하고 있는 연장의 양태들에는 적용될 수 있지 않을까? 이 역시 그렇지 않은 것으로 보인다.

왜냐하면 **유한하고 규정된** 물체들은 어떤 지성이 그것들을 자연의 실제 질서──이 안에서 물체들은 전체의 부분들로서 서로 합치한다──와는 상관없이 상호 제한의 관점에서 인식할 때에만 그런 의미로, 즉 부정적으로 규정될 수 있기 때문이다. 이렇게 되면 양태들의 연쇄는 불연속적인 단속斷續으로 나타나며, 여기서 각각의 항들은 서로 대립하기 때문에 서로를 부정하게 된다는 사실에 의해 각자 분리되어 있다. 하지만 이 표상은 적합한가? 분명 그렇지 않다. 왜냐하면 이 표상은 자신의 대상들을 그 원인에 따라, 곧 절대적으로 연속적인 방식으로 이 사물들 안에서 스스로를 표현하는 실체에 따라 인식하지 않고 있기 때문이다. 이 표상은 유한자를 무한자 바깥에, 실정적인 것과 [외재적으로] 관계하는 부정적인 것으로서 정립함으로써, 상상의 추상적 관점에 따라, 곧 내밀하게 통일된 것을 분리시키고 모든 총체를 마치 자신의 부분들의 관계로부터 그 자체로 구성되는 것처럼 해석하는 관점에 따라 유한자를 고찰한다.

데카르트처럼 연장을 모양으로 규정하면, 연장을 무차별적이고 불완전한 상호 제한의 관계로, 운동에게 외부에서 개입할 수 있는 여지만을 남겨 놓는 추상적 질서로 이끌어 감으로써 부정적으로 파악하게 된다.

불활성적인 덩어리masse로 인식된 데카르트의 연장으로부터 사물들의 실존을 연역해 내는 것은 어려울 뿐만 아니라 전적으로 불가능합니다. 왜냐하면 정지 중에 있는 물질은 그것이 정지하고 있는 한 계속해서 정지하고 있을 것이며, 보다 더 강력한 외부 원인에 의해서만 운동할 것이기 때문입니다. 제가 앞서 자연에 대한 데카르트의 원리들은 부조리하지 않을지는 몰라도 무익하다고 서슴없이 말했던 것은 바로 이 때문입니다.[183]

메이으르에게 보내는 12번째 편지에서 분명하게 지적하고 있는 것처럼, 이는 또한 연장을 전적으로 유한자의 관점에서 파악하는 것이기도 하다. 이러한 관점에서 출발하면 연장의 무한성은 모순 없이는 파악될 수 없다.

따라서 연장하는 실체가 부분들, 곧 서로 실재적으로 구분되는 물체들로 합성되어 있다고 생각하는 이들은 헛소리까지는 아닐지라도 농담을 하고 있는 것입니다. 이는 마치 어떤 사람이 다수의 원들을 연결하고 집적해서 사각형이나 삼각형, 또는 원의 본질과는 근원적으로 다른 본질을 지니고 있는 어떤 것을 산출하려고 애쓰는 것과 유사합니다.

---

183) 취른하우스에게 보내는 81번째 편지.

상상의 진행 방식은 여기서 분명하다. 상상은 연장을 포착하기 위해 [먼저] 연장을 규정하거나 분할하며, 그 다음 이렇게 해서 얻어진 요소들에서 출발하여 연장을 재구성하고 산출한다. 하지만 이러한 **발생**은 허구적인 것에 불과하다. 이는 엄격히 말하면 부정적인 방식으로, 따라서 무한자의 본질에 부적합하게 그것을 분할하여 표상할 수밖에 없는 상상의 무능력을 표현할 뿐이다. 반대로 지성이 인식하는 것에 따라 그 자체로 포착된 양적인 것은 분할 불가능한 것으로, 곧 이산적離散的인 부분들로 환원 불가능한 것으로 나타난다. 이 이산적 부분들은 부정에 불과하며, [무한자로서의] 양적인 것은 이것들로부터 실정적으로 파악될 수 없다.

헤겔이『대논리학』1권의「스피노자의 양 개념」에 관한 '보론'에서『윤리학』1부 정리 15의 '주석'에 의거하여 **순수 양**이라는 개념으로 가리키는 것이 바로 이것이다.

> 만약 우리가 상상에 존재하는 대로의 양에 주목한다면 ─이는 가장 자주 일어나고 가장 용이한 일인데─우리는 이것이 유한하고 분할 가능하며 부분들로 합성되어 있다는 것을 발견하게 됩니다. 반대로 만약 우리가 지성에 대해 존재하는 대로의 양에 주목하고 이를 실체로 인식한다면─이는 좀더 어려운 일인데─우리는 이미 충분하게 보여 준 것처럼 이를 무한하고 유일하며 분할 불가능한 것으로 발견하게 됩니다.[184]

양을 외적 원인과 관련시켜 규정하는 것은 그 무한성을 부정하는 것이며 그 본질을 실정적으로 파악하는 것을 가로막는 것이다.

---

184)『대논리학』1권, 라바리에르 옮김 pp.169~170; 독어본 p.214; 국역본 p.201 [인용문은 헤겔이 스피노자가 메이르에게 보내는 12번째 편지를 인용한 부분이다.─옮긴이].

이러한 이유에서 스피노자는 헤겔이 악무한과 이성적 무한이라고 부른 구분을 도입한다. 하지만 이 구분은 자신의 유 안의 무한자[속성들]와 절대적인 무한자[실체]의 구분과는 아무 관련이 없다. 악무한은 모든 것을 규정함으로써, 곧 그 본질을 부정함으로써 필연적으로 부적합한 인식에 따라 파악하려고 하는 상상의 태도와 일치한다. 그런데 이러한 왜곡은 실체만이 아니라 그 변용들과도 관련된다.

실체, 영원성 등과 같이 우리가 상상이 아니라 지성에 의해서만 파악할 수 있는 것들이 여럿 존재하므로, 만약 사람들이 상상의 보조물에 불과한 시간이나 척도 등과 같은 통념들notions의 도움을 받아 이것들을 설명하려고 시도한다면, 사람들은 그야말로 헛소리를 늘어놓는 데 골몰하게 될 것입니다. **만약 사람들이 실체의 양태들을 이러한 사고상의 존재들이나 상상의 보조물들과 혼동한다면 실체의 양태들 또한 정확히 인식될 수 없을 것입니다.** 왜냐하면 우리가 이러한 혼동을 범할 때 우리는 이것들을 실체들로부터 분리시키고, 또한 이것들이 영원성으로부터 따라나오는 방식으로부터 분리시키며, 따라서 이것들을 인식하기 위해 필수적인 근거를 무시하기 때문입니다.[185]

유한 양태들을 적합하게 인식하는 것은 이것들의 유한성으로부터, 곧 그 상호 제한(『윤리학』 1부 정의 2 참조)으로부터 이것들을 인식하는 데 있는 것이 아니다. 그 인식은 이것들이 의존해 있는, 그리고 "결과에 대한 인식은 원인에 대한 인식에 의존하며, 이를 **함축한다**"(『윤리학』 1부 공리 4)는 것이 참이라면 이것들이 그 고유한 개념 안에 포함하고 있어야 하는, 무한자로부

---

185) 메이으르에게 보내는 12번째 편지.

터의 인식에 있다. 반대로 상상에게 유한성은 그 자체로 극복 불가능한 주어진 것이다. 따라서 상상은 무한자에 대한 모든 준거를 간과하고 엄격하게 유한한 수단들을 통해, 곧 스피노자가 말한 것처럼 척도와 수를 통해 유한자를 그 자체로 표상한다. 상상은 유한자에 대한 이런 고착을 무한자로 옮겨 적용해, 부질없이 똑같은 도구들의 도움을 받아 무한자를 분석하려고 시도한다.

적합한 인식의 경우 유한자와 무한자를 연결시키는 이러한 함축 관계를 이해시키기 위해 스피노자는 기하학에서 한 사례를 빌려 오는데, 헤겔이 여러 번 이 사례를 참조하고 있기 때문에 강조해 둘 필요가 있다. 이 사례는 『철학사 강의』의 한 장(『윤리학』 1부 정의 6에 대한 주석)과 『대논리학』 1권(「정량」 장 말미에 나오는 수학적 무한에 대한 역사적 보론)에 등장한다.

논의를 좀더 명료화하기 위해 스피노자가 제시하는 기하학적 사례를 인용하면서 시작해 보자.

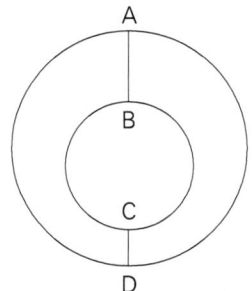

두 원 사이에 삽입되어 있는 모든 공간상의 불균등성inegalitates spatii과 이 공간에서 운동하는 물체가 겪게 되는 모든 변이는 일체의 수를 넘어섭니다. 이것은 삽입된 공간이 너무 크기 때문에 나오는 결론이 아닙니다. 왜냐하면 우리가 이 공간의 아무리 작은 부분을 택한다 해도 이 작은 부분의 불균등성들은 일체의 수를 넘어설 것이기 때문입니다. 그리고 이는 다른 경우라면 그럴 수도 있듯이 우리가 최대치도 최소치도 갖고 있지 않기 때문에 나오는 결론도 아닙니다. 지금 우리의 사례에는 두 가지 모두 나와 있으니까요. 최대치는 AB이고 최소치는 CD인 것입니다. 앞의 결론은 구분되는 중심을 갖고 있는 두 원 사이에 삽입되어 있는 공간의 본성은 그와 같은 것[수]은 전혀 허용하지 않는다는 사실에서 나오는 것뿐입니다.

이 때문에 만약 누군가가 어떤 수를 통해 이 변이를 규정하려 한다면 certo aliquo numero determinare[haec variatio] 그는 동시에 하나의 원은 원형의 어떤 것이 아니라는 결론에 이를 수밖에 없을 것입니다.[186]

이 구절에서 비동심적인 두 원 사이에 **삽입된 공간**이란, 두 개의 원주를 분리시키고 있는 AB와 CD 사이에 포함되어 있는 [두 원주 사이의] 거리들 전체를 가리킨다. 이 **공간의 불균등성**이란, 이 불균등한 거리들, 또는 그 변이들 사이의 차이들의 전체다. 이 전체는 어떤 수로도 환원될 수 없는데, 여기서 문제가 되고 있는 것은 연속적인 변이이며, 이는 도형 ADA와 BCB가 원형이라는 데서 비롯한 결과이기 때문이다. 그런데 이러한 **불확정성**은 두 원 사이에 삽입되어 있는 공간이 **너무 크기 때문에**, 곧 이 크기가 무제한적이기 때문에 나오는 결과가 아니다. 반대로 이 공간은 두 개의 원주로 한정되어 있으며, 이러한 한정은 이 공간의 변이의 극한적 형태인 두 개의 불균등한 선분 AB와 CD로 표시되어 있다. 게다가 만약 우리가 이 공간 중의 일부, 예컨대 시계 방향에 따라 AB에서 CD로 나아가는 것만을 고려한다 하더라도 동일한 불확정성이 지속된다. 더구나 이 경우 이 절반의 공간 속에 포함된 불균등한 거리들의 총합은 어떤 수로 나타낼 수는 없지만 두 개의 원주 사이에 포함되어 있는 전체 공간의 불균등한 거리들의 총합의 절반인 것으로 보인다. 물론 이 전체의 총합 역시 어떤 수로도 환원 불가능하다. 취른하우스에게 보내는 81번째 편지가 엄밀히 해명하고 있는 것이 바로 이 점이다.[187]

이 사례가 예시하고 있는 난점들은 수를 통해 모든 것을 표상하려 하고, 방금 보았던 경우에서는 수를 통해 양을 분석하려고 하는 상상에 대해서만 난점일 뿐이다. 그러나 이러한 태도는 결코 해결되지 않는 역설들로 인도한

---

186) 메이으르에게 보내는 12번째 편지.

다. 하지만 이것들을 명석판명하게 지각하는 수학자들은 이 역설들에서 멈추려고 하지 않을 것이다.

왜냐하면 이들은 어떤 수로도 설명될 수 없는 많은 사물들——이는 수가 모든 것을 규정할 수는 없음을 충분히 보여 줍니다——을 발견했을 뿐만 아니라, 어떤 수와도 같을adaequari 수 없으며 주어질 수 있는 일체의 수를 넘어서는 많은 사물을 알고 있기 때문입니다. 하지만 이들은 이 사물들이 그 부분들의 다수성 때문에 모든 수를 넘어서는 것이 아니라, 사물의 본성이 명백한 모순 없이는 수를 허용할 수 없기numerum pati 때문에 그렇다고 결론을 내립니다.[188]

수치화할 수 없는 제한된 양들이 있는데, 이는 이 양들을 이루는 운동이 절대적으로 연속적이며, 따라서 분할 불가능하기 때문이다. 상상이 여기서 모순을 발견하고 멈춰 버리는 반면, 지성에게 연속체라는 개념은 완벽하게 명석판명하다.

이제 헤겔이 같은 사례를 어떻게 다루는지 살펴보자. 우선 헤겔 자신이 직접 쓴 『대논리학』의 원문을, 그리고 나서 학생들의 노트로부터 재구성된 것이지만 헤겔의 추론을 얼마간 잘 이해하고 기록한 『철학사 강의』의 원문을 살펴보겠다.

---

187) 관련 편지 구절의 내용은 다음과 같다. "무한에 관한 편지에서 제가 부분들의 무한성은 부분들의 다수성에서 나오지 않는다고 말한 것은 다음과 같은 점에서 명백합니다. 만약 이 무한성이 부분들의 다수성에서 나온다면, 우리는 부분들의 더 많은 다수성[곧 더 많은 수의 부분들]을 지각할 수는 없을 것이며, 이 부분들의 다수성은 어떤 주어진 수보다도 커야 할 것입니다. 하지만 이는 참이 아닙니다. 왜냐하면 두 개의 비동심원 사이의 전체 공간에서 우리는 이 공간의 절반보다 두 배가 많은 부분들을 인식하지만, 절반의 공간에서나 전체 공간 모두에서 부분들의 수는 어떤 지정할 수 있는 수보다 더 크기 때문입니다." G 4권 p.332.—옮긴이
188) 메이으르에게 보내는 12번째 편지. G 4권 p.59.—옮긴이

진정한 무한에 대한 그의 사례는, 크기가 다른 두 개의 원 중에서 한 원이 다른 원 안에 접하지 않은 채 내부에 들어가 있으며 서로 같은 중심을 갖고 있지 않을 때 그 두 원 사이에 이루어지는 공간이다. 그는 이 도형과 개념을 매우 중시한 것으로 보인다. 이는 그가 이것들을 활용하는 방식을 보여 주는 한 사례인데, 왜냐하면 그는 이를 자신의 『윤리학』을 이끌어 가는 동기로 삼고 있기 때문이다. 그에 따르면 "수학자들은 이런 공간에서 가능한 불균등성들은 부분들의 다수성 때문에 무한한 것이 아니라──왜냐하면 이 양은 규정되고 한정되어 있으며, 저는 이 공간들에 대해 더 큰 것과 더 작은 것을 정립할 수 있기 때문입니다──사물의 본성이 모든 [수적] 규정성을 넘어서기 때문에weil die Natur des Sache jede Bestimmheit übertrifft 무한하다고 결론 내립니다". 여기서 볼 수 있듯이 스피노자는 크기나 완결될 수 없는 계열로 무한자를 파악하는 표상을 거부하고, 이 사례에 포함되어 있는 공간에서 무한자는 초월적인 것이 아니라 현존적이고 완결적gegenwärtig und vollständig이라는 점을 환기시킨다. [이 공간은 **사물의 본성이 모든 규정된 것을 능가하기**übersteigt 때문에 무한한 공간이다. 왜냐하면 여기에 포함되어 있는 양grandeur에 대한 규정은 동시에 하나의 정량quantum이 아니기 때문이다. 이러한 계열의 무한성을 스피노자는 상상의 무한이라고 이름 붙인다. 반대로 자기관계로서의 무한성은 사유의 무한 또는 현행적 무한infinitum actu이라고 이름 붙인다. 사실 이는 현행적이고, 현실적으로 무한하다. 왜냐하면 이것은 자기 자신 안에서dans soi 완결되어 있고 현존적이기vollendet und gegenwärtig 때문이다.][189]

『대논리학』 2판에서는 꺾쇠 안의 구절이 다음과 같이 변경된다.

---

189) 『대논리학』 1권, 라바리에르 옮김 pp.249~250; 독어본 p.292; 국역본 pp.289~290.

이 공간은 제한된 어떤 것이지만 무한한 어떤 것이기도 하다. **왜냐하면 사물의 본성이 모든 규정된 것을 능가하기 때문에**, 왜냐하면 여기에 포함되어 있는 양에 대한 규정은 어떤 정량으로 표상될 수 없기 때문에, 또는 이미 인용한 칸트의 표현을 빌리자면 어떤 이산량[이산적 정량]으로 인도해 가는 종합은 완결될 수 없기 때문이다. 일반적으로 어떻게 연속량과 이산량 사이의 대립이 무한성으로 이끌어 가는지는 뒤의 주석에서 명시되어야 할 것이다. 이러한 계열의 무한성을 스피노자는 상상의 무한이라 이름 붙인다. 반대로 자기관계로서의 무한성을 [그는―마슈레의 추가] 사유의 무한 또는 현행적 무한이라고 [이름 붙인다―마슈레의 추가]. 현행적 무한은 본래적으로 현존적이고 현실적으로 무한하다. 왜냐하면 이것은 그 자체로en soi 완결되어 있고 현존적이기 때문이다.

마지막으로 같은 사례가 『철학사 강의』에서 어떻게 제시되고 논평되는지 살펴보자.

스피노자는 또한 여기서 무한 개념에 대한 해명으로 기하학적 사례들을 들고 있다. 그는 자신의 『유고집』에서, 예컨대 한 도형을 이 무한에 대한 이미지로 제시하고 있다(더욱이 이는 『윤리학』 이전의 글이다). 그는 동심원들은 아니지만 하나가 다른 하나 안에 있는 두 원을 정립하고 있다. 두 원 사이의 평면은 [수적 표상에 따라] 제시될 수 없고, 어떤 규정된 비율/관계로 표현될 수 없으며, 공약 가능하지 않다. 만약 내가 이를 규정하려고 한다면, 나는 무한하게 계속 진행해야 할 것이다. 무한 계열. 이는 [완결되지 않고] 항상 결핍되어 있는, 부정적인 초과das Hinaus다. 그럼에도 불구하고 이 악무한은 한정되고fertig 제한된 것, 이 평면 안에 있는 긍정적이고 현존하는 것이다. 따라서 긍정적인 것은 부정의 부정이다. 곧 잘 알려진 문법 규칙에 따르면 이중부정은 긍정duplex negatio affirmativa이다. 두 원 사이의 공간은 현실적이며, 이는 한쪽 방향으로부터가 아니라 [양쪽 방향에서] 완전하게 한정되어 있는 공간이다. 하지만 공간의 규정은 수만으로는 충분하게 지시될 수 없다. 공간의 규정은 공간 자체를 창출하지는 않는다. 하지만 공간은 현존한다. 또는 한 선분, 한정된 한 선분은 무한한 다수의 점들로 이루어져 있다. 하지만 이 선분은 현존하며 규정되어 있다. 무한자는 현실적으로 현존하는 것으로 표상되어야 한다. 따라서 자기원인 개념은 진정한 현실성이다. 원인이 자기 면전에 타자, 결과를 갖고 있을 때 우리는 유한성과 관계한다. 하지만 여기서 이 타자는 동시에 지양된 것이며, 이는 다시 한 번 그 자신[원인 자신—마슈레의 추가]이다.[190]

이 텍스트는 우리가 처음 시작할 때 인용한 스피노자의 원문 구절을 자유롭게 해석하고 있는데 우리는 우선 이것이 원문 구절을 그만큼 제대로 제시하는지 질문해 볼 수 있을 것이다. 이런 의혹은 헤겔이 매번 '스피노자의 29번째 편지'에 준거하고 있다는 사실에서 확증될 수 있을 것 같다. 그런데 『서한집』의 모든 판본을 통틀어 보아도 29번째 편지는 올덴부르크에게 보낸, 전혀 다른 문제를 다루고 있는 편지에 해당한다. 하지만 여기서 논의되고 있는 것은 메이으르에게 보내는 12번째 편지라는 점을 인정하지 않을 수 없다. 그리고 이는 실제 내용을 얼마간 변화시키는 대가를 치르고 있다.[191]

우선 헤겔이 인용하고 있는 사례는 스피노자의 원문에서 주어진 사례와 같은 것이 아니다. 곧 게루가 논평한 것처럼 이 두 경우는 같은 도형을 매우 다른 의미로 다루고 있다.[192] 우리가 본 것처럼 스피노자는 두 개의 원주 사이에 포함되어 있는 거리들의 변이를 고찰하고 있으며, 이 변이가 연속적

---

190) 『철학사 강의』 독어본 p.171.—옮긴이

이라고 논평하고 있다. 이 사실로부터 이 변이는 수로써 규정될 수 없다는 사실이 따라나온다. 그런데 『대논리학』과 『철학사 강의』에서 헤겔은 두 개의 원주 사이에 삽입되어 있는 공간에 대해서만 말하고 있다. 이는 불균등한 거리들의 무한성[곧 무한하게 많은 불균등한 거리들]으로 구성되어 있음에도 불구하고 확정된 한계들 안에 포함되어 있기 때문에 **완결되어 있고 현존적이** 다. 만약 사례를 이렇게 해석한다면, 우리는 도대체 비동심적인 원들을 제시하는 것이 중요한 이유가 무엇인지 분명히 파악할 수 없게 된다. 두 개의 원주 사이의 거리들이 모두 같을 경우에도 마찬가지의 결론을 이끌어 낼 수 있기 때문이다. 따라서 헤겔은 스피노자가 제안하고 있는 추론에서 본질적인 어떤 것을 간과하고 있다. 그것은 최대치와 최소치 사이에 포함되어 있는 변이체, 곧 규정되어 있기는 하되 어떤 수로도 표상될 수 없는 한 수열이라는 관념이다.

하지만 이것이 스피노자의 원문에 대한 가장 중대한 변형은 아니다. 좀 더 특징적인 것은 헤겔이 스피노자의 이 구절에 현행적 무한이라는 개념을 도입하고 투입한다는 점이다. 앞서 인용한 원문을 참조해 보면 쉽게 확인할 수 있듯이, 원문에는 이 개념이 분명히 나오지 않는다. 이 원문 구절이 실려 있는 편지[메이으르에게 보내는 12번째 편지]가 무한에 대한 편지라는 이름으로 알려져 있다는 것(취른하우스에게 보내는 81번째 편지에서 스피노자 자

---

191) 이 문제에 관해서는 마슈레가 착각하고 있는 것 같다. 요즘 스피노자 연구자들이 주로 사용하는 고증본은 두 종류로, 하나는 19세기 말에 나온 반 블로텐Johannes van Vloten과 란트J. P. N. Land의 편집본(1882~1883)이며, 하나는 20세기 초에 나온 칼 겝하르트Carl Gebhardt의 편집본(1925)이다. 전자에는 서신이 일부 누락되어 있고 몇 가지 편집상의 오류가 있기 때문에 많은 연구자들은 후자의 고증본을 사용하고 있다. 그런데 헤겔 당시에는 아직 이런 종류의 엄밀한 고증본이 존재하지 않았으며, 헤겔 자신이 편집에 관여한 파울루스H. E. G. Paulus의 편집본(1802~1803. 이것이 최초의 스피노자 '전집'이다) 정도가 있었을 뿐이다. 그리고 파울루스의 편집본에는 헤겔이 인용하고 있듯이 메이으르에게 보내는 편지가 12번째 편지가 아니라 29번째 편지로 표시되어 있다. 따라서 이는 헤겔의 잘못이라기보다는 스피노자 저작에 대한 문헌학적 연구가 아직 제대로 수행되지 못했던 당시 상황에 원인이 있다고 할 것이다.—옮긴이
192) 게루, 『스피노자 1권. 신』 p.523.

신이 이 표현을 사용하고 있다)은 사실이며, 이 편지는 다음과 같이 시작한다. "선생께서는 제가 무한에 대해 어떻게 생각하는지 물어 보셨는데, 기꺼이 답변해 드리겠습니다." 무한에 대한 이러한 논의의 맥락에서 기하학적 사례가 어떻게 자리를 차지할 수 있을까?

스피노자는 무한의 개념에 관해 통용되는 용법, 곧 상상에 따라 이루어지는 용법이 함축하는 난점들에서 벗어나기 위해서는 몇 가지 구분을 준수하는 것으로 충분하다고 말한다. 자신의 본성에 의해 무한한 것(그리고 자신에 의해 무한자로 인식되는 것)과 자신의 원인의 힘에 의해(자신의 본질에 의해서가 아니라) 무한한 것이 존재한다. 또한 한계들이 없기 때문에 무한한 것이 있으며, 수적으로 규정될 수 없기 때문에 무한한 것이 있다. 우리는 여기서 연속적인 두 가지 구분에 관계하고 있는데, 이것들이 분점하고 있는, 또는 서로 공유하고 있는 영역에 대한 엄밀한 규정은 내려져 있지 않다. 무한에 대한 편지에 관한 주석에서 게루는 이 구분들을 네 가지 연속적인 경우들로 열거하고 있는데, 스피노자의 원문을 고려해 볼 때 이는 지나친 것으로 보인다. 이 두 가지 구분은 실체(자신에 의해 인식되는 것)와 그 변용들(자신에 의해 인식될 수 없는 것)의 구분에, 그리고 이성(사물들이 존재하는 대로 적합하게 인식하는)과 상상(부적합한 방식으로 사물들을 표상하는)의 구분에 준거하고 있다. 무한에 대한 전통적 역설들은 이 구분들이 준수되지 않는다는 사실에서 비롯한다. 반면 모든 모순을 해결하는 것이 아니라 제거하기 위해서는 이 구분들을 확실히 하는 것으로 족하다. 이 모순들은 어떤 문제를 잘못 제기한 항들 때문에 생겨나기 때문이다.

스피노자가 도입하는 기하학적 사례는 이 구분들 중 하나와 관련되어 있다. 이 사례는 무한한 것이 어떤 것인지 보여 주는데, 왜냐하면 무한자는 어떤 한계들 안에 포함되어 있는 경우에도 어떠한 수로도 규정될 수 없기 때문이다. 최대치와 최소치 사이에 포함되어 있는 연속적인 급수를 수를 사용하여 규정하려 하는 것은 바로 상상이라는 점을 유념해야 한다. 이를 위해 상상은 연속적인 급수를 부분들로 분할하고, 이 요소들에서 출발하여 이 연속체의 변이를 재구성한다. 하지만 급수는 연속적이기 때문에 이처럼 분할될 수 없다. 이 때문에 이 급수는 수적으로 규정될 수 없는 것처럼 보인다. 따라서 이 추론을 좀더 자세히 살펴보지 않더라도 여기서 상상은 하나의 정량 quantum을 어떤 수와도 동등한 것으로 만들지 못하기 때문에, 극한으로의 이행을 통해 이 정량을 모든 수를 넘어서는 것으로, 따라서 무제한적인 것으로 규정하며, 이렇게 함으로써 이 정량 안에서 무한성을 발견하게 된다는 것을 알 수 있다. 이 표상은 어떤 점에서 부적합한가? 이는 이 표상이 자신의 대상은 최대치와 최소치 안에 포함되어 있기 때문에 제한되어 있다는 본질적 사실을 무시하기 때문이다. 따라서 이는 스피노자가 유한이라는 개념에 부여하는 엄밀한 의미에서("같은 본성을 지닌 다른 것에 의해 제한될 수 있는 사물은 자신의 유類 안에서 유한하다고 한다." 『윤리학』 1부 정의 2) 또한 유한한 것이기도 하다. 따라서 상상의 오류는, 이를테면 그 자체로 유한한 어떤 사물을 수적으로 규정하려 시도함으로써 이를 무한자로 간주하는 데 있다고 할 수 있는 것처럼 보인다.

하지만 사태는 이처럼 단순하거나 확정적이지 않다. 상상의 편향에서 벗어나기 위해서는 최저한의strict 의미의 무한자, 곧 무제한적인 것과 유한자, 곧 제한적인 것을 분명히 분리하는 것만으로는 불충분하다. 왜냐하면 문자 그대로 받아들인다면 이러한 분리 또한 상상이 하는 일이기 때문이다. 이는 유한자의 본질적 특징, 곧 유한자는 자기 자신에 의해 설명될 수 없으며, 유한자 자신을 생산하는, 그리고 유한자가 그 개념을 필연적으로 함축하고 있는 무한자 바깥에서는 아무것도 아니라는 점을 간과하는 것이다. 이런 관점에서 볼 때 기하학의 사례는 스피노자가 구분하는 쌍들 중 다른 쌍에도 해당된다. 곧 자신의 원인의 힘에 의해 무한하다는 것은, 무한 양태와 유한 양태를 불문하고 모든 양태의 고유한 특성이다. 두 개의 비동심원 사이에 포함된 거리들의 변이 역시 무한하지만, 이는 제한되어 있으므로 그 자체로 무한한 것은 아니다. 이것은 이 변이 안에서, 자신의 결과 안에 존재하는 원인으로서 자기 자신을 표현하는 실체의 변용으로서 무한하다.

여기서 우리는 분명 헤겔을 재발견하게 된다. 헤겔은 스피노자의 원문을 자유롭게 다루고 있음에도 불구하고 그 구절에서 어떤 본질적 경향들을 이끌어 내고 있기 때문이다. 한편으로 헤겔은 사례에서 문제가 되고 있는 것이 실체와 그 변용들 사이의 관계에 따라 표상된 인과성 문제의 어떤 측면이라는 점을 잘 이해하고 있다. 다른 한편으로 그는 현행적 무한자infinitum actu라는 개념으로 이 관계를 가리키고 있는데, 이는 적절해 보인다. 스피노자에서 이 개념은 기하학적 사례를 서술하는 구절 앞부분에 나타난다. 그는 사물들의 진정한 본성에 무지한 사람들은 상상이 그러한 본성을 표상하려 할 때 사용하는 사고상의 존재들(예컨대 수와 척도, 시간)과 사물들을 혼동함으로써 "현행적 무한자를 부정하게 된다"infinitum actu negarunt고 말한다. 이 현행적 무한자란 무엇인가? 이는 무제한적 계열 속에서는, 따라서 잠재적virtuelle ou potentielle으로는 주어지지 않으며, 매개 없이 직접tout d'un coup 주어지는 무한자다. 헤겔의 표현을 빌리자면 "완결되어 있고 현존적인" 방식으로, 최대치와 최소치 사이에 포함되어 있는 변이체와 같이 제한된 실재 속에 현존하고 있는 것이 바로 이것이다. 스콜라 철학의 어휘에서 빌려 온 이 개념은 이 문제에 관한 스피노자의 입장은 데카르트뿐 아니라 라이프니츠의 입장과도 거리가 있다는 것을 일러 준다.[193] 유한 이성의 명증성들로부터 분석적으로 진행하는 데카르트에게 현행적 무한자는 직관적으로 구축될

---

193) 이봉 블라발Yvon Belaval, 『라이프니츠의 데카르트 비판』*Leibniz critique Descartes*, 갈리마르, 1960, pp.329~338.

수 없으므로 파악이 불가능하다. 미분 계산 방법을 통해 연속체 문제를 해결하는 라이프니츠에게는 형상적으로가 아니라 탁월하게eminenter sed non formaliter 주어진, 따라서 항상 어떤 지정될 수 있는 한계 바깥에 있는 잠재적 무한자infini en puissance만이 존재한다. 스피노자가 현행적 무한자의 존재와 그 인식 가능성을 긍정했다는 사실은 매우 중요하다. 이러한 긍정은, 무한자는 실재적으로 유한자를 생산하는 행위의 매개를 통해 유한자 안에 현실적으로 현존한다는 것을 표현하기 때문이다. 사물들의 본성을 수적 기준으로 환원하는 사람들만이 이러한 현존을 부정할 수 있다. 이러한 수적 기준은 이들이 사물들의 무한성에 무지하게 만들고 이 무한성을 현행적 무한자의 가능성을 배제하는 무제한적 계열의 관념으로 왜곡하게 만든다.

이러한 설명을 받아들인다면 스피노자의 원문에 대한 헤겔의 또 다른 불성실한 태도 역시 정당화될 수 있을 것으로 보인다. 만약 현행적 무한이라는 개념이 자신의 결과들 안에 있는 원인의 내재적 현존을 가리킨다면(『윤리학』 1부 정리 18 "신은 모든 사물의 타동적 원인이 아니라 내재적 원인이다"[194] 참조), 스피노자가 서술하고 있는 기하학적 사례의 특수성은 표면적인 것에 불과한 듯 보이기 때문이다. 예컨대 동심적이든 아니든 두 개의 원주 사이에 포함된 평면이나, 또는 헤겔이 제시한 다른 사례, 곧 선분 안에 포함되어 있는 무한한 점들 같은 모든 유한 양태는, 그것이 자신의 원인으로서 탁월하게가 아니라 형상적으로formaliter sed non eminenter 함축하고 있는 어떤 무한자를 표현하는 것이다. 따라서 우리는 여기서 출발점으로 되돌아가게 된다. 왜 스피노자는 최대치와 최소치 사이에 포함되어 있는 변이체, 곧 두 개의 원이 동심적이지 않다는 사실에 의존하는 변이체라는 관념을 일부러 사례로 도입했는가?

만약 스피노자가 자신의 기하학적 사례를 통해 유한하지만 부분들의 무한성을 포함하고 있고 지정될 수 있는 모든 수를 초과하는 어떤 정량의 관념을 제시하려고 했을 뿐이라면 이처럼 엄밀하게 사례를 제시할 필요가 없었을 것이다. 그러나 이러한 단순화는 동시에 불가피하게 이러한 무한성을 요소들 사이의 외연적 관계, 부정적으로 파악된 따라서 사물의 본성 자체에 부적합하게 파악된 외연적 관계로 환원할 수밖에 없었을 것이다. 그리고 이렇게 되면 그는 자신이 벗어나려고 했던 상상의 관점으로 되돌아가게 될 것이다. 하지만 사물들의 고유한 인과성에 따라 사물들을 있는 그대로 파악하는 지성에게 여기서 문제가 되는 것은 긍정적으로, 곧 어떤 본성에 대한 절대적 긍정이라는 엄밀한 의미로 파악되어야 하는 전혀 다른 무한성이다. 이러한 무한성은 연속적이지만 제한되어 있는 변이체 ─따라서 이것은 [수적] 크기grandeur에 관한 모든 규정 바깥에서 고찰될 수 있다(취른하우스에게 보내는 81번째 편지가 보여 주는 세심한 엄밀화는 바로 이를 가리킨다) ─ 안에서 정확하게 나타난다. 이 변이체는 두 개의 외연적 부분들 사이에서 부정적으로 또는 수적으로 규정된 추상적 관계에 의해서가 아니라, 이 변이체 안에서 [변이체와] 동시적으로 활동하고 있으며 연장이라는 속성의

---

194) 마슈레가 제시하고 있는 이 정리의 불어 번역은 "Dieu est cause immanente, mais non transitive, de toute chose"고, 라틴어 원문은 "Deus est omnium rerum causa immanens, non vero transiens"다. 따라서 이는 "신은 모든 사물의 내재적 원인이지, 타동적 원인이 아니다"로 번역될 수 있다. 그런데 마슈레는 최근 출간한 『윤리학』 1부에 대한 해설서(『스피노자 『윤리학』 입문. 1권: 사물의 본성』 *Introduction à l'Éthique de Spinoza. 1ère partie: La nature des choses*, 프랑스대학출판부, 1998)에서 이 구절을 "신은 모든 사물의 영속적 원인이지 일시적 원인이 아니며" Dieu est pour toutes choses cause permanente, et non point passagère로 번역하면서, 다음과 같은 해설을 붙이고 있다. "사람들은 너무 빈번히 내재성과 타동성의 추상적 대립에서 출발하여 이 정리를 재정식화해서 해석하고, 이로부터 스피노자의 철학을 내재성의 철학 또는 내재주의로 일반화하여 제시하는 것을 정당화하기 위한 논거를 이끌어 낸다. 적절할지도 모르겠지만 이는 한 가지 해석에 불과하다. 『윤리학』 전체에서 내재적immanens이라는 용어는 '신에 대하여'의 바로 이 정리에서 단 두 번 나오며, 여기서 이는 정확히 말하면 **지나쳐 가지** 않고 계속 머물러 있는 인과원리의 영속성을 의미한다는 점을 명심해야 한다. 이는 정리 15에 따를 경우 모든 것은 신 안에 있기 때문에, 신 자신은 자신의 본성의 표현으로서 자신 안에 있지 않은 어떤 것도 만들지 않고, 또 그 원인이 되지 않는다는 것을 의미한다. 이 때문에 신은 자신에 의존하는 모든 것에 대해 일시적 원인, 또는 말하자면 기회 원인이 아니다"(pp.148~149). 이는 논쟁의 여지가 있지만, 특히 들뢰즈의 스피노자 해석과 관련하여 주목할 만한 해석이다. ─옮긴이

형태로 직접 나타나는 실체라는 원인의 역량에 의해 내포적으로 진행한다. 들뢰즈는 외연적 무한성과 내포적 무한성 사이의 이러한 차이를 훌륭하게 부각시키고 있다.[195]

내포적 무한성은 실체와 그 변용들을 연결해 주는, 그리고 오직 지성만이 인식할 수 있는 내재적이되 타동적이지는 않은 관계를 직접 표현한다. 이러한 인식으로부터 또한 매우 중요한 점이 따라나온다. 곧 양태들 안에서 포착될 수 있는 무한자는 실체를 구성하는 무한자와 다르지 않으며, 양자는 형상적으로 동일하다. 이 때문에 메이으르에게 보내는 12번째 편지가 제시하고 있는 구분들은 경우들의 나열로 환원될 수 없다. 만일 그렇다면 마치 여러 종류의 무한자들이 존재할 수 있다는 듯이, 각 경우마다 서로 다른 형식의 무한자가 제시되는 셈이다! 이처럼 환원될 수 없는 이유는 무한자가 능산적 자연으로서의 실체 안에서 자기원인으로 스스로를 표현하든s'exprime, 아니면 소산적 자연으로서의 유한 양태들의 종결될 수 없는 연쇄 안에서 스스로를 발현하든se manifeste 간에, 그리고 지성에 의해 적합하게, 곧 실정적으로 인식되든 아니면 상상에 의해 부적합하게, 곧 부정적으로 표상되든 간에, 이는 항상 필연적으로 행위하는 동일한 무한자이기 때문이다.

여기서 실체의 무한성은 **스스로를 분할하지 않고서** 자신의 모든 양태 안으로 내포적으로 이행한다는 관념을 진지하게 받아들여야 한다. 사유 [속성] 전체가 각각의 관념 안에 현행적으로 현존하고 이 관념들을 필연적으로 규정하는 것처럼, 연장 [속성] 전체는 물 한 방울 안에 분할 불가능하게 존재한다. 이 때문에 "만약 물질의 단 한 부분이 소멸한다면, 그 순간 곧바로 연장 전체는 사라져 버릴 것"[196]이며, 이는 사유의 **부분들**인 관념들에 대해서도 마찬가지이다. 이처럼 양태적 실재 전체를 구성하는 변질될 수 없는 연속성은

---

195) 들뢰즈, 『스피노자와 표현의 문제』, pp.183~186.

사람들이 이를 어떤 한계들 안에서 파악하든 간에, 그리고 사람들이 이를 고찰하는 규모가 어떻든 간에, 절대자, 곧 실체의 통일성을 표현한다. **신의 지적 사랑**,[197] 또는 세번째 유형의 인식을 구성하는 것은 이러한 현행적 무한성에 대한 인식이다.

우리가 앞에서 본 것처럼 이러한 인식은 긍정적이다. 이는 양태들에서 실체로 소급적인 방식으로 나아가지 않는데, 만약 그렇다면 실체는 무한하게 밀려나는 양태들의 한계일 것이다. 반대로 이는 가능태에 대한 일체의 의존 및 일체의 부정성을 배제하는 절대적으로 필연적이고 연속적인 진행에 따라 실체로부터 그 변용들로, 곧 원인에서 그 결과들로 종합적으로 나아간다. 따라서 우리는 헤겔처럼 이 인식을, 극복되거나 지양된, 그리고 이를 통해 [새로운 긍정 속에] 포괄된 부정이라고 말할 수 없으며, 반대로 개념상 일체의 부정, 일체의 내적 부정성을 배제하는 것이라고 말해야 한다.

만약 우리가 여기서 헤겔이 만들어 낸 원리인 "모든 규정은 부정이다"를 문자 그대로 적용한다면 사물들의 고유한 본성에 따른 적합한 인식은 바로 이 사실 때문에 모든 규정을 배제한다고 덧붙여야 하는데, 이는 분명 부조리한 것이다. 우리는 앞서 논평한 사례에서 어떤 수로도 규정될 수 없지만 유한하기 때문에 그 자체로 현실적으로 규정되어 있는 어떤 무한성을 다루었다. 그렇다면 규정이라는 개념에 대해서도 한 가지 구분을 도입해야 할 것으로 보인다. 곧 어떤 사물을 부정적으로 규정하는 것은, 이것을 그 안에서

---

196) 올덴부르크에게 보내는 4번째 편지[이는 겉보기에는 아주 터무니없는 것으로 생각될 수도 있다. 우리는 수없이 많은 생성과 소멸을 목격하고 있기 때문이다. 하지만 여기서 마슈레가 말하려고 하는 것은 이러한 의미에서의 생성과 소멸, 곧 엄밀히 말하면 다른 것으로의 형태의 변화가 아니라 어떤 요소 자체의 완전한 사멸이다. 따라서 이는 연장은 전체(속성)와 부분들(양태들) 사이의 불연속성에 앞서 질적 동일성을 지니고 있다는 것을 뜻한다. 불연속성, 또는 양적 차이에 선행하는 이런 연속성, 동질성의 관점에서 볼 때 단 한 부분의 소멸은 전체의 소멸 없이는 불가능하다.—옮긴이].
197) '신의 지적 사랑'amor intellectualis Dei에 대해서는 책 뒤의 '용어 해설'을 참조하라.—옮긴이

활동하는 신으로부터 분리시키고 상상이 만들어 낸 순전히 사고상의 존재들에 불과한 형식적 규준들을 이것에 적용하려고 하면서 이 사물의 한계들로부터 추상적으로 표상하는 것이다. 이러한 규정은 예컨대 이 사물을 그것에게 지정된 지속의 어떤 부분으로서 파악하는 것이다. 이렇게 되면 우리는 이 사물을 그것이 아닌 것, 그것의 가능한 소멸과 관련시키게 되며, 이를 우연적인 것으로 제시하게 된다. 반대로 어떤 사물을 실정적으로 규정하는 것은, 실체가 자기 자신을 생산하는 인과성의 법칙과 동일한 법칙에 따라 실체 안에서 이 사물을 산출하는──왜냐하면 자신의 변용들 안에서 자기 자신을 생산하는 것이 실체이기 때문이다──내재적 필연성에 의거하여 이 사물을 그 독특한 본성적[198] 실재성을 통해 지각하는 것이다. 따라서 이는 이 사물이 그 자체로 영원한 한에서, 곧 이것이 외부 원인에 의해서가 아니라면 파괴될 수 없는 한에서(『윤리학』 3부 정리 4), 이 사물을 영원성의 관점에서 파악하는 것이다.

따라서 분명 실익이 적기는 하지만 생략할 수 없는 이 논의 전체는 스피노자의 철학 전체를 특징짓는 근본 원칙에 준거하고 있다. 곧 서로 구분되는 인과법칙들과 필연성의 형식들이 기능하는 두 개의 분리된 현실, 하나는 무한하고 다른 하나는 유한한 두 개의 세계란 존재하지 않는 것이다. 스피노자의 목표는 계기적인 운동을 통해 한 질서에서 다른 질서로 이행할 수 있게 해주는 점진적인 매개적 계열들 속에서 실현되는, 이 두 질서 사이의 일치 관계를 발견하려는 것이 아니다. 이는 전진적으로 절대자를 규정하면서, 곧 상대적인 것 안에서 절대자를 부정하면서 실체에서 속성들로, 그후에는

---

198) 여기에서 '본성적'physique이라는 표현은 오늘날 일상화된 의미에서 '물리학적'이나 '물리적인'을 의미하는 것이 아니다. 이는 정신적인 것이나 심리적인 것을 포함하는 모든 실재의 **본성에 따르는**이라는 고대 철학적 의미, 곧 현대적 자연과학 분류 이전의 '자연학적', 자연철학적 의미로 이해되어야 한다. 그래서 여기에서는 '본성적'이라고 옮겼다.──옮긴이

속성들에서 양태들로 나아가는 헤겔이 상상하는 순서다. 스피노자에게 이는 동일한 한 질서이며 상상의 추상적 질서가 아니라 실체의 본성적으로 실재적인, 구체적 질서다. 실체는 자기 자신을 절대적인 것과 상대적인 것으로 동시에 표현하는데, 이것이 지성과 상상에 의해 모순적인 방식으로 인식되는 것뿐이다. 이 때문에 실체와 그 변용들 사이의 관계는 헤겔이 역설적이게도 추상적인 논리학의 용어들에 따라 해석하는 것처럼 비규정적인 것과 규정적인 것, 실정적인 것과 부정적인 것 사이의 단순한 대립으로 완전히 해명될 수 없다.

규정
La détermination

지성의 합리적 관점은 본질적으로 긍정적affirmatif이다. 일체의 부정적 측면은, 실체를 그 자체로 파악하지 못할뿐더러 무한자와 유한자 안에서 동시에 스스로를 표현하면서 자신의 양태들 안에서 활동하는 한에서의 실체도 파악하지 못하는 상상의 관점에 전가되어야 할 것처럼 보일 정도이다. 따라서 헤겔이 제시하는 해석은 유지될 수 없다. 곧 절대자에 대한 공허한 사유의 불가피한 결과로 생겨난 스피노자 철학의 부정주의라는 해석은 허구이며, 스피노자 체계의 문자와 양립하지 않는다. 하지만 이와 상반된 해석은 좀더 만족스러울까? 들뢰즈처럼 "스피노자의 철학은 순수한 긍정의 철학"[199]이라고 말할 수 있을까? 앞의 부정주의의 이면 내지는 배면에 불과한 이 **실정주의**는 결국은 동일한 것에 귀착하지 않을까? 우리는 적어도 스피노자주의에 대한 이 두 가지 대립된 주장이 모두 스피노자주의의 비변증법적 성격을 부각시키는 데로 귀착한다는 사실에서 이러한 결탁의 한 징표를 발견한다. 한 주장은 이 성격을 스피노자 철학의 열등성과 결함의 증상으로 해석하는 반면, 다른 쪽은 이것이 이 철학의 탁월함을 증명하는 것으로 본다.

약간 뒤로 물러서서 보자. 헤겔이 부각시킨 "모든 규정은 부정이다"라는 정식은 분명 스피노자주의의 문자에는 부적합하다. 그렇다고 해서 이 것이 이 정식을 다른 정식, 곧 "모든 규정은 긍정이다"omnis determinatio est affirmatio라는 정식으로 대체해야 한다는 뜻일까? 이 새로운 언표의 의미는 명확하다. 규정은 그 자체로 실체적인 것이 외재화의 단순한 운동——동일 자로 복귀하지 않는 동일자에서 타자로의 이행 운동——속에서 퇴락한다는 제한적 의미를 갖는 것이 아니라, 실체가 자신의 모든 인과적 역량을 표현하는 행위인 것이다. "우리가 신의 권능potestate/pouvoir 안에 있는 것으로 인식하는 것은 무엇이든 필연적으로 존재"[200]한다. 왜냐하면 자기 자신과 모든 것의 원인인 신 안에서 본질과 역량은 단 하나의 동일한 것이기 때문이다. 따라서 양태들의 필연성은 실체의 필연성에 비해 열등한 것이 아니거나, 그와 다르지 않다. 이 필연성은 엄밀하게 동일한 것이다. 하지만 우리가 여기에 머무른다면, 헤겔의 논박들 중 하나가 새롭게 위력을 발휘할 것이다. 곧 여기서 **긍정된** 동일성은 모든 것을 모든 소가 검게 보여 구분되지 않는 밤의 어둠[201] 속으로 밀어 넣기 때문에, 일체의 현실적인 내용을 결여하고 있는 것이 아닌가? 이 질문에 답하려면 헤겔이 스피노자에 대한 주석에서 숱하게 사용하고 있는 규정이라는 개념이 스피노자에서 정확히 무엇을 의미하는지 살펴보아야 한다.

모든 주석가들은 스피노자가 규정이라는 용어를 매우 상이한 의미로 사용한다고 지적해 왔다. 한편으로 그는 이 용어를, 유한성이라는 관념과 결

---

199) 들뢰즈, 『스피노자와 표현의 문제』 p.51.
200) 『윤리학』 1부 정리 35.
201) 이는 원래 헤겔이 셸링의 동일철학을 비판하기 위해 『정신현상학』의 「서설」에서 제시한 비유다. "절대자 속에서는 모든 것이 동일하다고 하는 한 가지 주장을 내세워 세부적이거나 구체적인 내용으로 충족된 인식, 또는 그와 같은 충족을 구하거나 요구하는 인식에 맞세우는 것 ——또는 그와 같은 절대자를, 말하자면 갖가지 색깔을 지닌 모든 소가 다 같이 검게 보이게 만드는 캄캄한 밤과 같은 것으로 여긴다는 것 ——이것은 참으로 인식의 공허함을 부채질하는 천진난만함이라고밖에 할 수 없다." 『정신현상학』 독어본 p.22; 국역본 p.74.—옮긴이

부되어 있는 제한imitation이라는 관념을 표현하기 위해 사용한다. 야르흐 옐레스에게 보내는 50번째 편지는 **유한하고 규정된** 물체들에 대해 말하고 있다. 이런 의미로 받아들인다면 규정이라는 개념은 명백히 어떤 부정을 함축하고 있으며, 이는 "같은 본성을 지닌 다른 것에 의해 제한되는"[202] 것들에 적용된다. 이런 의미에서, 다른 그 무엇보다도 비제한적인 실체는 또한 비규정적이다. "규정은 아무런 실정적인 것도 표시하지 않고, 규정된 것으로 인식된 실존의 본성 중 어떤 결핍만을 표시하기 때문에, 정의 자체에 의해 실존이 긍정되는 것[곧 자기원인적인 것]은 규정된 것으로 인식될 수 없다는 결론이 나옵니다."[203] 이는 실체와 그 속성들에 대해 참인데, 이것들의 개념은 어떤 불완전성도 포함하고 있지 않으며 동일한 본성을 지니는 어떤 것에 의해 제한되지 않기 때문에 규정된다고 할 수 없다.

하지만 여기서 주의해야 한다. 여기서 비규정이라는 개념은 절대적으로 실정적인 방식으로 받아들여야 한다. 그런데 이와는 반대로 단어들의 성향은, 부정적이거나 결성적缺性的인 용어들로 절대적으로 실정적인 실재를 지시함으로써 우리를 반대 방향으로 이끌어 간다. 그러나 스피노자에 따르면 단어들 자체는 그것들이 표상한다고 하는 실재를 표현하는 것이 아니라 이 실재를 자신의 허구들로 대체하는 상상의 관점을 표현할 뿐이다. 이는 특히 우리가 절대자를 포착하기 위해 사용하는 모든 어휘들이 입증한다.

단어들이 상상의 일부를 이루기 때문에, 곧 신체의 어떤 기질 때문에 단어들이 기억 속에서 서로 뒤섞여 합성되는 대로 우리가 많은 허구들을 꾸며내기 때문에, 우리가 오류를 막기 위해 애쓰지 않는 한, 단어들은 상상과 마

---

202) 『윤리학』 1부 정의 2.
203) 휘드에게 보내는 36번째 편지.

찬가지로 여러 가지 중대한 오류의 원인이 될 수 있다. 단어들은 속인俗人들의 변덕과 이해 방식에 따라 형성되며, 따라서 이것들은 지성 안에 존재하는 대로의 사물들이 아니라 상상 안에 존재하는 대로의 사물들의 기호들이라는 점을 덧붙여 두기로 하자. 이는 다음과 같은 사실에서 분명하게 드러난다. 곧 상상에서는 발견되지 않고 지성에만 존재하는 모든 것들에 대해 사람들은 자주 **비非물질적인, 무無한한** 등과 같은 부정적 용어들을 고안해 냈으며, 심지어 실제로는 실정적인 많은 것들을 **창조되지 않은, 의존적이지 않은, 무한한, 불멸적인** 등과 같이 원래와는 반대로 부정적으로 표현한다. 이는 분명 우리가 이것들과 반대인 것들을 훨씬 손쉽게 상상해 내기 때문이다. 이 때문에 이것들[유한한, 사멸적인 것 등]이 처음에 최초의 인간들에게 떠오르고 이들은 이것들을 실정적인 명칭들로 사용한 것이다. 우리는 많은 것들을 긍정하고 부정하는데, 이는 이 긍정들과 부정들이 사물들의 본성이 아니라 단어들의 본성에 부합하기 때문이다. 따라서 만약 우리가 이 사실을 간과한다면, 우리는 거짓된 것을 참된 것으로 쉽사리 오해하게 될 것이다.[204]

따라서 헤겔처럼 스피노자의 실체의 비규정성을 부정의 부정의 의미(규정 = 제한, 비규정 = 제한의 제거)로 해석하려고 하는 사람은 헛수고를 하게 될 것이다. 즉 그는 순수하게 단어와 관련된 사변에 빠져들게 될 것이다. 사실 언어의 본성에 관한 문제에서도 헤겔과 스피노자는 상이한 입장을 택하고 있다. 헤겔은 단어들의 배치가 순수하게 물질적인 법칙들에 종속되어 있기 때문에 사유의 합리적인 질서에서 이탈할 수 있다는 점을 인정하지 않을 것이다.

---

[204] 『지성교정론』 88절.

따라서 스피노자 입장에서는 사태가 아주 분명하다. 비규정성이라는 개념은 단어들의 현혹에도 불구하고 그 자체로 실정적인 것이다. 그러나 이는 겉으로는 비규정성의 직접적 반대인 것으로 보이는 규정이라는 개념이 필연적으로 부정적이라는 것을 의미하는가? 이러한 대립은 정확히 말하자면 있는 그대로의 사물들을 보지 못하고 단어들에 대해 반성하는 상상에게 책임이 있는 것 아닌가?

사실 스피노자가 규정이라는 용어를 부정적인 함축들만을 지니고 있는 제한의 의미로만 사용하는 것은 아니다. 이는 『윤리학』 1부 정의 7에서부터 이미 나타난다. "자신의 본성의 필연성에 의해서만 실존하고, 자기 자신에 의해서만 활동하도록 규정되는determinatur 사물을 자유롭다고 한다. 반대로 다른 것에 의해 어떤 규정된determinata 방식으로 실존하고 작업하도록produire un effet/operandum[205] 규정되는 것은 필연적이라고, 또는 오히려 제약되어 있다고 [한다—마슈레의 추가]." 우리의 관점에서 볼 때 이 구절은 규정이라는 관념을 양태들의 실재성만이 아니라 실체의 실재성에도 적용함으로써 매우 중요한 시사점을 제공해 준다. 곧 자기원인에 속하는 자유는, 데카르트 철학의 구조 전체를 떠받치고 있는 파악 불가능한[206] 신처럼 자신의 활동을 규정하는 원인을 전혀 갖고 있지 않은 어떤 존재자의 무차별하고 자의적인 능동성이 아니다. 신은 자신에 의존하는 사물들 못지않게 활동하도

---

205) 마슈레는 한 중요한 논문(「활동과 작업: 「신에 대하여」의 윤리적 함의에 대하여」Action et opération: sur la signification éthique du De Deo, 『스피노자와 함께』Avec Spinoza, 프랑스대학출판부, 1992)에서 '활동하다'agere와 '작업하다'operari의 개념적 구분이 스피노자의 존재론의 윤리적 함의를 밝히는 데 결정적인 역할을 담당한다는 것을 명료하게 보여 주었다. 마슈레는 『윤리학』 1부 「신에 대하여」의 정의 7에서 출발하여 텍스트에 대한 엄밀한 분석을 통해 '활동하다'와 '작업하다'라는 행위 양식들은 각각 자신 안에 존재함in se과 다른 것에 의해 존재함ab alio, 자유로움liber과 제약되어 있음coactus과 체계적으로 연관되어 있음을 보여 주고 있다. 이는 결국 「신에 대하여」의 존재론적 논의가 이미 윤리적 구도에 따라 편성되어 있다는 점을 입증해 준다는 점에서 스피노자 철학의 성격을 해명하는 데 매우 중요한 구분법으로 평가할 수 있다. 이런 의미에서 불어 원문에는 '결과를 생산하도록'produire un effet이라고 되어 있으나, 여기서는 마슈레의 해석을 따라 '작업하도록'으로 번역했다.—옮긴이

록 규정된다. 심지어 신은 자신 안으로 모든 완전성을 재통합하는 한에서 더 많이 규정된다고 할 수도 있을 것이다. 따라서 비규정적인 실체는 모든 규정으로부터 자유로운 것이 아니라, 반대로 자신의 고유한 본성과 다르지 않은 어떤 필연적인 원인 또는 이유에 의해 규정된다.

스스로를 산출하는 자유 원인(능산적 자연)의 활동이 자신의 원인을 자신 안에 지니고 있지 못한 사물들(소산적 자연) 안에서 실행되는 인과적 활동과 전혀 다르지 않다는 점을 상기한다면 모든 것은 아주 분명해진다. 이 양자는 단 하나의 동일한 활동이다. 곧 신은 자신의 변용들 밖에서 자기 자신을 생산하지 않는다. 만약 신 안에 어떤 규정도 주어져 있지 않다면, 사물들의 실존 및 신 자신의 실존이 의문스러워진다.

그러나 신은 단지 독특한 사물들의 실존에 관해서 원인일 뿐만이 아니라 이것들의 작업[결과들을 생산하는 것]에 관해서도 원인이라는 점을 덧붙여야 하는데, 이는 독특한 사물들이 전적으로 신에 의해 규정된다는 것을 의미한다. "작업하도록 규정된 사물은 필연적으로 신에 의해 이처럼 규정된 것이다. 그리고 신에 의해 규정되지 않은 것은 스스로 작업하도록 규정할 수 없다."[207] 따라서 무한하게 전개되는 유한한 규정들의 연쇄 자체는 신 안에

---

206) compréhension은 보통 '이해'라는 의미를 지니고 있지만 데카르트 철학, 특히 신의 무한성과 관련될 경우 이는 일상적인 의미의 이해나 지성적 인식을 넘어서는 완전한 인식을 의미한다. 데카르트의 구분에 따르면 "이는 우리가 손으로 산을 만질 수 있지만, 우리가 나무를 끌어안듯이 …… 산을 끌어안을 수는 없는 것과 같습니다. 왜냐하면 파악하는 것은 사유가 끌어안는 것이지만 어떤 것을 알기 위해서는 사유가 그것을 접촉하는 것만으로 충분하기 때문입니다"(「메르센 신부에게 보내는 1630년 5월 27일자 편지」, AT판 1권 p.152; 알퀴에판 1권 p.267). 그리고 데카르트는 바로 이러한 의미에서 신의 파악 불가능성에 관해 말하고 있다. "우리는 신을 인식하지만 신의 위대성을 파악할 수는 없습니다"(「메르센 신부에게 보내는 1630년 4월 15일자 편지」, AT판 1권 p.144; 알퀴에판 1권 p.260). 따라서 신의 본성의 파악 불가능성의 문제는 '영원진리 창조론'과 곧바로 연결된다(영원진리 창조론에 관해서는 이 책 뒤의 '용어 해설'을 참조). 마슈레도 이 글에서 compréhension이라는 단어를 자주 사용하고 있는데, 이는 데카르트처럼 '인식'과 '파악'을 구분하기 위해서가 아니라, 정반대로 스피노자에서 인식과 구분되는 파악이란 존재하지 않으며, 인식은 항상 포괄적인 인식, 곧 적합한 인식이라는 점을 부각시키기 위해서다. 이런 점들을 고려해서 원문의 incompréhensible을 '파악 불가능한'으로 번역한다. —옮긴이

서 완전하게 규정되며, 바로 이 때문에 그러한 연쇄는 자기 자신 안에서 어떤 우연성, 곧 어떤 비규정성도 허용하지 않는 것이다.

이로부터, 신과 신에 의존하는 모든 것 안에서 동일한 어떤 인과성이라는 생각[208]과 결합되어 있는 규정이라는 개념은 본질적으로 긍정적인 용법을 지닌다는 결론이 나온다. 왜냐하면 작업한다는 것[결과들을 생산한다는 것]은 어떤 점에서든 불완전성의 표시일 수 없기 때문이다. "사물들이 작업하도록 규정하는 것은 필연적으로 긍정적인 어떤 것이며, 이는 자명한 사실이다."[209] 이 사실에 의해 규정이라는 개념을 부정이라는 개념과 연결시키는 끈이 풀어지게 된다.

이는 스피노자의 체계에서 기능하는 규정이라는 개념이 다수의, 심지어 모순적이기까지 한 용법들에 준거하고 있기 때문에 애매하다는 것ambiguë을 의미하는가? 또는 반대로 실체로부터 행사되는 무한한 인과성과 양태들 안에서 실행되는 유한한 인과성을 가리키기 위해 동일한 용어를 사용하며, 이로써 이 양자는 서로 독립적인 두 가지 현상이 아니라는 점을 지적하는 것이야말로 스피노자에게 아주 특징적인 점이 아닌가? 따라서 만약 스피노자 철학 체계 내에서 규정이라는 개념이 실정적인 의미와 동시에 부정적인 의미로 받아들여질 수 있다면, 이는 이 개념 자체가 실정적인 것과 부정적인 것의 전통적인 대립을 문제 삼기 때문이다. 우리는 다시 한 번 헤겔이 택했던 길과는 다른 길을 따라 헤겔에 아주 가까이 다가서게 된다. 만약 스피노자에서 규정이라는 개념의 기능 방식이 실정적인 것과 부정적인 것의 전통적 대립을 배격하게 된다면, 이는 이 개념이 이 대립을 **지양**하거나

---

207) 『윤리학』 1부 정리 26.
208) 이는 1부 정리 25의 주석에 나오는 문장을 가리킨다. "신은 자기원인으로 불리는 것과 같은 의미에서 모든 사물의 원인이라고 해야 한다"eo sensu, quo Deus dicitur causa sui, etiam omnium rerum causa dicendus est.―옮긴이
209) 『윤리학』 1부 정리 26의 증명.

이성적 모순으로 **해소하기** 때문이 아니라 지극히 단순하게도 이 개념이 이 대립을 무시하기 때문이다. 이러한 [규정의] 운동에서 분명 헤겔의 변증법과 다른 한 **변증법**이 출현한다. 이는 한 가지의 일반적인 변증법이 문제는 아니라고 말할 충분한 근거가 되는가?

무한 양태들
Les modes infinis

앞의 몇몇 정식들에 따를 경우 실체와 그 변용들 사이의 관계는 실체가 자신의 속성들과 맺고 있는 관계를 재생산한다고 믿을 수도 있을 것이다. 전자에서처럼 후자에서도, 말하자면 수평적 의미에서처럼 수직적 의미에서도 상이성에게 그것의 합리성을 부여함으로써 이를 통합해 내는 동일한 통일성의 유형이 발견된다고 말이다. 이는 곧 이러한 통일성은 모든 실재의 현실적 접합 관계를 무시하고 제거함으로써 이를 서로 뒤섞어 동일한 것으로 환원하는 어떤 절차의 형식적 통일성이라는 것을 의미하는 것 아닌가? 이러한 반론에 답하려면 실체의 외재화 또는 규정이 이루어지는 과정인, 상대적인 것 안으로 절대자의 이행을 좀더 정확히 해명해 보아야 한다.

이러한 이행의 가장 독특한 측면은 『윤리학』 1부의 정리 21, 22, 23 및 정리 28의 주석에 나타나는 무한 양태들에 관한 놀라운 이론으로 표현되고 있다. 이 이론은 무한자가 유한자 안에서 활동하는 수단들을 매우 엄밀하게 서술하고 있다. 무한 양태들이 존재한다는 사실 자체가 무한성은 실체와 그 속성들에만 배타적으로 속하고 양태들, 곧 개체들은 이와는 반대로 자신들의 유한성 안에 봉쇄되어 헤겔이 믿는 척하듯이 엄격하게 부정적 특징만 지니게 되는 것은 아님을 잘 입증해 준다. 우리가 본 것처럼 하나는 실체적이고 무한하며 다른 하나는 양태적이고 유한한 두 가지 실재의 질서란 존재하지 않는다. 연속적이고 분할 불가능한, 유한자와 무한자가 분리될 수 없게 연결되어 있는 단일한 인과법칙으로 규정되는 하나의 동일한 질서만 존재할 뿐이다. 무한 양태들은 말하자면 이러한 통일이 이루어지는, 유한자 안에서 무한자의 전형transformation 내지는 규정이 현실화되는 장소다.

이것은 무한 양태들이 일차적으로 이행 기능에 따라 정의되기 때문이다. 곧 이것들은 무한한 실체와 유한한 양태들 사이의 일종의 조화를 보증해주는 매개물들로 제시된다. 정리 28의 주석이 외관상 가리키고 있는 것이 바로 이것이다. "어떤 것들, 곧 신의 절대적 본성으로부터 필연적으로 따라 나오는 것들은 신에 의해 직접 생산되어야 했고, 신 없이는 존재할 수도 인식될 수도 없는 다른 것들은 **이 첫번째 것들의 매개에 의해** 산출되어야 했다"(『윤리학』1부 정리 28의 주석). 이러한 외관은 스피노자가 각각의 속성의 절대적 본성으로부터 나오며 이를 직접 표현하는 직접적 무한 양태(1부 정리 21)와, 이미 양태화[변양]되어 있는 한에서의 속성들로부터 따라나오는 매개적 무한 양태들(1부 정리 22)을 구분하여, 무한 양태들을 내부에서 분화시킴으로써 한층 강화된다. 이러한 내적 분할은 체계 전체의 경제에서 무한 양태에게 지정되어 있는 기능, 곧 절대자를 상대자로 인도하는 점진적인 이행, 일종의 연속적 진화의 수단을 제공하는 기능을 확증하는 것처럼 보인다. 또한 여기는 스피노자의 체계가, 추론의 발전 과정에서 생겨난 난점들을 해결하기 위해 추상적인 통념들을 배가시키는 형식적 건축물로서 두드러지게 부각되는 지점이라고 말해야 할 것이다. 하지만 분명 『윤리학』1부에서 서술되고 있는 것보다는 좀더 명료하게 서술되어야 할 이 통념들이 겉보기처럼 추상적인가? 이것들은, 우리가 방금 이것들을 정의했던 기능과 실제로 일치하는가?

왜냐하면 우리가 형식적 추론의 매개념처럼, 무한 양태를 실체에서 그 변용들로의 이행을 실행하기 위한 인위적 절차 이상도 이하도 아닌 것으로 만드는 규정을 고집한다면, 우리가 벗어났다고 믿었던 존재자들의 위계라는 관념을 다시 맞닥뜨리게 되기 때문이다. 이 위계질서는 스피노자주의를 신플라톤주의의 변형으로 이끌어 간다. 그리고 이렇게 되면 절대자에서 상대자로의 이행에 관해 헤겔이 제시한 퇴행적 해석, 곧 무한자가 유한자 안에서 점차 희석되고 소진되어 결국에는 완전히 사라져 버린다는 해석이 확증될 것이다. 게다가 스피노자는 다음과 같이 쓰고 있다. "상이한 정도이기는 하지만 모든 것은 형상력을 지니고 있다"omnia quamvis diversis gradibus animate tamen sunt.[210] 이는 모든 중간 단계를 경유하면서 연속적인 방식으로 존재의 최대치에서 최소치로 전이 ─ 무한 양태들은 그 이행적 기능과 더불어 이러한 전이를 축약하고 있다 ─ 해 가는, 본질상 전진적이거나 반대로 퇴보적인 실재의 특징을 나타내는 징표가 아닌가? 하지만 만약 이러한 해석을 인정한다면 스피노자의 체계 안에 게루의 흥미로운 표현을 따르자면 "아리스토텔레스 없는 아리스토텔레스주의"[211]를 재도입하게 되며 내재적인 내적 목적성,[212] 곧 칸트 없는 칸트주의라는 관념을 재도입하게 된다.

---

210) 『윤리학』 2부 정리 13의 주석[이는 스피노자 주석가들 사이에서 가장 논쟁이 분분한 문장 중 하나다. 중세 철학과 스피노자 철학의 관계에 대해 권위 있는 (하지만 또한 많이 비판받는) 연구를 해놓은 울프슨에 따르면 이 문장에서 diversis gradibus animata라는 표현은 '상이한 정도의 영혼'이나 '상이한 정도의 생명력'이라는 의미로 이해되어서는 안 된다. 왜냐하면 중세 철학 일반에서처럼 스피노자 철학에서도 '아니마'anima는 **인간에 고유한 것**으로서의 '영혼'이나 **동물 및 인간에 고유한 것**으로서의 '생명력'이 아니라 **형상의 한 종류**로 간주되어야 하기 때문이다. 따라서 이런 관점에 따르면 광물 같은 무생물까지도 자신의 고유한 형상을 지니고 있다는 의미에서 '아니마'를 지니고 있는 것이 되며, 이때의 '아니마'는 **어떤 응집성의 원리**를 가리킨다. 해리 오스트린 울프슨Harry Austryn Wolfson, 『스피노자의 철학: 그의 추론의 잠재적 과정의 전개』*The Philosophy of Spinoza: Unfolding the Latent Processes of His Reasoning*, 하버드대학출판부, 1962, 2권 pp.56~61 참조. 이런 의미에서 본다면 위의 표현은 '상이한 정도의 형상력'으로 번역하는 것이 적합하다. 마슈레 자신은 『윤리학』 2부에 대한 자신의 주석서에서 animata를 '조직화된'organisée이라는 의미로 해석하고 있다. 이 해석 역시 '아니마'를 넓은 의미로 이해하고 있다는 점에서는 울프슨과 동일하다. ─옮긴이].
211) 마르샬 게루, 『스피노자 2권. 정신』*Spinoza t. 2. L'âme*, 오비에-몽타뉴, 1974, p.177.
212) 같은 책 p.188.

만약 그렇게 된다면 총체성의 형이상학, 곧 헤겔 없는 헤겔주의라고 해서 안 될 것도 없다. 이렇게 되면 모든 접근법, 모든 혼동들, 모든 변질들에 문이 활짝 열릴 것이며, 스피노자 추론의 독특한 효력이 아주 간단하게 제거될 것이다. 우리는 이러한 해석이 완전히 부당한 것일 수밖에 없다는 것을 곧 보게 될 것이다. 이를 보여 주기 위해서는 무한 양태 이론 및 직접적 무한 양태와 매개적 무한 양태 사이의 구분으로 돌아가야 한다. 이 이론과 구분은 바로 위와 같은 관점들을 제거하는 데 소용되는 것이기 때문이다.

우리가 이미 지적했듯이 『윤리학』에 나타나는 무한 양태들이라는 개념은 수수께끼 같은 것이다. 이에 따라 스피노자의 서신 교환자들 중 한 사람이었던 슐러는 이 개념의 내용에 관해 몇 가지 해명을 해줄 것을 스피노자에게 요구하기에 이르렀다. "……저는 신에 의해 직접 생산된 것들과, 무한한 변양[213]에 의해 매개적으로 생산된 것의 사례들을 알았으면 합니다. 제가 보기에 첫번째 유형의 것들에는 사유와 연장이 있을 듯하고, 두번째 유형으로는 사유 속의 지성과 연장 속의 운동 등이 있을 듯합니다."[214] 여기서 분명히 슐러는 직접적 무한 양태들을 속성들 그 자체에 동화시킴으로써 잘못을 범하고 있지만, 이는 해결해야 할 문제의 어려움을 확증해 준다. 스피노자의 답변은 아무런 설명 없이 무미건조한 사실 확인과 함께 제시되고 있다. "선생께서 제게 요구하신 사례들은 다음과 같습니다. 첫번째 유형의 것들로는, 사유의 질서에는 절대적으로 무한한 지성이 있고, 연장의 질서에는 운동과

---

213) 스피노자는 『윤리학』에서 양태modus라는 용어 외에도 무한 양태들과 관련하여 modificatio라는 용어를 사용하고 있다. 이 용어는 1부에서 8번, 2부에서 1번, 총 9번밖에 나오지 않는데, 맥락상으로는 양태라는 용어와 별다른 의미상의 차이를 보이지 않는다. 하지만 예컨대 들뢰즈는 『스피노자와 표현의 문제』에서 이 용어에 양태와는 구분되는 독자적 의미를 부여하고(속성들의 통일체로서의 실체에 상응하는 양태적 통일체), 스피노자 철학을 표현의 체계로 해석하는 데서 중요한 개념으로 활용하고 있다. 어쨌든 스피노자 자신이 modus와는 구분되는 단어를 사용하고 있기 때문에, 여기서는 '변양'이라는 새로운 역어를 취한다.—옮긴이
214) 스피노자에게 보내는 슐러의 63번째 편지.

정지가 있습니다. 그리고 두번째 유형의 것에는 우주 전체의 모습facies totius universi이 있는데, 이는 무한한 방식으로 변이됨에도 불구하고 항상 동일한 것으로 남아 있습니다. 이 점에 대해서는 2부 정리 14 앞에 나오는 보조정리 7을 보십시오."[215] 모든 주석가들의 관심을 끈 변칙, 곧 스피노자가 직접적인 무한 양태에 대해서는 사유와 연장이라는 두 속성에 관한 사례들을 제시하고 있는 반면, 매개적 무한 양태에 대해서는 분명 연장과 관련된 **우주 전체의 모습**이라는 한 사례만을 제시하고 있다는 점을 여기서는 제쳐 두기로 하자.[216] 이 개념들의 특징을 해명하기 위해 우리는 연장의 경우, 곧 자연학에 제한된 문제에 한정하고자 한다. 왜냐하면 이는 다른 모든 것들에 대해서도 타당해야 하기 때문이다.

이 제한된 경우에서, 절대자와 상대자의 관계는 다음과 같은 구분들로 설명되고 있다.

연장	실체적 속성
운동과 정지	직접적 무한 양태
우주 전체의 모습	매개적 무한 양태
독특한 물체들(개체들)	유한 양태들

---

215) 슐러에게 보내는 스피노자의 64번째 편지.
216) 이 역시 논쟁의 여지가 많은 부분이다. 이 문제에 대한 최근의 중요한 논의는 에밀리아 지안코티 보체리니Emilia Giancotti Boscherini, 「무한 양태의 문제에 대하여」On the Problem of Infinite Modes, 이르미야후 요벨Yirmiyahu Yovel 편, 『신과 자연: 스피노자의 형이상학. 제1차 예루살렘 학술회의 회의록(『윤리학』 1권)(2000년대의 스피노자 1권)』 *God and Nature: Spinoza's Metaphysics. Papers Presented at the First Jerusalem Conference(Ethica I)(Spinoza by 2000, vol. 1)*, 이제이 브릴E. J. Brill, 1991; 장-마리 베이사드Jean-Marie Beyssade, 「사유 속성에서 매개적 무한 양태에 대하여」Sur le mode infini médiat dans l'attribut de la pensée, 『철학 평론』 *Revue philosophique*, 1994년 1호; 태드 쉬말츠Tad Schmaltz, 「스피노자의 매개적 무한 양태」Spinoza's Mediate Infinite Mode, 『철학사 연구』 *Journal of the History of Philosophy*, 1997년 2호 참조. 마슈레는 『윤리학』 1부에 대한 주석서인 『사물의 본성』에서 우주 전체의 모습은 연장 속성만이 아니라 사유 속성에 대해서도 똑같이 매개적 무한 양태로 간주될 수 있다는 견해를 제시하고 있다. —옮긴이

이 구분들은, 다른 모든 것들의 위와 끝에 위치하며 그것들에게 자신의 규정을 부과하는 절대적이고 궁극적인 형식인 실체 안으로 모든 실재를 통합함으로써 형식들의 위계를 표상하는 것으로 귀착되는가? 이는 분명 상상의 관점으로 복귀하는 것이 될 것이다.

스피노자가 운동과 정지를 연장의 직접적 무한 양태로 만듦으로써 의미하고자 하는 것은 무엇인가? 이는 바로 다음과 같은 것이다. 연장의 실체적 실재성은 운동과 정지, 다시 말해 운동과 정지의 어떤 관계certa ratione[217] 속에서 절대적으로 표현된다. 이러한 관념은 그 자체가 여러 가지 의미로 이해될 수 있다. 우선 연장은 그것에 활력을 부여하는 운동과 정지의 관계 바깥에서는 파악될 수 없다. 여기서 스피노자가 피하려고 하는 것이 데카르트식의 불활성적인/관성적인inerte 연장 개념임은 분명하다. 그 개념은 전적으로 기하학적인 특성, 곧 연장됨을 통해서만 정의되며 운동은 [신이 부여한] 최초의 자극과 똑같이 보존되어야 하는 규정된 운동량이라는 형태로 외부에서 연장에 부가된다. 하지만 스피노자는 연장 속에서 생산되는 모든 것은 연장의 근본 법칙을 구성하는 운동과 정지의 관계에 의해 설명되어야 한다는 점 또한 말하고자 한다. 이 점은 『소론』의 한 구절에서 아주 명료하게 설명된다.

---

217) 『윤리학』에서 certo라는 단어는 12번 사용되고 있는데, 이 단어를 어떻게 번역할 것인가에 관해서는 연구자들 사이에 이견이 있다. 이전에는 대개 이를 '어떤'certain이라는 의미, 곧 구체적으로 명시되지 않은 불특정한 사태나 동작을 가리키는 의미로 이해하고 번역해 왔으나(가령 불역본의 경우 Guerinot/Deleuze[1993]와 Appuhn[1964]은 'certain', Misrahi[1990]는 'particulière'로 번역하고 있고, 영역본의 경우, Curley[1985]는 'certain'으로 번역하고 있다), 최근 일부 번역자 및 연구자들은 이를 '엄격한'précis이라는 단어로(예를 들어, Pautrat[1999]와 Ramond[1995] 참조), 또는 '확정된'definite이라는 용어로(Shirley[1992]) 번역해야 한다고 주장하고 있다. 이들에 따르면 스피노자 철학처럼 필연적인 결정 관계를 강조하는 철학 체계에서 certo라는 단어는 불특정한 관계 양상을 표현하는 것이 아니라 엄격하게 규정된 관계 양상을 가리키는 것으로 보는 게 적합하다는 것이다. 하지만 마슈레 자신은 본문에서 certa ratione를 '어떤 관계'certain rapport로 번역하고 있고 최근의 『윤리학』 주석서에서도 이를 같은 단어로 번역하고 있다. 여기서는 마슈레를 따랐다.―옮긴이

만약 …… 우리가 연장만을 고려한다면, 우리는 여기서 운동과 정지 이외에는 아무것도 지각하지 못하며 연장으로부터 나오는 모든 결과들이 운동과 정지에서 형성된다는 것을 발견하게 된다. 그리고 이 두 양태는 자기 자신들 이외의 어떤 것도 운동을 일으키지 못하게끔 물체 속에 존재하고 있다(2부 19장).

더 이상 운동과 정지를 구분되는 양태들로 간주하지 않는다는 점을 제외한다면, 『윤리학』 역시 이 관점을 채택하고 있다.[218] 2부 정리 13의 보조정리 2에 따르면 "모든 물체는 어떤 점에서 합치한다". 곧 모든 물체는 운동과 정지의 관계 속에서 직접적으로 표현되는 동일한 속성, 곧 연장의 개념을 함축하는 한에서 공통의 특성들을 갖고 있다. 자연의 법칙들의 보편성과 이것들에 대한 인식 가능성은 이렇게 해서 발생적으로 증명된다. 만약 연장 속에 실존하는 모든 것이 운동과 정지에 의해 설명된다면/펼쳐진다면s'explique, 이는 연장이 자기 자신을 생산하면서 어떤 운동과 정지의 관계를 생산하고, 연장을 절대적으로, 곧 어떠한 매개나 제한도 없이 표상하는 이 관계 속에서 활동하고 스스로를 긍정하기 때문이다. 이러한 운동과 정지의 관계를 표현하는 자연의 법칙들은 이것들이 직접 실체로부터 도출되는 한에서 환원 불가능하다. 이것들은 일종의 무조건적인 것들이며, 모든 자연 현상들에 대한 탐구의 기초로 사용된다.

그렇다면 우리는 연장 속성이 직접 스스로를 표현하는 이 [운동과 정지의] 비례적 관계proportion가 어떤 점에서 양태적인 것인지 질문해 볼 수

---

218) 『소론』과 『윤리학』의 차이점 중 하나는 운동과 정지를 별개의 독립적인 양태로 보느냐 아니면 개체를 합성하는 부분들이 서로 맺고 있는 관계를 표현하는 두 방식으로 보느냐에 있다. 따라서 『윤리학』 2부 정리 13 다음의 '자연학 소론'에 나오는 motus et quietis rationem이라는 표현을 '운동과 정지 사이의 관계'로 이해해서는 안 된다. 이것은 자연학의 지위에 관한 스피노자 관점의 변화를 보여 주는 한 징표다.―옮긴이

있을 것이다. 이는 자신의 내적 인과성 속에서, 자기 자신에 대한 내재적 관계 속에서 고찰된 속성 그 자체가 아닌가? 그러나 이 질문에 대한 답변은 자명하지 않다. 비례적 관계는 바로 그것이 하나의 비례적 관계라는 점에서, 곧 이것이 무제한적이고 비규정적인 실체와 그 자신을 구분하게 만드는 어떤 관계certa ratione에 의해 규정된다는 점에서 필연적으로 양태적이다. 이럴 경우 문제는 비규정적인 것[실체]이 한 규정[여기서는 운동과 정지의 관계]——무한하며 따라서 한정 불가능한 규정이기는 하지만——속에서 자기 자신을 절대적으로, 직접적으로 표현할 수 있는 가능성이다. 스피노자의 개념들이 이 난점을 해소하게 해주는지는 불확실하지만, 정확히 이 난점에 대처할 수 있게는 해준다. 그렇다면 체계의 논리에서 규정은 결핍, 곧 비규정적인 것의 부정이 결코 아니다. 모든 규정이 필연적으로, 그리고 예외 없이 유한한 것은 아니기 때문이다. 모든 규정이 부정은 아닌 것이다omnis determinatio non est negation.

이제 매개적 무한 양태인 우주 전체의 모습, 곧 전체로 파악된 물리적 자연의 경우를 살펴보자. 이는 애매한 개념이라는 점을 지적해 두어야겠다. 원문에서 스피노자가 이에 대하여 매우 상이하고 심지어 상반된 내용들을 제시하고 있기 때문이다. 그는 어떤 경우에는 이 우주 전체의 모습을, 그것과 마찬가지로 필연적으로 무한한 원인에 따라 발생적으로 정의한다. 하지만 그는 또 어떤 경우에는 이 우주 전체의 모습을, 그것이 결합하는 요소들, 곧 그것이 **총체화하는** 유한한 규정들로부터 구성한다(또는 오히려 구축한다고 말해야 할 것 같다). 이 두 운동 중에서 어느 것이 매개적 무한 양태의 본성에 적합한가?

만약 우리가 『윤리학』 1부 정리 22와 23을 따른다면, 어떤 속성이 이 속성의 본성상 필연적으로 실존하는 어떤 변양에 의해 변양되는 한, 매개적 무한 양태는 이 속성으로부터 필연적으로 따라나온다. 이렇게 본다면 연장이라는 속성이 그 본성으로부터 필연적으로 따라나오는 변양, 곧 운동과 정지의 어떤 비례적 관계에 의해 이미 변양된 한에서, 전체로 고찰된 우주의 모습은 이 연장 속성으로부터 따라나오는 무한한 규정이다. 이는, 절대적으로 파악된 연장으로부터 몇 가지 운동 법칙들이 도출되며 이 법칙들은 자신들이 재단하는découpent 물리적 자연 전체, 말하자면 [우주] 전체의 모습에 적용된다는 것을 의미한다. 따라서 우주 전체의 모습은 연장과 자연의 법칙들의 중개를 통해 실체로부터 연역되는 것이다. 그리고 이때 자연 법칙들은 연장을 직접적으로 표현한다. 다시 말해 운동과 정지의 법칙들에 따르는 것들로서의 물리적 현상들 전체를 표현한다.

하지만 정리 28이 엄밀하게 제시하듯이, 여기서 무한자에서 무한자로 진행하는 이 연역은 정확히 이 지점에서 멈춘다. 정리 28은 유한 양태들이 무한자로부터가 아니라 어떻게 자신들의 내적인 고유한 [인과] 연쇄 안에서 규정되는지 서술한다.

모든 독특한 사물, 다시 말해 유한하며 규정된 실존을 가지고 있는 모든 사물은, 역시 유한하며 규정된 실존을 가지고 있는 다른 원인에 의해 실존하고 작업하도록 규정되지 않는다면, 실존할 수 없고 작업하도록 규정될 수도 없다. 그리고 역으로 이 원인도 유한하며 규정된 실존을 가지고 있는 다른 원인에 의해 실존하고 작업하도록 규정되지 않는다면, 실존할 수도 없고 작업하도록 규정될 수도 없으며, 이처럼 무한하게 나아간다.

여기서 절대적으로 일반적인 방식으로 언표된 이 정리는 『윤리학』 2부에서 사유 양태들의 경우에(정리 9), 그 다음에는 연장의 양태들의 경우에 (정리 13의 보조정리 3) 다시 채택된다. 이는 『윤리학』 1부 서두에 제시된 유한 양태들에 대한 정의로부터 직접 비롯한다. "같은 본성을 지닌 다른 것에 의해 제한될 수 있는 사물은 자신의 유類 안에서 유한하다고 한다"(정의 2). 하지만 여기서 이 정의는 소거법적 증명에 따라 다르게 확립된다. 곧 유한하고 독특한 사물들은 신의 어떤 속성의 절대적 본성에 의해서도[이로부터 직접적 무한 양태가 유래한다], 그리고 어떤 무한한 변양에 의해 변양된 것으로서의 이 속성에 의해서도[이로부터 매개적 무한 양태가 유래한다] 생산되지 못했기 때문에 이 사물들은 각자 어떤 유한 양태로부터 유래해야 한다. 이 유한 양태는 이 사물들의 원인인 동시에 그 자체가 다른 유한 양태에 의존하고 있으며, 이는 무한하게 진행된다. 따라서 보다시피 여기서 무한자와 유한자 사이에서 일종의 단절이 다시 출현한다. 무한자로부터는 무한자를 연역할 수 있을 뿐이며, 유한자는 유한자로부터만 연역될 수 있기 때문이다. 이렇게 되면 모든 중간 단계를 경유하여 절대자로부터 상대자로 점진적으로 전진하거나 퇴행하는 존재자들의 유출 과정이라는 관념은 소멸하게 된다. 이는 전체로 파악된 자연과, 자신들의 규정된 실존으로부터 자연의 모습을 채우고 있는 독특한 사물들 사이에는 연속적인 경로가 아니라 반대로 분리가 존재함을 의미한다. 그렇다면 다시 문제가 되는 것은 자연의 통일성이라는 합리적 요청 아닌가?

처음 보기에는 무한한 본질들과 유한한 실존들 사이에 분리가 이루어지는 것 같다. 이 구분은 『지성교정론』의 말미에 나타난다. 스피노자는 여기에서 자연의 질서 안에서 "변화하는 독특한 사물들의 계열"과 "고정되고 영원한 사물들의 계열"을 구분한다(100절). 첫번째 계열은 이를 합성하는 상황들의 무한한 다양성 때문에 인간의 인식에서 벗어난다. 목적론의 옹호자들과, 사물들을 그 내재적 필연성 속에서 있는 그대로 보려고 하는 사람들을 대립시키고 있는 『윤리학』 1부 '부록'의 허구적인 대화를 떠올려 보자. 어떤 사람이 지붕에서 머리 위로 떨어진 돌에 맞아 죽었다. 왜 돌이 떨어졌을까? 그가 지나가는 순간에 바람이 불었기 때문이다. 왜 바람이 이 순간에 불었을까? 어젯밤부터 파도가 일렁이면서 바람이 일기 시작했기 때문이고, 나아가 이 사람이 친구들의 초대를 받았기 때문이며 **기타 등등**et caetera이기 때문이다. 보다시피 여기에서 1부 정리 28에 따르면 모든 유한한 규정들을 연쇄시키는 무한한 퇴행이 다시 출현한다. 정의상 이 연쇄는 한 번의 인식 안에서 완결될 수 없다. 바로 이 때문에, 혼란된 인식에 빠진 사람들은 이것이 [목적론의 필연성을 입증하는] 논거나 되는 양 사로잡히고, 여기에서 이 모든 사건들의 연속에 의미를 부여하는 숨겨진 의도를 발견하는 것이다. 이 의미는 엄격하게 인과적인 어떤 규정으로도 환원될 수 없는 것으로, 인과적인 규정의 연속을 완결시키는 대신 목적인들의 개입을 요구한다. 상상은 유한한 규정들의 열거의 마지막에 이 목적들을 투사하고, 이처럼 규정들을 총체화함으로써 관념적으로 이를 종결시킨다. 유한자로부터 무한자를 구축하는 것을 금지하는 현행적 무한성이라는 스피노자의 개념이 제거하는 것이 바로 이 관점이다.

무한 퇴행이라는 이 열려 있는 자리, 무지의 진정한 도피처인 이 **기타 등등**et caetera에 자리 잡고 있는 상상의 환상들에 여지를 주지 않으려면, 정의상 도달할 수 없는, 독특한 사물들에 대한 완결된 인식, 곧 이것들의 전체 연쇄에 대한 완결된 인식이라는 야심을 포기해야 한다. 무한자는 유한자로부터는 포착될 수 없다. 또는 이 경우에는 무한자가 순전한 가능태, 곧 형식적 허구가 됨으로써 자신의 내생적 필연성을 상실하게 된다. 따라서 "독특한 사물들의 실존과 질서를 주재하는", "고정되고 영원한" 사물들 및 이것들의 법칙들에 한정해야 한다.[219] 이 법칙들에서 출발하게 되면 독특한 사물들은 인식 가능하며, 적어도 상상적 목적들로부터 이것들을 해석하려는 시도와 거리를 둘 수 있을 정도로는 충분히 인식할 수 있다.

---

219) 『지성교정론』 101절.

그 다음에 우리는 이 고정되고 영원한 사물들이 무엇인지 묻게 된다. 스피노자는 이것들이 그 독특성에도 불구하고 일종의 보편자들이라고 말한다. 교정할 수 없는 오류에 빠지지 않도록, 비록 유한 양태들이 필연적 연쇄에 의해 서로 무한하게 규정되기는 하지만 이 양태들에서 출발해서는 그것들을 연쇄시키는 물리적 자연의 집합을 파악하는 것이 불가능하다는 점을 당분간 유념해 두자. 반대로 유한자들의 질서를 인식 가능하게 해주는 본질적 규정들——아마도 무한 양태들일——에서 출발하여 이 질서를 인식하고 제어하려고 해야 한다. 이는 상상이 하는 것처럼 유한자에서 무한자로 진행하는 것은 불가능하며, 반대로 실재적인 인과질서를 따라 무한자에서 유한자로 나아가야 함을 의미한다. 이러한 요구는 우리가 앞서 무한한 사물들과 유한한 사물들 사이에 존재하는 것으로 인정했던 분리와 양립할 수 있을까?

그렇다면 스피노자는 어떻게 『윤리학』 2부 정리 13의 보조정리에 대한 주석에서처럼, 물리적 자연 집합을 구성하는 물체들에서 출발하여 무한한 진행 과정 마지막에서, 전체로서 고려된 물리적 자연을 제시할 수 있는가? 이 텍스트의 의미를 이해하기 위해서는 스피노자가 인간 신체의 본성 및 합성에 관한 지침을 이끌어 내기 위해 이 정리에 첨부하는 자연학 소론[220]을 처음부터 재고찰해야 한다. 처음에 운동 법칙들은 **가장 단순한 물체들**entia simplicissima이라는, 우리가 뒤에서 다시 살펴보게 될 개념에 적용된다. 그 다음 같은 법칙들은 합성 물체, 곧 물체들의 연합에 의해 형성되는 개체들에 적용된다. 이 경우 이 법칙들은 복합적인 것이어야 한다. 마지막으로 우리가 주해하고 있는 주석에서 스피노자는 이를 마지막까지, 곧 물체들의 연합

---

[220] 스피노자는 당대의 많은 철학자들과는 달리 자연학, 곧 자연철학에 관한 체계적인 저술을 남기지 않았다. 그 대신 스피노자는 『데카르트의 『철학원리』』(1663)에서 데카르트 자연철학을 해설하면서 간접적으로 자신의 관점을 제시한 바 있다. 또한 『윤리학』에서는 2부 정리 13 이하에서 자연학에 관한 매우 압축적인 논의를 제시해 주고 있다. 그 외에 몇몇 서신들에서 자연학에 관한 스피노자의 관점을 엿볼 수 있다.—옮긴이

에 의해 구성되고 항상적인 법칙들에 의해 규정되는, 집합적으로 고려된 물리적 자연으로까지 확장시킨다. 전체로서의 물리적 자연은 **신의 놀라운 합작**, 곧 필연성을 증명할 수 없는 어떤 기적에 의해서만 이 법칙들과 분리될 수 있다. 이처럼 서술된 자연의 표상은 극한으로의 이행을 통해 얻어진다.

……그리하여 이처럼 무한하게 계속 나아가면 우리는 자연 전체가 단 하나의 개체이며 그 부분들, 곧 모든 물체는 전체 개체에는 아무런 변화도 일으키지 않고 무한한 방식으로 modis infinitis 변이된다는 것을 쉽게 인식할 수 있다.[221]

스피노자가 여기서 말하려고 하는 것은, 물리적 자연은 소진될 수 없는 가변적 규정들을 포함하면서도 목적성과 같은 일체의 기이한 외적 개입을 배제하는 항상적 법칙들에 종속된다는 의미에서 동일한 형식을 보존한다는 점이다. 그가 슐러에게 보내는 64번째 편지에서 지시하고 있는 것도 우주 전체의 모습이라는 이 보편적 규정이다.

그런데 많은 주석가들은 이 구절에서 스피노자 체계에 대한 생기론적, 유기체론적 해석을 위한 증거를 찾으려 애써 왔다. 게루 자신도 바로 이에 관해 "아리스토텔레스 없는 아리스토텔레스주의"를 언급하고 있다. 스피노자 텍스트의 이 부분에 실질적인 난점이 있다는 점은 인정할 수밖에 없다. 첫번째 경우에는 스피노자가 매개적 무한 양태에 대해 발생적 정의를 부여[곧 무한한 원인에서 연역]했기 때문에, 유한 양태들에서 출발해 이것들을 총체화함으로써 매개적 무한 양태를 합성할 가능성은 배제되었다. 하지만 여기서 이 동일한 매개적 무한 양태가 무한한 진행 과정/무한 급수——이는

---

221) 『윤리학』 2부 정리 13 보조정리 7의 주석. ─옮긴이

개체적인 동시에 총체적인 어떤 통일체 안으로 독특한 사물들을 통합시킨다——의 마지막에 나타나는 한, 이러한 [발생적 정의의] 요구는 전도되는 것처럼 보인다. 이 전도의 실정적 효과는 분명하다. 하나는 무한자에서 출발하고 다른 하나는 유한자에서 출발하는 두 개의 상반된 운동의 조우 지점에 놓여 있는 한에서 매개적 무한 양태는 정확히 이 운동들의 접합의 특권적 장소가 되는 것이다. 하지만 반대로 부정적인 효과들도 생겨난다. 이러한 조화가 실현됨과 동시에 모든 목적론적 가상을 배척하는 보편적 결정론의 원칙은, 소멸되어 버리지는 않을지 몰라도 적어도 그 적용 과정에서 대폭적으로 완화된다. 이렇게 되면 하나의 개체로 간주된 **자연**Nature 속에서 실현되는 전체의 내적 논리라는 관념과 함께, 어떤 초월자에 대한 의지를 가정하고 있는 목적성의 관념보다 훨씬 더 위험한, 전체의 내재적 목적성이라는 관념이 다시 출현한다.

　　보조정리 7의 주석을 다시 살펴보자.[222] 개체들이 아닌 가장 단순한 물체들(왜냐하면 그는 모든 입자론 철학을 거부하기 때문이다)로부터 복합 물체들로, 그 다음 극한적으로는 모든 물체들의 집합으로 간주되고 그 자체가 하나의 **전체**Tout로 파악된 전체 자연으로 이행함으로써 스피노자는 어떤 총체를 실재적으로 합성하고 있는 원소들에서 출발하여 전진적인 전개 과정에 따라 이 총체를 구축한다는 인상을 준다. 하지만 이러한 인상은 기만적인 것이다. 이 구축은 분명히 불가능하기 때문이다. 이러한 외관상의 구축 운동은 정리 28이 제시하고 있는 유한 양태들의 연쇄를 끝까지 추구하고 있다. 이 정리 마지막의 "이처럼 무한하게 나아간다"는 구절에 실재적인 내용을 부여하고 있는 것이 바로 이러한 구축이다. 하지만 사실 이러한 완성은 유한 양태들 자체의 수준에서는 불가능하다. 우리가 보여 준 것처럼 유한자에서 무

---

222) 『윤리학』 2부 정리 13.

무한 양태들 **251**

한자로 나아가는 것은 불가능하기 때문이다.

이것이 전부가 아니다. 이러한 진행 과정/급수는 완성될 수 없을 뿐만 아니라 실제로는 결코 시작할 수도 없다. 이러한 결과는 자연학 소론[223]에서 자연의 공통의 질서가 그로부터 합리화되는 이 **가장 단순한 물체들**의 매우 특수한 성격에서 생겨난다.[224] 왜냐하면 이 가장 단순한 물체들은 물리적 자연 또는 연장에 대한 분석이 귀착하는 시원적인 물질적 요소들이 아니기 때문이다. 스피노자는 절대적으로 단순한 물체들이나 연장의 분할될 수 없는 부분들로서의 원자들을 거부한다. "물체적 실체가 [유한 양태들로서의] 물체들이나 부분들로 합성된다고 가정하는 것은 물체가 면들로 합성되고, 면들은 선들로 합성되며, 마지막으로 선들은 점들로 합성된다고 가정하는 것만큼이나 부조리하기" 때문이다.[225] 유한자로부터 무한자를 구축하는 것, [유한자들의] 무한한 진행 운동에 따라 무한자를 산출하는 것은 불가능하다는 동일한 추론을 여기서 재발견하게 된다.

따라서 자연은 합성된 물체들, 또는 다르게 말하면 개체들만을 포함할 뿐이다. 모든 유한 양태는 무한한 원인들의 연쇄에 의해서 규정되기 때문이다. 이는 모든 유한한 규정이 자신의 내재적 원인——이는 실체 자체

---

223) 『윤리학』 2부 정리 13 이하.
224) 여기서 스피노자가 말하고 있는 자연의 공통의 질서ordre commun de la nature/ordo communis naturae는 앞에서 논의되었던 '이유들의 순서'나 '사물의 질서와 연관'에서 말하는 순서/질서와 구분되는 또 다른 개념이다. 스피노자는 『윤리학』에서 두 종류의 질서를 구분하고 있는데, 하나는 지성이 파악하는 자연의 질서로서, "관념들의 질서와 연관은 사물들의 질서와 연관과 같다"(2부 정리 7)라는 명제가 표현하고 있는 것이 바로 이것이다. 다른 하나는 바로 자연의 공통의 질서인데, 이는 자연의 실재적 관계에 기초하고 있는 게 아니라, 우리의 정서들 및 상상에 따라 형성되는 질서다. "인간 정신이 사물들을 자연의 공통의 질서로부터 지각할 때마다, 인간 정신은 자기 자신이나 자신의 신체, 그리고 외부 물체에 대해 적합한 인식을 갖지 못하며, 혼란스럽고 단편적인 인식만 갖게 된다"(2부 정리 29의 따름정리). 현재의 맥락에서 자연의 공통의 질서라는 개념은 '가장 단순한 물체들'을 일종의 원자로 간주하여, 이것들을 합성함으로써 자연의 질서를 구축하려는 상상적 관점을 가리키고 있다.—옮긴이
225) 『윤리학』 1부 정리 15의 주석.

다——의 무한한 역량에 의해 무한한 동시에 자신의 타동적 원인들의 무한한 다양성에 의해서도 무한하다는 것을 의미한다. 예컨대 "우리는 어떤 물체가 많은 방식으로 변용되는 것을 느낀다"는 『윤리학』 2부 공리 4가 표현하는 것이 이 점인데, 이는 3부 정리 51의 증명 중에 삽입되어 있다. "인간 신체는 아주 많은 방식으로 외부 물체들에 의해 변용된다." 그런데 인간 신체는 이러한 특성을 모든 **물체들** 및 극한적으로는 모든 **사물들**과 공유하고 있다. 따라서 스피노자의 논의에서 유한성의 형식에 따라 실존하는 모든 것을 가리키는 **어떤 규정된 관계에 따라**certa et determinata ratione라는 정식은 요소적이고 유일한, 그리고 그 자체로 분리될 수 있는 규정이라는 관념이 아니라, 자기 안에 무한하게 많은 규정들을 포함하고 있는 복합적 규정이라는 관념에 준거하고 있다.

만약 **자연**Nature 안에 다른 어떤 것과도 교류하지 않는 한 사물이 존재하고 [이 사물의] 형상적 본질과 전적으로 합치하는 표상적 본질이 존재한다면, 이 표상적 본질은 다른 어떤 관념들과도 교류하지 않을 것이다. 곧 우리는 이로부터 어떤 결론도 이끌어 낼 수 없을 것이다. 반대로 **자연**Nature 안에 실존하는 다른 모든 것들처럼, 다른 것들과 교류하는 사물들은 파악될 것이며, 이것들의 표상적 본질들 역시 이와 유사한 교류를 할 것이다. 다시 말해서 우리는 이로부터, [앞의 표상적 본질들/관념들과] 마찬가지로 다른 것들과 교류하고 있는 다른 관념들을 연역할 수 있을 것이다.[226]

모든 **사물들**의 연쇄와 마찬가지로 관념들의 연쇄 역시 종결될 수 없다. 우리가 앞서 보여 준 것처럼 스피노자에게는 최초의 또는 최후의 관념들이

---

226) 『지성교정론』 41절.

란 존재하지 않고, 항상-이미 관념들이 존재하며, 항상-여전히 관념들이 존재할 것이다. 이 관념들은 이것들을 끝없이 연쇄시켜 주는, 그리고 이것들이 결코 그 자체로 충족될 수 없게 만드는 원인들의 무한한 질서 안에 들어 있다. 적합한 관념은 고립된 요소적 직관 속에서 제시될 수 있는 단순 관념, 지적 원자가 아니다. 유한한 이성은 자신 안에서 활동하는 무한성에 의해서만 인식할 뿐이며, 이리하여 그것은 절대적으로, 아무런 형식적 한계도 없이 인식하게 된다. 자신들의 고유한 본질에 따라 자신들 **스스로/안에서**en elles-mêmes 실존하는, 하지만 마치 자신들의 실존을 자신들의 본질로부터 연역할 수 있는 것처럼 자신들**에 의해서**par elles-même 실존하지는 않는 모든 유한한 사물들에 대해서도 이와 같이 말할 수 있다.

이 때문에, 놀랍게 보일 수도 있겠지만, 실재적인 모든 것이 분리된 요소들로 환원될 수 없는 한, **가장 단순한 물체들**은 실재적으로 단순한 물체들이 아니라고 말해야 한다. 곧 복합적 사물들만이 실존하는 것이다. 스피노자가 제시한 정의에 따르면 가장 단순한 물체들은 "운동과 정지, 빠름과 느림에 의해서만 다른 것들로부터 구분될 뿐"[227]이다. 곧 이것들은 다른 측면들은 모두 배제한 가운데 오직 이 측면에서만 고찰될 수 있는 물체들이다. 따라서 가장 단순한 물체들이란 추상들, 사고상의 존재들로서 실재에 대한 논의를 구축할 수 있게 해주지만, 어떤 형식에 따라 실재 안에서 독립적으로 실존하는 것은 아니다. 이런 의미에서 게루가 가장 단순한 물체들에 대한 추상적인 자연학과, 현실적으로 실존하는 개체들을 대상으로 삼는 복합적 물체들의 구체적인 자연학을 구분하는 것은 일리가 있는 것이다.[228] 이렇게 되면 우리가 이미 제시했던 『지성교정론』의 지적이 그 의미를 온전히 찾게 된다. 이 지

---

227) 『윤리학』 2부 정리 13 보조정리 3의 공리 2.
228) 게루, 『스피노자 2권. 정신』 p.156.

적에 따르면 독특한 사물들에 대한 인식은 고정되고 영원한 사물들에 대한 인식에 의존한다.

또한 이 고정되고 영원한 사물들은 독특함에도 불구하고 도처에 편재하기 때문에, 그리고 아주 큰 역량을 지니고 있기 때문에 우리에게 일종의 보편자들이 된다. 곧 독특하고 변화하는[229] 사물들의 정의를 위한 유類들로서, 그리고 모든 사물들의 근접인들로서 존재하는 것이다(101절).

가장 단순한 물체들은 자연 안에 **실존하지는** 않지만, 자연의 **본질적** 특성들을 고정시켜 준다는 점에서 자연에 대한 인식을 가능케 해준다. 이것들은 자연의 복합적 실재가 재구성될 수 있게 해주는 요소 규정들이 아니며, 실재적인 것 안에 구현되어 있으면서 실재적인 것에서 가지성可知性의 모델을 부과해 주는 이상적 형식들도 아니다. 오히려 이것들은 자연의 소진될 수 없는 다양한 형식들 안에 존재하는 영원한 것을 파악할 수 있게 해주는, 무한한 역량을 지닌 보편적 유들로서 자연 안에 존재한다.

따라서 타동적 원인들의 연쇄, 사물의 질서와 연관ordo et connexio rerum은 어떤 형식이나 원리로도 환원될 수 없다. 이 연쇄는 종결 불가능한 한에서 총체적으로 규정되어 있기 때문에, 이는 유한자 안에서, 곧 시작도 끝도 없는 계열 속에서 무한자의 실현이며, 총체화될 수 없는 총체성, 자신의 요소들로부터 파악될 수 없으며 자신의 포괄적 형식으로부터 연역될 수도 없는 집합이다.

---

[229] 이 책에서 마슈레는 『지성교정론』의 이 구절을 '독특하고 변화하는' 대신 '고정되고 변화하는'이라는 뜻을 지니는 'fixes et changeantes'로 옮기고 있는데, 이는 착오다. 『지성교정론』에서의 해당 원문은 singularium mutabilium(G 2권 p.37의 8번째 줄; Rousset[1992] pp.120~121)이다.—옮긴이

이 때문에 물리적 자연을 하나의 **개체**Individu 또는 하나의 **전체**Tout[230]로 표상하는 것은 아주 제한된 의미를 가질 수밖에 없다. 이 표상은 그 자체로 하나의 추상이다. 곧 이 표상이 고려하는 것은 자연이 절대로 그로부터 이탈할 수 없는 항상적 법칙들에 의해 절대적으로 규정되는 한에서의 자연의 통일성이다. 하지만 **가장 단순한 물체들**──[개체나 전체로서의] 자연의 표상은 말하자면 거울에 비친 이것의 이미지다──이라는 통념의 경우와 마찬가지로, 자연이라는 통념 역시 현실적으로 실존하는 독특한 어떤 실재 안으로 구현시키지 않도록 주의해야 한다. 자연이 한편으로는 유일하고, 다른 한편으로는 항상적 원리들에 종속되어 있는 규정들의 전체이기는 하지만, 그렇다 하더라도 자연은 그 자체로 볼 때 **하나의 전체**Tout는 아니다.

스피노자가 "**자연**Nature 전체가 단 하나의 개체이며 그 부분들, 곧 모든 물체는 전체 개체에는 아무런 변화도 일으키지 않고 무한한 방식으로modis infinitis 변이된다"[231]고 쓸 때, 그는 결코 자연이 플라톤의 형상들처럼 정지되고 불변적이고 부동적인 형식으로서 자기 자신과 동일한 것으로 보존됨을 의미하는 것이 아니다. 만약 그렇다면 이 경우에는 자연의 무한성이 의문스러워지기 때문이다. 이와는 반대로 그는 에피쿠로스가 「헤로도투스에게」Letter à Hérodote를 쓸 때 그랬던 것처럼 이러한 관점에서 거리를 둔다. "그리하여 전체to pan는 항상 동일한 것이었으며, 지금도 그렇고 앞으로도 항상 그럴 것이다. 왜냐하면 전체 바깥에는 이 전체로 틈입하여 이를 변화시킬 수 있는 어떤 것도 존재하지 않으므로, 전체가 변화될 수 있는 어떤 방법도 없

---

230) 마슈레는 여기에서 소문자 전체tout와 대문자 전체Tout를 구분해서 표현하고 있다. 소문자 전체는 **무한성과 양립 가능한**, 존재하는 것들의 전체 집합을 의미하는 반면, 대문자 전체는 기본 요소들이나 궁극적 형식에 의해 경계 또는 울타리clôture가 한정되어 있고, 따라서 무한성과 양립 불가능한 **총체**totalité라는 의미의 전체이다. 마슈레는 뒤에서 '총체'라는 표현을 사용하고 있으나 이는 역설적인 의미, 곧 스피노자식의 관점에서 인정될 수 있는 총체는 **무한한 총체**라는 의미를 강조하기 위한 것으로 볼 수 있다.─옮긴이

231) 『윤리학』 2부 정리 13 보조정리 7의 주석.

기 때문이다"(39절).[232] 자연을 구성하는 이 **전체**는 그 바깥에서는 어떤 것도 사유될 수 없는 실존하는 것 전체의 집합이다. 따라서 자신의 고유한 연쇄 이외의 다른 어떤 것으로도 환원될 수 없는 한에서 이 전체는 그 자체로 변동 불가능하며 완전히 자기 충족적이고, 그 자체만으로 자신의 실재성에 속하는 모든 것을 정의한다는 것을 우리는 이해할 수 있게 된다. 하지만 배타적이고 무제한적인 어떤 집합의 총체인 이러한 **총체**는 스토아 학파의 **우주** Univers처럼 유일하고 통합되어 있는 어떤 **존재자**Etre의 구성으로 수렴하는 질서 잡힌 규정들의 체계로 환원되지 않는다. 들뢰즈가 에피쿠로스주의에 관해 정식화한 분석은 스피노자에게도 적용될 수 있다.

> 다양한 것의 생산으로서의 **자연**Nature은 무한한 합, 곧 자신의 고유한 요소들을 총체화하지 않는 합일 수밖에 없다. **자연**의 모든 요소를 포괄할 수 있는 조합, 유일한 세계나 총체적 우주라는 것은 존재하지 않는다. 퓌지스 Phusis는 **일자**Un나 **존재**Etre 또는 **전체**Tout의 한 규정이 아니다. **자연**은 집합적인 것이 아니라 배분적이다. 자연의 법칙들은 **총체화되지 않는** 부분들을 배분한다.[233]

단 이 연결이 의미 있는 것이 되려면 다음과 같은 점을 엄밀히 해둘 필요가 있다. 스피노자는 **자연**Nature의 모든 요소들을 그 내포적 무한성 속에서 한꺼번에 포착하거나 파악할 가능성을 전혀 배제하지 않는다. [들뢰즈의 생각과는] 반대로 바로 이러한 가능성에 영원의 관점 또는 세번째 유형의 인

---

232) 시릴 베일리Cyril Bailey 편, 『에피쿠로스: 남아 있는 단편집』 *Epicurus: The Extant Remains*, 히페리온 출판사Hyperion Press, 1979, pp.20~21; 국역본 『쾌락』, 오유석 옮김, 문학과 지성사, 1998, p.54.—옮긴이
233) 질 들뢰즈, 『의미의 논리』 *Logique du sens*, 미뉘, 1969, p.308; 국역본 『의미의 논리』, 이정우 옮김, 한길사, 1999, p.204.

식의 관점이 놓여 있기 때문이다. 그가 배제하는 것은 이러한 인식이 일종의 유한자의 수열의 내적 논리로부터 출발하여 유한자를 총체화하는 수렴적 급수의 법칙에 따라, 하나의 조합에 따라 실현될 수 있으리라는 생각이다. 에피쿠로스주의가 스토아주의와 대립하는 것처럼 스피노자는 라이프니츠와 대립한다.

따라서 **자연**Nature은 항상 같다même고 말하는 것은 **자연**을 하나의 총체로 구성하는 어떤 형식적 원리로부터 출발하여 **자연**이 질서지어질 수 있음을 의미하는 것이 아니라, 목적성이라는 편견을 재도입할 수 있는 일체의 외적 개입을 배제한 가운데 **자연**이 자신의 고유한 규정들의 연쇄에 따라 완전하게 설명됨을 의미한다. 『윤리학』 3부 「서문」에서 스피노자는 동일한 관념을 다시 제시한다.

> **자연**Nature 중에는 **자연**의 악덕에 그 이유가 돌려질 수 있는 어떤 일도 일어나지 않는다. 왜냐하면 **자연**은 항상 같고, 어느 곳에서든 그 힘/미덕vertu과 활동 역량은 동일한 하나의 것이기 때문이다. **이는 다음과 같은 것을 의미한다**hoc est. 모든 사물이 그에 따라 생겨나고 한 형태에서 다른 형태로 이행하는 **자연**의 법칙들과 규칙들은 어디서든 똑같으며, 따라서 어떤 사물들이든 간에 사물들의 본성을 이해하는 오직 한 가지 동일한 방식ratio, 곧 **자연**의 보편적 규칙들에 따른 방식만이 있을 뿐이다.

스피노자는 여기서 기만적인 자들을 비판하고 있다. 이 자들은 개인을, 자신의 특출한 활동과 주도적인 선택에 따라 자연적 필연성을 ― 개선이든 타락이든 간에 ― 변경시킬 수 있는 자유로운 주체로 만듦으로써 인간의 자연[본성]을 **자연**Nature의 공통 질서 바깥에 위치시키려는 자들이며, 인간을 **국가 속의 국가로** 인식하려는 자들이다. "인간의 활동 및 신체의 욕구들

appétits을 선이나 면, 물체에 관한 문제처럼 고찰"(「서문」)하려고 하는 스피노자에게 인간 주체를 자연의 질서로부터 벗어나게 하거나 그 질서를 침해하게 만드는, 인간 주체에 고유한 종별성이란 존재하지 않는다.

하지만 여기서 좀더 나아가야 한다. 곧 자연에게 자신의 고유한 의도의 형식을 부과하기 위해 자연에 맞서 스스로를 정립할 수 있는 주체란 그 어떤 것이든 존재하지 않는다. 『윤리학』 1부의 중요한 한 정리에 따르면, "모든 사물의 타동적 원인이 아니라 내재적 원인"(정리 18)인 신은 자연이라는 실재에 대해 외재적 행위자로서, 곧 이 실재를 자신의 견해 및 목적들에 종속시키는 행위자로서 관여하지 않는다. 신은 엄격하게 인과적인 활동에 따라 자신의 모든 변용들을 통하여 자신의 본질의 필연성을 표현하며, 그 표현 방식은 이 본질에 분명하게 일치하고 이 본질을 제한할 수도 훼손할 수도 없게끔 완전히 규정되어 있다. 기적은 그것을 믿기를 원하는——이는 이 사람들의 신체가 이들로 하여금 그렇게 믿도록 만들기 때문이다——사람들, 그리고 이러한 가상에서 자유의 약속을 발견하는 사람들의 혼란스러운 정신에만 존재할 뿐이다.

> 이들은 자연이 통상적인 질서에 따라 활동하는 한 신은 활동하지 못하며, 자연의 역량 및 자연의 원인들은 신이 활동할 때 비활동적이라고 생각한다. …… 이는 우리가 사물들의 자연적 원인들을 중지시키고 자연의 질서에 외적인 원인들을 상상하는 한에서만, 신을 숭배하고 모든 것을 그의 권력imperium 및 의지에 귀속시킬 이유가 존재하기 때문이다. 그리고 우리가 어떤 식으로든 자연의 역량은 신에 종속된다고 상상할 때보다 신의 권능 puissance/potentiam[234]이 더 외경심을 자아내는 순간은 없다.[235]

---

234) 이 경우에는 문맥상 potentiam의 역어로 '역량'보다 '권능'이 더 적합하다.—옮긴이

하지만 데카르트가 신을 왕국의 국왕처럼 자연 안에 위치시킴으로써 우리를 부추기듯이, 신의 권능을 외경하고 그를 숭배하면서 복종하는 것이 문제는 아니다. 문제는 이러한 권능puissance을 인식하는 것, 곧 그 내적인 법칙들을 파악하는 것이며, 이는 현자가 바랄 수 있는 유일한 자유의 형태인 신의 지적 사랑으로 인도해 준다.

이 때문에 자연의 인과연쇄의 필연성에 따라 자연을 설명하는 것은 자연을 주체의 주도권 아래 종속시키기를 포기한다는 것을 전제한다. 그 주체가 어떤 것이든 간에, 그리고 이 주체가 자연에게 하나의 **전체**Tout라는 확정적인 형태를 부과하면서도, 자연 자체 안으로 통합될 수 있다 하더라도 말이다. 이 문제를 다시 다루게 되겠지만, 우리는 일단 내적 목적성의 가상들은 외적 목적성의 가상들 못지않게 위험하다는 점을 지적할 수 있다. 게다가 이것들은 사실은 동일한 가상들로서, [내적 목적론이란] 독립적인 어떤 주체의 가상적 외재성이 자신의 목적들을 스스로에게 제시하는 어떤 형식의 내재적 정돈 상태로 투사되고 집중되는 것에 불과하다.

그리고 사물들의 본성을 파악하지 못하는 사람들은 사물들에 대해 아무것도 긍정하지 못하고 상상할 뿐이며 상상을 지성으로 착각하기 때문에, 사물들의 본성 및 특성에 대해 무지하여 사물들 안에는 질서가 존재한다고 열렬히 믿게 된다. 사실 사물들이 감각들로 표상되어 우리가 사물들을 쉽게 상상할 수 있도록 배열되어 있을 때, 우리는 사물들이 잘 정돈되어 있다고 말한다. 반대의 경우라면 우리는 사물들이 제대로 정돈되어 있지 않거나 혼란스럽다고 말할 것이다. 그리고 우리가 쉽게 상상할 수 있는 사물들

---

235) 『신학정치론』 6장[포케 아케르만Fokke Akkerman의 편집본(1999) pp.238~241을 참조해 번역했다.—옮긴이].

은 다른 것들보다 우리를 더 기쁘게 하는 것이기 때문에, 사람들은 마치 질서가 상상 바깥의 자연 속에 존재하는 어떤 사물인 것처럼 혼란보다는 질서를 선호하게 된다.[236]

자연 자체 안에는 질서도 무질서도 존재하지 않는다. 이 통념들은 자연의 본질에는 부적합한 것들이다.

따라서 우리는 자연의 통일성이라는 관념이 의미하는 것과 배제하는 것을 알게 된다. 우선 이 관념은 자연의 유일성을 가리킨다. 이것은 모든 속성들 안에서 동일한 인과연쇄에 따라 자신의 유_類에 속하는 모든 것을 아무런 제한 없이 포괄한다. 동시에 이는 자연에 대해서sur가 아니라 자신의 본질의 내재적 필연성에 따라 자연 안에서dans 행동하는 신의 역량을 가리킨다. 마지막으로 이는 내적인 통일성이나 자연의 **질서**라는 표상을 배제한다. 이 표상은 단지 추론의 편의에 따라 만들어진 것에 불과하지만, [만약 우리가 이것을 실재적인 것으로 간주할 경우] 자연을 허구적으로 제한함으로써 자연의 실재적 무한성을 파악할 수 없게 만든다.

따라서 무한자와 유한자의 절대적 동일성이라는 결론을 내려야 한다. 무한자와 유한자는 그 사이에 대응이나 종속 관계만 확립될 수 있는 두 개의 독립적 질서가 아니다. 이 둘을 분리시키는 상상의 추상적 관점이 아닌 다음에야 다른 것 없이는 나머지 하나는 아무것도 아니며, 이것들은 각자의 바깥에서는 아무것도 아닌 것들이다. 규정 개념에 대한 헤겔식 해석은 마치 변용들은 실체의 불변적 본질에 비한다면 작위적인 실존자들에 불과하다는 듯 실체와 변용들을 분리시키는 경향이 있다. 그러한 해석은 유지될 수 없다.

---

236) 『윤리학』 1부 부록.

대립이 아닌 차이
Non opposita sed diversa

철학에서 스피노자의 매우 특별한 위치는 **논리**의 전통적인 형식들에 대한 그의 거리두기 또는 이 형식들의 실추에서 잘 표현된다. 이처럼 그는 자신의 체계에서 모순율을 기묘하게 사용하고 있다. 그렇다면 이 변형은 모순율에 반대하여 다듬어진 헤겔식 논리의 방향으로 나아가는가? 이 질문에 답변하는 것은 쉬운 일이 아니다. 헤겔 철학에서 **논리는** 논리가 지닌 모든 함의를 전개시키는 이론의 대상을 이루는 데 비해, 스피노자에서 **논리**라는 용어는 관여적이기는 하나 암묵적인 것으로 남아 있다. 다시 말해 이는 이 논리의 유일하게 가시적인 형태를 이루는 개별 논증들과 분리할 수 없게 뒤섞여서 현행적으로 실존하고 있을 뿐이다. 그렇지만 적어도 몇 가지 결과들에 나타난 이 논리의 특징을 살펴보기로 하자.

이를 위해 우리는 데카르트를 들렀다 갈 생각인데, 이는 데카르트가 매우 시사적인 비교의 항을 제공해 주기 때문이다. 여기서 문제가 되는 것은 레기우스Henricus Regius와의 서신 교환 및 논쟁인데, 이로부터 주석가들이 자주 스피노자에게 적용하는 잘 알려진 주제, **대립이 아닌 차이**diversa sed non opposita라는 주제가 생겨났다. 레기우스는 1638년 이래 위트레흐트대학에서 데카르트의 생리학 원리들에 기초한 매우 논쟁적인 강의를 한 의사였다는 점을 기억해 두자. 그가 이 원리들 자체에서 일탈하여 이것들을 일방적이고 역설적인 방식으로 해석했다는 점이 곧 드러났다. 이 때문에 데카르트는 자신의 학설을 이 월권적인 제자의 테제들과 구분하기 위해 적극적으로 노력했다. 레기우스가 범한 오류는, 데카르트가 받아들일 수 없는 경솔한 정식들을 개진하면서 조심성 없이 미묘하고 위험하며 복합적인 형이상학의 문제들에 개입했다는 데 있다.

1645년 7월에 보낸 한 편지에서 데카르트는 레기우스가 범한 오류들을 제시하고 있다.

> 전에는 선생은 영혼을 신체와 구분되는 실체로 간주하면서 인간은 우유적 존재être par accident라고 썼습니다. 이제 선생은 반대로 영혼과 신체가 같은 인간 안에서 긴밀하게 연합되어 있다고 간주하면서 영혼이 신체의 한 양태에 불과하다고 말하고 싶어 하는데, 이는 앞의 것보다 더 중대한 오류입니다.[237]

레기우스의 경솔함을 그냥 보아 넘기기 어려운 이유는 이것이 데카르트 학설의 특수한 한 난점, 곧 영혼과 신체의 연합에 관한 이론과 직결되어 있기 때문이다. 엘리자베스 공주와의 서신 교환에서 데카르트는 사유하는 실체와 연장되는 실체의 구분에 준거하는 영혼과 신체 사이의 [실재적] 구분을 긍정하는 동시에 인간 본성 안에서 양자의 실체적 연합을 긍정하는 이 이론의 모순적 성격을 스스로 시인하고 있다.

> 제가 보기에는 인간 정신은 영혼과 신체 사이의 구분과 양자의 연합을 동

---

[237] 알퀴에판 3권 p.538; AT판 4권 p.250.

시에 판명하게 인식할 수 없을 것 같습니다. 이러기 위해서는 이것들을 하나인 것으로 인식하면서 동시에 둘인 것으로도 인식해야 하는데, 이는 모순이기 때문입니다.[238]

레기우스가 차례로 공표한 학설들은 이런 모순에서 벗어나려는 욕망으로 설명될 수 있을 듯하다. 이 학설들은 각각의 경우 단 하나의 항만을 보존함으로써 모순을 해소하려 하고 있다. 곧 처음에 레기우스는 영혼과 신체의 구분을 주장하고, 이 바탕 위에서 인간 본성을 우유적이고 복합적인 것으로 특징짓는다. 인간 본성이 두 가지 구분되는 본성의 중첩에 놓여 있기 때문이다. 그러나 레기우스는 펠라기우스주의[239]로 의심받을 수도 있는 이 이단적 관점을 철회하라는 데카르트의 경고를 받는다. 그래서 레기우스는 이번에는 영혼에 신체의 본성과 구분되는 본성을 부여하는 것을 거부하면서 ── 영혼은 신체의 한 변양에 불과하다 ── 앞의 것과 반대의 학설을 채택한다. 이렇게 해서 그는 오류에 빠졌다. 이 오류는 유물론을 공표하는 데까지 나아가기 때문에 데카르트에게는 앞의 오류보다 훨씬 심각한 것으로 여겨졌다.

이 논쟁에서 우리의 흥미를 끄는 것은, 이를테면 실천적 상태로 존재하는[240] 모순의 문제를 개입시키고 있다는 점이다. 이 논쟁은 모순의 문제를 아주 특수한 방식으로 조명해 준다. 이 문제는 데카르트가 레기우스와 주고받은 서신에서 곧바로 나타난다.

---

238) 엘리자베스 공주에게 보내는 1643년 6월 28일자 편지, 알퀴에판 3권 p.46; AT판 3권 p.693.
239) Pélagianisme. 펠라기우스Pelagius는 브리타니아(오늘날의 영국) 출신의 수도사·신학자로, 사람은 스스로의 의지로 자유로이 선악을 행할 수 있고 신의 은총이란 외적인 것에 불과하기 때문에 인간의 조상 아담의 죄는 완전히 개인적인 것이라고 주장하며 원죄설을 부인했다. 이에 따라 아우구스티누스 등으로부터 격렬한 비판을 받았고 안티오키아·에페소스 종교회의에서 이단으로 선고받았다. ─ 옮긴이
240) 알튀세리앵들에게 '실천적 상태'란 개념적·주제적으로 충분하게 다듬어지지 않은 상태를 가리킨다. ─ 옮긴이

사유는 어떠한 연장도 포함하고 있지 않은 실체의 한 속성이며 반대로 연장은 어떠한 사유도 포함하고 있지 않은 실체의 속성이라는 점을 선생이 인정한다면, 또한 사유하는 실체는 연장되는 실체와 구별되어야 한다는 점도 인정해야 합니다. 왜냐하면 우리는 한 실체가 다른 실체와 다르다는 것을 인식하는 데서, 우리가 한 실체를 다른 실체와 독립적으로 파악한다는 점 외에 다른 어떤 식별 수단도 지니고 있지 않기 때문입니다. 그리고 신은 우리가 명석하게 파악하는 모든 것을 실행할 수 있으므로, 만약 신이 할 수 없다고 말할 수 있는 다른 어떤 것들이 존재한다면, 이는 이것들이 자신들의 관념 안에 모순을 함축하고 있기 때문, 곧 이것들이 인식 가능하지 않기 때문입니다. 그런데 우리는 선생 자신이 시인하듯이, 사유하면서 연장되지는 않는 어떤 실체와 사유하지 않으나 연장되는 실체를 명석하게 파악할 수 있습니다. 그렇다면, 신이 그렇게 할 수 있는 한에서 이 실체들을 연결시키고 연합시킨다면, 신은 이 때문에 자신의 전능성을 포기할 필요가 없으며 양자를 분리할 수 있는 힘을 박탈당하는 것도 아닌 것이고, 따라서 이 양자는 구분되는 것으로 남게 될 것입니다.[241]

이 추론은 상세하게 따라가 볼 필요가 있다. 우리는 연장 없이 사유를, 그리고 사유 없이 연장을, 두 개의 구분되는 실체로 명석하게 파악한다. 연장에 의해 사유를 정의하는 것은 물론 그 역도 모순을 함축하기는 마찬가지이기 때문이다. 하지만 나의 정신 안에서 명석한 이 관념은 오직 신이 그렇게 의지했기 때문에 나 자신에게 그처럼 명증하게 부과될 수 있는 것이다. 그리고 그의 완전성은 그가 나를 속일 수 있다는 것을 배제하기 때문에, 이 관념은 현실적 내용에 대응해야 한다. 따라서 연장과 사유는 실재적으로 구

---

241) 레기우스에게 보내는 1642년 6월 편지, 알퀴에판 2권 p.934; AT판 3권 p.567.

분되는 두 개의 실체다. 그리하여 모순율은 우리가 파악하는 것의 한계들 안에서 하나의 척도로 기능한다. 하지만 그 본성상 협소하게 한정된 우리 이성의 경계 바깥에 모순율을 적용하지 않도록 주의해야 한다. [신은 진실하기 때문에] 만약 우리가 파악하는 것을 신이 실행한다는 것이 절대적으로 필연적이라면, [다른 한편으로] 무한한 전능함을 지니고 있는 신은 우리에게는 파악 불가능한 것을 능히 할 수 있는 것이다. 그리하여 신이 "그렇게 할 수 있는 한에서 이 실체들을 연결시키고 연합시킨다"는 것은 전적으로 가능하다. 비록 이 새로운 작용이 나에게는 심오한 신비로 느껴지기는 하지만 말이다. 나의 본성 안에 존재하는 하나의 영혼과 하나의 신체의 연합이 증명하는 것이 바로 이 점이다. 이러한 연합의 관념이 나에게는 모순을 함축하기 때문에 내가 이 연합을 파악하지 못한다는 사실로부터 이것의 불가능성이 따라나오지는 않는다. 신의 역량은 그 정의상 무제한적이기 때문에 신에게는 어떤 것도 선험적으로 불가능하지 않기 때문이다. 내가 긍정할 수 있는 것 전부는, 신이 이 실체들을 연결시키면서 동시에, 이 실체들을 내가 이것들을 파악하는 대로, 곧 분리되고 구분되는 것들로 존재하지 않도록 의지하거나 만들 수 없다는 점이다.[242]

따라서 모순율은 나의 모든 관념들에 대해서는 객관적이고 절대적인

---

242) 이는 1) 신이 사유와 연장이라는 두 실체를 연합하는 것과, 2) 이 실체들이 나에게는 분리되고 구분되는 것들로 파악되는 것이 서로 모순적이지 않다는 의미다. 따라서 신의 행위는 이중적이다. 곧 한편으로 신은 사유와 연장이라는 실체를 연합하지만, 다른 한편으로 이 두 실체는 나에게는 실재적으로 구분되는 것으로 인식된다. 데카르트가 보기에는 오히려 이 양자를 서로 모순되는 것으로 인식하려는 데 문제가 있다. 곧 신이 두 실체를 연합하게 되면, 나에게도 두 실체는 더 이상 실재적으로 구분되지 않는 것으로 인식되어야 한다든가, 반대로 나에게 두 실체가 실재적으로 구분되기 때문에, 신 역시 두 실체를 연합할 수 없다고 생각하는 것은 잘못이다. 이런 생각은 신의 행위에 대해 인간의 사유 기준인 모순율을 적용하는 것이기 때문이다. 따라서 데카르트 자신을 비롯한 유한한 주체들이 긍정할 수 있는 모든 것은, 신은 모순율을 넘어서는 의지에 따라 사유와 연장을 연합할 수 있지만, 이 사실 때문에 이 두 실체가 실재적으로 구분되지 않도록 해야 하는 것은 아니라는 점이다. 왜냐하면 만약 신이 그렇게 해야 한다면, 이는 신이 모순율을 항상 준수해야 한다는 것을 의미하기 때문이다. ─ 옮긴이

척도의 가치를 지닌다. 하지만 나의 인식 능력 바깥에 있는 모든 것에 대해서는 모순율이 이런 가치를 지닐 수 없다. 말하자면 신의 논리는 인간의 논리를 포괄하고 보증하지만 인간의 논리와 동일화되지는 않으며 심지어 인간의 논리를 무한하게 초월하는 것이다.

삼각형의 세 각의 합이 두 직각의 합과 동등하다는 것, 또는 일반적으로, 모순적인 것들은 함께 있을 수 없다는 것을 참이 아닌 것으로 만드는 일이 어떻게 신에게는 자유롭고 무관심한 일이었는가를 인식하는 데 따르는 어려움은 다음과 같은 점을 고찰해 보면 쉽게 제거될 수 있을 것입니다. 곧 [첫째] 신의 역량은 어떤 한계도 가질 수 없고[따라서 모순적인 것도 하려고 한다면 할 수 있고], [둘째] 우리의 정신은 유한하며, 이 정신의 본성은 신이 진실로 가능한 것이도록 의지했던 것들을 가능한 것들로 인식할 수는 있지만, [현재는 가능하지 않으나] 신이 가능하게 할 수 있었음에도 불가능한 것이 되도록 의지했던 것들을 가능한 것들로 인식할 수는 없도록 창조되었습니다. 첫번째 고찰은 신은 모순적인 것들은 함께 있을 수 없다는 것이 참이 되게 하도록 [다른 어떤 원인에 의해 또는 자신의 본성에 의해] 규정될 수는 없었으며, 따라서 이와 반대의 것을 할 수 있었다는 점을 우리가 인식하도록 해주기 때문입니다. 그리고 두번째 고찰은 이것이 참임에도 불구하고 우리가 파악할 수 없기 때문에, 우리는 이를 파악하려고 시도해서는 안 된다는 것을 우리에게 분명히 주지시키기 때문입니다.[243]

---

243) 메슬랑Denis Mesland에게 보내는 1644년 5월 2일자 편지, 알퀴에판 3권 p.74; AT판 4권 p.118[방금 인용된 메슬랑에게 보내는 편지에 나타나고 있는 데카르트의 생각은 이른바 '영원진리 창조론'doctrine de la création des vérités éternelles이라는 학설의 일부를 이루고 있다. '영원진리 창조론'에 관해서는 책 뒤의 '용어 해설'을 참조.―옮긴이].

라이프니츠를 깜짝 놀라게 만들었던 이 궤변들은 매우 특징적이게도 신에게 자유의지를 부여하는 것에 의존한다. 이 자유의지로 인하여 신은 자신이 원하는 대로 만드는 관념들과 사물들에 대해 군주처럼 군림하는 것이다. 신의 본성에 대한 이런 관점을 스피노자는 명시적으로 거부한다. 자신이 공표한 주장과는 반대로 이 관점은 우리의 본성에서 출발하여 탁월성의 관계 속으로 신의 본성을 투사함으로써 상상하기 때문이다. 그리하여 데카르트에게 신은 형상적으로가 아니라 탁월하게 모순율을 따르고 있다. 곧 이 원리 자체는 그의 활동의 결과이지, 그의 활동을 규제함으로써 이를 제한할 수 있는 영원한 원리가 아닌 것이다.[244] 절대자가 문제일 경우에는 합리적 원리의 유효성을 중지시킨다는 점에서 데카르트는 여기서 바로 헤겔의 편에서 사태를 바라보고 있는 것 아닌가? 사실 여기서 이러한 중지는 무한자를 그 자체로 파악 불가능한 것으로 만드는 효과를 지니고 있으며, 그리하여 우리의 유한한 이성은 절대자에 대한 지식 또는 절대지식을 얻을 수 없다는 점을 가리키고 있다.

데카르트가 1647년 「어떤 비방문에 대한 논평」Notae in programma에서 레기우스의 **비방**placard에 응답하면서 공개적으로 맞세우고 있는 논변의 배후에 존재하는 쟁점을 파악하려면 이러한 예비적 논의들이 필수적이다. 레기우스는 특히 다음과 같이 쓰고 있다.

사물의 본성에 관해 말하자면, 정신이 실체라고 하든 아니면 물질적 실체의 어떤 양태라고 하든 무방할 것 같다. 또는 연장과 사유는 자신들의 주어/기체[245] 안에 있는 것처럼 어떤 실체들에 내재하는 속성들이라고 말하

---

[244] 마슈레의 주장처럼 '영원한 원리가 아니다'라고 말하기보다는 '영원한 원리이지만 신 또는 신의 활동을 제약할 수 없다'라고 말하는 것이 더 올바를 것이다.—옮긴이

는 몇몇 새로운 철학자들의 의견을 따른다면, 이 속성들은 대립하는 것이 아니라 단지 상이할 뿐이기 때문에non opposita sed diversa, 정신이나 사유가 연장과 같은 주어에 [속한다는 점에서] 합치하는 한 속성이 되지 못할 이유가 무엇인지 나로서는 알 수가 없다. 정신이나 사유 개념이 연장 개념 안에 포함되어 있지는 않지만 말이다. 그 이유는 우리가 인식할 수 있는 모든 것은 존재할 수도 있기 때문이다. 그런데 우리는 인간 정신이 이것들[인식할 수 있는 모든 것들] 중 하나라는 것을 인식할 수 있는데, 왜냐하면 여기에는 어떤 모순도 존재하지 않기 때문이다. 따라서 인간 정신은 이것들 중 하나일 수도 있는 것이다.

따라서 우리가 인간 정신을 필연적으로 신체와 실재적으로 구분되는 것으로 명석판명하게 인식한다고 주장하는 사람들은 잘못 생각하는 것이다.[246]

이 텍스트는 레기우스의 전형적 태도를 보여 준다. 그는 데카르트에게서 빌려 온 원리들에 의지하여 데카르트가 피하려고 하는 바로 그 결론들을 정당화하려고 한다. 레기우스가 데카르트와 다른 입장을 취하려고 하는 것에는 나름대로의 근거가 있을 수도 있겠지만, 데카르트에서 빌려 온 증명들을 통해 자신의 입장을 뒷받침하려 했던 것은 분명한 잘못이다. 이 때문에 그의 추론에는 아주 애매한 타협적 태도가 나타난다.

레기우스의 **논증**은 정신과 신체가 하나의 같은 실체에 속할 수 있듯이

---

245) 여기서 '주어/기체基體'의 원어는 sujets인데, 이는 '주체'를 뜻하기도 한다. sujet라는 단어를 '주체'라는 한 가지 단어로만 번역하면 각각의 논의의 맥락을 이해하기 어렵기 때문에 아래에서는 각각의 경우에 따라 '주어'와 '기체', '주체' 등으로 달리 표현했으며, 때로는 '주어/기체', '주어/주체' 등과 같이 병기하기도 했다. 하지만 아래에서 전개되는 마슈레의 논의는 이 개념과 칸트 이후 근대 철학의 근본 개념으로 자리 잡은 '주체' sujet/Subjekt 개념 사이에 존재하는 논리적 연속성을 보여 주는 것을 목표로 삼고 있기 때문에 다른 단어들로 표현되더라도 sujet 개념의 연속성을 염두에 두고 있어야 한다.—옮긴이
246) 클레르슬리에Claude Clerselier 옮김, 알퀴에판 3권 p.789; AT판 8-2권 pp.342~343; 국역본 『성찰 외』, 이현복 옮김, 문예출판사, 1997, pp.169~170.—옮긴이

상이한 속성들 역시 아무런 모순 없이 같은 주어에 속할 수 있다는 점을 입증하려는 경향을 보인다. 우리는 여기서 스피노자와 아주 멀어진다. 스피노자가 사유와 연장 사이에는 실재적 구분이 존재한다고 주장하기 때문만이 아니라, 특히 그가 속성들에 대한 문법적 관점, 곧 속성들과 실체 사이의 관계를 주어-술어 유형의 관계로 이끌어 갈 수 있는 관점과 거리를 두기 때문이다. 하지만 우리는 데카르트가 레기우스에게 제시하는 논박은 그것이 직접 목표로 삼고 있는 대상보다 훨씬 넓은 범위를 지니고 있다는 것을 보게 될 것이다. 이런 의미에서 이 논박은 스피노자가 단절하려고 하는 바로 그 추론 방식을 아주 잘 예시해 준다.

데카르트가 보기에 레기우스는 속성과 양태라는 관념들을 혼동함으로써 첫번째 오류를 범했다. **새로운 철학자들**, 곧 데카르트 그 자신이 사유를 비물질적 실체의 속성인 것으로 정의하고 연장을 물질적 실체의 속성인 것으로 정의할 때, 그는 속성이라는 단어를 **불변적이고 자신의 주어의 본질과 분리될 수 없는 것**으로 이해했다. 이는 한 실체가 자기 자신에 의해 실존하는 것을 속성으로 갖고 있는 것과 마찬가지다. 따라서 여기서는 양태, 곧 데카르트에 의하면 가변성의 방식이라고 할 수 있는 양태가 문제인 것은 아니다. 양태는 그것이 속하는 사물의 본질이 변화하지 않더라도 변형될 수 있기 때문이다. 따라서 그 자체로 고려된 연장은 상이한 형태(원, 사각형 등)를 띨 수 있다는 사실 때문에 변형되는 것은 결코 아니며, 이는 사유에 대해서도 마찬가지다. 이 점이 분명히 밝혀지면, 비록 **대립이 아닌 차**이라는 원리가 받아들일 수 있는 것이라 하더라도, 여기에는 적용되지 못한다. 곧 자신의 속성들로 옮겨 가는 실체 ──이때부터 속성들은 부동적不動的인 것이 된다── 의 자기 동일성을 고려할 때, 속성들이 **상이하다**는 것까지도 배제된다. 왜냐하면 이 경우에 속성들이 의존하는 실체 안에 변화의 원리가 도입될 것이기 때문이다.

하지만 레기우스가 의지하고 있는 **대립이 아닌 차**이라는 원리는 그 자체로 받아들일 수 없는 것이다. 데카르트가 이에 맞서 제시하는 논박은 모순율에 호소하고 있다는 점에서 놀랄 만한 것이다. 하지만 조금 전에 살펴보았듯이, 데카르트 자신은 신의 무한한 완전성이 직접 표현되고, 따라서 우리의 유한한 이성을 벗어나는 모든 것들에 대해서는 이 원리가 적용될 수 없다고 주장함으로써 이 원리의 보편성을 문제 삼았다. 그러나 우리의 인식 능력을 초과하고 파악 불가능한 것으로 남아 있어야 하는 모든 것에 대해서는 이 원리의 보편성이 흔들릴지언정, 자연의 빛의 한계들 안에 머물러 있는 모든 것에 대해서 이 원리는 침해될 수 없으며, 우리가 살펴본 것처럼 이 점에서 이 원리는 객관적 진리의 기준을 구성한다. 따라서 레기우스의 추론은 잘못된 것이다. 왜냐하면 그것은 모순적이기 때문이다.

그는 "이 속성들은 대립하는 것이 아니라 단지 상이할 뿐"이라고 덧붙인다. 그러나 여기에 또한 한 가지 모순이 존재한다. 왜냐하면 어떤 실체들의 본질을 구성하는 속성들이 문제인 경우, 속성들 사이에는 상이하다는 것보다 더 큰 대립은 존재할 수 없기 때문이다[국역본: 이들 간에는 상이성을 넘어 대립이 존재할 수 있기 때문이다]. 그리고 그가 [속성 중] 하나가 다른 것과 다르다는 점을 인정할 때, 이는 전자는 후자가 아니라고 말하는 것과 마찬가지인 것이다. 그런데 '~임'être과 '~이 아님'n'être pas은 대립물이다. …… 사물들의 본성을 구성하는 이런 종류의 속성들에 대해서는 서로 상이하고 서로의 관념 속에 전혀 포함될 수 없는 것들이 단 하나의 같은 주어[에 속한다는 점]에서 합치한다고 말할 수 없다. 이는 단 하나의 같은 주어/기체가 두 가지 상이한 본성을 가진다고 말하는 것과 마찬가지이기 때문이다. 이는 명백한 모순을 내포하고 있으며, 적어도 여기서처럼 복합적 주어/기체가 아니라 단순한 주어/기체가 문제인 경우는 그렇다.[247]

복합 실체(영혼과 신체의 연합인 인간 본성처럼)가 아닌 단순한 실체의 경우 하나의 같은 주어 안에서 서로 구분되는 속성들을 사유한다는 것은 부조리하다. 여기서 이 속성들은 양립 불가능한 또는 배타적인 **본성들**로서 서로 대립할 수밖에 없기 때문이다. 이로부터, 역으로 서로 구분되는 실체들의 경우 이 실체들에 의존하는 속성들은 상이하다는 결론이 필연적으로 따라 나온다. 곧 이 실체들은 문법적으로 구분되는 두 명제의 주어들처럼 서로 환원 불가능하다. 이는 정확히 말하자면 이것들이 서로에 대해 외재적이기 때문에 아무런 모순의 **여지**도 낳지 않는 한에서 그러하다.

사유와 연장을 비롯하여 속성들에 대한 스피노자의 관점은 분명 레기우스의 초보적이고 혼란스러운 유물론과 아무 관련이 없다. 그렇지만 이 관점 역시 데카르트의 비판의 사정권 안에 속한다. 그 까닭은 이 관점이 사유와 연장 사이에 실재적 구분이라는 거리를 두기 때문이 아니라, 이러한 구분으로부터 실체들의 구분이라는 결론을 이끌어 내기를 거부하기 때문이다. 우리가 보여 준 것처럼 스피노자에서 속성들의 무한한 상이성[상이한 속성들이 무한하게 많음]은, 이 무한한 상이성이 실체의 본질들의 활동적 무한성 안에서 실제로 구성하는 실체의 통일성의 다른 측면이다. 실체의 본질들은 각자 자신의 유 안에서 실체를 동일하게, 아무런 대립 없이 표현하는 것이다. 이는 스피노자가 인식하고 있는 실체는 데카르트 철학에서 실체가 여전히 유지하고 있는 주어의 기능을 상실했음을 의미하며, 이 때문에 실체는 그 내생적 본성에서 전통 논리의 모순율에 따라 규정되지 않는다. 전통 논리의 모순율은 실체를 규정할 능력이 없는 것이다. 스피노자는 여기서 자기 나름의 방식대로 데카르트와 일치하고 있다. 곧 모순율은 우리가, 절대자와 접

---

247) 데카르트, 「어떤 비방문에 대한 논평」, 알퀴에판 3권 p.798; AT판 8-2권 pp.349~350; 국역본 『성찰 외』 pp.179~180.

하는 모든 것을 포착하게 해주지 못한다. 하지만 스피노자에게 이러한 무능력은 데카르트에서처럼 유한한 이성을 인도하는 원리들은 절대자에게 적용될 수 없기 때문에 절대자가 우리에게 파악 불가능한 것으로 남아 있어야 함을 의미하지는 않는다. 반대로 이것이 의미하는 것은, 초월적 신의 **투시 불가능한 목적들**과는 무관한 진짜 원인들의 합리성은 논리의 형식적 원리들로 환원 불가능하며, 오히려 이 합리성이 이 원리들의 근본적 취약성을 드러내 준다는 점이다. 스피노자에게 일반적인 모든 것은 또한 상상적인 것이다.

여기서 우리는 우리가 헤겔과 아주 가까이 있는 동시에 멀리 떨어져 있음을 알게 된다. 데카르트를 여전히 사로잡고 있는 추상적인 합리적 기준들——이 때문에, 데카르트는 자신의 철학에서 무한자의 관념을 허용하기는 해도 이로부터 어떤 종류든 인식을 이끌어 낼 가능성은 배격한다——을 중지시킨다는 점에서 우리는 헤겔과 아주 가까이 있다. 하지만 스피노자가 전통적인 모순율 및 이것이 참과 거짓 사이에 설정하는 엄격하고 자동적인 분리선과 함께, 외관상 모순에 대한 사유 자체를 철학 바깥으로 몰아내고 있는 것처럼 보이기 때문에, 우리는 헤겔과 거리를 두고 있다. 부정적인 것의 합리성이라는 헤겔의 개념을 미리 거부하면서, 그리고 아마도 이와 더불어 하나의 변증법의 가능성까지도 배제하면서 말이다.

따라서 스피노자는 아주 주목할 만한 방식으로 헤겔주의 안에 담겨 있는 고전주의적 이성과의 놀라운 결탁을 드러내는데, 헤겔주의는 여전히 이 고전주의적 이성의 전제 하나를 견지하고 있는 것이다. 이는 바로 모순은 주어/주체 속에서만, 그리고 주어/주체에 대해서만 파악되고 해소될 수 있다는 관념이다. 사실 데카르트가 모순율을 적용하고 이로부터 합리성을 도출할 수 있게 해주는 것은 명제의 주어에 실체를 병합하는 작용이었다. 헤겔에게는 절대자를 모든 것을 포괄하는 담론 속에서 자기 자신으로 복귀하는 주체로서 제시하는 것이야말로 이 주체가 자신이 할 수 있는 모든 모순을 전개시키고, 이를 통해 정신이 현실적인 완성을 이룰 수 있게 해주는 것이다. 두 경우에서 참된 것으로 인도해 주는 방법은 한 주체에 속하는 한에서의 모순들을 해소하는 것이다.

그런데 헤겔은 스피노자는 **주체가 아닌** 실체의 개념으로 절대자를 사유한 철학자라고 거침없이 말했다. 바로 이 때문에 스피노자가 제시한 실체는 데카르트가 설정해 놓은 유한 이성의 제약들에서 벗어나는 한편, 헤겔이 상상하는 진화적 모델에서도 벗어난다. 스피노자는 철학 속으로 사법적 주체 ──그 자신이 보증하는 영원진리들의 창조자로서의 신──가 개입하는 것을 금지하는 동시에, 참된 명제의 기초가 되고 이 명제의 비모순적 성격을 입증해 주는, 또는 이 명제가 자신 안에 포함하는 모든 모순을 해명하고 해소할 수 있게 해주는 어떤 논리적 주어의 기능을 실격시킨다.

독특한 본질들
Les essences singulières

스피노자는 불변적이고 형식적인 질서를 따른다는 이유로 고전주의적 이성과 대립하는 한편, 비정상적이고 일탈적인 방식으로 또는 최소한 상이하게 모순율을 사용하고 있다. 특히 이 점을 해명해 보기로 하자.

이 전통 논리의 원칙은 『윤리학』 3부의 한 곳, 숙고해 볼 만한 한 정식에서 도입된다.

> 하나가 다른 하나를 파괴할 수 있는 한에서 사물들은 상반된 본성을 지니고 있다. 곧 동일한 주어/기체 안에 존재할in eodem subjecto esse 수 없다.[248]

이 정식은 상반된 것들은 서로 배제하며, 따라서 서로 공존할 수 없다는 것, 곧 이 정리의 증명이 가리키고 있는 것처럼 함께 같은 존재, 또는 같은 "주어/기체"를 구성하기 위해 "서로 합치할"inter se convenire 수 없다는 것을 의미한다.

여기서 스피노자와 헤겔 사이의 분기점이 다시 나타난다. 헤겔에게 상반된 것들은 같은 주체 안에 아주 잘 공존할 수 있을 뿐만 아니라, 주체가 자신의 고유한 발전의 살아 있는 자율적인 과정인 한에서, 주체 자체의 본성을 구성하는 것이 바로 이 상반된 것들의 통일이다. 따라서 헤겔이 보기에 스피노자는 주체로부터 모든 내적 부정성을 몰아냄으로써 주체의 변증법, 곧 주체 자체 안에서, 자신의 주체 안에서 자신의 조건들을 발견하는 어떤 변증법을 사유하지 못하는 무능력을 드러낼 뿐이다. 이것이 바로 실체의 관점이다. 하지만 사태가 이처럼 단순하지는 않다. 스피노자가 거부한 것은, 정확하게 헤겔이 한 것처럼 주체 안에서 변증법을 사유하는 것이라고 말할 수도 있지 않을까? 그렇다면 스피노자가 실제로 따른 것은 아닐지라도 새로운 길이 열리게 된다. 곧 실체의 변증법, 다시 말해 필연적으로 관념적인 목적론을 수단으로 자신의 최초의 조건들 속에서 자신의 완성을 전제하지 않는 물질적 변증법의 문제가 제기되는 것이다. 그런데 이런 변증법은 헤겔에게는 사유 불가능한 것이다.

『윤리학』3부로 되돌아가 보자. 여기서 정리 5는 매우 일반적으로 언표되고 있으며 귀류법적으로 진행하는 이 정리의 **증명**은 **그 자체로 명백한** 선행하는 정리에만 준거함으로써, 여기서는 모든 합리적 사유의 보편적 조건을 드러내 줄 뿐, 어떤 특수한 실재와는 무관한 일종의 공리, 일종의 형식적 원리가 문제라는 점을 잘 보여 주고 있다. 따라서 이는 본질적으로 논리적 의미를 지니고 있는 것처럼 보이며, 전통적인 언표, 곧 "하나의 사물은 자기 자신이면서 동시에 자신과 상반된 것일 수 없다"는 언표로 귀착될 수 있는 것으로 보인다.

그렇지만 이 정리의 의미는 그 맥락 속에서만 완전히 규정될 수 있다. 왜 스피노자는 논변 과정 중에 이 일반적 원리에 정리라는 형식을 부여함으로써 환기시켰을까? 근본적으로는 공리들로 볼 수 있는『윤리학』3부의 정리 4와 5는 분명히 코나투스라는 개념을 도입하기 위한 서두로 사용되고 있

---

248)『윤리학』3부 정리 5.

다. 이 코나투스라는 개념은 정리 4, 5와는 반대로 완전히 실재적이고 규정된 것으로서, 바로 뒤의 정리들은 이 개념을 다루고 있다.

각각의 사물은 자기 스스로 할 수 있는 만큼[249] 자신의 존재 안에서 존속하려고 추구한다in suo esse perseverare conatur(정리 6).

각각의 사물이 자신의 존재 안에서 스스로 존속하려는 노력은 이 사물의 현행적 본질과 다른 것이 아니다nihil est praeter ipsius rei actualem essentiam(정리 7).[250]

신의 역량이 그 속성들 중 하나의 매개를 통해 어떤 규정된 방식으로 certo et determinato modo 그 안에서 표현되는, 이처럼 독특한 또는 유한한 사물은 본성적으로 자신의 고유한 존재를 보존하려는 경향이 있다. 이러한

---

[249] 이 구절은 번역과 관련하여 몇 가지 주의가 필요하다. 1) 우선 quantum in se est라는 라틴어 원문에서 in se est는 공간적 의미보다는 논리적 의미를 가리킨다. 곧 스피노자에게 in se est, '자기 자신으로 존재하는' 것은 실체나 자기원인적 존재(『윤리학』 1부를 고려할 때) 또는 능동적 존재(특히 『윤리학』 3부 정의 2를 고려할 때)를 가리키며, 단순히 '자기 자신 **안에** 존재하는' 것을 가리키는 것이 아니다. 2) 다음으로 quantum이라는 한정사는 무한자와 유한자 사이의 차이를 나타내는 표현이다. 곧 실체처럼 본질과 실존이 (절대적으로) 일치하는 존재가 아닌 유한자에게 in se est는 절대적인 것이 아니다. 3) 이렇게 볼 때 이 구절을 '**자기 자신으로 존재하는 한에서**'라고 번역할 수도 있을 것이다. 그렇다면 이때 quantum이라는 한정사는 외부에서 유한 양태에게 선험적으로 부과된 한계라는 의미를 지니게 될 것이다. 곧 유한자에게 선험적으로 지정되어 있는 '자기 자신으로 존재하는 것의 한계'를 가리킬 것이다. 하지만 스피노자 철학에서 유한 양태는 본질 차원에서 어떠한 제한도 받지 않기 때문에, quantum이라는 한정사는 유한자가 '자기원인적으로 존재하는 한에서'나 '능동적으로 존재하는 한에서'를 가리킨다기보다는 뒤의 구절, 곧 '자신의 존재 안에서 스스로를 보존하려고 추구하는'을 한정하는 기능을 한다(라틴어 원문의 불어 번역인 'autant qu'il est en elle'에서 'il est'라는 비인칭 표현이 사용되고 있는 것은 바로 이를 가리킨다). 다시 말해 유한자는 그것에 부과된 실존 조건 속에서 그것이 지니고 있는 역량만큼 자신의 존재 안에서 스스로를 보존하려고 추구하며, 이것이 바로 유한자의 **유한한 긍정성**, 곧 유한자의 현행적 본질을 이룬다. 이런 의미에서 여기서는 이 구절을 '자기 스스로 할 수 있는 만큼'이라고 번역한다. 참고로 이 구절을 셜리(1992)는 '자기 자신으로 존재하는 한에서'라는 의미의 'in so far as it is in itself'로 번역하고 있고(p.108), 컬리(1985)는 '자신의 역량으로 할 수 있는 만큼'이라는 의미의 'as far as it can by its own power'로 번역하고 있다(p.498).—옮긴이

경향이 이 사물의 본질을 구성한다. 왜냐하면 이 경향은 이 사물 안에 있는 모든 것quantum in se est을 표현하기 때문이다. 이 본질에 따라, 그리고 이를 실행하는effectue 코나투스에 따라 이 사물은, 정리 6의 증명이 가리키듯이 자신을 파괴하거나 자신의 실존을 제거할existentiam tollere 수 있는 모든 것에 맞서서 대립한다. 사실 "어떤 사물도 외부 원인에 의해서가 아니라면 파괴될 수 없다"(정리 4). 하나의 같은 행동이 자신의 본질을 긍정하면서 동시에 부정하는 것은 불가능하기 때문이다. 이 때문에 모든 사물은 고유한 본질 또는 현행적 본질에 따라 자신의 존재 안에서 무한정하게 존속하려는 경향을 지닌다.

    이 논변은 다시 한 번 외관상으로는 헤겔의 해석을 확증해 주는 것처럼 보인다. 왜냐하면 이 논변은 스피노자가 정확히 말하면 어떤 본질을 구성하기 위해 자기 자신으로 복귀하는 모든 내재적 추론성discursivité 내지는 부정의 노동을 사용하지 못하고, **유한한 부정성**, 곧 제거하고 배제하는 [데 한정되는] 외적 부정이라는 고전주의적 개념에 고착된 채 머물러 있다는 것을 보여 주기 때문이다. 그러니까 코나투스는 그 안에서 어떤 능동성과 어떤 역량

---

250) 마슈레가 '노력', 곧 'effort'라는 단어로 번역한 라틴어 단어는 코나투스conatus다. 마슈레는 관례적인 용법에 따라 코나투스를 '노력'으로 번역하고 있지만 이는 뒤에 전개되는 마슈레의 논의와 관련하여 중대한 오해를 불러일으킬 수 있다. 왜냐하면 '노력'이라는 단어에는 '지향하는 목적'이라는 함의가 들어 있는 데 반해 특히 스피노자에서 코나투스는 이런 지향하는 목적이 개입되기 이전의 행위, 동작의 기동起動 상태를 가리키는 개념이기 때문이다. 이런 의지적 함의를 피하기 위해 '충동'이라는 단어를 역으로 생각해 볼 수도 있지만, 이 역시 썩 적절한 것은 아니다. 이는 우선 코나투스가 동사 conor, conari에서 파생된 것에서 알 수 있듯이 동사적 함의를 내포하고 있는 명사인데 반해, 우리말에서 충동은 명사로 굳어져 있는 단어이기 때문이다. 더 나아가 충동이라는 말은 정신분석학에서 사용되는 Trieb(영어의 drive, 불어의 pulsion)라는 중요한 개념과 혼동될 여지를 안고 있다. 이는 후자가 자연적 본능과 구분되는 인간에 고유한 성욕의 성향을 가리키기 위해 사용되는 개념인 데 반해, 코나투스는 인간에게만 고유한 것도 아니고 더 나아가 성욕의 함의(만)를 지니고 있는 것도 아니기 때문이다. 여기서는 마슈레의 번역을 따라 코나투스를 '노력'이라고 번역하지만, 노력이나 충동이라는 단어 모두 이런 불편과 혼동의 위험이 있기 때문에, 일반적인 맥락에서는 코나투스라는 라틴어를 그대로 사용할 것이다. 마슈레 역시 최근에는 코나투스라는 라틴어 단어를 그대로 사용하는 것을 선호하고 있다. ─옮긴이

이 일체의 제한과 일체의 배제 바깥에서 표현되는 절대적으로 실정적인 운동인 것이다. 하지만 만약 여기에 머문다면 왜 이 실재성이 하나의 코나투스 안에서 **경향적으로** 긍정되고 실행되는지 더 이상 이해할 수 없을 것이다.

더욱이 헤겔의 추론은 다른 점에 대해서도 흔들린다. 왜냐하면 하나의 사물이 자기 자신의 존재를 보존하려는 경향을 보여 주는 이 운동은, 정확히 말하면 이 사물의 현행적 본질, 또는 스피노자가 다른 경우에 쓰고 있는 것처럼 이 사물의 **독특한 본질**이며, 이 본질은 이 사물이, 실체처럼 절대적으로는 아니더라도 어떤 규정된 방식으로, 실체의 유類들 중 하나에 포함되어 있는 실체의 특수한 변용으로서 존재하게 해주기 때문이다. 따라서 코나투스라는 개념은 규정이라는 개념에 직접 준거하며, 이는 규정이라는 개념으로부터 모든 내적 부정성을 제거한다. 곧 한 사물은 자신이 한 변용을 이루고 있는 실체와의 내재적 관계에 의해 그 자체로 규정되는 한에서quantum in se est, 자신을 파괴하려고 위협하면서 자신의 실재성을 제한하는 모든 것과 **경향적으로** 대립한다. 따라서 규정은 **그 자체로는** 부정이 아니라 긍정이라는 점이 분명해진다. 그렇다면 스피노자가 규정을 결함으로만, 따라서 비현실적인 것으로만 생각하고 있다는 헤겔의 논거는 무효가 된다.

따라서 스피노자에게는 실정적인 규정 개념이 존재하며, 더욱이 이는 그의 체계에 토대를 제공해 주는 최초의 정의들을 문제 삼는 것처럼 보인다.

같은 본성을 지닌 다른 것에 의해 제한될 수 있는 사물은 자신의 유 안에서 유한하다고 한다(1부 정의 2).

나는 실체의 변용들, 곧 다른 것 안에 있고 다른 것을 통해 인식되는 것을 양태로 이해한다(1부 정의 5).

……다른 것에 의해 어떤 규정된 방식으로certa et determinata ratione 실존하고 작업하도록 규정되는 것은 필연적이라고, 또는 오히려 제약되어 있다고 한다(1부 정의 7).

외부 원인에서 유래하는 사물들은 얼마나 많은 수의 또는 얼마나 적은 수의 부분들로 합성되어 있든 간에 자신들이 지니는 완전성 내지는 실재성의 모든 것을 외부 원인 덕에 지니고 있으며, 따라서 이것들의 실존은 자신들의 완전성이 아니라 이 원인의 완전성으로부터만 유래한다(1부 정리 11의 주석).

이 정식들 모두에서 한 사물은 3부에서처럼 **자신으로**en elle 존재하는 한에서quantum in se est 규정되는 것이 아니라 이 사물을 실존하게 하는 동시에 한정하고, 다시 이 사물 자체를 다른 결과들을 산출하기 위한 하나의 외부 원인으로 구성하는 외적인 것에 의해 규정된다. 따라서 이 추론은 3부의 추론과는 전혀 다르다. 곧 1부에서 유한한 사물은 다른 사물에 의해 외부로부터 규정되는 것이다. 이러한 외재성 내에는 이 사물의 실존을 파괴할 수도 있는 조건들이 아니라, 필연적으로 이 사물을 가능하게 하거나 이 사물을 생산하는 조건들만이 집중된다. [1부의] 이 정의들은 1부 정리 28로 이끌어 간다. 이 정리에 따르면 독특한 사물은 그 자체로 실존하는 것이 아니라 다른 사물에 의해 실존하며 이것 역시 다른 [제3의] 사물에 의해 규정되어 있고 이처럼 인과연쇄는 무한하게 진행된다.

그런데 규정이라는 개념의 서술에서 나타나는 이러한 차이, 곧 **내적** 규정과 **외적** 규정 사이의 대조는 다음과 같은 분명한 이유만이 설명해 줄 수 있다. 곧 1부와 3부에서 규정되고 있는 것은 동일한 **사물들**이 아닌 것이다. 또는 적어도 양자의 경우 동일한 사물들이 상이한 관점에 따라 규정되고 있는 것이다. 3부의 경우 유한한 사물은 자신의 본질에 관해 규정되고 있는데, 이에 따르면 이 사물은 자신의 존재 안에서 무한정하게 존속하려는 경향을 보여 준다. 반면 1부의 경우 이 사물은 자신을 제한하는 조건들 속에서 자신의 실존에 관해 규정된다. 정확히 말하면 바로 이것이 독특한 사물들의 특수한 상황이다. 곧 이 사물들은 자신의 고유한 본질을 지니고 있는데, 이는 이 사물들에 주어져 있으며, 이 본질 안에서 실체는 어떤 규정된 방식으로 자신을 표현한다. 그리고 또한 이 사물들은 다른 모든 사물들과 이것들을 연결시켜 주는 끝없는 연쇄 속에서 외재적으로 실존한다. 그렇다면 우리는 왜 실체와 달리 이 사물들이 필연적으로 실존하지 않는지, 곧 이 사물들의 본질이 실존을 함축하지 않는지 이해할 수 있다. 이는 이 사물들의 실존 및 본질이 완전히 상이한 방식으로, 곧 본질의 경우에는 자기 자신 안에서in se, 실존의 경우에는 다른 것 안에서in alio **규정되기** 때문이다. 이 때문에, 독특한 사물들은 영원성 속에서 실존하는 것이 아니라 끊임없이 변화하는 외생적 관계들의 운동——이 과정 중에 이 사물들은 생성·소멸한다——속에서 실존한다는 사실은 이 사물들의 본질의 영원성, 곧 자신들의 존재 안에서 존속하려는 이 사물들의 내재적 경향의 영원성에는 아무런 영향도 미치지 않는다.

몽매한 자들과의 상상적 대화에서 스피노자가 대화의 소재로 사용하고 있는 사례(『윤리학』 1부 '부록')를 다시 살펴보자. 어떤 남자가 친구의 초대를 받아 가던 도중 바람이 불어 지붕에서 떨어진 돌에 머리를 맞아 죽었다. 이 사람의 실존은 외재적 상황들의 합작合作, concours으로 소멸되었는데, 이 합작은 어떤 내재적 연관성도 없는 규정들의 종결될 수 없는 연쇄에 따라 설명된다. 하지만 이 사람 자신의 본질, 곧 인간이라는 유類로의 공통적인 소속이 아니라 그를 개별적으로 존재하게 해주는 이 현행적이고 독특한 형식은, 결코 이 사람이 강한 의미에서 우연적 사고/우유——모든 소질, 모든 내적 경향 바깥에서(왜냐하면 이것들은 우연적 사고/우유와 대립하기 때문이다) 이 사람에게 발생한 어떤 것 ——라고 지칭되어야 하는 것을 겪을 수밖에 없도록 만들지 않는다. 오히려 여기서 문제가 되는 것은 필연적인 우연적 사고/우유다. 왜냐하면 이는 원인들에 따라, 심지어 이를 완전하게 규정하는 원인들의 연쇄에 따라 설명되지만, 이러한 연쇄 중 어떤 부분도 내재적 발전, 곧 목적에 의해 규정된 운동의 영역에서 이 모든 원인들을 연결시켜 주는 내적 통일성의 조건들로 나타나지 않기 때문이다. 바로 이 때문에 이 사건을 섭리나 숙명에 따라 해석하는 것, 곧 목적인들의 매개를 통해 이 사건 속에 감춰져 있는 내적 의미작용을 찾는 것은 완전히 부적합하다. 이 해석은 문제와 전혀 관계가 없다. 왜냐하면 이 해석은 자신이 설명한다고 주장하는 대상과는 전혀 다른 대상을 겨냥하고 있기 때문이다. 이 해석은 상황과 무지 ——우리가 무지할 때 우리는 필연적으로 그러한 해석의 조건들의 총체 속에 놓이게 된다——를 이용해, 이것들을 미신을 만들고 조장하기 위한 구실로 활용한다. 공포의 종교의 수단으로 사용되는 섭리론적 테제는 본질의 관점과 실존의 관점의 혼동에 의지하고 있다.

모순의 문제로 되돌아가 보자. 두 개의 상반된 사물들이란 무엇인가? 이는 둘 중 하나가 다른 것의 **실존**을 제거하는 것들이므로 서로 합치할 수 없는, 곧 하나의 동일한 주어/기체 안에 [동시에] 존재할 수 없는in eodem subjecto simul esse 것들이다. 하지만 하나의 동일한 주어/기체 안에 [동시에] 존재한다는 것은 무엇인가? 스피노자가 사용한 용어를 그대로 따라 말하자면, 그것은 **공존한다**는 것이다. 곧 두 사물은, 이들 중 하나의 실존이 다른 것을 소멸시킬 수 있는 외적 조건들을 불러일으키면서 이 다른 것의 실존을 배제할 때 상반된 것들이 된다. 이로부터 매우 중요한 결과가 도출된다. 곧 여기서 모순율의 언표는 본질들이 아니라 실존들과 관계하며, 이 언표가 개입시키고 그 가능성을 보증하는 **기체/주체**는 본질들의 수준이 아니라 실존들의 수준에서 규정된다. 모순은 본질들 사이에서 그리고 본질들에 대해서가 아니라, 실존들 사이에서 그리고 실존들에 대해서만 존재하는 것인가? 그렇다면 이로부터, 자신의 고유한 본질에 따라 자기 자신으로 존재하는 대로 quantum in se est 고려된 독특한 사물들은 그 자체로는 주체로 규정되지 않는다는 결론이 나올 것이다. 왜냐하면 주체란 구분되는 실존들이 공존하는 어떤 **존재**, 곧 스피노자가 다른 경우에 개체라고 부르는 것에 불과하기 때문이다. 주체라는 개념은 본질들이 아니라 실존들과 관련될 경우에만 합리적 의미를 가진다.

만약 스피노자에게 주체 이론이 존재한다면, 이는 우선 논리적 형식이 아니라 자연학적 ─ 자연학이 존재들 사이의 공존 형식을 연구한다는 의미에서 ─ 형식을 띤다. 이 이론은 『윤리학』 2부 정리 13에서 서술되고 있다.

> 같거나 다른 크기를 지닌 어떤 수의 물체들이 다른 것들에 의해 서로 기대어 incumbant 접해 있도록 압력을 받을 때, 또는 만약 이것들이 같거나 다른 속도로 운동하고 있다면 어떤 관계에 따라 자신들의 운동을 서로 다른 것에게 전달하도록 압력을 받을 때, 이 물체들은 서로 통일되어 있으며 이것들은 함께 하나의 같은 물체, 곧 한 개체로 합성된다고 한다. 이 개체는 이 물체들의 연합에 의해 다른 개체들과 구분된다.[251]

이 정의는 직접적으로는 물체들, 곧 연장의 규정들에 적용된다. 하지만 이는 간접적으로는 존재의 다른 유들에서 생산되는 규정들의 연합의 다른 모든 형식에 대해서도 타당하다. 이 때문에 개체에 대한 일반 관념을 끌어내기 위해 이것에 의지하는 것이 가능하다.

개체란 무엇인가? **물체들의 연합**, 다시 말해 단지 자신들의 본질에 대해

---

251) 『윤리학』 2부 정리 13 다음의 자연학 소론의 정의. ─ 옮긴이

서만이 아니라——왜냐하면 모든 물체는 자신들의 본질에 대해 서로 합치하기 때문이다——자신들의 실존에 대해서도 서로 합치하는 같은 본성의 요소들의 어떤 배치assemblage다.[252] 이때 이것들은 **하나의 같은 물체, 곧 한 개체를** 형성하는데, 이는 몇 가지 공통적인 특성들에 의해 다른 것들과 구분된다. 개체들은 절대적으로 실존하는 것이 아니라 상황들 또는 관점들에 따라 상대적으로 실존한다는 점이 이 정의로부터 곧바로 따라나온다.

나는 유한하고 규정된 실존을 갖는 사물들을 독특한 사물들로 이해한다. 다수의 개체들이 하나의 동일한 활동에 협력하여 그것들 모두 하나의 동일한 결과의 원인이 된다면, 나는 이것들 모두를 바로 이런 한에서 하나의 동일한 독특한 사물로 간주한다.[253]

이러한 측면에서, 다시 말해 한 개체를 구성하는 통일성은 결코 영원한 것이 아니라, 자신을 형성하고 해체하는 조건들에 의존한다.

이 연합은 어디서 유래하는가? 개체의 독특하고 원초적인 실재성을 구성하기 위해, 상이한 요소들을 그것들 각각의 고유한 존재에 따라 연결시키는 내면적 결합의 원칙에서 유래하는가? 그래서 목적론자들은 "인간 신체의 구조를 보고 어처구니없는 충격을 받는 것이다. 이들은 이처럼 훌륭한 작업의 원인들을 모르기 때문에, 이는 결코 기계론적으로[즉 자연의 필연적인 인과관계에 따라] 만들어진 것이 아니라, 신이나 초자연적인 기예에 의해 **어떤 부분도 다른 부분을 손상하지 않도록** 만들어진 것이라는 결론을 내린다"(『윤리학』 1부 '부록'). 마치 이 부분들이 내재적 조화의 원리에 따라 서로를

---

252) 『윤리학』 2부 정리 13 다음의 자연학 소론의 보조정리 2.
253) 『윤리학』 2부 정의 7.

보완한다는 듯이 말이다. 하지만 연장 속에서 개체들로 합성되는 독특한 물체들은, 무한정하게 자신을 영속시키려는 경향을 지닌 어떤 본질의 내면적인 필연성이 아니라 필연적으로 외재적인 제약에 의해, 기체들 안에서 **서로 기대어 접**해 있다. 게루의 표현을 빌리면, 개체들의 발생은 "주변의 압력"[254]에 의해, 곧 모든 내생적 이유들 바깥에서 서로 접합하는, 또는 오히려 서로 간에 접합되는 규정들의 연쇄, 기계론적인 작용에 의해 설명된다. 이 경우 이러한 일시적 마주침은 **제약**contrainte이라는 특수한 형태를 갖게 된다.[255]

따라서 개체 또는 주체는 유일하고 영원하고 환원 불가능한 존재의 단순성 속에서 자기 자신에 의해 실존하는 것이 아니라, 개체 안에서 자신들의 실존과 관련하여 상황에 따라 서로 화합하는 독특한 존재자들의 마주침에 의해 합성된다. 다시 말해 이 존재자들은 개체 안에서 공존하지만, 이러한 화합accord이 이것들의 본질(이처럼 결합하기 이전에 자체적으로 존재하던 것과 동일하게 존립하는, 그리고 이처럼 결합함으로써 자신들의 자체성에 아무런 영향도 받지 않는)의 수준에서 어떤 특권화된 관계, 내적 질서의 통일성을 전제하지는 않는다.

이러한 결합의 한 가지 사례를 들어 보자. 우리는 조금 전 목적론자들이 곧잘 인간 신체를 완전한 유기체의 모델로 간주했으며 인간 신체의 완전성이 이들에게 **어처구니없는 충격**을 안겨 주었음을 환기시킨 바 있다. 스피노자는 우리가 방금 전 설명했던 개체의 정의(정리 13)에 의지하면서 이 문제를 다음과 같이 해결하고 있다.

---

254) 게루, 『스피노자 2권. 정신』 p.166.
255) 이 문장에서 '서로 접합하는'과 '서로 간에 접합되는'의 원문은 각각 s'articulent와 sont articulées entre elles이다. 이 두 표현은 일반적인 용법에서는 모두 '서로 접합되는'으로 번역될 수 있다. 하지만 마슈레는 좀더 일반적인 전자의 표현을 후자의 피동 표현으로 대체함으로써, 개체들의 발생은 능동적인 본질들의 수준에서 이루어지는 게 아니라, 실존들의 기계론적 연쇄를 통해 이루어짐을 강조하려고 하는 것으로 보인다. 이런 점을 감안하여 여기서는 두 표현의 능동적 의미와 피동적 의미에 차이를 두어 번역했다.—옮긴이

인간 신체를 합성하는 부분들은, 이 부분들이 인간 신체에 대한 관계에서 유리되어 [독립적인] 개체들로 간주될 수 있는 한에서가 아니라 어떤 관계 certa ratione에 따라 자신들의 운동을 서로 전달하는 한에서만 신체 자체의 본질에 속한다.[256]

인간 신체가 다른 모든 개체들과 마찬가지로 합성된 존재인 한에서, 인간 신체는 두 가지 방식으로 고려될 수 있는 부분들로 구성되어 있다. 하나는 이 신체 안에서 공존하면서 함께 이 신체의 전체 조직을 형성하는 경우이다. 다른 하나는 그 자체가 독립적인 개체들로서, 인간 신체에 대한 소속에서 벗어나 전체들로서 실존하는 경우이다. 스피노자는 올덴부르크에게 보내는 32번째 편지에서 이 같은 구분을 제시하고 있다. 그런데 오직 상상만이 이 두 측면 사이에서 어떤 동일성 내지는 수렴을 발견한다. 마치 각각의 부분은 처음부터, 나머지 다른 부분과 더불어 하나의 조화롭고 질서정연한 총체를 구성하도록 만들어진 것처럼 말이다. 무한한 규정들의 연쇄를 추상적으로 어떤 존재의 의도라는 허구 속으로 축약해 넣는 이런 목적론적인 관점을 철저하게 인과적인 설명으로 대체해야 한다. 따라서 물체들 사이의 외적인 관계들만을 고려하는 이러한 설명은 완전히 기계론적이다. 물체의 각 부분은, 자신의 고유한 본질에 의해서가 아니라 이처럼 외재적인 연결에 근거하여 집합적으로dans son ensemble 파악된, 이 물체라는 전체 형식에 속한다. 이러한 외재적 연결의 타동적 필연성은 제약적 필연성으로, 이는 주변 조건들이 변화하여 인간 신체를 구성하는 요소들 사이의 관계도 변형될 때까지 인간 신체의 모든 요소들을 전체로서 유지시켜 준다. 요소들 사이의 관계가 변형되면 배치가 해체되고, 그 부분들은 다른 조합들에 준거하게 된다.

---

[256] 『윤리학』 2부 정리 24의 증명.

따라서 초자연적인 신의 기예로부터 인간 신체의 구조를 해석할 필요는 전혀 없다. 신의 기예는 "인간 신체의 구조는 어떤 부분도 다른 부분에 해롭지 않으며" 서로 화합한다는 사실을 구실로 삼는, 본질적으로 신비스러운 이유들에 기초하고 있다. [신체의 부분들이] 이처럼 화합하는 이유는, 독특한 본질들이 모두 함께 어떤 유일한 본질(이상적 본성)을 향해 수렴하는 성향을 지니게 만드는 이것들의 모호한 선결성先決性에서 찾을 것이 아니라 이 본질들이 잠정적으로 서로 연합하도록 제약하고 있는 타동적 규정 관계에서 찾아야 한다.

우리가 방금 주석을 단 구절에서는 스피노자 자신도 인간 신체의 부분들이, 어떤 개체에 함께 소속되어 있다는 사실과 관계없이 고려될 경우에는 [이 부분들 역시] **개체들**로 제시한다는 점을 지적하는 이들도 있을 것이다.

> 인간 신체는 매우 많은 수의 (상이한 본성을 지닌) 개체들로 합성되어 있으며, 이 각각의 개체는 매우 합성적이다.[257]

> 인간 신체의 부분들은 합성적인 개체들로서(요청 1), 이 개체들의 부분들은(보조정리 4) 인간 신체로부터 분리될 수 있으며, 인간 신체가 자신의 본성과 자신의 형태를 전체적으로 보존하는 가운데서도 다른 관계에 따라 다른 물체들에 자신들의 운동을 전달할 수 있기 때문이다(보조정리 3 다음의 공리 1). …… 인간 신체를 합성하는 개체의 각 부분에 대해서도 마찬가지로 말할 수 있다.[258]

---

257) 『윤리학』 2부 정리 13 다음의 자연학 소론 요청 1.
258) 『윤리학』 2부 정리 24의 증명.

따라서 개체를 구성하는 요소들은 그 자체가 복합적 실재들이며, 이 요소들은 자신들 안에 공존하는 서로 구분되는 부분들로 합성되어 있고, 다시 이 부분들은 [이 요소를 구성하는] 관계 바깥에서 그 자체로 규정되며, 이처럼 무한하게 진행한다. 왜냐하면 스피노자에 따르면 실재에 대한 분석은 종결될 수 없으며, 결코 절대적으로 단순한 존재자들 ──그로부터 출발하여 이 단순한 존재자들의 조합들의 복합적 체계를 설립할 수 있는 존재자들── 로 귀착될 수 없기 때문이다. 정확히 말하면 관계들만이 **실존할** 뿐이다. 이 때문에 자신 안에서 규정되는 독특한 본질들은 실존들의 외재적 연쇄에 의해 변용되지 않는다. 이 때문에 이 본질들은 복합체의 말단에 있는 궁극적 요소, 환원 불가능한 단위로서의 단순한 것을 발견하려는 분석을 통해서 획득될 수 없다. 본질들은 어떤 전체의 구성적 단위들이 아니며 요소들을 영원히 통일시키고 있는 총체들이 아니다.

우리가 본 것처럼 이 운동은 다른 방향에서 파악될 수도 있다. 개체들로 파악된 물체들 안에는 항상, 그 자체 개체들인 다른 물체들이 존재한다. 하지만 각각의 물체는 그 자체 개체인 한에서 다른 물체에 속하며, 이 다른 물체 역시 개체이므로 또한 다른 물체에 속하고, 이처럼 무한하게 진행하여 결국 우리는 우주 전체의 모습이라는 총체적 개체에 도달하게 된다. 이는 우리가 보여 준 것처럼 연장의 매개적 무한 양태다. "**자연**Nature 전체가 단 하나의 개체이며 그 부분들, 곧 모든 물체는 전체 개체에는 아무런 변화도 일으키지 않고 무한한 방식으로 변이된다."[259] 이 텍스트를, 내재적 목적성이라는 표상과 불가피하게 결부되어 있는, 자연에 대한 유기체론적 관점에서 해석하면 잘못을 범하게 된다는 것을 지적한 바 있지만, 이 텍스트는 대부분의 경우 이처럼 해석되곤 한다. 이러한 관점에 따르면 자연의 부분들, 곧 물질

---

259) 『윤리학』 2부 정리 13 다음의 자연학 소론 보조정리 7의 주석. ─옮긴이

적 요소들의 집합(하지만 또한 다른 모든 속성 각각을 구성하는 사물들의 집합도 마찬가지로) 자체는 각자 자신들의 고유한 본질 자체에서, 이 요소들을 전체 형식의 실현을 향해 수렴하도록 만드는 내적 유대 관계에 의해 구성된 것들이다. 그리고 이 전체 형식 안에서 요소들은 통일적인 방식으로 서로 관계를 맺도록 배치되어 있다. 따라서 같은 규칙에 따라 서로 연쇄되는 이 요소들의 고유한 본성으로부터 이것들의 무한한 조직으로 조화롭게 진행해 나가는 것이 가능하게 되며, 그 역도 마찬가지다. 이렇게 되면 스피노자 안에서 라이프니츠를 읽어 내는 셈이 된다.

그런데 스피노자에 따르면 자연에 대한 이러한 표상은, 이것이 모델로 삼는 인간 신체에 대한 인식과 마찬가지로 상상의 영역에 속하는 것이다. 상상은 현행적 무한에 대한 적합한 관념을 감추거나 변질시킨다. 하지만 원래의 적합한 관념에 따르면 실체는 자신의 각 변용들 안에서, 불가피하게 위계적이고 목적론적인 어떤 순서의 원리의 매개 없이 스스로를 직접적이고 동일하게 표현하며, 이 변용들의 독특한 본질들 각자에게, 이것들에 고유하게 속하고 제거될 수 없는 자신의 존재 안에서 존속하려는 원초적 경향을 부여한다. 그러면서도 실체는 이것들 중 어떤 것에도 전혀 특권을 부여하지 않고 이 본질들 전체를 동시에 생산한다. 이 경향들이 고유한 본성의 실정적 충만함 안에서 스스로를 실현하기 때문에 서로 비교될 수 없는 한, 이 경향들은 서로 등가적이다. 따라서 원인과 결과의 무한한 연쇄 안에서 사물들이 서로 관계를 맺도록 위치시켜 주는 사물들의 상호 관계를 통해, 사물들이 하나의 동일한 완전성의 순서를 실현하게끔 서로 일치한다는 공통적인 가상을 포기해야 한다. 이런 식의 해석은 "자연을 전도시키기"(『윤리학』 1부 '부록') 때문이다. 이 해석은 자연의 각 부분들을, 전체로서, 분배의 궁극적 원리로서 고려된 자연 자체와 관련시키는 것이다. 자연의 각 부분들은 이 궁극적 원리에 따라 그 자체로 규정된다. 그러나 이와는 반대로 자연을 이 부분들의 공존의 결과로서, 곧 총체화될 수 없는 집합으로서 간주해야 한다. 이러한 관점에서 고려된 자연은 우리가 확립한 의미에서 충분히 하나의 개체를 구성한다. 곧 자연은 자신을 채우고 있는 존재자들 사이에 필연적인 **공존**[공동 실존] 관계를 실현하는데, 왜냐하면 이 관계가 본질들의 이상적 순서에 따라 주재되지 않아도 자연에 존재하는 모든 물리적 사물들은 정의상 결집되어 rassemblé 있기 때문이다. 그렇지 않다면 자연은 이 이상적 순서의 발현 또는 실물적 구현에 불과할 것이다.

그렇지만 여기서 새로운 난점이 나타난다. 스피노자가 개체에 부여한 정의에 따르면 복합적 존재인 이 개체를 구성하는 요소들 사이의 관계는 오직 타동적 인과성의 형태에 따라, 또는 게루의 표현을 따르면 "주변의 압력"이라는 원리에 따라 완전히 외재적으로 규정된다. 이는, 자신이 속해 있는 무한한 연쇄에 의해 외재적으로 제약되어 있는 자연의 사물들에 대해서는 전혀 문제를 일으키지 않는다. 하지만 자연 자체, 곧 모든 것을 포괄하거나, 또는 적어도 지니고comporte 있으며, 따라서 어떤 것도 그것에게 외재적이지 않은 자연 자체에 대해서도 이렇게 말할 수 있을까? 이는 분명 주변의 압력이라는 원리의 결함이다.

우리가 여기서 멈춰 서게 되는 것은, 우리도 모르는 사이에 개체의 정의가 철저하게 배제하고 있는 내면성의 관념을 재도입했기 때문이다. 우주 전체의 모습으로 총괄적으로globalement 파악된 물리적 자연이 총체화될 수 없는 무제한적인 집합이라면, 이는 물리적 자연이 전적으로 외재적으로 실존한다는 것을 의미한다. 어떤 것도 이것에 외재적이지 않은 이유는 엄밀히 말하면 모든 외재성이 이 물리적 자연 안에 들어가기 때문이며, 통일적이면서 포괄적인 것(다시 말해 내적 통일의 원리에 따라 융해된 것)이 아니라면 적어도 불변적이고 무제한적인 공존 관계 안에서 결합되고 결집되어 있기 때문이다. 이런 의미에서 이 자연의 **질서**는 모든 모순을 배제한다. 다시 말해 이는 끊임없이 [원인이] 재**설정**[260]되는 균형 상태 속으로 이 모순을 해결하려는 경향을 지니고 있다. 모든 물리적 존재자들을 집합적으로 유지하고 자연을 이것들의 개체성의 전체 형식으로 구성하는 주변의 압력은 이 물리적 존재자들의 인과적 규정들의 무한한 연쇄다. 상상은 이 연쇄의 외재성을, 자신이 규정하는 것에 대해 독립적으로 실존하는 **하나**의 외부라는 추상적 허구에서 출발하여 해석한다. 하지만 반대로 이 연쇄가 규정하는 사물들의 **외부에는** 아무것도 존재하지 않는다는 점을 명심해야 한다. 타동적 원인들의 연쇄는 그 자체로, 또는 말하자면 그 자체 내에서en lui-même 외재적인 연쇄인 것이다. 따라서 자연 그 자체가 외적 규정에, 곧 자신을 합성하는 존재자들의 규정에 종속된다는 점을 이해하기 위해 자연에 대해 외재적인 실재를 가정할 필요는 없다. 모든 것이 자연 **안에** 있는 것은, 정확히 말하면 자연이 자신에게 내면적인 것과 외재적인 것 사이에 허구적 경계를 설정하는 어떤 이상적 조화나 통합 질서에 의해서는 설명될 수 없기 때문이다. 바로 이 때문에 우리는, 자연의 각 부분의 수준에서와 마찬가지로 집합적으로 고려된 자연 자체의 수준에서도, 실존들 사이의 외적 관계로 간주된 개체에 대한 동일한 관점을 다시 발견하게 된다.

이는 자연 안에서는 어떤 통일성도 더 이상 생각될 수 없으며, 자연이 어떤 내재적 필연성도 이끌어 낼 수 없는 마주침들의 상황적 연속 안에서 무한하게 분산됨을 의미하는가? 하지만 목적론적 질서의 가상에서 벗어나기 위해서는 이 가상을 순전한 실존들의 우연적 무질서라는 표상 ─ 이는 전자의 거울 이미지에 불과하다 ─ 으로 대체하는 것으로는 충분치 않다. 자연

---

260) 불어에서 remettre en cause는 '다시 문제 삼다'라는 뜻을 가진 숙어인데, 여기서 마슈레는 cause가 지니고 있는 '원인'이라는 뜻을 활용하여 이 숙어를 중의적으로 사용하고 있다. 다시 말해 이 맥락에서는 '재설정하다' 정도의 의미로 번역될 수 있지만, cause의 뜻을 고려하면 '원인을 재설정하다'라는 추가적 의미를 가진다. ─ 옮긴이

안에서 생산되는 모든 것은 보편적인 운동 법칙들에 따라 규정되며, 이 법칙들에 따르면 각각의 사물은 어떤 규정된 방식으로, 연장적인 한에서의 실체의 본질을 표현한다. 이는 각각의 사물에게는 하나의 독특한 본질이 존재한다는 것을 의미하는데, 이 본질은 각각의 사물이 외재적 존재자의 제약에 의해서가 아니라, 자신의 다른 모든 변용들과 마찬가지로 이 사물 안에서 자신을 긍정하는 실체의 행동에 의해 필연적으로 존재하게 해준다. 이런 의미에서 유일한 존재자로 간주된 자연 자체는 자신의 필연성 및 통일성의 근거인 고유한 본질을 지니고 있다. 이 본질은 직접적 무한 양태로, 실체는 이 속에서 다른 사물과의 일체의 관계 없이 직접적으로 자신을 표현한다. 하지만 신의 역량이 직접 스스로를 표현하는 본질의 관점에서 고려되면 자연은 더 이상 하나의 개체나 주체가 아니다. 곧 외재적 실존들의 무한한 계열 안에서 자연에 결집되어 있는 모든 제약들의 체계가 아니다. 우리가 본 것처럼 스피노자는 이런 측면들 중 하나로부터 다른 것을 이끌어 내려는 모든 시도를 무효화한다. 왜냐하면 이러한 시도는 얼빠진 자들과 예속자들이 놀라워하는 목적들의 질서 및 실재에 대한 위계적 관점을 재도입하기 때문이다.

인간의 신체는 모든 양태적 실재와 같은 방식으로 자신의 실존과 구분되는 독특한 본질을 지니고 있으며, 이에 따라 자신의 존재 안에서 존속하려는 경향을 가진다. 하지만 이런 관점에서 고찰될 경우 인간의 신체는 더 이상 하나의 개체, 곧 상호 관계의 외적 제약에 따라 인간 신체 안에 배치되어 있는 부분들의 복합적 배치가 아니다. 인간 신체는 내적 성향에 따라 규정되어 있는데, 이 성향은 어떤 합성체나 총체의 목적론적 질서가 아니라, 어떠한 외재적 규정으로도 환원될 수 없는 유일하고 비교 불가능한 행동 속에서 어떤 규정된 방식으로 인간 신체 내에서 스스로를 표현하는 실체의 해체될 수 없는 긍정이기 때문이다.

좀더 일반적으로 말하면, 어떤 독특한 본질도 다른 독특한 본질로부터 직접 연역될 수 없으며, 공통적 본성, 곧 이 본질들 전체가 의존하고 있는 속성에서 연역될 수도 없다고 해야 한다. "모든 사물에 공통적이고 부분과 전체 속에 균등하게 있는 것은 어떤 독특한 사물의 본질도 구성할 수 없다."[261] 보편적 필연성은 단지 사물들 사이의 공통적 질서, 곧 추상을 통해 사물들을 파악하기 위한 출발점으로서의 공통적 질서만을 표상하는 것은 아니다. 이는 일체의 상호 비교에서 벗어나 있기 때문에 실체를 동일하게 표현하는 절대적으로 동등하고 절대적으로 상이한 무한하게 많은 변용들 속에서, 곧 모든 사물들 속에서 활동하는 실체에 대한 구체적 긍정이기도 하다.

그리하여 우리는 이미 앞서 마주친 바 있는 한 가지 중요한 관념에 이르게 된다. 실체 자체, 곧 그 통일성이 그 무한한 역량과 일치하며, 결코 무언가를 결여할 수 없고, 본질들의 무한성[무한하게 많은 본질들] 속에서 스스로를 표현하는 실체 자체는 모든 규정을 포괄하는 질서에 소속된 한 개체로 실존할 수 없다. 스피노자가 옐레스에게 보내는 50번째 편지에서 간략하게——하지만 알다시피 참된 관념은 그 자체로 충분하다——지적한 것처럼 실체의 통일성은 수적 통일성이 아니며, 사람들이 그에 관해 상상할 수 있는 다른 모든 표본들을 배제한 가운데 유일하게 실존하는 어떤 존재자의 통일성이 아니라 절대적으로 무한한 통일성이다. 이러한 통일성은 가능태에서 실재로 나아가는 운동 중에, 말하자면 [다른 가능한 표본들을] 소거함으로써 외부로부터 그 자체로 파악될 수 있는 것이 아니다. 신은 단지 개체가 아닐 뿐만 아니라, [실존들의 타동적] 질서 내지는 공존의 원리에 따라 이러한 관점에서 추상적으로 고찰될 수 없는 유일한 **사물**이기도 하다.[262] 그러한 원리는 신으로부터 모든 가지성을 제거하는데, 왜냐하면 신에서는 자기원인의 내재적 필연성에 따라 본질과 실존이 정확하게 일치하기 때문이다. **자연**

---

261) 『윤리학』 2부 정리 37.

의 모든 사물들은, 어떤 속성 안에서든 간에 인과적 관계가 배타적인 타동적 형식을 띠게 되는 외재적이고 부정적인 관점에서 고찰될 수 있는 반면, 신은 정의상 전적으로 실정적이다. 신은 또한 모든 사물을 그 자체로 실정적으로 규정하는 것이기도 하다.

따라서 헤겔이 스피노자의 추론에서는 실체가 결코 주체로 **되지** 않는다고 공언한 것은 근거가 있다. 우리는 더 나아가 스피노자의 사유에 실질적인 내용을 부여하는 것은 헤겔이 그의 한계나 제한이라고 지각한 바로 그것이라고 말할 수도 있다. 『윤리학』의 신은 규정들의 전개나 규정들의 체계라는 논리에 따라 합리적 순서로 배열된 규정들의 총체가 아니다. 스피노자에게 어떤 전체tout의 가지성은 개체적 형태의 가지성이며, 이는 종결될 수 없는 제약들의 계열 속에서 기계론적이고 타동적인 연쇄에 따라 상대적으로 해명된다. 따라서 이는 독특한 본질과 근원적으로 구분되는데, 앞의 경우와는 반대로 실체와의 필연적 관계에 의해 규정되기 때문이다. 그리하여 총체성의 관념이야말로 이 관념이 형성되는 맥락에서는 추상적이고 부정적이다. 총체성의 관념은 고유한 본성에 따라 자신의 존재 안에서 무한정하게 존속하려는 경향을 지니는 존재의 실정적 실재성을 전혀 나타내 주지 못한다. 그

---

262) 인간과 자연, 주체와 객체 등을 엄밀하게 구분 또는 오히려 **분리**하는 칸트 이후의 철학 전통에서 볼 때는 아주 기묘하게 보일 수도 있지만, 스피노자에게 존재하는 것은 모두 **사물**res이다. 이는 고전 중세 철학의 용법에서 유래한 것으로, 고전 중세 철학에서 res는 무가 아닌 모든 것, 또는 자기 안에 모순을 포함하고 있지 않은 모든 것, 또는 말이나 단어에 불과한 것과 달리 실재적으로 존재하는 모든 것을 가리킨다. realitas/reality라는 단어 역시 바로 이런 의미의 res에서 유래했다. 그리고 보통 생각하는 것과는 달리 데카르트 역시「두번째 성찰」에서 "나는 생각하는 사물이다"sum …… res cogitans라고 말하는 데서 알 수 있듯이, 이 단어를 매우 일반적으로 사용하고 있다. 하지만 토마스 아퀴나스가 res를, 이른바 6개의 초월자 또는 초월 범주transcendentia의 하나로 간주하고 있는 데 비해, 스피노자는 초월자들을 전적으로 거부하고 있는 만큼, 스피노자 철학에서 res의 용법이 중세 철학의 용법과 완전히 일치한다고 보기는 어렵다. 스피노자를 비롯하여 중세 철학과 근대 철학에서 초월 범주의 용법에 관한 좀더 자세한 논의는 그라지엘라 페데리치 베스코비니Graziela Federici Vescovini 편, 『14~17세기에서 초월 범주의 문제』*Le problème des transcendantaux du XIVe au XVIIe siècle*, 브랭, 2002 참조.─옮긴이

것은 단지 개체적 형태들을 서로 관계시켜 주고 항상 외재적인 원인들에 따라 이 형태들의 출현과 소멸을 설명해 주는 상호 제한을 나타낼 뿐이다.

바로 이러한 상호 제한에서 개별적 제약들의 타동적 연속에 따르는 모순과 갈등들, 하지만 또한 균형과 타협들이 나타나며, 실존하는 것은 본질들에 외재적인 부정적 규정의 질서에 의해 설명된다. 하지만 **신의 지적 사랑**이라는 사물들에 대한 절대적 지식은 이러한 인식 모델을 비판하고 이로부터 절대적으로 거리를 둔다. 이것은 이 모순의 내적 해소라는 가상적 운동에 의해 자신의 대상으로부터 모든 모순을 제거함으로써가 아니라, 진정한 필연성은 모든 실재가, 일체의 모순에서 벗어나 이 실재들 속에서 자신을 긍정하는 실체와 맺고 있는 배타적 관계 속에 존재함을 인지함으로써 그렇게 한다.

『형이상학적 사유』*Cogitate metaphysica*에서 스피노자는 이미 다음과 같이 쓰고 있다.

> 사물들의 비교로부터 어떤 통념들이 생겨나지만 이는 사물들 바깥에서는 아무것도 아닌 한낱 사유 방식들에 불과하다. 이는 다음과 같은 사실에서 알 수 있다. 곧 만약 우리가 이 통념들을 사유 바깥에 주어진 사물들로 간주하려 한다면, 우리는 다른 경우라면 사물들에 대해서 갖게 될 명석한 개념들을 혼란스러운 것들로 만들게 된다. 대립, 질서, 합치, 상이성, 기체, 부수 속성 외에, 여기에 추가될 수 있는 유사한 통념들이 바로 그것들이다(1부 5장).

질서 및 합치와 마찬가지로 대립은 사물을 표상하는 것이 아니라 사물들의 관계를 표상하는 한 방식에 불과하다. 왜냐하면 이 통념들은 사물들의 **비교**에 의존하기 때문이다. 따라서 이는 어떤 내용과도 실재적으로 상응하지 않는 추상적이고 형식적인 통념들의 문제인 것이다. 대립 자체가 존재하지 않는 것처럼 질서 자체도 존재하지 않는다. 이는 이런 통념들로부터 시작해서는 존재하는 것을 적합하게 인식하는 것이 불가능함을 의미한다. 하지만 이 통념들이 형식적이고 가상적이라고 말하는 것만으로는 불충분하다. 어디서 이 통념들이 유래하고, 어째서 이것들이 이처럼 쉽게 신임을 얻는가를 알아야 한다. **사물들을 비교하는 것**은 비록 사물들의 진정한 본성에 관해 아무것도 알려 주지 않지만, 이것이 이런 비교를 가능하게 해주는 실존들의 타동적 연쇄를 표상하는 한(왜냐하면 이는 자신의 대상들을 그 무한정한 상호 규정 관계 속에서 서로 관련시켜 측정하기 때문이다), 절대로 근거 없이 생겨난 조작은 아니다. 따라서 사유 방식으로서의 대립 역시 어떤 존재 방식/양태mode에 상응하며, 이 방식은 유한한 사물들이 서로를 제한하는 무제한적인 계열 안에서 **공존하게** 해주는 바로 그 방식/양태다. 하지만 이 표상은 이 사물들을 실체와 직접 통일시켜 주는 변용들의 실정적 규정은 완전 무시하고 있다. 이 때문에 이는 실재적인 보편타당성을 지니는 합리적 원리를 산출하지 못한다.

    지금까지의 논의로부터 비록 (파스칼 같은 사람에 의해) 문제시되기 시작하기는 하지만 고전주의 시기에도 여전히 합리적 사유의 작용을 지배하고 있던 모순율의 메커니즘이 스피노자에서는 일탈되거나 장애를 일으키게 된다는 결론이 도출된다. 외재적 관계들 속에서 개체들을 구성하는 실존들의 추상적 질서로 귀착되는 이 원리는 기껏해야 개체들의 생존의 불안정한 지속을 측정하게 해주거나 확인하게 해줄 뿐이다. 모순율은 사물들이 실체와 맺고 있는 내재적 관계가 사물들에게 부여하는 본질적 실재성, 곧 이 사물들이 존재하고 보존될 수 있게 해주는 실정적 필연성에 대해서는 아무것도 가르쳐 주지 않는다. 스피노자에게는 어떤 사물도 자신의 모순들에 의해 내생적으로 규정되지 않는다는 헤겔의 지적은 정당한 것이었다. 이런 의미에서 변증법은 스피노자에게 실질적으로 부재한다. 하지만 이와 동시에 모순은 논박이라는 부정적 힘을 상실했음을 강조해 둘 필요가 있는데, 데카르트에게는 여전히 모순이 이로부터 본질적으로 논리적인 기능을 이끌어 내고 있다. [이처럼 부정적 힘을 상실함으로써] 모순은 어떤 존재를 그 실재성 속에서 확립해 주지 못할 뿐만 아니라, 이 존재에 대해 어떤 실재성을 거부하지도 못한다. 왜냐하면 모순의 담론은 사물들의 본질에는 완전히 외재적이기 때문이다. 헤겔이 이전의 전통이 입증하던 결론과는 정반대의 결론을 이끌어 냄으로써 모순율을 전도시킨 반면, 스피노자는 다른 모든 형식적 원리와 마찬가지로 이 원리로부터 모든 실재에 획일적으로 적용될 수 있는 보편적 힘을 박탈함으로써 이 원리의 적용 영역을 완전히 전위轉位시켰다. 하지만 우리가 어떤 변증법의 내재적 경향을 끝까지 전개한다면, 이 변증법은 모순과 맞서 사유할 수도 있어야 하지 않을까?

힘과 코나투스
Force et conatus

스피노자는 모순율에 여전히 합리적 의미를 부여하지만, 사실 그는 이로부터 사물의 실재적 본성을 사유할 수 있는 능력을 박탈했다. 그는 모순율의 보편성에 대한 주장을 논박함으로써 이 원칙의 사용 범위를 제한했던 것이다. 이 점에서 그는 비판 철학을 앞서 구현한 것처럼 보인다. 그것은 비판 철학이 외관상 유사한 방식으로 형식주의에 맞서는 입장을 취하기 때문이다. 이처럼 스피노자와 칸트를 결부시키는 것은 적절한가?

『순수이성비판』「원칙의 분석론」의 부록인 '반성 개념의 애매성'에 따르면 모순율의 적용은 어떤 특수한 현상 속에서 규정되지 않은 상태의 사물 일반을 고찰하는 순수 지성의 관점에 따를 경우에만 인식을 산출한다.

> 실재가 순수 지성에 의해서 우리에게 현시될 때(가상적可想的 실재realitas noumenon) 실재들 사이에서는 어떠한 불일치도 인식될 수 없다. 곧 이 실재들이 하나의 같은 주어 안에 결합되어 서로 그 결과를 상쇄하는, 3-3=0과 같은 관계는 인식될 수 없다.[263]

한 사물은 그 자신이면서 동시에 자신의 반대물일 수 없다. 이 원칙의 보편성은 추상적이고 보편적이다. 왜냐하면 이 원칙은 자신의 대상을 모든 경험적 특징에서 독립해 있는 것으로, 그리고 지성이 대립적인 술어들을 허용하지 않는 순수 논리적인 주어와 같은 방식으로 오직 자기 자신 안에서만 정립하는 것으로 취급하기 때문이다. 그렇다면 문제는 동일한 원칙이 경험 속에 실재적으로 현전하고 있는 사물들에게도 적용될 수 있는지, 그리고 이는 이 사물들을 합리적으로 설명하는 데 충분한 것인지의 여부다.

그런데 현상들 사이의 관계에서는 모순들 또는 오히려 대립물들이 나타나며 이 대립물들의 운동은 형식적 규정으로 환원될 수 없다.

> 반면 현상 중의 실재들(현상적 실재realitas phaenomenon)은 분명 서로 대립할 수 있으며, 같은 기체 안에서 결합될 수 있다. 예를 들어 같은 직선상에 있는 두 가지 운동력이 이것들이 대립하는 방향에서 한 점을 끌어당기거나 밀치는 한에서, 하나는 다른 것의 결과들을 전부 또는 부분적으로 제거할 수 있다. 또는 쾌감 역시 고통을 상쇄한다.[264]

자연에 대한 과학적 인식은 이 모순들을 불가능한 것이나 무로 환원시킴으로써 사변적으로 해소할 수 없으며 모순들의 결과를 설명해야 한다. 이는 이 인식은 이 모순들의 실존 또는 이 모순들의 실재성을 인정한다는 것을 의미한다. 그렇다면 논리와 경험 사이에 갈등이 존재하는 것 아닌가?

칸트는 『순수이성비판』에서 엄밀한 논쟁적 관점에서 이 문제를 도입하고 있다. 그의 논평은 라이프니츠적 전통에 맞서 제시되고 있는데, 라이프니

---

[263] 『순수이성비판』 Critique de la raison pure, 트레메세그André Tremesaygues · 파코Bernard Pacaud 공역, 프랑스대학출판부, p.234; 독어본 Kritik der reinen Vernunft, ed. Reymund Schmidt, Felix Meiner, 1956, A264/265~B320; 국역본 『순수이성비판』, 최재희 옮김, 박영사, 1983, p.246.
[264] 같은 곳.

츠 전통은 **현상들을 지성화함**으로써, 곧 자연과 경험을 순수 지성의 조건들에 종속시킴으로써 이 갈등을 해소한다. 순수 지성에게 실존은 분석을 통해 자신의 주어로부터 도출될 수 있는 논리적 술어이다.

> (한낱 긍정들로서의) 실재들이 서로 갈등하지 않는다는 원리는 개념들 사이의 관계에 대해서는 매우 참된 명제지만, 자연에 대해서는, 특히 (우리가 아무런 개념도 갖고 있지 못한) 물자체에 대해서는 아무런 가치도 갖지 못하는 명제다. …… 라이프니츠가 이 명제를 새로운 것으로 제시하지는 않았지만 그는 이를 새로운 주장들을 위해 사용했으며, 그의 후계자들은 자신들의 라이프니츠-볼프 학설 안으로 이를 명시적으로 도입했다. 이 원리에 따르면 예컨대 모든 악은 피조물들의 한계의 결과들, 곧 부정들에 불과한데, 왜냐하면 이 부정들은 실재와 갈등하는 유일한 것(이는 사물 일반의 개념에서는 실제로 그렇지만, 현상들로서의 사물들 안에서는 그렇지 않다)이기 때문이다. 마찬가지로 라이프니츠의 추종자들은 대립에 구애받지 않고 모든 실재를 하나의 존재 속에서 조화시키는 것이 가능할 뿐만 아니라 자연적이라고 생각하는데, 왜냐하면 이들은 모순과는 다른 대립은 인정하지 않기 때문이다(이로써 사물이라는 개념 자체가 사라져 버린다). 하지만 이들은 하나의 실재적 원칙이 다른 실재적 원칙의 결과를 파괴할 때 발생하는 상호 파괴의 대립은 인식하지 못한다. 우리는 오직 감성 안에서만 이러한 대립 내지는 상반성을 표상하기 위한 필요조건을 만나게 된다.[265]

보편적 조화의 관점에서 볼 때 사물들의 필연성은 사물들을 서로 연결시켜 주는 합치 관계로 귀착하며, 이 관계에 따라 완전하게 해명된다. 이렇

---

265) 같은 책 p.239; 독어본 A272~274/B328~330; 국역본 p.251.

게 되면, 어떠한 외재적 규정이나 자율적 실존 원리도 개입시키지 않는 동질적이고 연속적인 추론을 통해 일종의 객관적 논리가 가능태로부터 실재를 연역할 수 있게 해준다. 이때부터 실재의 질서는 순수하게 지성적인 원리와의 일치에 의해 보증되는데, 이 원리에 따르면 특히 서로 모순되는 모든 것은 동시에 자신의 실존의 권리를 박탈당한다. 역으로 실존하는 모든 것에서 모순은 실제로 부재하게 된다.

칸트는 진정한 초월론적 연역을 생략한 채 지성적인 것에서 감성적인 것을 직접 이끌어 내는 이러한 방식을 거부한다. 이 방식은 자신이 일거에 모든 실재와 동일화한 이념성들idéalités의 영역에서 벗어나지 않기 때문이다. 경험적 인식의 기저에 놓여 있으며 이 인식의 정당성을 보증해 주는 규정들의 종합은 개념들에 대한 분석을 통해 추론하는 순수 지성의 형식적 조건들로 환원되지 않으며, 경험에 주어져 있는 대로의 특수한 사물의 개념을 상정한다. 그런데 이러한 관점에서 보면 실재들(한낱 긍정들로 간주된)은 서로 상반되거나 불일치할 수 없다는, 곧 갈등적 관계를 맺을 수 없다는 원리가 더 이상 자연 속에 보편적으로 적용되지 않는다. 따라서 모순 및 부정에 대한 새로운 개념, 더 이상 엄격하게 논리적인 조건들에 의해 규정되지 않는 개념을 발전시켜야만 한다.

칸트가 1763년『철학에 부정량 개념을 도입하기 위한 시론』*Versuch, den Begriff der negativen Größen in der Weltweisheit einzunführen*[이하『시론』으로 표기]에서 기획한 것이 바로 이것이다. 그는 이『시론』에서 이미 데카르트주의자들 및 라이프니츠의 **개념론**에 맞서 뉴턴의 **실재론**적 입장을 취하고 있는 것으로 보인다. 논리학이 아니라 물리학에 속하는 개념인 부정량은 경험에 주어진 대로의 실재적 대립에서 비롯하는데, 실재적 대립을 통해 한 사물은 다른 사물을 부정함으로써, 또는 적어도 **그 결과들을 제거**함으로써 실정적으로 스스로를 긍정할 수 있다. 이로부터 더 이상 엄밀한 의미에서 모순적인 관계가 아닌, 실정적인 것과 부정적인 것의 새로운 관계가 출현한다.

부정량이라는 아주 특수한 이 현상을 해명하기 위해서는 논리적 모순과 실재적 대립 사이의 구분이 요구된다.

한 사물을 정립하는 것이 다른 사물을 제거하는 것이 될 때 두 사물은 대립적이다. 이 대립은 이중적이다. 곧 한편에서는 (모순에 의해) 논리적이고, 다른 한편에서는 (모순이 없이) 실재적이다. 우리는 지금까지 첫번째 대립 또는 논리적 대립만을 살펴보았다. 이는 같은 주어에 대해 어떤 것을 긍정하면서 부정하는 것이다. 이러한 논리적 관계는 모순율처럼 결과를 낳지 않는 것이다(표상 불가능한, 논리적 모순으로서의 무nihil negativum, irrepraesentabile). …… 두번째 대립, 실재적 대립은 한 주어의 두 술어들이 모순 없이 서로 대립하는 것이다. 분명히 한 사물은 다른 사물에 의해 정립되었던 것을 [앞의 경우와] 마찬가지로 파괴할 수 있으나, 여기에서는 (인식 가능한cogitabile) 어떤 것이 결과로 남는다.[266]

두 가지 형식의 대립[논리적 모순과 실재적 대립]에서 갈등적인 규정들 사이에 설정되어 있는 관계는 같은 주어에 속하는 술어들 사이의 관계로서 제시된다. 하지만 이 관계의 본성은 두 경우가 판이하게 다르다. 왜냐하면 논리적 모순에서 술어들은 자신들의 실재적 실존 속에서 그 자체로 파악되는 것이 아니라, 적대적인 규정들을 지탱할 수 없는 공통의 주어 안에 존재하는 그것들의 상호 관계에 의해서만 파악되기 때문이다. 이렇게 되면 모순은 주어 자체에 내적인 단순한 분석에 의해 해소될 수 있다. 이 분석은 술어

---

[266] 『철학에 부정량 개념을 도입하기 위한 시론』*Essai pour introduire en philosophie le concept de grandeur négative*, 켐프Roger Kempf 옮김, 브랭, p. 79; 독어본 학술원판 2권 p. 171.

들로부터 모든 실정성을 박탈하는데, 왜냐하면 이 분석은 이 술어들을 함께 사유하는 것은 불가능하다는 결론을 도출하기 때문이다.

사람들은 한 사물의 술어들 및 이 술어들의 결과들이 모순에 의해 서로를 제거하는 관계만을 고찰한다. 두 술어 중 어느 것이 진정으로 긍정적이고 realitas, 어느 것이 진정으로 부정적인가negatio에 대해서는 조금도 개의치 않는다.[267]

극단적으로는 두 개의 술어 모두 부정적이라고 말해야 한다. 곧 이 술어들은 각각 추상적이고 상대적인 방식으로 다른 것의 배제를 통해 정의되는 한, 그 자체로는 아무것도 아니다. 헤겔 또한 이 문제를 다시 나름대로 다루지만 전혀 상이한 결론을 이끌어 내게 될 것이라는 점을 언급해 두자. 그는 여기서 부정적인 것과 실정적인 것의 관계의 내재적 성격을 긍정하기 위한 한 가지 이유를 발견하게 될 것이다.

반대로 실재적 대립에서 술어들은 자신들의 길항 작용antagonisme 바깥에서, 곧 이 술어들의 마주침에서 나타나는 부정성(파괴나 감소)과 독립해서, 실재적이고 실정적으로 규정되어야 한다. 따라서 이 술어들은 그 자체로는 서로를 배제하지 않으며, 이것들이 갈등을 일으키기 위해서는 이 술어들을 하나의 같은 **주어** 속으로 결합시키는 계기가 있어야 한다. 그 같은 주어 안에서 이 술어들은 더 이상 논리적인 의미에서가 아니라 물리적인 의미에서 공존하게 된다. 따라서 이 갈등은 단순한 개념적 분석이 아니라, 경험 속에 그 조건들이 주어져 있는 외재적 규정들의 종합에 의해 해소될 수 있다.

---

[267] 같은 책 p.80; 학술원판 2권 p.172.

한 술어에 의해 긍정된 것은 다른 술어에 의해 부정되지 않는데, 왜냐하면 이는 불가능하기 때문이다. 반대로 A와 B라는 두 술어는 모두 긍정적이지만, 각각 별도로 취해진 두 술어의 결과가 a와 b이고, 전자와 후자는 한 주어 안에 공존할 수 없기 때문에, 결과는 0이다.[268]

따라서 이 경우에 불일치는 **술어들** 자체 사이에 존재하는 것이 아니라, 이 술어들로부터 따라나오는 것들 사이에 존재한다. 균형 상태 속에서 서로를 제거하거나 수정하는 것은 술어들의 결과인 것이다. 이는 앞의 경우와는 달리 술어들이 그것들이 내생적 본성을 표현하는 주어로부터 규정되는 논리적 술어들이 아니라, 자신들의 특성들 또는 칸트가 **결과들**conséquences/Folgen이라고 부르는 것에 따라 각자 그 자체로 정의되는 자율적 **기체/주체들**임을 의미한다. 실재적 대립은 독립적 존재들 사이에 존재하는 엄밀한 물리적 의미에서의 공존 관계, 외생적 관계이기 때문이다.

이런 대립 형식을 제시하기 위하여 칸트는 우선 기계론적 운동의 사례에 의지한다. 대립적인 방향으로 부는 바람의 상반된 압력에 시달리고 있는 배는 술어 판단의 주어처럼 자기 자신과 모순에 빠져 있는 것이 아니라, 이 배에서 서로 맞서 있는 반대 효과들의 긴장에 사로잡혀 있다. 이 효과들은 이 배를 자신들의 길항 작용의 대상으로 삼고 있기 때문이다. 이 작용들 중 어떤 것도 그 자체로 부정적이지 않은데, 왜냐하면 "특수한 종류의 대상들을 상상하고, 이들을 부정적이라고 부르는 것은 부조리할 것"[269]이기 때문이다. 부정성은 [상반되는] 작용들이 마주칠 때 생겨나는 상호 관계 속에서만 나타날 뿐이다.

---

268) 같은 곳[여기서 칸트가 0(영)이라고 부르는 것은 실재적인 두 값이 서로 상쇄된 상태를 가리키며, 따라서 논리적 부정과는 구분된다.—옮긴이].
269) 같은 책 p.84; 학술원판 2권 pp.174~175.

대립물들 중 하나는 다른 것과 모순적이지 않으며, 만약 이 후자가 실정적인 어떤 것이라면, 전자는 순수 부정이 아니라 긍정적인 어떤 것으로서 이에 대립한다.[270]

여기서 **모순**은, 경험적으로 규정된 힘들의 관계에서 서로에 대해 작용하는, 그리고 서로 자신들의 효과를 변경시키는 원인들 사이의 대립이라는 형식을 취하고 있다.

1763년의 『시론』에서 칸트는 "이 [부정량이라는] 개념을 철학의 대상들에 적용하는 것", 곧 자연적 세계의 기계론적 대립에 대한 연구를 정신적 세계에 대한 연구로 전치轉置시키는 문제를 검토한다. (영혼 속에서도 힘들의 갈등을 발견함으로써) 다른 측면에서 독특한 결과들을 산출하는 이 시도는 비판 철학 시기에는 포기되었다. 하지만 물리학의 영역에 엄격하게 한정된 동일한 대립 개념은 1786년의 『자연과학의 형이상학적 제일원리들』에 기초를 제공해 주는데, 여기서는 이 개념의 의미가 좀더 완전하게 해명된다.

이 텍스트에서 칸트는 데카르트로부터 전승된 기하학적 기계론에 반대하는 입장을 취한다. 데카르트는 지성적 세계가 아니라 경험의 실재에 적용되는 물리학적 규정 원리가 부재한 가운데, 물리적 실재의 추상적 연장으로의 환원을 가정했다. 칸트는 이 기계론을 형이상학적 힘 개념에 기초한 실재적 대립의 물리학으로 대체하고 있다. 자연과학은 모양과 운동의 원리들만으로 현상들을 해석하는 "기하학적 운동론"[271] ─ 이에 따르면 "물체matière는 공간 중에서 움직이는 것이다"[272] ─ 에 국한될 수 없다. 자연과학은 기하

---

270) 같은 곳; 학술원판 2권 p.175.
271) phoronomie는 라이프니츠가 모양 및 운동에 따라 자연 현상을 설명하는 데카르트식의 역학을 지칭하기 위해 처음 사용한 용어로, 칸트 역시 '기하학적 운동론'을 가리키기 위해 사용하고 있다. ─옮긴이

학적 운동론을 **동역학**으로 대체하는데, 이에 따르면 "물체는 공간을 채우면서 움직이는 것mobile이다".[273] 따라서 운동은 기하학적 특성들만으로 설명되는 것이 아니라, 움직이는 것에 대해 작용하는——자극으로서든 운동에 대한 저항으로서든 간에——실재적인 힘의 개입에 의해 설명된다.

이 기회를 빌려 칸트는 람베르트[274]와 논쟁을 벌이는데, 이 논쟁의 쟁점은 매우 특징적이다.

> 그들의 의견에 따르면 어떤 실재적인 사물의 공간 중의 현전은 모순율에 따라 이 사물의 개념 자체 때문에 이미 이러한 저항을 함축하고 있어야 하며, 이에 따라 다른 어떤 것도 공간 중에서 이 사물과 공존할 수 없게 만들어야 한다. 그렇지만 모순율 자체는 어떤 물체가 다른 물체와 마주치게 될 한 공간 속으로 침투해 들어가는 것을 물리칠 수 없다. 오직 내가 한 공간을 점유하고 있는 것에게 그것에 접근하는 모든 외부의 운동체를 몰아낼 수 있는 힘을 부여하는 경우에만, 나는 한 사물이 점유하고 있는 공간 속으로 같은 유에 속하는 다른 사물이 침투할 수 있기 때문에 모순이 존재할 수 있음을 이해할 수 있다.[275]

여기에서도 역시 칸트는 논리적 규정과 물리적 규정 사이의 일체의 혼동을 거부하고 있다. "모순율 자체는 어떤 물체도 물리칠 수 없다." 여기에

---

272) 『자연과학의 형이상학적 제일원리들』 *Premiers principes métaphysiques de la science de la nature*, 지블랭 옮김, 브랭, 1952, p.25; 독어본 *Metaphysische Anfangsgründe der Naturwissenschaft*, ed. Konstantin Pollok, Felix Meiner, 1997, p.17; 학술원판 4권 p.480.
273) 같은 책 p.52; 독어본 p.39; 학술원판 4권 p.496.
274) 요한 하인리히 람베르트Johann Heinrich Lambert(1728~1777)는 독일의 물리학자·천문학자·철학자로서, 크리스티안 볼프의 합리주의와 존 로크의 경험론을 결합시켜 독자적인 인식론을 전개하려고 했다.—옮긴이
275) 같은 책 pp.53~54; 독어본 p.41; 학술원판 4권 pp.497~498.

서 모순율은 실질적인 인과적 가치를 가지지 못하는 것이다. 기껏해야 일단 운동이 완결된 후, 형식적으로 그 결과들을 기술하면서 이 운동의 특성들 가운데 일부를 표현할 수 있을 뿐이다. 그렇지만 이 추상적 해석을 현상에 대한 이성적 설명으로 간주하는 것은 길항적 힘의 관계에 의해서 규정되는 물리적 실재에 대한 인식을 포기하는 것이다. "침투 불가능성impénétrabilité/Undurchdringlichkeit은 물리적 토대를 갖고 있다."[276] 여기서 물리학은 더 이상 논리적 전제에 종속되지 않으며, 형이상학적 원리에서 자신의 보증 근거를 발견한다.

 왜냐하면 이 원초적 힘들이라는 개념은 경험을 해명할 수 있게 해주지만 그 자체로는 경험 속에서 지정될 수 없으며 **형이상학적**으로 표상될 수밖에 없기 때문이다. 견인력이나 반발력 모두 어떤 규정된 물체로부터 출발하여 어떤 규정된 장소에서 실현되는 경험적 운동으로 귀착될 수 없다. 경험적 운동은 이 힘들의 결과일 뿐이며, 그 자체는 물리적인 것이 아닌 어떤 원리의 물리적 발현일 뿐이다. 그리하여 힘들 사이의 실재적 대립이라는 관념은 경험적 합리성의 밑바탕에 놓여 있지만, 이는 물리적 자연을 실제로 구성하는 물체들 사이의 실재적 관계들과 혼합되지는 않는다. 이는 **힘들**은 그것들이 그 본질적 본성을 표현하는 물체의 부분들에 속하는 것이 아니며 형이상학적 관점에서 일반적으로 고려된 자연 자체의 힘들이라는 것을 의미한다. 따라서 적대적 힘들이라는 개념은 **물질의 구축**을 가능하게 해준다. 현상들은 힘들 사이의 실재적 대립으로부터 해석되어야 하며, 그 반대가 되어서는 안 된다. 우리가 익히 알고 있듯이 칸트에게서 경험으로 회귀한다는 것은 경험에 대한 종속을 함축하는 것이 아니라, 경험 중에 주어져 있지는 않지만 경험에 적용되는 합리적 원리들로부터 경험을 규정한다는 것을 의미한다.

---

276) 같은 책 p.59; 독어본 p.46; 학술원판 4권 p.502.

우리가 본 것처럼 이 원리들은 분석의 방향이 아니라 종합의 방향에 따라 전개된다. 따라서 이 원리들은 물질을 연장으로 환원하는 것에 대한 논박을 가정하고 있다.

공간은 아직 실존하는 어떤 사물을 포함하지 않고, 외감外感의 가능한 대상들 사이의 외적 관계의 필요조건들만을 포함하고 있는 개념이다.[277]

어떻게 한 물체는 연장 중 한 장소를 차지하게 되는가? 이는 연장 자체에 속하는 특징들이나 이로부터 연역될 수 있는 것들에 의해서가 아니다.

여기에 물리적 자연에 대한 동역학의 일반 원리가 존재하는데, 이는 단순히 공간의 규정(장소, 연장, 모양)이 아닌 외감의 대상들의 실재성 전체는 운동력으로서 고찰되어야 하기 때문이다.[278]

따라서 칸트는 자연에 대한 표상 속에 힘이라는 형이상학적 범주를 도입하고, 이로써 "절대적 충만이나 절대적 진공의 조합을 통해 물질의 모든 상이성을 설명하는"[279] 기계론적 관점을 제거한다. 결국 이러한 관점은 충만한 원소들과, 이 원소들이 운동하는 텅 빈 연장 사이의 추상적 관계를 통해 자연을 규정하는 입자론 철학으로 귀결되기 때문이다. 이는 충돌의 물리학에 한정되지만, 이 물리학의 합리성은 불충분하고 자의적이다. 왜냐하면 이는 최초의 기동起動, impulsion이라는 전제에 의존하고 있으며, 이에 따라 물리학적 신학théologie physique으로 귀착되기 때문이다.

---

277) 같은 책 p.61; 독어본 p.47; 학술원판 4권 p.503.
278) 같은 책 p.95; 독어본 p.74; 학술원판 4권 p.523.
279) 같은 책 p.112; 독어본 pp.86~87; 학술원판 4권 p.532.

우리가 텅 빈 공간에 의지하지 않도록 해주는 모든 것들은 자연과학에게는 진정한 이득이다. 왜냐하면 이 공간들은 자연에 대한 내적 인식의 결핍을 빈약한 공상들로 대체할 정도로 상상력에 너무 많은 여지를 허용하기 때문이다. 자연과학에서 절대적인 진공과 절대적인 충만은 형이상학적 철학에서 대략 맹목적인 우연과 맹목적인 숙명에 해당하는 것이다. 곧 가상이 자신의 자리를 차지할 수 있도록, 또는 가상이 감추어진 성질들qualités occultes에게 안전하게 의지할 수 있도록 지배적 이성을 방해하는 장애물인 것이다.[280]

자신의 대상을 모든 실재적 작용으로부터 분리하는 이러한 기하학적 또는 기계론적 해석의 실정성은 기껏해야 자신의 가장자리에, 가능한 세계라는 시적 허구를 산출할 뿐이다.

반대로 현상들에 대한 동역학적 탐구 방법을 도입하는 자연에 대한 형이상학적 관점은 원초적 힘들의 결합에 따라 물질을 규정한다. 그런데 이러한 해명 방식은

실험철학에 더 잘 부합할 뿐만 아니라 이로운 것이기도 하다. 왜냐하면 이 해명 방식은 비어 있는 간극 및 상이한 모습을 지닌 원초적 입자들을 허용하는 자유를 억제함으로써——왜냐하면 이 두 가지는 경험에 의해 규정될 수도, 발견될 수도 없기 때문이다——물질의 고유한 운동력과 그 법칙들에 대한 발견으로 직접 인도하기 때문이다.[281]

---

280) 같은 책 p.111; 독어본 p.86; 학술원판 p.532.
281) 같은 책 pp.113~114; 독어본 p.88; 학술원판 p.533.

추상적 규정들이 분석에 의해 전개될 수 있는 자연의 기계론적 표상은 가능한 세계에 대해서만 타당한 반면, 힘들에 관한 형이상학적 가설은 구체적인 의미와 실험적 정당성을 지니고 있다. 곧 이 가설은 구축을 통해 실제 세계를 인식할 수 있게 해주는 것이다.

이 가설에 따르면 자연을 구성하는 물체들 사이의 관계는, 종합적 관계에 따라 서로에 대해 작용하는 두 가지 원초적인 힘인 척력과 인력에 의해 설명된다.

이 관계는 원초적이다. 한 물체의 실존은 그것이 어떤 것이든 간에 이 물체가 외부의 모든 침입에 대립시키는 저항[력]과 일치하기 때문에 척력을 표상에서 직접 얻을 수 있다. 하지만 이 척력이라는 힘은 물질의 실존의 유일한 원리로 사유될 수는 없다는 점이 바로 드러난다. 만약 물질이 이러한 확산 경향으로만 구성된다면, 물질은 단지 한 장소를 점유하고 외부의 공격에 맞서 이 공간을 방어하려고 할 뿐만 아니라 모든 공간으로 무제한적으로 확산되는 경향을 지닐 것이기 때문이다.

다시 말해 물질은 무한하게 분산되어, 어떤 규정 가능한 공간 속에서도 규정 가능한 물질의 양을 전혀 발견할 수 없을 것이다. 따라서 만약 물질 중에 척력들만이 실존한다면 모든 공간은 텅 빈 것이 될 것이며 엄밀히 말해 어떤 물질도 존재하지 않게 될 것이다.[282]

따라서 척력은, 상반되는 원리인 인력으로 균형을 이룰 경우에만 전체적으로 고려된 자연에 대한 인식 가능성의 원리가 될 수 있다.

---

282) 같은 책 p.71; 독어본 pp.54~55; 학술원판 4권 p.508.

따라서 척력과 대립적인 양 속에서 작용하고 접근성을 산출하는 물질의 원초적 힘, 곧 인력을 어떻게든 인정해야 한다.[283]

동역학의 정리 6("어떤 물질도 척력 없이 인력만으로는 가능하지 않다")은 정반대의 방향에서 같은 증명을 다시 사용하고 있다. 자연을 인력으로만 설명하게 되면 자연은 무한한 수축 운동에 종속될 것이며, 이 또한 물질을 공간 중의 단 한 점으로 사라지게 만들 것이다. 이로부터 **원초적인** 것, 진정한 자연 인식의 원리를 구성하는 것은 공간 중의 모든 물질 운동을 규정하는 대립적인 힘들 사이의 근원적 갈등이라는 점이 도출된다.

이 갈등은 더 심원한 규정으로 환원될 수 없는 한에서 근원적이다. 이 원리는 모든 자연과학에게 자신의 원리를 부여하기 때문에 그 자체로는 설명될 수 없다. 달리 말해 분석될 수 없는 것이다. 이 때문에 이 원리는 하나의 형이상학적 원리다.

모든 자연철학은, 외견상으로는 상이한 주어진 힘들을 첫번째 힘들의 효과들을 설명하는 데 더 적합한, 더 적은 수의 힘들/역량vermögen/puissance으로 이끌어 가는 데서 성립한다. 하지만 이러한 환원은 우리의 이성이 그 이상 넘어갈 수 없는 근본적인 힘들까지만 나아갈 뿐이다. …… 물질 개념의 구축을 목표로 하는 형이상학이 할 수 있는 것 전체가 바로 이것이다.[284]

따라서 힘들의 갈등은 자연에 대한 합리적 설명이 나아갈 수 있는 궁극적 지점이다. 하지만 이것은 결코 이 힘들의 갈등이 자신의 궁극적 목적

---

283) 같은 책 p.74; 독어본 p.55; 학술원판 4권 p.510.
284) 같은 책 pp.115~116; 독어본 pp.89~90; 학술원판 4권 p.534.

에 따라 그 자체로 존재하는 대로의 자연을 구성한다는 뜻이 아니다. 왜냐하면 자연과학의 형이상학적 원리들은 자신들이 그 조건을 지정해 주는 인식에 도달할 수 있을 뿐, 우리를 자연의 형이상학으로 인도해 주지는 않기 때문이다. 이 자연의 형이상학이라는 기획이 적어도 어떤 의미를 지니고 있다면, 이는 [자연과학의 형이상학적 원리들과는] 다른 개념들 및 다른 증거들을 가동시켜야 할 것이다. 칸트의 학설에서 이 기획은 역사철학으로 귀착한다. 이 역사철학은 처음에는 적대적/길항적 힘이라는 동일한 개념에 의지하다가(예컨대 「세계시민적 관점에서 본 보편사의 이념」Idee zu einer allgemeinen Geschichte in weltbürgerlicher Absicht에 나오는 "비사교적 사교성"insociable sociabilité/ungesellige Geselligkeit이라는 통념을 보라), 법치 국가 속에서 자연과 이성을 화해시키는 하나의 궁극적 규정으로 이 힘들 사이의 갈등을 해소한다. 역사의 목적이라는 것이 존재하기 때문에 이러한 **해소**가 가능하며 이러한 해소가 **자연의 기획과** 일치하는 것이다.

    자연의 영역에서 왜 이 근원적 갈등이 환원될 수 없는 것인지, 특히 분석적 관계로 귀착될 수 없는 것인지는 쉽게 이해가 된다. 만약 이것들이 가능하다면 길항적 힘들은 예컨대 생의 비약élan vital이나 기본적 에너지처럼 자연에 대한 일종의 일반적 해석 모델을 구성하는 동일한 원초적 힘의 [두 가지] 전도된 또는 반대 형식들로서 서로에게 환원될 수 있기 때문이다. 이 경우 해결할 수 없는 문제가 발생한다. 왜 이 힘은 자신의 발현의 수준에서 자기 자신과 갈등을 겪게 되는가? 이러한 환원은 추상이 아니고서는 불가능하다. 왜냐하면 길항적 힘들은 자신들의 원리 자체에서 서로에게 환원 불가능하기 때문이다.

    두 가지 운동력은 전혀 다른 종류의 것들이며, 따라서 [한편으로] 이것들 중 하나가 다른 것에 의존하게 만들거나 [다른 한편으로] 이것들 중 하나가

아무런 매개 없이 다른 것의 모든 가능성을 거부하게 만들 수 있는 하등의 근거도 존재하지 않는다.[285]

따라서 두 힘은 분리될 수 없다. 이것들은 매개에 의해서가 아니더라도 서로에 대해 작용하기 때문이다. 그럼에도 불구하고 양자의 관계는 종합적이며, 이 관계는 양자의 실재적 외재성을 전제한다. 여기서 우리는 부정량이라는 개념을 재발견하게 되는데, 왜냐하면 오직 가상이나 관습만이 우리에게 둘 중 하나가 다른 것의 부정이라고 말하게 하기 때문이다.

'동역학에 대한 일반적 보론'[286]에 요약된 대로 이 추론 전체의 운동을 개괄해 보자. 일단 척력이 공간 중의 실재적인 것에 대한 직접적 규정으로서 출발점에 주어져 있다. 곧 물체는 우선 저항의 현상을 통해 고체로서 표상에 주어진다. 그 다음 인력은 앞선 힘과 대립하는 것으로 현존한다. 하지만 이렇게 되면 이 대립은 "외적 지각의 진정한 대상으로서의 이 실재[척력을 갖는 물체]와 관련하여 부정적인 것, 곧 인력"이 출현하게 해주는 표상의 질서에 따라 이해된다. 이 경우는 부정성 그 자체가 존재하는 것이 아니라, 우리의 실재 포착의 직접적 조건들에 따라서만 부정성이 존재하게 된다. 그런데 우리의 포착은 자기 자신에 고유한 [시간적] 연속의 질서에 따라 실재의 관계들을 해체한다. 이 때문에 두 힘들 사이의 대립은 상호 한정 관계로 사후에만 주어질 뿐이며, 이것이 자연의 가지성의 조건이다. 물리적 실재에 대한 자생적 표상에 의지하고 있기 때문에 직접적으로 이해 가능한 이 표상의 장점은 쉽게 알 수 있다. 이 표상은 사후에 인력과 척력을 대립시키기 때문에 길항적 관계의 종합적 성격을 잘 부각시킬 수 있는 것이다. 하지만 실제로는

---

285) 같은 곳.
286) 같은 곳.

이 표상은 인력을 내생적으로 부정적인 힘으로 만듦으로써, 현상들 사이의 필연적 관계를 형식적으로가 아니라 실재적으로 이해하기 위해서는 힘들 중 어느 하나가 아니라 힘들 사이의 갈등으로부터 출발해야 하는 이성적 물리학의 질서를 전도시키고 있다. 이 경우 문제가 되는 것은 이 힘들의 실재적 독립성 및 이 힘들의 관계의 근원적으로 종합적인 성격이다.

헤겔은 『철학요강』 262절 '보론'에서 칸트가 "『시론』 덕분에 자신이 물질의 구축이라고 부르는 것으로부터 물질의 개념으로 나아가는 길을 열었으며, 이 『시론』 덕분에 자연철학이라는 개념을 잠에서 깨어나게 했다"[287]고 말한다. 하지만 헤겔에 따르면 칸트는 이 기획을 끝까지 완수할 수 없었다. 이는 칸트가 물질적 실재에 대한 규정을, 외재적인 종합적 관계만이 존재하는—"왜냐하면 이것들은 서로에 대해 폐쇄적으로 정립되어 있기 때문이다"—힘들에 대한 고찰로 제한시켰기 때문이다. 이처럼 힘들 사이의 관계로 환원되면 물질 그 자체는 인식 불가능한 것으로 남게 된다. 우리가 방금 살펴본 것처럼 칸트는 바로 이런 인식의 한계를 존중하기 위해 힘들의 갈등을 환원 불가능한 것으로 제시했다. 하지만 그는 이로부터 역설적인 결과를 이끌어 낸다. 실재적 대립으로서 주어진 힘들의 관계가 실존한다는 사실은 의심의 여지가 없는 것이지만 이 관계는 형이상학적 관점을 통해서만 접근할 수 있다. 이는 이 관계가 경험에서는 결코 그 자체로 발현되지 않기 때문이다. 이 **모순**에서 벗어나려면 물질 개념에 새로운 내용을 부여해야 하는데, 이는 원초적 힘들이라는 "반성 규정들"[288]의 도움을 받아 이 개념을 종합적으로 구축함으로써가 아니라, 물질 개념의 내적 모순들의 발전을 통해 그 개념을 현실적으로 생산함으로써 이루어진다. 모순과 대립을 분리시키는 것

---

287) 『철학요강』, 강디약 옮김 p. 253; 독어본 2권 p. 63.
288) 같은 곳.

이 바로 이 점이다. 대립의 경우 적대적/길항적 항들은 외재적이고 독립적이다. 하지만 모순의 운동에서는 상반된 것들이 동일한 내재적 과정 속에서 통일된다. 헤겔은 『대논리학』 2권에서 이 구분을 완전히 전개하고 있다.[289]

따라서 헤겔은 칸트의 입장을 전도시킨다. 곧 인력과 척력은 더 이상 자연에 대한 합리적 표상만을 허용하는 데 그치는 환원 불가능한 요소들이 아니다. 이것들은 유일한 물질적 과정의 발현들 내지는 계기들이며, 이 과정이 전개되는 가운데 이것들은 내생적으로 결합되어 있는 것으로 나타난다.

이 계기들은 그 자체로 자율적인 계기들로, 다시 말해 힘들로 간주되지 않는다. 이 계기들이 개념적인 계기들인 한에서 물질은 이 계기들에서 생겨나지만, 이 계기들이 현상적으로 드러나기 위해서는 물질이 전제되어야 한다.[290]

보다시피 여기서 형이상학을 지양하는 변증법의 절차들은 헤겔이 실재를 엄격하게 논리적으로 분석하도록 이끌어 간다. 하지만 이런 논리적 분석은 라이프니츠와는 다른 수단들을 활용하고 있으며, 특히 모순율에 대해 완전히 대립적인 용법을 구사하고 있다.

이와 동일한 논변이 좀더 발전된 형태로, 『대논리학』 1권 1편 중 「대자적 존재」라는 장에서 주석의 형태로 나타난다.[291] 칸트에게서 물질의 구축은 자율적 힘들로 간주된 인력과 척력에서 시작하기 때문에 "이것들은 자신들의 본성상 서로 관계하지 못한다. 곧 이들 각자는 단지 자신의 대립물로 이행하는 한 계기에 불과한 것이어서는 안 되며, 상대방에 맞서 스스로를 굳게

---

289) 『대논리학』 2권, 라바리에르 옮김 pp.58~87; 독어본 pp.55~80; 국역본 pp.75~109.
290) 『철학요강』, 강디약 옮김 p.253; 독어본 2권 p.63.
291) 『대논리학』 1권 pp.151~161; 독어본 pp.200~208; 국역본 pp.184~193.

고수해야 한다."[292] 따라서 이 힘들은 추상적으로 병치되고 있으며, 물질은 이 힘들 사이의 갈등의 결과에 불과하다. 물질적 실재는 진정으로 인식되는 것이 아닌데, 이는 이 물질적 실재가 외재적 규정들, 곧 서로 외재적이며 물질적 실재에 대해서도 외재적인 규정들에 따라 표상되기 때문이다. 힘들의 형이상학은 물질의 구성적 요소들을 통일시키는 동시에 이 요소들을 실현시키는 **이행**의 내적 운동을 파악하지 못하게 만든다.

따라서 칸트는 물질에 대한 합리적 연역을 제공하겠다는 목표를 달성하지 못했다. 이러한 평가는 헤겔이 다음과 같은 놀라운 결론을 내리게 만든다. "칸트의 절차는 근본적으로는 분석적이며, 구축적이지 않다."[293] 왜냐하면 원초적 힘들이라는 개념은 직관에 주어져 있는 물질에 대한 직접적 표상으로부터 획득된 것이기 때문이다. 헤겔은 이 개념의 전제들을 다음과 같이 해명하고 있다.

척력은 이처럼 직접 주어져 있기 때문에 곧바로 물질 개념 속에서 사유된다. 반대로 인력은 추론을 매개로 척력에 추가될 것이다. 하지만 이 추론의 근저에서 방금 말했던 것, 한낱 척력만을 지니고 있는 물질은 우리가 물질로 표상하는 것을 모두 충족시키지 못한다는 점이 드러난다.

이것이 바로 경험에 대한 통상적인 반성적 인식 절차라는 점은 분명하다. 이런 인식은 우선 현상 중의 규정들을 지각하고 그 다음 이를 기초로 삼아 이 규정들에 대한 이른바 설명을 위해, 기본 물질들과 더불어 이 현상의 규정들을 생산해야 하는 힘들을 가정한다.[294]

---

292) 같은 책 p.152; 독어본 p.200; 국역본 p.184.
293) 같은 책 p.153; 독어본 p.201; 국역본 p.185.
294) 같은 책 pp.154~155; 독어본 p.202; 국역본 p.186.

따라서 원초적 힘들이라는 개념은 경험적 표상에 대한 분석에서 유래한다. 이 힘들은 이 표상의 추상적이고 표상적인objectivés 요소들에 불과하다. 이 힘들의 차이, 이 힘들의 실재적 외재성은 실재적 대립의 형식으로 투사된 표상 중의 외재성, 차이에 불과하다. **힘들**은 자연의 현실적 특성들이 아니라 형식적으로 실현되고 인위적으로 분리된 **지각이 받아들인 규정들**이다.

따라서 헤겔이 볼 때 칸트는 이 점에서 일관성을 잃은 사상가였다. 칸트는 기계론에 대한 비판을 끝까지 밀고 나갈 수 없었던 것이다. 칸트는 물체들의 실재적 운동을 규정하는 힘들로부터 출발하여 물질을 규정함으로써, 순수하게 기하학적인 수단들을 통해 분석될 수 있는 불활성의 물질이라는 추상적 개념을 제거했다. 이로써 그는 단지 동역학적일 뿐만 아니라 변증법적이기도 한 물질에 대한 새로운 관점을 열어 놓았으며, 이 관점은 자신들의 모순 속에서 내생적으로 통일되어 있는, 인력과 척력의 이성적 과정으로 이끌어 간다. 하지만 물질의 진정한 구축, 곧 현실적 발생인 이 결과 앞에서 칸트는 "의식 없이"bewusstlos[295] 머물러 있다. 칸트 자신이 이를 파악하지 못했던 이유는 그가 힘에 대한 추상적인 동시에 경험적인 표상으로 **사물의 본성**을 왜곡시켰기 때문이다.

헤겔의 비판 가운데 칸트의 텍스트에 대한 자의적 해석을 제외한다면 그의 비판은 특히 실재적 대립이라는 개념의 애매성과 함께, 이 개념과 논리적 모순의 구분이 작위적임을 부각시켰다는 장점이 있다. 사실 **실재적 대립**이라는 표현에서 **실재적**이라는 용어는 무엇을 의미하는가? 이는 형식적 지성의 조작이 아니고서는 논리적 규정으로 환원되지 않는 어떤 특징을 의미한다. 하지만 여기서 **실재적**이라는 용어는, 사유와 직접 일치하지 않고 그 자체 사유에 대해 외재적인, 사유에서 독립적인 객관적 실재의 물질적 실존을

---

295) 같은 책 p.159; 독어본 p.206; 국역본 p.191.

가리키는——비판적 의미와는 구분되는——실정적 의미를 지니고 있지 않은가? 분명히 그러한 의미는 지니고 있지 않다. 왜냐하면 형이상학적으로밖에 긍정될 수 없는 원초적인 힘들의 갈등의 **실재성**은, 사유가 인식을 통해 대상들을 전유하는 것을 목표로 하고, 따라서 이성의 형식적 조건들이 아닌 초월론적 조건들에 따르는 한, 사유에 대해 정립되기 때문이다.

힘들의 대립은 이성이 이론적으로 자연을 설명하기 위해 필요한 개념이며, 이 개념은 자연과학들에게 가능성의 조건들을 부여하는 형이상학을 통해 이성에게 제공된다. 우리가 본 것처럼 칸트는 실존과 술어, 감성적인 것과 가지적인 것을 직접 동일시하는 연속적 연역을 거부한다는 점에서 라이프니츠와 대립한다. 하지만 좀더 심원한 차원에서는 칸트 역시 라이프니츠와 일치한다. 칸트와 라이프니츠는 모두 지적 직관이라는 허구를 곧바로 받아들이는 대신, 인식 원천들의 상이성을 고려하는 복합적 종합을 거쳐 가능태로부터 실재로 인도해 가는 연역이라는 관념(이것이 더 이상 형식적인 것에 불과한 것이 아니긴 하지만)을 유지하고 있기 때문이다. 그리고 이러한 연역이 목표로 삼는 실재는, 실재의 현실적 운동을 선취하고 실재 안에서 선험적으로 인식에 개방되어 있는 하나의 영역을 잘라 내는 합리적 조건들의 **실현**에 불과하다. 그 조건들이 어떤 것이든 간에 말이다.

루치오 콜레티는 칸트를 "적어도 유물론의 싹이나마 발견될 수 있는 유일한 독일 고전 철학자"[296]로 인정할 수 있다고 믿었다. 이 "비판적 유물론"은 정확히 실재적 대립과 논리적 모순의 구분에 위치하고 있으며 이 구분은 "실존의 우월성 및 실존의 초논리적 성격",[297] 곧 "사유와 존재의 이질성"[298]

---

296) 루치오 콜레티Lucio Colletti, 『맑스주의와 헤겔』 *Le Marxisme et Hegel*, 비테Jean-Claude Biette·고셰 Christian Gauchet 옮김, 샹 리브르Champ libre, p.106; 국역본 『마르크스주의와 헤겔』, 박찬국 옮김, 인간사랑, 1988, p.110.
297) 같은 책 p.104; 국역본 p.108.
298) 같은 책 p.94; 국역본 p.102.

을 보증해 준다. 그런데 이러한 해석은, 인식의 원천들을 상이하게 만듦으로써 이성의 내적 작동을 조건짓는 직관과 개념의 구분을, 외부로부터 이성의 능력을 한계짓는 물자체와 현상의 구분과 중첩시킨다. 하지만 이 두 가지 구분에서 실재적인 것과 사유된 것 사이의 관계는 완전히 상이하고 엄격히 환원 불가능한 내용들을 가리킨다. 대립이라는 물리적 개념이 복원시킨 실재적인 것은 형이상학적 구축으로부터 비롯된다. 또는 우리가 앞서 사용했던 표현을 빌려 오자면, 실재적인 것은 어떤 가능태의 실현이다. 이런 의미에서 실재적인 것은 이성 속에 먼저 주어져 있는 조건들로부터 출발하도록 규정되어 있다고 할 수 있다. 따라서 실재적인 것은 물질적 실재 그 자체의 구축에 외재적인 것으로 머물러 있다.

이 긴 논의 과정은 우리를 결국 스피노자로 이끌어 간다. 우리는 지금까지 칸트의 논변의 주요 흐름을 서술했다. 그 이유는 여기서 소묘되고 있는 새로운 논리와, 『윤리학』에서도 나타나고 있는 사유 양식 사이에서 일종의 친족성을 발견할 수 있다고 믿었기 때문이다. 그 사유 양식은 헤겔처럼 모순율을 모순율 자신과 대립시켜 사용하는 것이 아니라, 모순율에 대한 전례 없이 새로운 용법을 제시한다. 스피노자와 칸트 사이의 이러한 연결은 적어도 두 가지 점에서 정당화될 수 있을 것으로 보인다. 한편으로는 일종의 절대적 실정성에 대한 옹호가 존재하는데, 이는 실재로부터 모든 내적 부정성을 제거하고 모순 개념을 추상적인 지성의 반성에 제한시킨다. 다른 한편으로는 물리적 실재에 대해 그 안에서 긍정되고 그것을 절대적으로 실정적인 방식으로 규정하는 경향들——스피노자의 경우에는 **코나투스**, 칸트의 경우에는 **힘**——로부터 설명하려는 시도를 한다는 점이다. 우리는 이제 이러한 연결이 어떤 점에서 피상적인지 이해할 수 있다.

칸트에 따르면 **힘**들은 힘들의 상호 대결의 관점에서만 사유될 수 있으며, 이 대결의 바깥에서는, 또는 적어도 이성에 대해서는 지정 가능한 실재성을 전혀 지니지 못한다. 이는 이 힘들이 함께 긍정되도록 해주는 힘들 사이의 긴장이 물리적 규정들의 연쇄 안에서 생산된다는 것을 의미하는데, 이 물리적 규정들의 연쇄라는 개념은 현상들의 계열 내부에서 완전히 소진된다. 반대로 스피노자에게 하나의 독특한 본질을 구성하는 코나투스는, 유한한 동시에 무한한 규정 속에서 이 본질을, 코나투스 안에서 스스로를 표현하는 무한한 실체와 어떤 중개물도 없이 직접 통합시킨다. 따라서 코나투스는 칸트에서처럼 가능한 인식의 조건들에 의해 제한될 수 없다. 이런 관점에서 볼 때 제3종의 인식은 자기 자신이 표현되는 어떤 형태 아래서, 실재적인 것을 가능태로부터 연역하려는 모든 시도를 금지하는 한에서 실재적 대립들만이 아니라 논리적 모순에도 구애받지 않는 셈이다.

우리는 여기서 우리가 이미 마주쳤던 관념을 확증하게 된다. 곧 실체가 그 과정 중에 자기 자신을 긍정하는, 실체에서 양태로의 이행은 실현이나 발현의 운동, 곧 잠재태와 현실태 사이의 관계로 표상될 수 있는 어떤 것이 아니다. 실체는 형이상학적 토대나 합리적 인식의 조건처럼, 자신의 양태들에 앞서 있거나 이 양태들의 외양적 실재성 배후에 존재하는 것이 아니라, 자신의 절대적 내재성 속에 존재한다. 그런데 이 절대적 내재성은 자신의 모든 양태들 속에서 동시에 표현되는 실체의 행위와 다른 것이 아니다. 이 행위는 양태들 사이의 관계들에 의해 규정되는 것이 아니라, 반대로 이 관계들의 현실적 원인[299]이다. 따라서 실체 안에는 자신의 변용들 안에서보다 더 많은 것 또는 더 적은 것이 존재하는 것이 아니다. 자연의 통일성과 존재자들의 무한

---

299) 여기서 마슈레가 '현실적 원인' cause effective이라고 표현한 것은 일반적 의미의 작용인 efficient cause과는 구분될 필요가 있다. 특히 스피노자 당대의 기계론 철학(및 그 이후의 철학)에서 작용인은 두 사물 사이의 외재적인, 또는 스피노자의 표현을 빌리면 타동적인 원인 causa transiens을 의미하는 데 반해, 여기서 마슈레가 '현실적 원인' cause effective 개념으로 의도하고 있는 것은 원인과 결과 사이의 내적, 또는 다시 스피노자의 표현을 빌리자면 내재적 immanent 관계이기 때문이다. 이러한 '현실적 원인'의 원리는 『윤리학』 1부의 마지막 36번째 정리 "그 본성으로부터 아무 결과도 따라오지 않는 것은 아무것도 실존하지 않는다"에서 가장 명시적으로 표현된다.—옮긴이

한 다양성 ─ 이러한 다양성은 자연을 **합성하지** 않고 자연을 구성하며 순서라는 형식적 원리로 환원될 수 없다 ─ 사이의 직접적 동일성이 표현해 주는 것이 바로 이것이다.

따라서 자신의 변용들 안에서 실체가 표현된 것들인 코나투스들은 힘들이 아니다. 코나투스들은 서로에 대해 아무런 작용도 하지 않기 때문이다. 역으로 자신들의 존재 안에서 존속하려는 이것들의 경향, 곧 이것들의 자체성의 영원성, 이것들의 본질의 영원성은 모든 시간적 전개 바깥에서 사유되어야 한다. 이 경향은 코나투스들을 그것들 자신과 다른 것으로 인도하지 않는다. 심지어 이 경향은 시작한다고 말할 수도 없다. 왜냐하면 이는 끝나지 않을 뿐만 아니라 시작하지도 않기 때문이다.[300] 이런 의미에서 이 경향은 절대적으로 인과적이다. 다시 말해 이 경향은 모든 목적과 매개를 배제한다. 반대로 목적과 매개는 어떤 연쇄 ─ 이 연쇄가 합리적인 것이든 아니든 간에 ─ 의 관점에서만 사유될 수 있다. 우리가 충분히 보여 준 것처럼 독특한 본질들은 자기 중심적이고 스스로를 실현하고자 하는 **주체들**이 아니다. 왜냐하면 독특한 본질들은 객체도 주체도, 내용도 형식도 없는 순전히 실체적인 행위들이기 때문이다. 곧 이것들은 추상적 반성이 설정한 이 구분들을 단숨에 넘어서는 것들이다.

그렇지만 마찬가지로 우리가 보여 주었듯이 스피노자의 이론은 주체라는 개념에 자리를 남겨 두고 있다. 이 이론은 주체를 본질들이 아니라 실존들 사이의 관계로 정의한다. 실존들, 곧 소산적 자연을 합성하는 모든 것의 수준에서는 칸트의 힘들의 이론과의 유비가 특별히 더 의미를 갖는 것 아닌

---

300) 이는 기묘하게 들릴 수도 있으나, 마슈레가 말하고자 하는 것은 코나투스의 운동은 어떤 (창조적/절대적) 기원도, 어떤 목적/결말telos도 갖지 않는다는 점이다. 이는 스피노자 철학에는 원초적 요소/원자나 자기 완결적 총체라는 개념이 존재하지 않는다는 앞의 논의와 논리적으로 연관된 주장이다. ─ 옮긴이

가? 사실 스피노자의 자연학은 **개체들** 사이에 다수의 상호 관계들을 설정하고 있으며, 이는 외적이든 내적이든 간에 일체의 목적성 없이 기계론의 원리들만으로도 완전하게 설명된다.

> 만약 같은 기체 안에서 두 개의 상반된 작용이 촉발된다면, 이 기체는 상반된 것들이 더 이상 상반된 것들이 아니게 될 때까지 두 가지 작용 중 하나에서 또는 오직 그 중 하나 안에서만 필연적으로 변화를 겪게 된다.[301]

우리는 바로 여기에서 칸트처럼 **자연의 형이상학적 원리와** 관계하는 것 아닌가?

이 질문에 답하기 전에 우선 이 양자의 연결의 범위를 정확히 파악해야 한다. 만약 힘들의 균형 이론이 어떠한 실정적 규정, 곧 모든 독특한 본질과 이 본질들 안에서 스스로를 표현하는 무한자를 직접 통합시키는 절대적으로 긍정적인 행위도 개입시키지 않은 채 **주체를** 구성하는 관계들의 체계를 실제로 기술한다면, 이는 스피노자가 본질들의 질서와 실존들의 질서 사이에 설정한 거리가 현상과 물자체의 비판적 구분을 예고하기 때문인 것처럼 보인다. 이것은 또한 상이한 인식의 종류들을 이성의 능력들facultés 내지는 사용들과 동일시할 수밖에 없도록 만든다.

하지만 스피노자에게는 하나는 실체적이고 무한하며 다른 하나는 양태적이고 유한한 두 가지 실재의 질서가 존재하는 것이 아니라, 연속적이고 분할 불가능하며 유일한 인과법칙 ——유한자와 무한자는 이를 통해 서로 분리될 수 없게 연결되어 있다——에 의해 규정되는 하나의 동일한 현실이 존재한다. 이 현실 안에서는, 하나는 본질들의 세계이고 다른 하나는 실존들의

---

301) 『윤리학』 5부 공리 1.

세계로 구분되는 두 가지 양태의 영역을 잘라 낸다는 것은 불가능하다. 난해한 무한 양태 이론이 가르쳐 주고 있는 것이 바로 이 점이다. 운동과 정지의 일반적 법칙들에 따라 자신의 본질적 영원성 속에서 지각되는 것[곧 능산적 자연]은, 또한 실존상으로는 **우주 전체의 모습**으로 표상될 수 있는 것, 곧 영원성 개념 안으로 들어갈 수는 없지만, 시작도 끝도 없는 무제한적인 지속 안에서 자기 자신과 동일하게 스스로를 보존하는 총괄적 개체로 표상될 수 있는 것[소산적 자연]이기도 하다.

    서로 환원 불가능한 관점들에 따라 모든 종류의 인식들이 파악하는 것은 하나의 같은 자연이다. 그 관점들이 서로 환원 불가능한 까닭은 이 관점들이 실재의 요소들을 존재하는 그대로 포착하는지, 아니면 그것들 사이의 연쇄에 따라 포착하는지에 따라서, 특히 이 후자의 경우에는 그 요소들이 이 연쇄를 구축하는 질서에 따라 포착하는지에 따라서 어떤 식으로든 서로 어긋나기 때문이다. 하지만 우리가 살펴본 것처럼 이 인식들 각자는 나름의 방식대로 **참된** 것이다. 곧 각각의 인식은 자신이 의존하는 관점의 법칙들에 복종한다. 이 인식들은 자신들의 원인이 품고 있는 모든 설명의 역량을 지니고 있지만, 이 역량은 실재를 표상하기 위해 실재에게 자신의 조건들을 고정시키는 이성 내지는 인간 지성의 본성에서 추구되어서는 안 된다. 극단적으로는 이 인식의 종류들 중 하나가 다른 것보다 더 **참되다**(만약 우리가 진리와 적합성을 조심스럽게 구분한다면)고 긍정할 수 없다. 이 종류들은 자신들이 기능하는 체계 속에서는 모두 똑같이 필수적이기 때문이다. 『윤리학』에 고유한 영역을 제공해 주는 실천적 관점에서만 인식의 종류들 사이의 위계 관계가 확립될 수 있는데, 이는 신의 지적 사랑을 자연적 연쇄들에 대한 인식과 상상의 착란들 위의 가장 높은 자리에 위치시킨다. 하지만 다른 경우에는 이 상이한 인식의 형태들은 한 현실을 목표로 삼고 있으며, 다만 이 현실의 본성의 내적 상이성 때문에, 이를 무한자와 유한자의 관계, 유한자와 무한자의 관계, 또는 유한자와 유한자의 관계로 현시présenter할 뿐이다.

　이 때문에 상당히 유혹적으로 보일지라도 스피노자가 열어 놓은 관점과 칸트가 따르게 될 관점을 연결시키려는 시도는 피해야 한다. 하지만 헤겔 자신이 이런 혼동에 빠져들지 않았는지는 확실치 않다. 그가 스피노자와 칸트에 제기한 논박들은 은밀한 공명을 불러일으키면서 서로 화답하고 있다. 이는 스피노자주의에 대한 그의 불신의 열쇠가 아닐까? 모든 것은 마치 그가 스피노자 안에서 칸트를 읽은 것처럼 나타난다. 헤겔에게는 스피노자의 철학적 입장의 혁명적 독특성에 따라 스피노자 그 자체를 읽을 능력이 없었기 때문이다.

목적론
La téléologie

스피노자는 실체와 그 변용들의 관계를 직접적 동일성의 관계로 사유했으며, 이 동일성은 모순들에 의한 매개를 요구하지 않기 때문에, 그는 무한자를 어떤 **존재자**Etre 속에서 일거에 실현하려 하지 않았고, 자기 자신의 전개 과정 속에서 충족되는 어떤 경향의 실현 과정으로 인식하려 하지도 않았다. 절대적 객체도 아니고 절대적 주체도 아닌 스피노자의 실체는 정확히 말해 바로 이러한 표상의 범주들을 실격시킨다. 반면, 헤겔 자신은 이 범주들의 모순을 완전히 해소시킨다고 주장하면서 이 범주들과 유희하게 될 것이다.

따라서 스피노자의 실체는 하나의 **주체**가 아니다. 하지만 사실대로 말하면 헤겔의 정신 역시 **하나의** 주체가 아니다. 그것은 주체이지만 **하나의** 주체와는 전혀 상이한 것이다. 헤겔의 논리는 전통적인 주어의 위치, 곧 추상적인 지성의 논리가 지정해 놓은, 어떤 대상이나 술어와의 관계 속에 고정되어 있는 주어의 위치를 실격시킨다. 자신의 내재적 운동 속에서 스스로를 개념 안의 **자기**Soi로 파악하는 개념은 **사물 그 자체**, 곧 이 개념이 그 표상/재현 représentation일 뿐만 아니라 현시 présentation이기도 한 내용과 자신을 동일시한다. 이러한 현시에서 정신은 하나의 주체가 아니라 자신의 과정의 총체 속에서 스스로를 표현하는 절대적 주체로서 자신을 드러낸다. 알튀세르의 표현을 빌리면 이것은 바로 **주체 없는 과정**, 곧 자기 자신의 주체인 과정 또는 과정-주체다. 이것이 바로 **주관적 논리**의 의미인데, 주관적 논리는 주어의 논리가 아니며 하나의 주어의 논리는 더더욱 아니다.

따라서 주어가 술어 판단에서 보유하고 있는 통상적인 주어의 기능은 와해된다. 개념은 그것이 실행되는 이성적 논의 안에서 주어이자 동시에 술어이다. 또는 개념은 이 양자의 통일, 곧 양자의 상호 규정 운동이다.

만약 **현실적인 것은 보편적**이라고 말한다면 주어로서의 현실적인 것은 자신의 술어 속으로 소멸된다. 다시 말하면 보편적인 것은 단지 술어의 의미만을 지닌 채, 이를테면 현실적인 것은 보편이라는 투의 명제만을 내어 놓는 데 그칠 것이 아니라 현실적인 것의 본질을 표현해야만 한다. 따라서 사유는 주어로부터 술어 속으로 던져질 때마다 주어 속에서 자신이 지니고 있던 객관적인 고정된 토대를 상실하게 되며, 이 술어 속에서 사유는 [즉자적인] 자기가 아니라 내용의 주어 속으로 복귀하게 된다.[302]

추상적 지성에게 어떤 명제의 진리는 준수해야 할 규칙들을 지닌 형식적 관계들의 체계에 따라 획일적으로 규정된다. 하지만 개념의 활동, 개념의 삶은 이러한 경직된 관계, 이 구축물을 유연하게 만들고 이 관계가 외부로부터 추론에 부과하는 한계들을 제거하며 모든 형식을 다른 형식으로 해체시킨다. 물론 이 다른 형식 역시 앞의 형식을 그 현실적 실현으로 이끌어 가는 진화의 한 단계일 뿐이다.

따라서 진정한 합리성은 구체적이며 이는 전통적인 술어적 사유 모델과 거리를 둘 것을 요구한다.

---

302) 『정신현상학』 「서설」 p.149; 독어본 p.60; 국역본 p.124.

변증법적 운동의 요소는 순수 개념이며, 이 때문에 이 운동은 전적으로 주체 그 자체인 하나의 내용을 갖게 된다. 따라서 기저에 놓인 주어로 작용하고 그 의미가 이 주어에게 술어처럼 거저 굴러 들어오게 될 내용이란 존재하지 않는다. 명제는 직접적으로는 공허한 형식에 불과하다.[303]

명제가 주어와 술어를 분리하고 이것들 각자에게 고정된 위치를 지정하는 한, 그것은 공허한 형식이다. 그런데 참된 것은, 자신에게 외재적인 어떤 술어에 대한 주어가 아니다. 참된 것은 또한 내용 자체이므로, 자신의 현시의 모든 계기들 안에서 자신을 이성적인 것으로서 드러낸다. **이 운동은 전적으로 주체 그 자체**라는 정식이 표현하는 것이 바로 이것이다. 이는 이 주체의 자율성 및 무한성의 열쇠다.

살아 있는 정신은 그 자율적 전개 과정 중에 추상적 논리의 요구들을 부정하며, 이 때문에 이 정신은 자신의 체계 안에 부정적인 것의 자리를 만들어 준다. 절대적 부정 또는 부정의 부정은 개념으로 하여금 어떤 한정된 규정, 어떤 형식 안에서도 멈출 수 없게 만드는 개념의 거역할 수 없는 추동력과 다르지 않다. 왜냐하면 개념에게 이 규정이나 형식은 잠정적이고 불완전한 형식들에 불과하며, 이것들이 정체성을 발견하고 실현하려면 자기 자신을 와해시켜야 하기 때문이다.

생동하는 실체는 또한 진정으로 주체이기도 한 존재다. 또는 같은 뜻이지만, 생동하는 실체란 실체가 자기 자신을 정립하는 운동, 또는 [그 자신의] 타자화와 자기 자신 사이의 매개인 한에서만 진정으로 현실적인 존재다. 주체로서의 이 실체는 순수하고 단순한 부정성이며, 이 때문에 이 실체는

---

303) 같은 책 p.153; 독어본 pp.61~62; 국역본 pp.126~127.

단순한 것의 둘로의 분할 또는 대립적인 이중화이다. 그리고 이러한 이중화는 역으로 이 무차별한 상이성 및 그 대립의 부정이다. 자신을 재정초하는 이 동등성, 타자 존재 안에서의 자기 자신의 반성만이 참된 것이지, 원초적 통일성 자체 또는 직접적 통일성 자체가 참된 것이 아니다.[304]

개념은 자기 안에 타자를 정립함으로써 자기를 반성하는 한에서 **전적으로 주체 그 자체**이다. 개념은 어떤 규정 안에서 자기 자신을 인지하지만, 이는 곧바로 이 규정 안에서 스스로를 제거하기 위해서, 그리고 동시에 자기 안에 전체의 무한한 합리성을 결집하지 못하는 특수하고 유한한 규정으로서의 이 규정 역시 제거하기 위해서일 뿐이다. 자기에게 복귀하고 그로써 참된 것의 실현, 참된 것의 이성적 생성에 봉사하는 것은 부정적인 것의 운동이다.

마찬가지로, 자기 자신으로부터 일체의 부정성을 배제하고 자신과의 모순을 견뎌 낼 수 없는 유한한 논리의 추상적 주어와는 달리, 무한하게 구체적인 헤겔의 주체는 그것이 **전체적으로 주체**이기 때문에 자신 안에 모든 모순을 포괄한다. 이는 모순들의 전체적인 발전의 조건인 동시에 결과이다. 이러한 내적 부정성의 매개를 통해 참된 것은 **하나의** 주어가 아니라 본래적인 주체가 되며, 그 자체로 현시된다.

그렇지만 우리는, 헤겔은 자신이 계속해서 추상적이고 제한적이라고 비난하는 고전적 합리성의 방법과 대립하는 방법을 통해 결국 동일한 결과에 이르는 것은 아닌가 하고 물어볼 수 있다. 고전적 합리성의 경우, 진리 서술의 전제조건인 형식적 조건들과 규칙들로부터 출발하기 때문에 모순은 처음부터 회피된다. 헤겔의 경우는 복합적이고 힘겨운 여정의 끝에 이르러 최종적으로 모순이 극복되며 이 여정 중에 모순은 자기 자신에 맞서 진리 주

---

304) 같은 책 p.49; 독어본 p.23; 국역본 p.75.

체를 긍정하게 된다. 그리고 이 주체는 자기 자신으로부터 모든 가능한 제한들을 뽑아 냈기 때문에 현실적이며, 이 제한들을 극복했기 때문에 무한하다. 이리하여 이 주체는 절대적인 자기 정립이 된다. 두 경우 모두에 어떤 주체와 관련된 합리성이 존재하는데, 이 주체는 자신 안에서 일체의 부정성을 제거해야 할 이유를 발견하며 이를 통해 진리의 우월성을 보증한다. 양자 사이의 차이는, 헤겔이 맞서 싸우고 있는 이전의 표상에서는 이 주체가 시초부터 이미 완전하게 구성되어 있고 완전하게 실정적인 원칙에 따라 실현되어 있는 유한한 주체이며, 바로 이 주체의 영속성이 증명의 일관성 또는 순서를 보장한다는 점에 있을 뿐이다. 반면 헤겔식의 전개 과정에서 이 주체는 무한한 주체로서, 이는 이 주체를 달성하는 과정 ─이 과정의 운동은 모든 전제를 거부한다─의 말미에 이르러서야 비로소 자기 자신이 된다.

그렇다면 헤겔의 **주체**는 고전적 이성의 주체의 거울에 비친 이미지가 아닌가? 이는 분명 비판적 이미지로, 추상적 합리성의 불충분성을 드러내고 해체시킨다. 하지만 이는 여전히, 자신이 의존하며 본질적 특징들을 나름의 방식으로 재생산하는 모델과 결부되어 있는 하나의 이미지와 다른 것이 아니다. 그리하여 헤겔은 자신이 비난하고 있는 전통적 사유와 관련하여 한 가지 전위를 실행하는 데 불과하다. 곧 그는 자기 자신에 외재적인 어떤 요소도 허용하지 않기 때문에 일체의 물질성으로부터 순화되어 있는 이상적인 합리성이라는 환상을, 시초와는 분리되었지만 시초 못지않게 절대적인 하나의 끝/목적 안에 설치해 놓는다. 이러한 **전도** 속에는 본질적인 어떤 것, 곧 진리의 주인이라는, 자기 자신의 주체로서의 정신이라는 관념이 온존하고 있으며, 이 주체는 그가 자기 동일적인 것으로 출현하게 되는 합리적 과정을 통제한다.

이러한 연결은 자의적인 것처럼 보일 수도 있지만, 헤겔 목적론의 기능이라는 본질적인 쟁점을 부각시켜 준다. 곧 이 목적론이야말로 참된 것의 일관성 내지는 영속성을 확립하는 전통적인 척도들을 대신하는 것이다. 자기 자신으로 복귀하는 거역할 수 없는 운동으로서 개념의 무한성은 어떤 목적으로 향하는 경향을 지니고 있으며, 이 목적은 모든 진리의 질서를 떠받치고 있는 데카르트의 진실한 신이 그렇게 하듯이, 개념의 노동은 무익하게 실행되는 것이 아니라 어떤 전진적인 발전 안에, 곧 불확실한 시초에 놓여 있던 정신을 필연적인 완성으로 이끌어 가는, 연속적인 동시에 단절적인 진화 과정 안에 기입되어 있다는 것을 보증한다. 그리하여 헤겔은 명시적으로 아리스토텔레스에게서 목적성 개념을 빌려 오면서 "이성은 합목적적 행위다"[305]라고 쓸 수 있는 것이다.

    모든 영고성쇠를 거친 진리의 생성은 개념의 자기복귀다. 이 생성은 하나의 의미/방향을 갖고 있기 때문에 이성적이다. 이 생성의 예비 단계들은 이 생성의 완성과 얼마나 멀리 떨어져 있든지 이를 선취하고 예고한다. 특히 바로 여기에 헤겔의 관념론이 놓여 있다. 정신이 자기 자신을 자신의 내용으로 산출함으로써 자신에게 부여하는 이 보증 안에서 정신의 운동은 진행되며 여기서 정신은 이미 주체로 자처하는데, 이는 정신이 자신의 모든 발현들의 원을 통과하여 자기 자신으로 복귀함으로써 자신을 실현하는 주체이기 때문이다. 이런 보증 때문에 처음부터 몇 가지 가능성들이 제외되며, 이는 이 무한한 과정이 여전히 제한적이라는 점을 알려 준다. 왜냐하면 이 과정은 어떤 방향 설정에 의존하고 있기 때문이다. 예컨대 이 과정이 아무런 의미도 지닐 수 없다는 점은 배제된다. 이 경우 이 과정은 그 자체로 이성적이지 않게 될 것이며, 더 이상 자기 자신 안에 통일성을 지니지 못할 것이기 때문이다. 또는 이보다 훨씬 더 받아들이기 어려운 경우로서, 대립적인 방향들의 대결 속에서 무한정하게 맞선 상태로 머물러 있으며 이 방향들로부터 통일

---

[305] 같은 책 p.55; 독어본 p.26; 국역본 p.78.

적이고 지배적인 하나의 경향을 도출해 내는 데까지 이르지 못했기 때문에 어떠한 균형도 확정적으로 설정될 수 없는 다수의 과정들이 동시에 존재한다는 점은 배제된다. 이러한 경우에 참된 것은 극복할 길 없는 모순들에 빠져들게 될 것이다. 또는 적어도 어떤 것도 이 모순들이 완전하게 해결되리라는 것을 보증해 주지 못할 것이다.

이 목적론의 다른 이름은 부정의 부정, 곧 유한하지 않은 어떤 부정이라는 개념이다. 유한한 부정은 한낱 부정에 불과한 부정, 곧 부정 자신이 외부에서 제거한, 따라서 어떤 측면에서는 이 부정에서 벗어나는 어떤 것에 대한 부정이다. 따라서 모든 한계처럼 이 부정 역시 본질적으로 상대적이다. 반대로 절대적 부정은 모든 한계들을 넘어설 수 있는 능력이며, 이는 자신 안에 자신의 한계들을 지니고 있고 한계들로서의 이것들을 제거하는, 완전하게 전개된 체계의 무한성 안에서만 성립할 수 있다. 유한한 부정은 일종의 정류장, 아무 데로도 인도하지 않는 정류장이다. 무한한 부정은, 자신이 해소하는 모순들의 매개를 통해, 자신이 실현하려는 경향을 지니고 있는 이 목적을 향해 필연적으로 방향 설정되어 있다.

헤겔은 자신이 이전의 전통과 단절한다고 주장하는 바로 이 지점에서 그 전통과 결탁하고 있다고 말할 수 있을 것이다. 헤겔의 변증법은 자신의 **완성**의 조건으로서 부정의 부정이 제공해 주는 보증 때문에, 자신이 그 한계들을 비난하는 표상의 논리와 마찬가지로 모순에 **맞서 있는** 사유이다. 이 모순은 그 자신의 해소라는 약속, 따라서 그 자신의 소멸이라는 관점에서 출발해서 주체 자신으로의 회귀를 통해서만 인식될 수 있기 때문이다. 『철학요강』의 한 주석이 명시하는 바가 바로 이것이다.

일반적으로 세계를 운동시키고 있는 것은 모순이며, 따라서 모순이 사유될 수 없다는 것은 어처구니없는 소리이다. 이러한 주장에서 유일하게 정당한 내용은, 우리가 모순에 머물러 있을 수는 없으며 모순은 스스로 제거된다는 점뿐이다. 하지만 그렇다면 제거된 모순은 추상적 동일성이 아니다. 왜냐하면 추상적 동일성 자체는 대립의 양 측면 중의 하나일 뿐이기 때문이다.[306]

모순을 사유하는 것은 모순의 제거를 사유하는 것이다. 왜냐하면 **우리는 모순에 머물러 있을 수는 없기** 때문이다. 모순에 머물러 있다는 것은 그것에서 벗어나지 못하고 사로잡혀서 자신의 목표와 재결합하지 못하는, 뒤처지고 고착되어 있는 사유의 증상이다.

우리는 헤겔이 스피노자의 부정주의와 **무세계론**無世界論, acosmisme을 비난한다는 점을 살펴보았다. 스피노자를 다루는 『대논리학』 2권의 역사적 주석에서 헤겔은 의미심장하게도 스피노자의 **동양적 직관**에 관해 쓰고 있다.

그리하여 존재는 항상 자기 자신을 더 어둡게 만들고, 밤, 부정적인 것은 빛의 종착점, 곧바로 처음의 빛으로 되돌아가지 못하는 종착점이 된다.[307]

절대자의 진행 과정이 부정적인 종착점에서 종결된다는 것은 이 과정은 자신이 지향하는 이 끝/목적에 따라 철저하게 각인되어 있다는 것을 의미한다. 그렇다면 이 과정의 전진은 퇴보 또는 실추일 뿐이다. 그 전진은 비이성적인 것 안으로 몰락한다.

헤겔이 스피노자에게 전가하는 이 **부정주의**와 헤겔 자신의 **실정주의** positivisme는 대비를 이룬다. 이는 모순 자체 안에서 모순의 반전, 모순의 폐

---

306) 『철학요강』, 부르주아 옮김 119절 보론; 독어본 p.247.
307) 『대논리학』 2권, 라바리에르 옮김 p.242; 독어본 p.198; 국역본 p.271.

지의 조건들을 발견하는 절대적 긍정의 철학이다. 만약 모든 것이 필연적으로 모순들을 통과해야 한다면, 이 모순들은 참된 것의 완성에 필수적인 매개물들 내지는 보조물들에 불과하기 때문이다. 모순은 또한 모순들로부터 벗어나기 위한, 모순들과 결말을 짓기 위한 가장 좋은 수단이며, **부정적인 것의 노동**은 자신이 말소시키는 부정적인 것 자체를 대상으로 삼고 있다. 자신들의 토대 또는 출발점에서부터 모순을 제거하는 참을성 없는 철학들 및 불완전한 논리들과 반대로, 모순 자신에 대한 모순의 승리, 곧 모순이 그 발현에 불과한 이 목적 속에서 모순의 소멸에 내기를 걸어야 한다. 개념에게는 절대적 부정이 열어 놓은 길은 또한 무한자로의 진입의 약속이기도 하다.

모순에 맞서 모순을 내세우는 이러한 회귀를 통해 참된 것은 자신을 실현하는 과정 동안 계속 예고된다. 자기 자신을 회상하는 정신은 자신의 현재화의 형식들 전체에 걸쳐 자기 현전적인 것으로 존재한다. 이 때문에 정신의 **역사**는 과거를 인식하지 않으며, 자기 자신 안에서 움직이는 정신의 영원한 현재성하고만 관계할 뿐이다.

철학적 역사가 목표로 하는 보편자는 그 바깥에서 또 다른 규정들이 발견될 수 있는, 역사적 삶의 매우 중요한 한 측면으로 이해되어서는 안 된다. 이 보편자는 무한하게 구체적인 것으로, 모든 것을 포함하고 있으며 도처에 현전한다. 왜냐하면 정신은 영원히 자기 곁에 존재하기 때문이다. 무한하게 구체적인 것에게 과거란 존재하지 않으며, 이것은 항상 자신의 힘과 자신의 역량에서 동일하게 남아 있다.[308]

---

308) 헤겔, 『역사 속의 이성』 *La raison dans l'histoire*, 파파이오아누Kostas Papaïoannou 옮김, 출판협동조합Union Générale d'Edition, 1988, p.32.

과정 전체에 걸쳐 자기 자신과 동일한 정신은 그 안에 역사를 지니고 있지 않다. 왜냐하면 이 과정은 "절대적 운동인 동시에 절대적 휴지休止"[309]이기 때문이다. 또한

따라서 이는 실제로는 하나의 역사가 아니다. 또는 이는 역사가 아닌 동시에 하나의 역사다. 우리에게 제공되는 사상들, 원칙들, 관념들은 현재적이기 때문이다. 이는 우리 자신의 정신의 규정들인 것이다. 역사적인 것, 곧 과거의 것은 더 이상 존재하지 않으며 죽은 것이다.[310]

정신은 자신의 내재적 발전 중에 궁극적으로는 모든 역사의 위에 위치하게 되는데, 이는 처음부터 정신이 역사의 끝term에 스스로를 위치시키기 때문이다. 이 역사의 끝과 비교하면, 역사는 하나의 외재적 발현에 불과하다. 어떤 역사를 이성적으로 이해한다는 것은 정확히 말해 이 역사를 그 동력이자 진리인 개념 속으로 되돌려 보내는 것이다. 곧 역사 안에서 역사적인 것을 제거하고, 역사 속에서 제거된 죽은 과거에 대한 살아 있는 사유의 승리를 긍정하는 것이다.

자신의 역사를 가로질러 자기 자신으로 돌아오기 위해 정신은 이러한 동일성의 생성 과정 중에 영원히 **자기 곁**에 머물러 있다. 이 **영원성**은, 무한자의 관점을 특징짓는 또 하나의 영원성인 스피노자식의 영원성과 관계 있는 것 아닌가?

스피노자에서 영원성은 영원한 어떤 사물[실체]의 특성으로, 이는 "이것의 현행적인 무한한 실존"[311]과 합치하며, 직접적으로 본질이기도 한 이

---

309) 『철학사 강의』 1권 「서론」, 지블랭 옮김 p.131.
310) 같은 책 p.156.
311) 『형이상학적 사유』 2부 1장.

실존, 곧 어떠한 지속의 조건도 그 본성을 제한할 수 없는 실체에 속한다. 사실 모든 지속은 부분들로 합성되어 있는 한에서 제한되어 있으며, 부분들을 분해할 경우 열거의 대상이 된다. 하지만 무한한 실체는 필연적으로 이러한 분해에서 벗어나 있다. "왜냐하면 실체에게 지속을 부여하게 되면 우리는 자신의 본성상 무한하며 무한한 것으로밖에 인식될 수 없는 것을 부분들로 나누게 될 것이기 때문이다."[312] 따라서 영원성은 지속의 특수한 한 종류가 아니다. 특히 영원성은, "지속이 시작도 끝도 지니지 않은 것으로 인식된다 할지라도"[313] 지정 가능한 일체의 한계 너머까지 연장된 지속이 아니다. 우리는 여기서 현행적 무한자, 곧 모든 잠재성이 배제되어 있으므로 유한자에서 시작하는 합성이나 구축으로는 파악 불가능한 무한자의 본성을 이해하는 데 도움을 주었던 추론을 다시 발견하게 된다.

스피노자적 의미에서 영원성은 본질적으로 인과적이다. 이 영원성은 자기 자신 안에 자신의 원인을 지니고 있으며 일체의 목적론적인 전개 과정의 가능성을 배제하는 무한자에 속한다. 따라서 실체는 헤겔의 정신과 근본적으로 다르다. 우리는 실체가 **자기 곁에 머물러 있다**고 말할 수 없다. 실체란, 일체의 시간적 규정을 배제한 가운데 자신의 모든 변용들 속에서——우리가 보았듯이 이 변용들이 실체 발현의 질서정연한 체계를 구성하지 않아도——동시에 **스스로를 긍정하는** 행위와 다르지 않기 때문이다. 이 행위는 영원한데, 왜냐하면 이 행위는, 이를 어떤 잠재적 무한자의 조건들로 귀결시키는 모종의 현재화의 운동에 전혀 의존하지 않기 때문이다. 영원성은 목적들의 부재다.

스피노자와 헤겔을 대결시키는 논쟁의 진정한 쟁점을 이해하는 데 이

---

312) 같은 곳.
313) 『윤리학』 1부 정의 8의 해명.

영원성의 개념은 결정적인 것이다. 실체의 자기 동일성은 모든 매개를 배제하며, 이런 의미에서 이는 실제로 모든 부정성을 자기 바깥으로 밀어낸다. 하지만 이러한 거부는 외재적인 발현이 아니다. 실체는 자신의 고유한 본성 때문에 부정적인 것, 유한한 것을 인정하지 못하며 **모든 규정은 부정이다**라는 정식이 주장하듯이 자신의 변용들 속으로 이를 투사하지도 않는다. 그것은 실체와 양태들 사이에는 어떠한 이행도 생각될 수 없기 때문이다. 이런 이행은 무한자가 유한자로 해체되는 과정, 곧 필연적으로 부적합한 과정을 의미할 것이다. 이 때문에 실체는 자신의 변용들 속에 영원히 현전하며 이 변용들 바깥에서는 사유될 수 없고, 변용들 역시 실체 없이는 사유될 수 없다. 그리고 무한자와 유한자의 관계의 이러한 직접성이야말로 이 관계를 목적화된 관계로, 그리고 실체를 이 관계 안에서 완성되는 절대적 주체로 반성하지 못하게 만드는 것이다.

따라서 실체의 자기 동일성은 실체가 스스로를 규정하면서 표현하는 행위에 대한 일체의 목적론적 해석을 거부한다. 이러한 해석은 실재를, 그 **창조**의 관점에서 관념론적으로 파악하는 주관적 가상에 속하는 것이다. 『윤리학』 1부 '부록'은 이 점을 충분히 증명하고 있다. 영원성의 관점에서 볼 때는 목적들을 고려할 여지가 존재하지 않으며, 사물들의 질서 위에서 자신의 질서를 부과하는 자유로운 **주체**의 개입을 고려할 여지도 존재하지 않는다. 바로 이 점에 스피노자와 데카르트의 본질적인 대립이 존재한다. 그런데 헤겔도 스피노자처럼, 하나의 주체, 따라서 추상물에 불과한 데카르트의 주체를 거부한다. 하지만 스피노자의 거부와 정반대인 이 거부는 결국 스피노자의 그것보다 덜 결정적이라는 게 밝혀진다. 헤겔의 거부는 주체의 [수적] 유일성으로부터 유한성을 박탈하긴 하지만, 이는 결국 주체의 내적 지향, 목적들로의 자기 투사를 강화하기 때문이다. 이는 모든 관념론적 사유의 합리적 운동, 곧 지향적 운동을 특징짓는 것이다. 그런데 우리가 본 것처럼 스피노자는 독특한 본질들에게 코나투스라는 개념을 적용함으로써 지향적 주체라는 관점을 제거했다. 이러한 관점은 실체의 절대적 무한성을 표상하는 데 있어서나 실체가 어떻게 유한한 규정들 안에서 자기 자신을 표현하는지 이해하는 데 있어서나 부적합한 것이다.

따라서 헤겔이 스피노자 사상 안에서 주체 개념 및 부정의 부정 개념의 부재를 지적했을 때, 그가 잘못 생각한 것은 아니었다. 더욱이 이 두 개념은 하나의 동일한 내용[목적론]에 관한 두 개의 상이한 이름이다. 실제로 스피노자의 체계 안에서 이 내용의 부재는 두드러지게 부각된다. 이것이 헤겔이 해석한 것처럼 이 개념이 스피노자의 체계에 **결여**되어 있으며 따라서 이 개념에까지 고양되지 못한 스피노자주의는 열등하다는 결론을 이끌어 내야 한다는 뜻일까?

우리는 헤겔의 목적론은 철학사에 대한 관점에서 재발견된다는 것을 알고 있다. 곧 헤겔에게 철학사는 서로 위계적으로 배치되어 있고 각자의 내적 모순에 따라 작동하는 체계들의 연속으로 제시되며, 이 체계들의 모순은 진정한 철학—이는 이미 그 자체 안에서 일체의 역사를 부정했다—에 보다 가까운 상위의 형식들에 자리를 물려 주도록 이 체계들을 강제함으로써 이것들을 전복시킨다. 이러한 관점은 부인할 수 없는 이점을 지니고 있다. 이 관점은 형식적 비교의 시도에서 벗어나 철학들을 내적인 운동 속에서, 그 상호 관계에 따라 연구할 수 있게 해준다. 곧 이 관점은 어떤 철학적 입장을, 무차별적인 질서가 아니라 그 내적 모순들에 따라 종별화한다. 하지만—바로 이것이 이러한 합리성을 도출해 내기 위해 치러야 하는 대가인데—이 모순들은 절대적 부정성의 원칙에 따라, 전적으로 자신의 목적으로부터 설명되는 거역할 수 없는 연속적 순서로 해소되는 것으로 제시된다. 그리하여 헤겔은, 우리가 연대기적 순서를 무시한다면 진화주의라고 부를 수 있을 만한 관점을 철학사에 도입한다. 이러한 관점에 따르면 하나의 철학은 이것이 다른 철학 이후에 오기 때문에, 그리고 다른 철학의 와해로부터 배양되기 때문에 다른 철학에 대해 필연적으로 우월하다. 헤겔이 이성적 부정성, 따라서 정향된 부정성의 원칙에 따라 철학들을 특징짓게 해주는 것이 바로 이것이다. 자신의 역사적 상황 때문에 스피노자의 철학은 필연적으로 불충분하거나 결함을 지닌 것이며, 바로 이 토대 위에서 스피노자의 철학이 해석되어야 한다.

하지만 만약 우리가 스피노자의 증명들에 의지하여 헤겔의 목적론을 제거한다면, 역으로 철학사에 대한 이 진화적 관점은 소멸하게 될 것이다. 철학들 사이의 실재적 관계는 더 이상 위계적 통합의 정도만으로 측정되지 않는다. 또한 이것은 불가역적 연속의 순서에 따라 철학들을 상호 배치하는 연대기적 노선으로 환원되지도 않는다. 물질적이지 않을 뿐 아니라 관념적이지도 않은 이 역사에서는 새로운 종류의 모순이 작동한다. 자기 안에 자기 해결의 약속을 포함하고 있지 않은 경향들 사이의 투쟁이 바로 그것이다.[314] 또는 부정의 부정이 없는 대립물들의 통일이라고 할 수도 있을 것이다.

이런 관점에서 볼 때 스피노자 사상에서 부정의 부정의 부재는 채워야 할 결핍, 분명히 채워지게 될 결핍처럼 단지 결함으로만 해석될 수는 없다. 간단히 말하면, 이는 반대로 헤겔 변증법의 관념론적 측면에 대한 선취된 저항, 하지만 다른 것 못지않게 실재적인 저항의 긍정적 징표를 표현해 준다. 이렇게 되면 우리가 여러 차례 마주쳤던 다음과 같은 놀라운 현상이 설명된다. 곧 스피노자주의의 몇몇 근본 주제들에 대한 헤겔의 날카로운 감수성은, 괴상하기는 하지만 그 못지않게 적절한 해석들을 통해, 대개 억압의 형태를

---

314) 마슈레 자신은 1976년에 쓴 「경향들의 투쟁으로 고찰된 철학사에 관하여」L'histoire de la philosophie considérée comme une lutte de tendances라는 논문에서 이러한 관점을 피력하고 있다. 피에르 마슈레, 『어떤 디노사우르스의 이야기: 철학을 실천하기 1965~1997』Histoire de dinosaure: Faire de la philosophie 1965~1997, 프랑스대학출판부, 1999 참조.—옮긴이

통해 반대로 표현되고 있다. 마찬가지로 연대기적 **법칙들**을 고려하지 않는 다면, 우리는 다음과 같이 말할 수 있을 것이다. 만약 헤겔이 스피노자를 항상 잘 이해한 것 같지 않다면, 또는 잘 이해하려고 들지 않은 것 같다면, 그것은 스피노자가 헤겔을 아주 잘 이해했기 때문이다. 이는 헤겔식의 목적론의 관점에서 본다면 분명 참을 수 없는 것이다.

이렇게 되면 가장 명백해 보이는 관점들이 전도된다. 곧 스피노자가 헤겔의 변증법을 거부한 것이다. 하지만 이는 스피노자가 이로써 모든 변증법을 거부했음을 의미하는가? 스피노자가 헤겔의 변증법에서 거부한 것은 정확히 말하면 비변증법적인 것, 곧 맑스가 헤겔의 관념론이라 불렀던 것이라고 말할 수 있지 않을까? 왜냐하면 모든 변증법은 그 자체로 관념론적이거나 반동적이라는 생각은 전혀 철학적으로 흥미가 없는 것으로 무시해야 하기 때문이다. 사상의 물질적 역사[315]에서 **모든 변증법**이라는 표현은 완전히 의미가 결여된 것이다. 진정한 질문은 다음과 같은 것이다. 관념론적 변증법과 유물론적 변증법을 분리하는 경계는 어떤 것인가? 어떤 조건에서 변증법은 유물론적으로 될 수 있는가? 스피노자가 우리로 하여금 이 질문을 제기할 수 있게 도와 주었으며 이 질문에 하나의 내용을 부여했다는 점을 인정하기로 하자. 절대적 부정성의 원칙이 시초부터 고정시키는 선행적인 방향 설

---

315) '사상의 물질적 역사'histoire matérielle de la pensée라는 표현에는 혼동의 소지가 있다. 하지만 마슈레가 말하는 '물질적 역사'라는 것은 일반적인 의미의 유물론적 역사와는 구분되는 것이다. 일반적인 의미의 유물론적 역사가 사회의 사회경제적 하부구조의 변화 과정과, 상부구조 또는 그 이데올로기적 형태의 일부로서 사상 체계의 변모 과정 사이의 역사적 상응관계 내지는 인과관계를 고찰하는 것을 말한다면, 마슈레가 의미하는 '물질적 역사'는 사상 체계의 역사가 **사상 자체에 내재적인 물질적 조건**의 역사적 변화 과정에 어떻게 의존하는지 보여 주는 것을 의미한다. 이런 종류의 물질적 역사는, 예컨대 데리다가 『그라마톨로지에 관하여』De la grammatologie에서 보여 준 것처럼 문자 기록의 형식(알파벳 체계와 상형문자 등)이 사상의 내적 구조를 조건짓는 방식을 보여 주거나 인쇄 기술이나 전자통신 기술 등을 포함하는 넓은 의미의 기록 기술이 사상 체계를 제약하는 방식을 보여 줌으로써, 또는 학문 제도와 사상 체계의 관계를 보여 줌으로써 한편으로는 외재적인 유물론적 환원주의의 함정에서 벗어나면서도 다른 한편으로는 사상 체계의 독립성과 사상 체계의 고립성을 혼동하는 관념론적 독단을 비판하려는 의도를 지닌다.—옮긴이

정 없이, 일체의 보증도 없이, 자신이 관계하고 있는 모든 모순은 자신들 안에 해결의 조건들을 지니고 있기 때문에 원칙적으로 해결될 수 있다는 약속 없이, 절대적으로 인과적인 방식으로 기능하는 변증법은 어떤 것인가? 또는 어떤 것일 수 있겠는가?

맑스가 "인류는 자신이 해결할 수 있는 문제들만을 제기한다"는 유명한 정식을 썼을 때, 그는 여전히 헤겔의 진화주의에 완전히 종속되어 있었다. 이후의 맑스주의의 역사는 하나의 질문은 단지 그것이 제기되었다는 사실만으로는 해결되지는 않음을 사태들을 통해 보여 주었다. 하지만 문제를 제기한다는 것은, 비록 이것이 해결을 약속하는 것은 아니라 할지라도 이미 의미가 있는 것이다. 헤겔을 따라서 d'après가 아니라, 헤겔 이후에 après 스피노자를 읽는 것은 비헤겔적인 변증법이라는 질문을 제기할 수 있게 해준다. 하지만 이는——이것 역시 스피노자주의적으로 처신하는 방식이겠는데——우리가 동시에 이에 답변할 수 있게 해주지는 않는다는 점 또한 인정해야 할 것이다.

부록

옮긴이 해제
2판 옮긴이 후기
참고문헌
용어 해설
찾아보기

옮긴이 해제_피에르 마슈레의 스피노자론에 대하여

이 책은 프랑스의 철학자 피에르 마슈레Pierre Macherey(1938~)의 저서『헤겔 또는 스피노자』*Hegel ou Spinoza*를 완역한 책이다. 이 책은 1979년 프랑수아 마스페로François Maspero 출판사에서 알튀세르가 감수하던 '이론' Théorie 총서의 한 권으로 처음 출판되었다가 1990년 데쿠베르트Découverte 출판사에서「1990년판 서문」을 추가하여 제2판이 나왔다.[1]

마슈레는 현재 프랑스 릴 3대학 명예교수로 있으며, 오늘날 프랑스 철학계를 대표하는 인물 중 한 사람이다. 그는 1962년 조르주 캉길렘의 지도 아래「스피노자에서 철학과 정치」Philosophie et politique chez Spinoza라는 제목의 논문으로 파리 고등사범학교를 졸업한 뒤, 1965년에는 알튀세르와 에티엔 발리바르, 자크 랑시에르, 로제 에스타블레 등과 더불어 유명한『자본을 읽자』를 저술·출간했다. 그리고 1966년에는 프랑수아 마스페로 출판사에서 알튀세르가 시작한 '이론' 총서의 한 권으로『문학생산의 이론을 위하여』*Pour une théorie de la production littéraire*를 출간했다. 이 두 권의 저서는 1960~70년대 프랑스를 비롯한 구미 좌파 이론계에 지대한 영향을 미쳤으며, 특히 후자의 저서는 루카치의 반영 개념과 대비되는 생산의 범주를 맑스주의 문학 이론의 중심 개념으로 부각시키는 데 크게 기여했다.[2]

1970년대에는 몇 편의 논문 외에는 별다른 저술 활동을 하지 않았던 마슈레는 1979년 『헤겔 또는 스피노자』를 출간하면서 본격적인 스피노자 연구에 몰입한다. 그 결과 1992년에는 그때까지 발표된 스피노자 관련 논문들을 모은 『스피노자와 함께』*Avec Spinoza*를 출간했으며, 1994년부터 1998년까지는 스피노자의 『윤리학』에 관한 5권짜리 주석서를 출간했다. 이 저작들, 특히 5권짜리 『윤리학』 주석서는 마슈레의 스피노자 연구가 집약된 중요한 업적으로서, 스피노자 연구를 새로운 차원으로 끌어올렸다는 평가를 받고 있다.

지금까지 마슈레의 연구는 크게 네 가지 방향에서 이루어져 온 것으로 볼 수 있다. 첫번째는 철학사 분야, 특히 스피노자에 관한 연구이다. 그리고 두번째는 문학 이론 분야의 연구인데, 위에서 말한 『문학생산의 이론을 위하여』이외에도 1990년에는 『문학은 무슨 생각을 하는가?』*À quoi pense la littérature? Exercices de philosophie littéraire*라는 저서를 출간해서 구미 문학 이론계의 비상한 관심을 끌기도 했다. 그리고 그 이후에도 그는 계속해서 문학에 관한 주목할 만한 여러 논문들을 발표하고 있다.

세번째 분야는 마슈레가 **프랑스식 철학**Philosophie à la française이라고 부르는, 여러 프랑스 철학자들 및 프랑스의 철학 제도에 관한 연구를 들 수 있다. 처음으로 발표한 논문이 그의 지도교수이기도 했던 조르주 캉귈렘의 과학철학에 관한 논문이었다는 데서 알 수 있듯이,[3] 그는 초기부터 최근에 이르기까지 계속 콩트에서 라캉, 푸코와 들뢰즈, 데리다에 이르는 프랑스의 철학자들 및 철학 제도에 관해 지속적인 관심을 갖고 연구해 왔다.[4] 개별 철학

---

1) 이 책은 2판 이후 한동안 절판되었다가, 2003년 11월에 내용의 변경 없이 데쿠베르트 출판사에서 재출간되었다.
2) 이 때문에 마슈레는 특히 영미권에서는 문학 이론가로서 더 명성이 높다.
3) "La philosophie de la science de Georges Canguilhem: Epistémologie et histoire des sciences"(avec présentation de Louis Althusser), *La pensée* n°113, 1964.

자들에 대한 그의 연구들도 주목할 만하지만,⁵⁾ 특히 프랑스 철학 제도에 관한 그의 연구들은 우리가 막연하게 단수로, 또는 정관사 la를 사용해서 부르는 **프랑스 철학**La philosophie française이라는 게 얼마나 허구적인지 잘 보여준다는 점에서 귀 기울여 볼 만하다.⁶⁾

마지막 네번째 분야는 **실천철학**에 관한 연구를 들 수 있는데, 이는 특히 마슈레가 릴대학에서 지난 2000년부터 시작한 '넓은 의미의 철학'La philosophie au sens large이라는 이름의 연속 강좌에서 잘 구현되고 있다.⁷⁾ 마슈레가 말하는 실천철학은 두 가지 의미로 이해할 수 있다.

우선 실천이라는 개념은 알튀세르가 제창했던 **이론적 실천** 개념과 마찬가지로, 철학을 포함한 이론적인 활동을 순수하게 정신적인 활동으로 간주하는 것을 반대하고, 생산production이나 **작업**opération ─ 규정된 조건 속에서 규정된 결과들을 산출하는 활동이라는 의미에서 ─ 으로 볼 것을 제창한다. 하지만 이는 일부의 알튀세르 비판가들이 집요하게 주장하는 것처럼 **현실적 실천**⁸⁾을 이론적 실천으로 대체하기 위해서가 아니라, 고대 그리스에서부터 지속되어 온 이론theoria, 실천praxis, 생산/제작poiesis의 분류법 또는 맑스주의적 전통의 용어법에 따르면 정신노동과 육체노동의 분할을 비판하기 위해서다.⁹⁾

---

4) 이 분야의 논문들은 특히 *Histoire de dinosaure: Faire de la philosophie 1965~1997*, PUF, 1999 및 *In a Materialist Way: Selected Essays by Pierre Macherey*, trans. Ted Stolze, ed. Warren Montag, Verso, 1998에 수록되어 있다. 그 외 이 책들에 수록되지 않은 선별된 논문 목록은 뒤의 '참고문헌'을 보라.
5) 특히 마슈레의 푸코에 관한 연구들은 푸코 연구에 새로운 지평을 열어 놓은 것으로 평가받는 중요한 논문들이다.
6) 이는 근대 철학의 고유한 제도적 형태로서 민족 철학 또는 국가 철학(독일 철학, 프랑스 철학, 영미 철학, 한국 철학 등)을 구체적으로 분석할 수 있게 해준다는 점에서 우리에게도 시사하는 바가 크다.
7) 이 강좌는 인터넷에 공개가 되어 있으므로, 관심 있는 독자들은 다음 사이트를 방문해 보기 바란다. http://www.univ-lille3.fr/www/Recherche/set/index.html
8) 이 말이 무엇을 뜻하는지는 비판가들이 답변해야 할 것이다.
9) 따라서 이는 한나 아렌트의 정치철학, 특히 그의 행위-제작-노동의 구분에 대한 비판을 함축한다.

곧 철학이나 이론적 활동은 아무런 규정 조건 없이 이루어지는 개인의 순수한 창의적 활동이 아니라 자신의 고유한 제도적·물질적 조건 속에서 수행되는 활동이며, 이러한 조건들은 이론적 활동의 성격 및 내용을 규정한다는 것이 그의 관점이다. 하지만 그렇다고 해서 마슈레는 이러한 조건이 생산 양식에 의해 직접 규정된다고 보지는 않는다. 오히려 이 조건들은 이론적 활동에 내재적인 ─하지만 거의 인식되지 못하고 있다는 점에서 무의식적이며, 이론적 활동에서 실제적인 결과들을 지속적으로 산출한다는 점에서 물질적이거나 객관적인─ 제약들 및 규칙들로 이루어져 있다.[10]

스피노자와 관련된 한 가지 예를 들자면, 마슈레는 스피노자가 『신학정치론』 7장에서 그 자체로 순수하게 지성만으로 파악될 수 있기 때문에 해석이 필요없는 저작의 사례로 유클리드의 『기하학 원론』을 들고 있는 것을 비판하고 있다. 왜냐하면 이는 『기하학 원론』이라는 책이 전승되어 온 복합적인 역사적 상황을 무시하고 있을 뿐만 아니라, 이 책이 저술된 고유한 스타일 및 이 책에 담겨 있는 논증 방식이 특정한 시대적 조건 및 특정한 이론적 관점에 따라 생겨난 것이지 모든 학문적인 활동이 따라야 할 이상적 모범이 아니라는 점을 인식할 수 없게 만들기 때문이다. 따라서 스피노자는 **해석**(스피노자 자신이 부여하는 의미에서)의 문제는 『성서』와 같은 비순수한 저작들에서만 발생한다고 생각하지만, 마슈레가 보기에 이는 오히려 스피노자 자신의 독창적인 해석론의 의의를 약화시키는 결과를 낳을 뿐이다.

이런 의미에서 마슈레가 말하는 실천철학, 또는 **넓은 의미의 철학**의 문제설정은 일차적으로 철학이라는 이론적 활동의 본성에 대한 새로운 개념화

---

10) 따라서 이는 데리다와 장-뤽 낭시, 필립 라쿠-라바르트, 사라 코프만 등이 제창한 '효과적인 철학/효과 속의 철학'philosophie en effet이라는 문제설정 ─이는 이들이 처음에는 플라마리옹 출판사에서, 그리고 이후에는 갈릴레Galilée 출판사에서 공동으로 펴내고 있는 총서의 명칭이기도 하다─ 과 매우 수렴적인 함의를 지닌다(물론 마슈레와 이들 사이에는 선호하는 철학자들이나 스타일에서 상당한 차이가 있다).

를 추구한다고 볼 수 있다.

다른 한편으로 실천철학의 관점은 또한 철학과 과학, 예술 사이에 설정되어 있는 얼마간 인위적인 경계들에 대한 비판도 함축한다. 사실 실천철학의 첫번째 의미를 고려한다면, 기존에 이러한 분야들 사이에서 설정되어 온 경계들이 그에게 큰 의미를 갖지 못한다는 것을 쉽게 추론해 낼 수 있다. 철학이 규정된 (이데올로기적) 조건 속에서 실제적인 결과들을 산출하는 활동이고, 마슈레 자신의 실천철학은 이러한 조건들에 대한 적합한 인식을 통해 좀더 유효한 결과들을 산출하는 것을 추구한다면, 이론적 활동의 무의식적·물질적 조건이라는 관점에 따라 기존의 분류법들을 변화시키고 재편하려는 노력이 뒤따를 수밖에 없기 때문이다.[11] 그리고 사실 프랑스처럼 상당히 오래전부터 경험 과학들과 철학, 예술적 활동 사이에서 활발한 상호 교류와 소통이 이루어져 온 나라에서 이는 매우 실질적인 철학적 질문이 될 수밖에 없을 것이다.

이처럼 마슈레의 작업이 여러 분야에 걸쳐 있고, 또 각각의 분야에서 높은 평가를 받아 왔지만, 그의 작업 중에서 가장 잘 알려져 있고, 가장 큰 영향력을 행사한 것은 뭐니뭐니해도 스피노자 연구라고 할 수 있다. 『헤겔 또는 스피노자』이래 20여 년간의 밀도 있는 연구를 통해 마슈레는, 1960년대 말부터 본격적으로 전개된 프랑스의 스피노자 연구에 중요한 하나의 이정표를 제시해 주었기 때문이다.

『헤겔 또는 스피노자』가 처음에 알튀세르가 감수하던 '이론' 총서에서 출간되었다는 사실에서 알 수 있듯이, 이 책은 20세기 후반 프랑스의 혁신적인 철학 운동인 구조주의 운동과 긴밀하게 결부되어 있으며, 또 그 스스로

---

11) '넓은 의미의 철학' 강좌는 바로 이러한 관점에서 시작되었고, 또 이러한 작업을 구체적으로 잘 보여 주고 있다.

이 운동에 한 가지 방향을 제시해 주었다. 따라서 우리가 이 책의 의의 및 마슈레의 스피노자 연구의 위상을 좀더 정확히 평가해 보기 위해서는 20세기 후반의 프랑스의 철학적 흐름을 간단하게나마 조망해 볼 필요가 있다.

구조주의 운동과 스피노자 르네상스: 『헤겔 또는 스피노자』의 지적·제도적 배경

20세기 후반 프랑스 철학계에서 가장 주목할 만한 현상을 꼽으라면 두 가지를 들 수 있을 것이다. 그 중 첫째는 구조주의 운동이다. 1950년대 인류학과 기호학 및 정신분석학 같은 인문과학 분야에서 시작된 구조주의는 1962년 레비-스트로스의 『야생의 사고』가 발표된 이래, 1965년 알튀세르의 『맑스를 위하여』, 『자본을 읽자』의 출간, 1966년 푸코의 『말과 사물』 및 라캉의 『에크리』의 출간을 계기로 프랑스 철학의 주도적인 흐름으로 부각되었다. 그리고 68 운동을 기점으로 구조주의의 분화가 이루어지면서 영미권에서, 소위 후기구조주의poststructuralism로 알려진 데리다, 들뢰즈(·가타리), 리오타르 등의 작업 및 푸코의 계보학 연구가 1970년대까지 지속되었다. 70년대 말 맑스주의의 위기가 도래하고 **신철학자들**nouveaux philosophes이 등장하면서 구조주의 운동은 영향력이 감소되었지만, 20세기 후반 프랑스 철학을 주도한 흐름이 구조주의의 운동이었음을 부인할 수는 없을 것이다.[12] 구조주의 운동의 주요 인물 중 한 사람이자 마슈레의 절친한 동료인 발리바르는 이를 간명하게 증언해 주고 있다. "구조주의는 지난 50년간 프랑스 철학계에서 일어난 최대의 사건입니다."[13]

---

[12] 구조주의에 대한 전체적인 개관으로는 프랑수아 도스, 『구조주의의 역사』, 1~4권, 김웅권·이봉지 옮김, 동문선, 1998~2003을, 20세기 프랑스 철학사에 대한 철학적 고찰로는 뱅쌍 데꽁브, 『동일자와 타자: 현대 프랑스 철학, 1933~1978』, 박성창 옮김, 인간사랑, 1990을 참조할 수 있다. 국내 학자들의 연구로는 김형효, 『구조주의의 사유체계와 사상』, 인간사랑, 1990; 임봉길 외, 『구조주의 혁명』, 서울대학교 출판부, 2000이 참조할 만하다.

둘째는 이 구조주의 운동과 **긴밀하게 결부**되어 있지만, **얼마간 다른 맥락에서** 파악되고 평가될 수 있는 현상으로서 스피노자 연구의 르네상스를 꼽을 수 있다. 구조주의 운동보다 약간 늦게 1960년대 말부터 본격적으로 시작된 프랑스의 스피노자 연구는 지난 30여 년 동안 양과 질 모두에서 매우 주목할 만한 성과를 보여 주었기 때문이다.[14] 대표적인 스피노자 연구자 중의 한 사람인 알렉상드르 마트롱Alexandre Matheron은 한 대담에서 이 상황을 극적으로 증언해 주고 있다.

---

13) 「구조주의와 현대 프랑스철학의 종말: 에티엔 발리바르와의 대담」, 『전통과 현대』, 2001년 봄, p.207. 계속해서 발리바르는 구조주의 운동을 다음과 같이 평가하고 있다. "그런데 그 영향력에 비하면 실제로 구조주의가 꽃을 피운 것은 매우 짧은 기간에 불과했습니다. 구조주의가 영향력을 발휘하기 시작하자마자 대표적인 구조주의자로 간주되던 사상가들이 모두 자신은 구조주의자가 아니라고 주장하기 시작한 것이지요. 사실 구조주의를 한 마디로 규정하기는 매우 힘듭니다. 그리고 세칭 구조주의자들도 명확한 공통의 문제의식[문제설정problématique?—인용자]을 갖고 있었다고 말하기 힘듭니다. 예를 들어서 제 생각으로는 구조주의 사상의 가장 완벽한 발현은 미셸 푸코의 『말과 사물』입니다. 그러나 푸코는 루이 알튀세르나 롤랑 바르트, 클로드 레비-스트로스, 질 들뢰즈와 같은 맥락의 구조주의자는 결코 아니었지요. 따라서 구조주의란 무엇인가에 대해 딱히 정의를 내릴 수도 없고 구조주의자라고 불린 사상가들이 어떤 공동의 목표를 갖고 있었던 것도 아닙니다." 같은 곳.
한 가지 덧붙이자면, 이 대담의 제목(편집자가 붙인 것으로 보이는데)은 오해를 불러일으킬 소지가 있다. 곧 이 대담의 제목은 말 그대로 이제 현대 프랑스 철학은 끝났다는 뉘앙스를 풍기고 있는데(따라서 이는 프랑스 철학을, 소위 포스트모더니즘으로 환원시키고 싶어 하는 일부 국내 지식인들의 희망사항에 은밀하게 공명하는), 이는 발리바르의 진의를 잘못 전달할 수 있다. 발리바르는 대담의 끝부분에서 다음과 같이 말하고 있다. "프랑스 철학으로서의 프랑스 철학은 이제 끝났습니다. 다시 말해 5, 60년대의 헤겔주의, 맑스주의, 인류학, 언어학 등을 바탕으로 형성된 구조주의로 대표되는 전후의 프랑스 철학은 이제 그 종말을 고하고 일반화되기 시작한 것이지요. 따라서 이제는 프랑스에서보다는 일본과 미국 등지의 학생들이 저에게 논문지도를 받기를 원합니다." 같은 책, p.216. 이 인용문에서 볼 수 있듯이 발리바르의 논점은 두 가지다. 첫째, 프랑스 철학으로서의 프랑스 철학, 다시 말해 하나의 민족적인 철학 형태로서의 프랑스 철학 또는 구조주의는 종언을 맞이했다는 점이다. 하지만 둘째, 이는 구조주의가 아무런 영향도 미치지 못하거나 아무런 중요한 기여도 하지 못하고 소멸해 버렸다는 의미는 아니다. 오히려 이 글에서 분명히 드러나듯, 발리바르는 프랑스의 민족적인 철학 운동으로 시작된 구조주의는 프랑스의 영내를 벗어나 탈민족화되고 세계화되기 시작했다는 점을 강조한다. 곧 이제 구조주의는 더 이상 프랑스 국적의 철학 운동이 아니라, 미국이나 일본 또는 한국 등에서 독자적으로 수용 및 변용됨으로써 새로운 동력을 부여받고 있는 훨씬 광범위한 철학 운동이라는 것이다. 이는 바로 마슈레 자신이 주장해 온 철학적 입장과 동일한 관점이다.
14) 20세기 후반 프랑스 스피노자 연구에 대한 하나의 소개로는 옮긴이의 「스피노자의 현재성: 하나의 소개」, 『모색』 2호, 2001을 참조.

마트롱 정확한 의미에서 제 학위 논문은 제가 알제리대학 철학과 강사로 재직하고 있던 1950년대 말 내지는 1960년대 초부터 구상되기 시작했습니다. 당시 프랑스의 스피노자 연구 상황은 전무한 것이나 다를 바 없었습니다. …… 몇 년 뒤 스피노자를 다루기로 한 세미나의 예비 모임에 알튀세르의 초청을 받아 갔던 게 기억이 나는군요(그런데 이 세미나는 끝내 열리지 못했습니다).

로랑 보레 그때가 언제였지요?

마트롱 정확히 몇 년도였는지는 기억이 나지 않지만, 그때는 『자본을 읽자』가 출간된 다음이었습니다. 이 모임에는 마슈레가 참석했고 바디우도 있었는데, 저는 이미 이들의 이름을 알고 있었습니다. 그리고 이때는 68년 5월 이전이기도 했지요.

로랑 보베 그럼 65년에서 66년경이었겠군요?

마트롱 예, 그렇습니다. 그런데 이때 알튀세르는 우리에게 참고문헌으로 델보스Victor Delbos와 다르봉André Darbon의 책만 제시해 주었습니다. …… 게다가 제가 게루에게 참고문헌을 물어보러 갔을 때 그는 저에게 "참고문헌? 그런 건 없네! 델보스와 루이스 로빈슨Lewis Robinson만 빼놓고는 전부 멍청한 놈들 뿐이야!"라고 답변했습니다. 따라서 실제로는 아무것도 없었고, 이는 사실상 68년경까지 계속되었습니다…….

로랑 보베 선생님 책에 수록된 참고문헌과 오늘날 스피노자 연구를 시작하는 학생이 갖고 있는 참고문헌을 비교해 본다면, 자연히…….

마트롱 정말이지 근본적인 차이가 있습니다. …… 그러다가 68년에 마르샬 게루Martial Gueroult보다 조금 앞서 베르나르 루세Bernard Rousset의 대작이 출간되었습니다.

로랑 보베 그리고 들뢰즈의 책도요.

마트롱 들뢰즈는 조금 늦게 나왔습니다. 게루 책은 68년 말에 나왔고, 들뢰즈 책은 69년 초에 나왔지요(이 책은 68년에 출간된 것으로 표시되어 있지만, 69년 이전에는 서점에 배포되지 않았습니다).[15]

사실 20세기 후반은 스피노자 연구에서 매우 의미 깊은 시기로 평가될 수 있다. 19세기 말과 20세기 초 스피노자 저작의 고증본 전집들이 출간되면서[16] 왕성하게 전개되었던 스피노자 연구는 제2차 세계대전을 거치면서 거의 소멸될 지경에까지 이르렀다. 프랑스 같은 경우도 19세기 말과 20세기 초에는 스피노자 연구가 매우 활발하게 이루어졌지만,[17] 역시 1930년대 이후 1950년대까지는 거의 연구가 이루어지지 못했다. 하지만 1960년대 말 이후에는 스피노자 연구에서 양적인 측면에서만이 아니라 질적인 측면에서도 비약적인 발전이 이루어졌다. 20세기 후반 프랑스의 스피노자 연구는 편의상 세 시기로 구분해 볼 수 있는데, 첫번째 시기는 1960년대에서 1970년대까지, 두번째 시기는 1980년대에서 1990년대 초반까지이며, 1990년대 중반에서 현재에 이르는 시기가 세번째 시기가 된다.

첫번째 시기는 스피노자 연구가 오랜 공백기를 거친 후 다시 활성화되기 시작한 시기다. 하지만 이 시기의 프랑스 스피노자 연구는 무엇보다 마르샬 게루와 질 들뢰즈, 알렉상드르 마트롱의 기념비적 업적을 통해 현대적인 스피노자 연구의 기반을 마련했다는 데 그 의의가 있다. 『윤리학』 1, 2부

---

15) "A propos de Spinoza: Entretien avec Alexandre Matheron", *Multitudes* n°3, 2000, pp.169~171.
16) *Benedicti de Spinoza Opera quotquot reperta sunt*, eds. Johannes van Vloten & J.P.N. Land, M.Nijhoff, 1882~1883; *Spinoza Opera*, ed. Carl Gebhardt, Carl Winter, 1925.
17) 지금도 많이 논의되는(그리고 국내외 도서관에서 비교적 쉽게 구해 볼 수 있는) 주요 저작들로는 다음과 같은 것들이 있다. Victor Delbos, *Le problème moral dans la philosophie de Spinoza et dans l'histoire du spinozisme*, Félix Alcan, 1893(1990년 소르본대학 출판부PUPS에서 재간행); *Le Spinozisme*, Vrin, 1950; Albert Rivaud, *Les notions d'essence et d'existence dans la philosophie de Spinoza*, Félix Alcan, 1906; Gabriel Huan, *Le Dieu de Spinoza*, Félix Alcan, 1914; Léon Brunschvicg, *Spinoza et ses contemporains*, PUF, 1923; Pierre Lachièze-Rey, *Les origines cartésiennes du Dieu de Spinoza*, Vrin, 1950.

에 대한 게루의 두 권짜리 주석서는 단지 프랑스만이 아니라 영미권을 비롯한 전 세계의 스피노자 연구자들의 필수적인 참고문헌으로 인정받고 있을 만큼 『윤리학』에 대한 치밀하고 체계적인 주석을 보여 주고 있다. 그리고 마트롱은 레비-스트로스의 구조주의적 방법을 스피노자 철학에 도입했다는 평가를 받을 만큼, 놀라운 엄밀성으로 스피노자의 인간학과 정치철학의 체계를 재구성하고 있다. 이들의 업적 이외에도 이 시기에는 실뱅 자크Sylvain Zac, 베르나르 루세 등의 중요한 연구들이 배출되었으며, 이 저작들은 지금까지도 스피노자 연구의 핵심 참고문헌으로 남아 있다.[18]

두번째 시기의 연구는 두 가지의 큰 특징을 지니고 있다. 하나는 스피노자 연구가 조직화되었다는 점이다. 프랑스 국내에서는 1977년 스피노자 사망 300주년을 기념해서 실뱅 자크, 베르나르 루세, 알렉상드르 마트롱, 피에르 마슈레, 피에르-프랑수아 모로Pierre-François Moreau 등을 중심으로 '스피노자 연구회'Groupe de recherches spinoziste와 '스피노자 친우회'Association des Amis de Spinoza가 결성되어 『스피노자 연구회』 Cahiers Spinoza를 창간했으며(1991년까지 6호 발간), 1978년부터 매년 『철학 논총』Archives de philosophie에 「스피노자 참고문헌 목록」Bulletin de bibliographie spinoziste을 싣기 시작했다(2002년 현재까지 24호까지 실림).[19] 그리고 1982년 이탈리아 우르비노에서 열린 스피노자 탄생 350주년 기념 '국제 스피노자 학술회의'[20]를 계기로 1985년부터 국제 스피노자 학회지인 『스피노자 연구』Studia Spinozana가 출간되면서(현재 17호까지 발간) 스피노자 연구는 전 세계적인

---

18) Sylvain Zac, *L'idée de vie dans la philosophie de Spinoza*, PUF, 1963; *Spinoza et l'interprétation de l'écriture*, PUF, 1965; *Philosophie, théologie et politique dans l'oeuvre de Spinoza*, Vrin, 1979; Bernard Rousset, *La perspective finale de l'"Éthique" et le problème de la cohérence du spinozisme*, Vrin, 1968.
19) 그리고 소르본대학 출판부에서는 '연구와 문헌'Travaux et Documents이라는 총서가 간행되고 있다 (2003년까지 10권 간행).

연결망을 갖추게 되었다.

그 다음으로, 이 시기의 연구들은 매우 강한 실천 지향적 성격을 보여 준다는 특징을 지니고 있다. 마슈레의 이 책을 비롯하여, 안토니오 네그리,[21] 에티엔 발리바르, 앙드레 토젤[22] 등의 저작이 이 시기의 스피노자 연구를 대표하는데, 이 저작들은 모두 맑스주의의 위기를 배경으로 스피노자의 철학에서 이 위기를 돌파할 수 있는 개념적 수단을 추구하고 있다는 공통점을 지니고 있다.

반면, 세번째 시기는 철저한 문헌학적 연구와 학문적 주석의 시기로 특징지을 수 있다. 이는 마슈레 자신의 연구에서도 잘 나타난다. 그는 『헤겔 또는 스피노자』나 『스피노자와 함께』에서 스피노자 철학이 현재의 철학적 문제들에 대해 지니는 함의에 명시적인 관심을 표명했으나, 1994년부터 출간된 5권짜리 주석서에서는 『윤리학』의 문자 그 자체에 집중하는 것을 방법론적 원칙으로 천명하면서, 현실적인 문제들에 대한 시사는 말할 것도 없거니와 일체의 2차 문헌을 배제한 채, 『윤리학』의 논증 구조를 따라 하나하나의 단어들 및 문장들을 분석하고, 제시되는 주제들을 세밀히 검토하고 있다.[23]

아울러 90년대 이후 새롭게 등장한 스피노자 연구의 제3세대의 작업 역시 현실적 준거를 배제한 가운데, 매우 엄밀한 문헌학적·논증적 분석에 치중하고 있다. 이런 노력 덕분에 이 시기에는 프랑스의 대표적인 스피노자

---

20) 이 회의는 전후 처음으로 유럽 및 영미의 대표적인 스피노자 연구자들이 모두 참석한 학술회의로, 당시까지의 스피노자 연구 동향을 한눈에 파악할 수 있는 매우 중요한 회의였다. 회의 자료집은 *Spinoza nel 350° anniversario della nascita: Atti del congresso internazionale(Urbino 4-8 ottobre 1982)*, ed. Emilia Giancotti Boscherini, Bibliopolis, 1985로 출간되었다.
21) 네그리는 이탈리아의 철학자이지만, 1980년대 이후 계속 프랑스에 거주하면서 활동했고, 또 프랑스 스피노자 연구에 많은 영향을 미쳤다는 점에서 다른 프랑스 연구자들과 한데 묶을 수 있을 것이다.
22) André Tosel, *Spinoza ou le crépuscule de la servitude*, Aubier-Montaigne, 1984; *Du matérialisme de Spinoza*, Kimé, 1994.
23) 마슈레는 5권을 모두 출간한 뒤 발표한 한 글에서, 이 책을 저술한 자신의 방법론적 원칙을 밝히고 있다. http://www.cerphi.net 참조.

연구자 중 한 사람인 피에르-프랑수아 모로가 "외국의 젊은 스피노자 학도들은 엄밀함을 배우기 위해 프랑스로 온다"고 자랑스럽게 말하고 있을 만큼 수준 높은 연구가 다수 배출되고 있다.[24]

하지만 이러한 최근의 연구 경향은 프랑스의 스피노자 연구가 실천적 지향을 포기했음을 뜻하지는 않는다. 2000년 창간된 좌파 학술지인 『대중들』Multitudes에 여러 스피노자 연구자들이 참여하고 있다는 데서 알 수 있듯이, 오히려 젊은 연구자들 역시 대부분 좌파적인 관점을 지니고 있다. 더욱이 2002년 여름에 유명한 스리지Cerisy 성에서 열린 '오늘날의 스피노자' Spinoza aujourd'hui라는 학술회의는 프랑스의 스피노자 연구자들이 그동안 축적된 연구 역량을 바탕으로 스피노자 철학이 현재의 문제들에 대해 지니고 있는 함의들을 검토하기 시작했음을 잘 보여 준다. 따라서 이들의 연구가 보여 주는 엄밀성은 일종의 방법적 엄밀성으로 보아야 할 것이다.

하지만 이러한 구분은 대략적인 경향을 살펴보는 데 얼마간 유용한 편의적인 구분일 뿐이며, 1960년대 말 이후 30여 년에 걸쳐서 이루어진 스피노자 연구의 특징을 도식적으로 구분하는 것은 매우 어려운 일이다. 대부분의 스피노자 연구자들이 좌파적 성향을 띠고 있고 60년대 구조주의 운동과 직·간접적으로 연결되어 있기는 하지만, 연구자들 각자의 지적 배경이라든가 관심사, 스타일 등이 매우 다르기 때문이다. 그러나 지난 30여 년 동안 프랑스의 스피노자 연구는 매우 풍요로운 성과를 거두었으며, 이 때문에 (이탈

---

24) 대표적인 저작들로는 다음과 같은 것들을 들 수 있다. Laurent Bové, *La stratégie du conatus: Affirmation et résistance chez Spinoza*, Vrin, 1996; Chantal Jaquet, *Sub specie aeternitatis: Étude des concepts de temps, durée et éternité chez Spinoza*, Kimé, 1997; Henri Laux, *Imagination et religion chez Spinoza: La potentia dans l'histoire*, Vrin, 1993; Christian Lazzeri, *Droit, pouvoir et liberté: Spinoza critique de Hobbes*, PUF, 1998; Charles Ramond, *Quantité et qualité dans la philosophie de Spinoza*, PUF, 1995; *Spinoza et la pensée moderne: Constitutions de l'objectivité*, Harmattan, 1998; François Zourabichvili, *Spinoza: Une physique de la pensée*, PUF, 2002; *Le conservatisme paradoxal de Spinoza: Enfance et royauté*, PUF, 2002.

리아와 더불어) 프랑스에서는 **스피노자의 현재성**이라는 말이 공공연하게 거론되고 있는 것은 분명한 사실이다.

어쨌든 스피노자 연구의 이러한 비약적인 발전은 구조주의 운동과 관련하여 크게 두 가지 측면에서 평가할 수 있을 것 같다.

첫째는 **주제적인 연관성**이라는 측면이다. 앞의 대담에서 발리바르도 지적하고 있다시피 구조주의는 매우 이질적이고 다양한 분야에서 진행된 운동임에 틀림없다. 그래서 레비-스트로스의 형식주의적·**조합적** 구조주의와 라캉의 RSI식 구조주의, 알튀세르의 맑스주의적 구조주의, 들뢰즈의 베르그손식 구조주의 등은 스타일이나 방법론, 이론적 원천 등에서 매우 상이한 면모를 보여 주고 있다. 하지만 이들에게 얼마간 공통적인 한 가지 문제설정을 지적한다면, **이론적 반인간주의**를 들 수 있을 것이다. 다시 말해 이들은 각자의 차이점에도 불구하고, 근대 철학에 지배적이었던 **구성적 주체**, 곧 인식과 행위의 기초 내지는 기준으로서의 주체 대신 **구성된 주체**, 곧 지배 구조의 **상상적 효과**로서의 주체라는 관점을 제시하려고 했다. 그리고 바로 이 점에 스피노자 철학과 구조주의의 주제적 연관성이 존재한다. 『윤리학』 1부 '부록'이나 『신학정치론』이 잘 보여 주고 있듯이, 자기 자신을 "국가 속의 국가"(『윤리학』 3부 「서문」)로 간주하는 인간의 가상에 대한 비판이야말로 스피노자 철학의 이론적·실천적 출발점이기 때문이다.

더 나아가 이처럼 주체(또는 인간의 자유의지)를 상상적 효과로 파악함으로써, 구조주의 및 스피노자 철학은 강한 **정치적** 지향을 보여 준다는 점에서 양자의 또 다른 공통점을 찾을 수 있다. 사실 게루를 제외한다면, 1세대에서 3세대에 이르기까지 거의 모든 스피노자 연구자들은 스피노자 철학의 실천적·정치적 함의에 대해 많은 관심을 보여 왔으며, 특히 스피노자 연구 2세대는 맑스주의와 스피노자주의 사이의 연관성의 문제를 자신들의 핵심 주제로 삼아 연구했다. 따라서 마슈레가 한 논문에서 18세기의 유물론적 스피노자주의, 19세기의 범신론적 스피노자주의와 대비하여 20세기(후반)의 스피노자주의를 **정치적 스피노자주의**로 규정하고 있는 것은 우연이 아니다.[25]

이러한 주제적 연관성 외에 또 하나 주목할 만한 측면은 **철학 제도**의 측면이다. 철학 제도의 측면에서 볼 때 구조주의 운동의 특징 중 하나는 (반反제도적이거나 탈제도적이라기보다는) 비非제도적인 성격을 띠고 있다는 점이다. 구조주의 운동의 비제도적 성격은 특히 후기구조주의자들로 불리는 푸코나 들뢰즈, 데리다 같은 사람들이 잘 보여 준다. 사실 이들 모두는 1960~70년대 프랑스의 철학적 흐름을 주도한 인물들이면서도, 프랑스 대학 제도의 중심부에 자리 잡지 못하고 고등사범학교나 뱅센대학, 또는 콜레주 드 프랑스 같은 대학 제도의 외곽에 머물러 있었다. 더 나아가 — 이것이 좀더 중요한 측면이지만 — 이들은 각자 고유한 방식으로 철학적 활동이 정치적·학문적 제도와 맺고 있는 관계를 자신들의 이론적 반성의 대상으로 삼았으며, 이러한 제도화의 논리에 저항하고 이를 변화시킬 수 있는 방법을 모색했다. 담론의 질서 및 계보학에 관한 푸코의 연구나 들뢰즈(·가타리)의 소수화되기devenir-minoritaire 개념, 데리다의 기록(écriture 또는 archive) 개념이나 되풀이 (불)가능성itérabilité 개념[26] 및 교육 제도에 관한 주목할 만한 연구들은 모두 (후기)구조주의의 비제도적 지향을 잘 보여 주는 사례들이다.

반면 스피노자 연구는 **제도 내에서** 이루어진 작업이며, 또 바로 그 점에서 높이 평가받아야 하는데, 이는 일차적으로 프랑스 철학 특유의 제도적 조건 때문이다. 프랑스 철학계는 다른 나라들과는 달리 대중 철학과 제도 철학 사이의 경계가 매우 엄격해서, 라캉이나 알튀세르, 푸코, 들뢰즈, 데리다 같은 60~70년대 구조주의 운동의 주역들이 외국 학계에서 매우 높이 평가받

---

25) "L'actualité philosophique de Spinoza", *Avec Spinoza* 참조.
26) 이 개념들에 대한 좀더 구체적인 논의는 자크 데리다·베르나르 스티글러, 『에코그라피』, 김재희·진태원 옮김, 민음사, 2002를 참조하라.

고 활발한 연구 대상이 되었던 것과는 달리, 프랑스 제도권 철학에서는 거의 연구의 대상이 되지 못했다. 대신 제도권 철학에서는 서양의 철학사, 특히 17세기 대륙 철학 및 멘 드 비랑Maine de Biran에서 베르그손에 이르는 프랑스의 유심론 철학, 그리고 20세기의 현상학 등이 주로 연구되고 있다.[27]

이런 제도적 상황에서 60년대 말 이후 전개된 스피노자 연구는 두 가지 측면에서 구조주의 운동을 제도적으로 보완하고 있다고 할 수 있다. 첫째는 구조주의 운동의 사상적 기초 중 하나를 제시해 주었으며, 이 운동의 철학적 쟁점들을 좀더 분명히 전개하는 데도 크게 기여했다는 점이다.

앞서 말했듯이 구조주의자들의 공통적인 문제설정 중 하나로 **이론적 반인간주의**를 들 수 있으며, 이를 철학적으로 가장 명료하게 제시해 준 사람은 바로 스피노자다. 하지만 모든 구조주의자들이 이를 수용한 것은 아니며, 또 이를 수용한다고 해도 반드시 스피노자식으로 받아들인 것은 아니다. 예컨대 라캉 같은 사람은 1933년의 학위 논문 이래 스피노자 철학을 자신의 이론적 토대 가운데 하나로 간주해 왔지만, 1960년대 이후에는 스피노자 철학 대신 칸트, 그리고——마르샬 게루 등의 철학사 연구에 따라 재해석된——데카르트의 코기토를 이론적으로 더 선호하게 된다. 반면 알튀세르와 들뢰즈는 훨씬 더 일관되게 스피노자의 철학에서 자신들의 철학적 작업의 기초를 모색하고 있었으며, 푸코 같은 경우는 부분적으로 스피노자의 작업을 수용하지만, 이는 늘 암묵적이고 모호한 차원에 머물러 있었다.[28] 이런 의

---

[27] 최근 구조주의 철학을 비롯한 20세기 후반의 프랑스 철학을 대학의 정식 학위 프로그램으로 만들려고 노력하고 있는 일부 철학자들——자크 데리다, 알랭 바디우, 피에르 마슈레, 에티엔 발리바르, 이브 뒤루Yves Duroux, 베르트랑 오질비Bertrand Ogilvie 등——이 "구조주의 철학을 공부하기 위해서는 외국으로 유학을 가야 한다"는 자조 섞인 탄식을 하고 있는 것은 바로 이러한 제도적 경직성을 겨냥한 것으로 볼 수 있다.

[28] 푸코 철학의 스피노자적 측면에 대해서는 특히 Macherey, "Pour une histoire naturelle des normes", collectif, *Michel Foucault philosophe*, Seuil, 1989 및 Olivier Remaud, "La question du pouvoir: Foucault et Spinoza", *Filozofski Vestnik* vol.XVIII, no.2/1997 참조.

미에서 60년대 이후의 스피노자 연구는 구조주의의 쟁점 및 갈등을 부각시키는 하나의 촉매 역할을 했다고 볼 수 있다.

둘째, 스피노자 연구의 활성화는 프랑스 철학의 민족적 지향을 약화시키는 데 기여한 것으로 볼 수 있다. 사실 「데카르트가 곧 프랑스인가?」 Descartes, est-ce la France?라는 제목의 논문에서 마슈레도 지적하고 있듯이 프랑스의 철학 제도는——어찌 보면 당연하다고 할 수도 있겠지만——데카르트를 정점으로 한 프랑스 철학자들에 대한 연구를 중심으로 운영된다. 이 대학 제도의 중심에 위치한 소르본대학(파리 4대학)의 철학과 학과장은 데카르트 전공 교수가 맡고, 그는 또 데카르트학회 회장을 맡으며, 다시 데카르트학회 회장은 프랑스 철학회장을 맡는다는 프랑스 철학계의 암묵적 규칙은 이러한 상황을 단적으로 보여 주는 사례다. 이런 상황에서 60년대 후반 이후 프랑스 철학계에서 이루어진 스피노자 연구는 예외적이고 주목할 만한 현상이 아닐 수 없다.

더 나아가 스피노자 연구를 주도하는 학자들 대부분이 좌파 성향의 철학자들이라는 점은 스피노자 연구의 이런 측면을 더욱 부각시킨다. 사실 80년대 프랑스 학계에 가장 큰 영향을 미친 철학자는 후설과 하이데거였으며, 90년대 이후에는 분석철학이 도입되어 상당한 영향력을 미치고 있다는 점을 고려하면, 네덜란드 철학자인 스피노자가 광범위하게 연구되고 있다는 것은 그리 놀랄 만한 사실은 아니다. 하지만 후설/하이데거나 분석철학과는 달리 스피노자 연구는 이론적·실천적 측면에서 매우 강한 좌파적 성향을 띤다는 점까지 고려하면, 이는 새로운 의미를 부여받게 된다.

알튀세르와 푸코가 각자 나름의 방식대로 지적했다시피,[29] 20세기의 프랑스 철학은 빅토르 쿠쟁Victor Cousin 및 멘 드 비랑 이래 베르그손까지 지속되어 온 유심론적·종교적 성향의 철학과, 20세기 초에 이에 대한 반발로 등장한 사르트르와 메를로-퐁티를 중심으로 한 비판적·관념론적 철학,

그리고 오귀스트 콩트에서 시작해서 20세기 중반의 바슐라르와 캉귈렘, 알튀세르, 푸코 등으로 이어지는 개념적·과학적 흐름으로 구분될 수 있다. 그리고 스피노자 연구는 이러한 세 가지 흐름들 사이의 갈등과 투쟁 속에서 세 번째 흐름의 입장의 편에 서서, 제일 국수주의적인 편에 속하는 유심론 철학의 입장 및 코기토적 주체의 전통을 복원하려는 비판적·관념론적 입장에 맞선 싸움을 뒷받침해 온 것으로 평가할 수 있다.

『헤겔 또는 스피노자』의 문제설정

이러한 지적·제도적 맥락에 대한 이해는 우리가『헤겔 또는 스피노자』의 철학적 의미를 좀더 정확히 평가할 수 있게 해 준다.『헤겔 또는 스피노자』가 출간된 1979년의 프랑스는 매우 첨예한 갈등이 지배한 시기였다. 좌파와 우파 사이의 정치적 대립이 치열하게 전개되고 있었을 뿐 아니라, 좌파 내부에서도 유로공산주의의 지지자들과 이에 대한 비판자들 사이의 대립이 격화되고 있었다. 그리고 사상적으로는 구조주의 진영 내부에서 신철학파를 둘러싸고 푸코와 들뢰즈가 결별하고, 구조주의자들(특히 푸코와 들뢰즈)에 대한 맑스주의적 비판이 격렬하게 제기되고, 다시 알튀세르에 대한 마오주의적 비판(바디우를 중심으로 한)이 체계적으로 전개되는 등 여러 전선에 걸쳐 갈등과 투쟁이 일어나고 있었다.

    마슈레가 속해 있던 알튀세르의 노선 내부에서 보면 이 시기는 60년대 『맑스를 위하여』,『자본을 읽자』가 출간되면서 본격적으로 시작된 맑스주

---

29) Louis Althusser, "Conjoncture philosophique et recherche théorique marxiste", *Écrits philosophiques et politiques* t. 2, éd. François Matheron, Stock/IMEC, 1995; Michel Foucault, "Georges Canguilhem: Science et la vie", *Dits et écrits* vol. 4, éd. Daniel Defert, Gallimard, 1994 참조.

의 개조 노력이 실패로 귀결되는 시기이다. 또는 좀더 정확히 말하면 역사적 맑스주의의 돌이킬 수 없는 위기가 도래했음을 선언함으로써, 이전까지의 (역사적) 맑스주의의 개조의 시도와 다른 차원에서 맑스주의를 일반화하려는 새로운 문제설정이 막 시작되는 시기이기도 하다.[30] 그리고 바로 이러한 노력의 일환으로서, 마슈레와 발리바르는 각자 고유한 방식으로 스피노자 철학에 대한 본격적인 연구를 시작하게 된다.[31]

따라서 『헤겔 또는 스피노자』 역시 근본적으로는 이러한 이론적 정세에 대한 개입의 시도로 읽어야 하며, 이러한 관점에서 보면 『헤겔 또는 스피노자』의 기본 화두는 헤겔의 관념론적 변증법과 구분되는 유물변증법이란 무엇인가라는 데 있다.

마슈레는 이 문제를 다루기 위해 먼저 헤겔 자신에 의해 재구성된 스피노자의 모습을 검토하는 전략을 채택한다. 헤겔이 재구성한 이 이미지에 따르면 스피노자 철학은 세 가지 이미지를 갖는다. 첫째는 수학의 형식적 방법을 철학에 도입함으로써, 지성의 관점의 한계에 갇혀 있는 모습이다. 둘째는 시초에 절대적으로 충만하게 정립되어 더 이상 역동적으로 전개되지 못하고, 외재적인 속성의 관점에 따라 추상적으로 반성되고 있는 실체 또는 절대자의 한계다. 마지막은 이러한 시초의 절대자로부터 속성으로, 다시 여기서 양태로 점점 더 퇴락해 가는 유출론적 체계의 모습인데, 이는 스피노자가 순수한 부정주의에 빠져 부정적인 것의 구체적인 운동을 전개하지 못하고 있음을 잘 보여 준다.

---

30) 여기에 관해서는 이전에 국내에 출간된 여러 저작을 참조하기 바란다. 특히 에티엔 발리바르 외, 『루이 알튀세르』, 윤소영 엮음, 민맥, 1991; 에티엔 발리바르 외, 『맑스주의의 역사』, 윤소영 옮김, 민맥, 1992; 에티엔 발리바르 외, 『알튀세르와 마르크스주의 전화』, 윤소영 옮김, 이론, 1993; 루이 알튀세르 외, 『역사적 맑스주의』, 서관모 엮음, 새길, 1993 참조.
31) 알튀세르 자신은 주지하다시피 그 자신이 '불확정성의 유물론' 또는 '마주침의 유물론'이라고 부른 유물론의 새로운 가능성을 모색하고 있었다. 그리고 이 유물론은 마키아벨리와 스피노자에 대한 매우 독창적인 독해에 기초하고 있다.

마슈레는 이처럼 헤겔의 재구성에 따라 제시된 이 세 가지 쟁점, 곧 기하학적 방법의 문제와 속성의 문제, "모든 규정은 부정이다"라는 정식의 문제를 2부에서 4부에 이르기까지 하나씩 치밀하게 검토하고 있다. 그리고 이런 검토를 통해 마슈레가 보여 주려고 하는 것은 헤겔식의 변증법과 구분되는 새로운 변증법의 가능성이다. 곧 헤겔은 스피노자가 자신의 철학이 내포하고 있는 궁극적인 잠재력을 끝까지 전개하지 못했으며 충분히 변증법적이지 못했다고 비판하고 있지만, 마슈레는 이러한 비판은 헤겔 자신의 무의식적 가상에 따라 투사된 **상상적인** 스피노자에게만 적용될 수 있는 비판이라고 반박하고 있다. 헤겔은 스피노자라는 이 유령, **헤겔 자신의 체계를 의문시하는** 어떤 사상에 맞서 자신을 방어하기 위해, 그리고 이 사상에 의해 드러난 자신의 체계의 한계를 상상적으로 봉합하기 위해, 상상적인 스피노자를 만들어 냈다는 것이다.

그리고 마슈레는 헤겔의 관념론적 변증법에 나타나는 위계적 종속 관계에서 이러한 쟁점을 해명할 수 있는 단초를 발견한다. 곧 헤겔에서 사유는 **자신의 총체화의 운동 안으로 다른 모든 질서를 결집하고 흡수하는 절대적인 합리적 질서**이며, 이러한 질서 안에 통합된 모든 요소들은 종국적인 목적을 향해 전진하는 시간적·논리적 관계에 따라 위계화된다. 그리고 헤겔은 이러한 목적론적 관점을 스피노자에 **거꾸로** 투사하여, 스피노자의 체계는 절대자를 시초에 정립하기 때문에 점진적으로 퇴락해 가는 유출의 체계일 수밖에 없다고 비판하고 있다.

헤겔이 보기에 자신의 주장을 정당화해 줄 수 있는 스피노자의 개념은 바로 속성이다. 왜냐하면 스피노자의 속성 개념은 모순적인 성격을 보여 주기 때문이다. 곧 이는 "실체의 본질을 구성하는 것"이라고 주장되지만, 다른 한편으로는 "지성에 의해" 그처럼 지각되는 것이기도 하다. 다시 말해 속성이 실체의 본질일 수 있다는 것은, 지성이 그처럼 지각한다는 것을 전제하는 것이다. 하지만 어떻게 절대자인 실체의 본질을 구성하는 것이 유한한 인간의 지성에 의해 조건화될 수 있는가? 헤겔은 바로 여기서 스피노자의 비일관성의 징표를 발견한다.

그러나 마슈레에 따르면 헤겔의 주장은 텍스트상의 전거도 희박할 뿐만 아니라, 스피노자의 독창적인 속성 이론에 대한 몰이해를 보여 주는 것에 불과하다. 이를 보여 주기 위해 마슈레가 특히 강조하는 점이 속성들의 ─이렇게 말할 수 있다면─ 외연적 무한의 중요성이다. 곧 스피노자에게 속성은 **사유와 연장** 두 가지만 존재하는 게 아니라, 우리에게는 알려지지 않은 **무한하게 많은** 속성들이 존재한다. 왜 이 **무한하게 많음**이 중요할까?

1) 이는, 헤겔이 해석하듯이 속성들의 관계를 외재적 대립의 관계로 간주하지 못하게 만들기 때문이다. 헤겔은 스피노자에게 속성은 **사유와 연장** 두 가지만이 존재하며, 이것들은 지성이 실체를 반성하는 추상적 형식들이라고 생각한다. 그런데 속성들이 이렇게 이해되면, 절대적 실체는 서로 대립하고 있는 자신의 외재적 본질들로 분산되고 해체되어 버리며, 스피노자가 말하는 절대자의 통일성은 추상적이고 외양적인 통일성에 불과한 것이 된다. 하지만 속성들은 무한하게 많기 때문에, 속성들 사이의 관계를 두 가지 대립물의 관계로 간주하는 것은 불가능하다. 더 나아가 이처럼 각각 자신의 유 안에서 무한한 속성들이 **무한하게 많음**은 『윤리학』 1부 정의 6에서 말하고 있듯이, 일체의 부정을 제거함으로써 실체를 절대적으로 무한한 존재자로 만들며, 따라서 실체를 절대적 통일체로 만들어 준다.

2) 또한 이러한 외연적 무한성은 우리가 실체에 대한 인식에서 수적 관점을 배제할 수 있게 해준다. 곧 스피노자에게 실체는 **유일**하며 이 유일성은 실체의 한 특성을 이루지만, 이를 원인으로 간주해서는 안 되며 수적 관점에서 이해하려고 해서도 안 된다. 실체가 유일한 것은 실체의 절대적 무한성, 절대적 역량의 결과이기 때문이다. 그리고 이런 의미에서 스피노자의 체계

를 **일원론**이라고 부르는 것은 문제가 있는데, 실체의 통일성이나 속성들의 상이성은 하나나 둘, 여럿 같은 숫자와는 무관한 것이기 때문이다.

3) 그리고 이는 실체와 속성의 관계를 파악하는 적합한 관점을 제공해 준다. 실체와 속성의 관계는 유출론적 이행의 관계도 위계적 종속의 관계도 아니며, 게루 같은 사람이 주장하듯 **구축**construction의 관계도 아니다. 오히려 실체와 속성의 관계는 스피노자 자신이 강조하듯 **구성**constitution의 관계로 파악해야 한다. 구성의 의미를 파악하기 위해서는 마슈레가 제시하는 실체 안에서 속성들의 동일성이라는 테제의 의미를 정확히 해명하는 게 중요하다. 이 테제는 속성들의 **실재적 상이성**과 동시에 **실체 안에서 속성들의 통일성**을 뜻하는데, 이러한 난해한 주장의 의미를 이해할 수 있는 열쇠를 마슈레는 2부 정리 7의, 이른바 '평행론' 정리, 곧 "관념들의 질서와 연관은 사물들의 질서와 연관과 같다"는 정리에서 발견한다.

여기서 우선 피해야 할 오해는 이 정리가 주장하는 것은 사유 속성과 연장 속성의 평행성, 그리고 두 속성에 속하는 양태들, 곧 관념들과 물체들 사이의 일치나 합치가 아니라는 점이다. 이 정리에서 **사물**은 관념들 및 물체들을 모두 포함하기 때문이다. 따라서 이 정리의 진정한 의미는 "하나의 속성에 따라 파악된 모든 것은 다른 모든 속성들에 따라 파악된 것들과 동일하다는 것"에 있다. 이는 각각의 속성에서 실체가 항상-이미 자기 자신을 절대적으로 표현하고 있기 때문이며, 역으로 실체의 절대적인 자기 표현은 각각의 속성이 아무런 외적 제한 없이 자신의 유 안에서 무한하다는 것을 전제하고 있기 때문이다.

그리고 이처럼 각각의 속성이 자율성을 유지하면서 실체의 절대적 통일성을 표현할 수 있게 해주는 근거는 바로 **질서와 연관의 동일성**에 있다. 곧 각각의 속성은 그 자신의 형식/형상에 따라 동일한 인과질서와 연관을 표현하며, 이 동일한 인과질서와 연관은 무한하게 많은 속성들에 따라 표현되기 때문에 단 하나의 유일한 것이다.

따라서 헤겔이 속성 문제와 관련해 범하고 있는 해석상의 오류——속성들을 지성이 절대자를 반성하는 외적 형식으로 간주하고, 속성들은 두 개만 존재하는 것으로 생각하며, 속성들 사이의 관계를 외재적 대립 관계로 해석하고, 속성들과 실체의 관계를 퇴락하는 이행의 관계로 해석하는 것——는 부정적인 매개의 운동을 통해서만 무한자의 구체적인 보편성과 유한자의 실재성을 얻을 수 있다는 헤겔의 관념론적 변증법에서 비롯한다는 것이 마슈레의 주장이다. 이 때문에 4부에서는 **부정**과 **규정**의 관계가 논의되며, 여기서 쟁점은 스피노자에서 유한자의 실재성을 어떻게 긍정할 수 있는가, 따라서 무한자의 구체적 보편성은 어떻게 가능한가라는 문제다.

헤겔은 스피노자가 "모든 규정은 부정이다"라는 천재적인 정식을 발견해 놓고도 이를 제대로 발전시킬 수 없었다고 주장한다. 이는 스피노자가 모든 유한한 규정들을 지양의 운동으로 이끌어 가는 부정적인 것의 실정성을 파악하지 못하고 있기 때문이다. 곧 스피노자에게 규정은 **단지 부정에 불과할 뿐**, 또 다른 상위의 긍정을 향해 나아가는 실정적인 계기로 작용하지 못하고 있다. 그리고 이 때문에 스피노자에게 유한한 규정들, 곧 유한 양태들은 아무런 실재성도 지니지 못한 외양, 가상에 불과하며, 역으로 절대자는 이러한 유한한 규정들과 외재적인 관계에 있기 때문에, 내용 없는 절대자에 불과하게 된다. 요컨대 유한자와 무한자 사이에는 아무런 **실정적인 이행의 매개**도 존재하지 않는다는 것이다.

마슈레는 이 문제를 두 가지 측면에서 해명하고 있다. 첫번째 문제는 스피노자 철학에서 절대자와 유한자의 관계는 어떤 성격의 것인가라는 문제다. 이는 곧 스피노자에서 무한 양태의 지위를 어떻게 보아야 하는가의 문제이다. 이는 헤겔이 생각하듯, 유출적인 퇴락의 중간 단계, 곧 유출적 이행의 매개인 것인가? 아니면 다른 어떤 것인가? 두번째 문제는 유한자, 유한 양태의 지위를 어떻게 볼 것인가라는 문제이다. 헤겔이 생각하듯 스피노자에서 유한 양태는 외양, 가상에 불과한가? 아니면 유한 양태는 자신의 고유한 실재성을 지니고 있는가? 또 그렇다면 유한 양태는 어떻게 이러한 실재성을 얻게 되는가?

첫번째 문제는 다시 두 가지 측면에서 해명된다. 1) 직접적 무한 양태(사유의 경우는 **신의 관념**, 연장의 경우는 **운동과 정지의 관계**)는 속성과 양태를 **매개해** 주는 것인가? 하지만 이름이 가리키듯이, 그리고 스피노자 자신이 분명히 "신의 절대적 본성으로부터 필연적으로 따라나오는 것"(『윤리학』 1부 정리 28의 주석)이라고 말하고 있듯이, 직접적 무한 양태는 매개로 간주될 수 없다. 이것들은 실체 또는 속성이 자기 자신을 직접 표현하는 **방식**modus, 곧 양태이며, 이런 한에서 **일종의 무조건적인 것들**이다.

2) 그러나 그렇다면 매개적 무한 양태, **우주 전체의 모습**은 일종의 매개로 간주되어야 하지 않는가? 마슈레가 이 문제에 관해 많은 지면을 할애하고 있는 데서 알 수 있듯이, 매개적 무한 양태는 사실 다수의 모호성을 포함하고 있다. 이는 무엇보다도 스피노자가 소산적 자연으로서의 이 매개적 무한 양태를 하나의 개체 내지는 하나의 전체로 제시하고 있으며, 따라서 **마치** 자연에는 가장 단순한 물체들로부터 복합 물체들을 거쳐, 이 물체들의 총합으로서의 우주 전체의 모습에 이르는 위계적 계열, 또는 합성의 질서/순서가 존재하는 것**처럼** 말하고 있기 때문이다.

하지만 마슈레는 이러한 인상은 그릇된 것이며, 스피노자 철학에서 인과관계의 본성을 잘못 이해한 데서 생겨나는 가상이라고 비판하고 있다. 곧 위와 같이 스피노자의 자연을 개체들의 위계적 질서/순서로 제시하는 것은 자연의 인과관계를 기계론적인 타동적 인과성의 관점에 따라 이해하는 것이다. 그리고 이러한 기계론적 관점은 사물들 사이의 내재적 관계를 해명해 주지 못하기 때문에, 필연적으로 자신의 맞짝으로서 목적론적·섭리론적 관점을 불러오게 된다(『윤리학』 1부 '부록'). 따라서 이러한 타동적 인과성의 관점이 아니라 내재적 인과성의 관점에서 사물들의 **질서와 연관**을 파악해야 기계론적/목적론적 관점에서 벗어날 수 있으며, 우주 전체의 모습을 개체들의 위계적 총합으로서 표상하는 관점에 빠지지 않을 수 있다.

따라서 이는 곧바로 두번째 문제와 연결된다. 사물들의 질서와 연관을 내재적 인과성의 관점에서 파악하는 것은 결국 독특한 사물들이 내재적인 인과역량을 지니고 있음을 함축하며, 이는 곧 유한 양태들에게 고유한 실재성이 존재함을 의미하기 때문이다. 이런 의미에서 4부의 '독특한 본질들' 장은 이 책의 철학적 결론으로 간주할 수 있으며, 이 장은 스피노자 철학을 적합하게 파악하는 데 중요한 시사점을 제공해 준다.

이 장에서는 매우 밀도 높은 논의가 이루어지고 있지만, 핵심 요점은 다음과 같이 제시해 볼 수 있다. 마슈레는 바로 앞 장인 '대립이 아닌 차이'의 논의를 통해 데카르트 철학과 헤겔 철학에 나타나는 공통점, 곧 "모순은 주어/주체 속에서만, 그리고 주어/주체에 대해서만 파악되고 해소될 수 있다는 관념"을 도출해 낸다. 양자에게 차이가 있다면, 데카르트는 유한한 이성의 범위를 모순율의 한계로 제한시키는 반면, 헤겔은 모순율을 전도하여 이 유한한 이성의 한계를 넘어서고, 이를 절대적 주체의 운동으로 변모시킨다는 데 있다. 그러나 마슈레에 따르면 스피노자의 철학은 주어/주체 또는 개체를 실존의 영역에 위치시키고, 따라서 모순의 문제 역시 사물들의 실존의 영역, 곧 타동적 인과성의 영역에 위치시킨다.[32]

이는 독특한 사물들은 본질의 수준에서는 서로 대립하지 않으며 **자기 자신 안에서**in se 존재함을 의미한다. 곧 독특한 사물들의 본질은 외재적 대립이나 내적 모순에 의해서 규정되는 게 아니라, **어떤 규정된 방식으로**certo et determinatio modo 이 독특한 사물들 안에서 행위하는 신의 역량에 따라 규정된다. 다시 말하면 각각의 독특한 사물들은 그것들이 신의 역량을 어떤 규정된 방식으로 표현하는 바로 **그만큼**quantum 자신의 존재를 보존할 수 있는 것이다. 바로 이것이 코나투스 개념, 곧 "각각의 사물은 자기 스스로 할 수 있는 만큼 자신의 존재 안에서 존속하려고 추구"(『윤리학』 3부 정리 6)한다는 개념의 의미이며, 스피노자는 코나투스를 각각의 사물의 현행적 본질로 정의하고 있다(『윤리학』 3부 정리 7).

그러나 만약 그렇다면 어떻게 유한자의 고유성이 유지될 수 있는가? 또는 독특한 사물들은 어떻게 독특한 본질을 유지할 수 있는가? 이는 모든 독특한 사물들 안에서 신의 활동, 신의 역량의 표현을 보기 때문에, 일종의 기회원인론에 빠지게 되지 않는가? 이런 질문을 제기하는 사람이 있을지 모르지만, 마슈레에 따르면 이는 신과 독특한 사물들 사이의 관계를 여전히 외재적 관계, **제약과 구속의 관계**로 파악하는 데서 비롯하며, 신 또는 절대적으로 무한한 실체를 하나의 **존재자**로 간주하기 때문에 생기는 의문에 불과하다.

마슈레가 강조하듯이 신은 하나의 **전체**Tout가 아니며, 독특한 사물들은 **개체들**이 아니고,[33] 속성들 또는 무한 양태들은 이 양자의 매개가 아니다. 속성들이 자신들의 자율성을 유지하는 가운데 실체의 통일성을 표현하듯이, 각각의 독특한 사물들 역시 환원 불가능한——왜냐하면 모든 본질은 영원하기 때문에——본질을 보존하면서 실체의 무한성을 표현하고 있기 때문이다. 이처럼 실체와 독특한 사물들 사이의 관계를 모순들에 따른 매개의 관계로

---

32) 하지만 그렇다고 해서 스피노자에게 두 개의 상이한 질서, 상이한 세계——하나는 본질들의 세계이고 다른 하나는 실존들의 세계——가 존재한다고 생각해서도 안 된다. 내재적 인과관계와 타동적 인과관계가 두 개의 인과관계가 아니듯이, 본질의 질서와 실존의 질서 역시 서로 독립적인 두 가지 질서가 아니며, 단 하나의 동일한 현실에 대한 상이한 표현들일 뿐이다. 이는 다시 말하면 가상적인 인식——현대적인 용어로 말하면 이데올로기——역시 합리적인 인식 못지않게 실재적인 하나의 인식이며, 따라서 자기 나름의 방식으로 진리를 표현한다는 것을 의미한다. 마슈레의 도발적인 표현을 따르자면 "극단적으로는 이 인식의 종류들 중 하나가 다른 것보다 더 **참되다**(만약 우리가 진리와 적합성을 조심스럽게 구분한다면)고 긍정할 수 없다. 이 종류들은 자신들이 기능하는 체계 속에서는 똑같이 필수적이기 때문이다"라고 말해야 한다.
33) 이 때문에 res singulares를 '개체들'이나 '개물들'로 번역하지 않는 것이 중요하다. res singulares의 번역 문제와 관련해서는 뒤에 나오는 '번역에 관하여' 절을 보라.

보지 않고 직접적 동일성의 관계로 본다는 점에서, 스피노자에게는 주체의 변증법도, 목적론적 변증법도 존재하지 않는다. 이를 변증법이라 부를 수 있다면, 이는 바로 유물론적 변증법으로서의 **실체의 변증법**이다.

『헤겔 또는 스피노자』의 이러한 작업을 어떻게 평가해야 할까? 궁극적인 평가는 독자들 각자의 몫이기 때문에, 여기서는 알튀세르의 작업과 관련하여 간단히 몇 가지 함의만 지적해 두겠다.

마슈레가 이 책에서 다루고 있는 문제는 사실 알튀세르가『자기비판의 요소들』[34]에서 제시한 한 가지 자기비판과 관련이 있다. 알튀세르는 이 책에서 60년대 자신의 작업은 (형식주의적·조합적) 구조주의가 아니라 스피노자주의에 기초하고 있었음을 시인하면서, 자신은 맑스가 유물변증법을 이론화하기 위해 헤겔을 우회해야 했던 이유를 알기 위해 다시 스피노자를 우회했다고 말하고 있다. 그리고 이러한 우회는 모든 관념론의 핵심적인 개념쌍이 주체와 목적임을 밝혀 줌으로써, 맑스의 시도를 더 잘 이해할 수 있는 계기를 마련해 주었다고 밝히고 있다. 하지만 알튀세르는 여기에 대해 한 가지 중요한 유보를 달고 있다. 왜냐하면 "스피노자에게는 헤겔이 맑스에게 준 것, 곧 **모순**이 결여되어 있기"[35] 때문이다.

이런 관점에서 본다면 마슈레의 이 책은 알튀세르의 이러한 자기비판에 대한 응답이자 내재적 교정의 시도라고 간주할 수 있다. 다시 말해 알튀세르처럼 스피노자주의를 변증법과 무관한 철학으로 간주하는 것은 잘못이며, 오히려 스피노자주의는 헤겔의 관념론적 변증법과 다른, 유물변증법을 가공하기 위한 중요한 이론적 통찰을 제공해 준다는 것이다. 그리고 마슈레의 이러한 답변은『맑스를 위하여』,『자본을 읽자』에서 전개되었던 구조 인

---

34) Louis Althusser, *Eléments d'autocritique*, *Solitude de Machiavel et autres textes*, éd. Yves Sintomer, PUF, 1998.
35) 같은 책 p.188(강조는 알튀세르).

과성 개념의 풍부한 함의들을 (알튀세르의 자기비판에 맞서) 계속 보존하고 발전시키려는 알튀세리엥들의 일관된 노력의 표현이다.

그런데 사실은 알튀세르 자신도 『자기비판의 요소들』이 출간된 이듬해 발표한 강연 「철학에서 맑스주의자가 된다는 것은 쉬운 일인가?」에서는 『자기비판의 요소들』의 주장과는 다른 방향에서 변증법 문제에 관해 진술하고 있다. 좀 길지만 알튀세르의 말을 인용해 보자.

> 그렇다. 맑스는 헤겔에 가까웠다. 그러나 무엇보다 **사람들이 말하지 않는** [강조는 알튀세르] 이유에서, **변증법에 선행하는 이유에서** …… 그러하다. 한마디로 말하자면 맑스는 모든 기원과 주체의 철학 …… 에 대한 헤겔의 완강한 거부 때문에, 코기토와 감각론적-경험론적 주체와 초월론적 주체에 대한 그의 비판 때문에, 따라서 지식의 이론이라는 사고에 대한 그의 비판 때문에 헤겔과 가까웠다. …… 요컨대 주체에 관한 모든 철학적 이데올로기의 비판 때문에 헤겔과 가까웠다. …… 그리고 만약 이 비판적인 주제들을 재편성해서 고려해 본다면, 맑스가 헤겔과 가까운 것은 헤겔이 스피노자에게 공개적으로 물려받은 것 때문임을 확인할 수 있을 것이다. 왜냐하면 이 모든 것은 『윤리학』과 『신학정치론』에서 이미 발견되기 때문이다. 그런데 사람들은 보통 에피쿠로스에서 스피노자와 헤겔에 이르기까지 **맑스 유물론의 전제**를 구성하는 이 심원한 친화성에 대해서는 경건한 침묵으로 지나치고 있다. …… 그리고 사람들은 맑스-헤겔의 관계 전체가 단지 변증법에만 달려 있다고 생각한다. 왜냐하면 맑스가 그렇게 말했기 때문이다! 사람을 그의 자기의식에 기초해서 판단해서는 안 되며 의식의 배후에서 이 의식을 산출하는 과정 전체에 기초해서 판단해야 한다는 사실을 우리에게 처음으로 가르쳐 준 사람이 맑스가 아닌 것처럼 말이다 …….
>
> 나는 사실 맑스주의 변증법의 문제는 **유물론의 우위에 대한 변증법의 종속**

[강조는 알튀세르]이라는 조건 아래에서만, 그리고 이 유물론이 변증법이 되기 위해서 변증법은 어떤 형태를 취해야 하는가를 아는 조건 아래에서만 제기될 수 있다고 생각한다……
[변증법에 관해 저술하겠다는 약속을 지키지 못한] 맑스의 침묵은 확실히 우연이 아니다. 왜냐하면 이렇게 하기 위해서는 분명 변증법의 결론들로부터 그 유물론적 전제들로 거슬러 올라가야 했으며, 그 전제들에 기초하여 그것들이 야기시킨 (강한 의미에서) 새로운 범주들을 사고해야 했기 때문이다.[36]

매우 함축적이고 중요한 이 구절에 관해서는 다른 기회에 좀더 체계적으로 논의할 기회가 있을 것이다. 여기서는 다만 알튀세르가 변증법의 유물론적 전제 ─ 에피쿠로스에서부터 발원하는 ─ 라는 문제를 제기하고 있다는 것, 따라서 변증법을 하나의 결과로 간주하고 있다는 것을 강조해 두기로 하자. 이는 달리 말하면 『자기비판의 요소들』에서의 주장과는 달리, 알튀세르는 모순의 문제를 부차적인 문제로, 유물론적 전제에서 파생된 **한 가지 결과**의 문제로 간주하고 있다는 것을 의미한다. 그리고 이는 바로 이 책에서 마슈레가 헤겔의 스피노자 독해에 관해 하나하나 치밀하게 검토하면서 내리고 있는 결론이기도 하다.

따라서 우리가 여전히 유물변증법에 관해 말할 수 있다면, 이는 **추상적이고 사변적인** 모순 개념을 **역사화**하는 것이 아닐 뿐만 아니라 모순 개념 자체를 새롭게 사고하는 것도, 최종심급 개념을 복잡화하는 것도 아니다. 하지만 그렇다고 해서 모순 개념을 제거하거나 말소하는 것이 문제인 것도 아니다.

---

36) 같은 책 pp.210~211; 국역본 『아미엥에서의 주장』, 김동수 옮김, 솔, 1991, pp.146~147(별도의 표시가 없는 강조는 인용자의 강조다).

오히려 문제는 모순을 부차화하는 것, 그리고 모순을 **하나의** 계기로 포함하고 있는 관계의 이론을 사고하는 데 있을 것이다. 이것이 중대한 실천적 결과를 낳으리라는 것은 의심할 여지가 없으며, 바로 여기에 이 책 『헤겔 또는 스피노자』의 중요한 이론적 의의 중 하나가 있다.

『헤겔 또는 스피노자』의 영향: '또는'에 대하여

언젠가 발리바르가 지적했던 것처럼 이 책은 유럽의 철학계, 특히 스피노자 연구자들에게 매우 커다란 영향을 미쳤다. 우선 이 책은 당연히 스피노자 철학에 대한 해석에서 많은 영향을 미쳤다. 곧 기하학적 방법에 관한 문제나 실체와 속성의 관계 문제, 무한 양태에 대한 해석의 문제 등과 같이 이 책이 중심 주제로 다루고 있는 문제들에서 이 책은 표준적인 하나의 입장을 제시해 주었으며, 이 때문에 이 책은 게루나 들뢰즈 등의 저서와 함께 스피노자의 존재론과 인식론에 관한 권위 있는 해설서로 널리 읽히고 있다.

아울러 마슈레의 이 책은 스피노자와 독일 철학의 관계에 대한 관심을 불러일으켜서, 그 이후 스피노자와 독일 관념론에 관한 여러 연구들을 낳는 산파의 구실을 하기도 했다. 사실 빅토르 델보스나 마르샬 게루 등이 19세기 말과 20세기 초에 스피노자와 독일 관념론에 관한 매우 중요한 저서들을 낸 적이 있지만,[37] 그 이후 이 분야에 관한 연구는 오랫동안 찾아보기 어려웠다. 하지만 이 책이 출간된 이후 이 분야에서 다수의 주목할 만한 저작들이 출간되었으며, 이 저작들은 스피노자와 독일 관념론 사이의 관계를 새롭게 조망해 볼 수 있는 계기를 마련해 주고 있다.[38]

---

[37] Victor Delbos, *Le problème moral dans la philosophie de Spinoza et dans l'histoire du spinozisme*, Félix Alcan, 1893; Martial Gueroult, *L'evolution et la structure de la doctrine de la science chez Fichte*, Georg Olms, 1982 참조.

하지만 스피노자 연구에서 이 책이 미친 가장 큰 영향은 스피노자 철학을 다루는 한 가지 방식—현재화의 한 방식이라고 할 수도 있을 것이다—을 제공해 주었다는 데서 찾아야 할 것이다. 그 방식은 이 책의 제목이 시사해 주듯이 **대결**confrontation의 문제설정이다.

이 책이 처음 나왔을 때 사람들은 이 책의 제목을 **헤겔이냐 스피노자냐**의 의미로 이해했다. 곧 이 책에서 문제가 되는 것은 서양 근대 철학의 두 대가 사이의 대결이며, 이 대결의 쟁점은 변증법, 다시 말해 관념변증법이냐 유물변증법이냐 사이의 쟁점이라는 것이다. 그리고 이러한 대결에 대해 사람들은 각자 자기 나름의 입장에서 여러 가지로 논평을 했다.

헤겔 철학을 지지하는 사람들은 헤겔의 스피노자 독해에 대한 세부적인 분석에서는 마슈레의 말이 옳지만, 헤겔 철학은 스피노자 독해로 모두 환원될 수 없다고 반박한다. 곧 헤겔의 스피노자 독해에서 헤겔 철학의 한계의 증상을 읽어 내려는 마슈레의 시도는 성급한 과장이라는 것이다.[39]

반면 헤겔 철학에 대해 비판적인 사람들은 마슈레의 시도가 불충분하다고 비판한다. 가령 네그리 같은 사람은 1981년에 출간된 『야만적 별종』에서 마슈레의 저작이 헤겔 철학의 한계를 잘 드러내 주었지만, 그렇다고 해서 스피노자에서 유물변증법을 위한 새로운 이론적 자원을 찾으려고 하는 것은 잘못이라고 비판했다. 그는 오히려 우리는 스피노자 철학에서 일체의 매개, 따라서 일체의 변증법을 거부하는 새로운 구성적 존재론의 모습을 보아

---

38) 특히 Sylvain Zac, *Spinoza en Allemagne: Mendelssohn, Lessing et Jacobi*, Méridiens-Klincksieck, 1989; Manfred Walther ed., *Spinoza und der deutsche Idealismus*, Königshausen & Neumann, 1991; Gabriel Albiac, *La synagogue vide: Les sources marranes du spinozisme*, PUF, 1994; Jean-Marie Vaysse, *Totalité et subjectivité: Spinoza dans l'idéalisme allemand*, Vrin, 1994 참조.

39) 이러한 독해의 사례로는 André Doz, "Spinoza lecteur de Hegel?", *Revue de métaphysique et de Morale*, 1984/1; George L. Klein, "Pierre Macherey's Hegel or Spinoza", *Spinoza: Issues and Directions. The Proceedings of the Chicago Spinoza Conference(1986)*, eds. Edwin Curley and Pierre-François Moreau, E.J.Brill, 1990을 참조.

야 한다고 주장한다. 그리고 이를 위해 그는 『야만적 별종』 이래 **반反근대성**의 문제설정 아래, 홉스-루소-헤겔로 이어지는 근대성의 중심적 노선에 맞서는 마키아벨리-스피노자-맑스의 노선을 진정한 유물론의 노선, 대중의 정치학의 노선으로 제시하고 있다.

그 외에도 어떤 사람들은 이 책에서 동시대의 구조주의 사상가들 또는 **포스트모더니즘**과의 대결의 실마리를 찾아보려는 시도를 하기도 했으며, 어떤 사람들은 다른 영역에서 역시 대결의 문제설정에 따라 스피노자 철학을 이해해 보려고 하기도 했다.

따라서 이 책은 독자들, 헤겔 독자들만이 아니라 스피노자 독자들을 하나의 대결로 초대한 셈이며, 또 국내의 독자들 역시 그렇게 될 것이다. 하지만 이 대결에 초대장을 받기에 앞서 다음과 같은 질문을 해보는 것도 나쁘지는 않을 것이다. 이 대결은 누구를 위한, 또는 무엇을 위한 대결인가? 곧 이 대결은 헤겔의 궁극적 승리를 확인하기 위한 대결인가, 아니면 이전까지는 누구도 생각지 못한 스피노자의 극적인 승리를 확인하기 위한 대결인가? 또 아니면 관념론에 대한 유물론의 승리를 결정짓기 위한 대결인가?

마슈레는 「1990년판 서문」에서 이 책의 제목 중 ou — 곧 영어의 or나 독어의 oder — 라는 단어를 두 가지로 읽을 것을 제안하고 있다. 곧 이는 한편으로 '……이냐 ……이냐'aut …… aut를 뜻하기도 하지만, 또한 "신 즉 자연"Deus sive natura이라는 잘 알려진 스피노자의 표현이 가리키듯 '즉', '다시 말해'로 읽을 수도 있다는 것이다. 이런 관점에서 읽는다면, 이 책은 일차적으로 스피노자에 대한 헤겔의 오해, 오독에 맞서 스피노자의 관점에서 헤겔 철학을 재비판하려는 시도이지만, **또한 동시에** 이 책은 헤겔과 스피노자가 공유하고 있는 것, 이 양자의 철학 안에서 공통으로 발생하고 있는 것을 읽어 내려는 시도이기도 하다.

왜 이러한 이중적 독법이 필요한가? 그것은 무엇보다도 마슈레가 말하는 대결은 외재적인 대결, 서로 마주보고 있는 독립적인 개체들 사이의 상호 파괴의 대결이 아니기 때문이다. 게다가 이는 너무 비非스피노자적인 발상일 것이다. 반대로 마슈레가 독자들을 초대하고 있는 대결 ── 하이데거라면 오히려 Auseinandersetzung이라고 말했을 것이다 ── 은 서로 전혀 다른 것들이, 서로 다름에도 불구하고, 또는 바로 서로 다르다는 그 이유 때문에, 공통적인 것을 지니게 되며, 또 이 공통적인 것에 의해 각자 독특한 자기 자신으로 존재하게 되는 대결이다. 그리고 이러한 다름을 통한 같음, 같음에 의한 다름이야말로 스피노자의 철학을 보편성의 철학이 아닌 독특성의 철학, 독특한 사물의 철학으로 만들어 주는 것이며, 또 스피노자의 철학이 그 영원성 속에서 현재화할 수 있게 해주는 것이기도 하다.

그러니 헤겔이냐 스피노자냐도 아니고, 헤겔 즉 스피노자도 아니며, 헤겔 또는 스피노자, 곧 **철학(함)** 자체인 것이다.

번역에 관하여

마지막으로 번역 문제에 관해 한 마디 해두지 않을 수 없을 것 같다. 내가 하려는 말은 이미 고전이 된 발터 벤야민의 「번역가의 과제」에서처럼 심오한 언어철학에 관한 논의는 아니며, 또 '번역은 반역이다'라는 이미 진부해진 문구를 되풀이하면서 번역의 어려움에 관한 개인적 소회를 털어 놓자는 것도 아니다. 내가 말하고 싶은 것은 단지 스피노자 철학의 몇 가지 중심 개념들을 어떻게 번역해야 하는가의 문제이며, 이것이 나름대로 중요성을 갖고 있다면, 어떤 의미에서 그런가 하는 점이다.

최근 들뢰즈나 네그리, 또는 알튀세르나 발리바르 등의 영향으로 국내에서도 스피노자 철학에 대한 관심이 점점 높아지면서, 이들의 스피노자에 관한 저작이나 논문이 번역·소개되고 있다.[40] 이들은 모두 현대 스피노자 연구에 큰 영향을 미친 철학자들로서, 이들의 스피노자 연구는 이들 각자의 사상을 이해하기 위해서만이 아니라 스피노자 철학의 현재적 의미를 파악하기 위해서도 꼭 소개·연구될 필요가 있다.

그런데 문제는 공교롭게도 이들의 저술이 주로 사회과학자들에 의해서 번역 및 소개되다 보니 번역의 질에도 문제가 있을 뿐만 아니라, 스피노자 철학의 주요 개념들에 대한 번역에서도 문제가 생겨나고 있다. 이는 물론 스피노자에 관한 책들을 번역한 사회과학자들의 개인적 역량을 폄훼하려는 뜻은 아니다. 내가 지적하고 싶은 것은 다만 그 분야의 책을 번역하거나 저술하려고 할 때는 그 분야에 관한 좀더 충분한 지식과 이해를 갖추어야 한다는 점이다. 그리고 이는 들뢰즈의 『스피노자와 표현의 문제』 또는 네그리의 『야만적 별종』처럼, 스피노자 연구의 고전으로 간주되는 책들의 번역이 문제일 경우에는 더욱 중요한 원칙이라고 할 수 있을 것이다.

하지만 여기서 국역된 스피노자 관련 서적들의 번역이 지닌 문제점을 일일이 지적하는 것은 가능하지 않을 뿐만 아니라, 불필요할 것이다. 여기서는 내가 보기에 스피노자 철학을 정확히 파악하는 데 매우 중요한 개념들이지만, 그 개념들이 지니고 있는 의미에 맞게 제대로 번역되지 못하고 있는 용어들 몇 가지만 집중적으로 살펴볼 것이다. 스피노자의 다른 개념들의 번역 문제라든가, 국역본들의 번역의 문제점에 관한 것은 다른 자리에서 논의할 기회가 있을 것이다.

논의에 들어가기에 앞서 스피노자의 저서나 스피노자에 관한 저서를

---

40) 루이 알튀세르, 「스피노자에 관하여」, 루이 알튀세르 외, 『마키아벨리의 고독』, 김민석 옮김, 새길, 1992; 「독특한 유물론적 전통」, 루이 알튀세르, 『철학과 맑스주의』, 서관모·백승욱 옮김, 새길, 1996; 에티엔 발리바르, 「반오웰—대중의 공포」, 『마키아벨리의 고독』; 「스피노자, 정치와 교통」, 『알튀세르의 현재성』, 윤소영 옮김, 공감, 1996; 안토니오 네그리, 『야만적 별종』, 윤수종 옮김, 푸른숲, 1997; 질 들뢰즈, 『스피노자의 철학』, 박기순 옮김, 민음사, 1999; 『스피노자와 표현의 문제』, 권순모·이진경 옮김, 인간사랑, 2003.

번역할 때 유념해야 할 몇 가지 원칙을 제시해 보는 게 좋을 것 같다. 다른 철학자들의 경우도 비슷하겠지만, 특히 스피노자 철학과 관련된 책들을 번역할 때는 다음과 같은 원칙은 필수적으로 지켜져야 한다고 생각한다.

첫째는 역사적·이론적 맥락을 고려한 번역이 이루어져야 한다는 점이다. 이는 비단 스피노자만이 아니라, 철학사에서 자주 거론되는 주요 철학자들의 번역에서는 반드시 고려되어야 할 사항이다. 하지만 스피노자에게 이는 좀더 특별한 의미를 지니고 있다. 왜냐하면 스피노자는 철학자로서는 매우 특이하게도 자신만의 고유한 용어 또는 개념을 전혀 만들어 내지 않은 사람이기 때문이다. 이는 어려서부터 당대의 철학적·지적 흐름과는 동떨어진 교육을 받았고 늦은 나이에야 거의 독학으로 당대의 선진 학문을 습득한 탓도 있겠지만, 다른 한편으로는 스피노자의 매우 독특한 글쓰기 전략과도 관련이 있다.

스피노자는 스타일이 없는 철학자라고들 한다. 다시 말해 늦은 나이에 라틴어 문법을 익히고, 자신의 모국어가 아닌 언어로 자신의 사상을 전달하려다 보니 ─ 실제로 스피노자는 자신의 모국어로 글을 쓸 수 있다면 훨씬 더 자신의 사상을 잘 표현했을 거라는 아쉬움을 토로하기도 했다 ─ 매우 초보적이고 교과서적인 표현법만을 사용할 수밖에 없었다는 말이다.

하지만 이는 사실과는 전혀 다른 말이다. 들뢰즈가 잘 간파한 사실이지만, 겉보기에는 매우 건조한 수학적 논증 방법을 차용하고 있는 것처럼 보이는 『윤리학』의 경우에도 정의와 공리, 정리 등으로 이어지는 엄격한 합리적 논증의 글쓰기 외에도, 「서문」과 주석, '부록' 등에서 나타나는 매우 격렬하고 풍자적인 논박의 글쓰기가 존재하기 때문이다. 더 나아가 『지성교정론』과 『소론』, 『데카르트의 『철학원리』 및 『형이상학적 사유』, 『신학정치론』과 『윤리학』, 『정치론』 같은 스피노자의 저작들은 각 저작마다 상이한 글쓰기 방식을 보여 주고 있으며, 하나의 저작 안에서도 각 부분별로 상이한 스타일이 등장하고 있다. 이는 스피노자의 글쓰기가 매우 의도적이고 고도로 계산된 것임을 잘 말해 준다.

다시 말해 스피노자는 사용할 수 있는 언어나 어휘에 관해 매우 제한적인 선택의 여지밖에 없었지만, 이를 매우 적절하게, 또 매우 효과적으로 활용할 줄 알았던 철학자였다. 예컨대 스피노자는 데카르트에게 많은 철학적 어휘들을 빌려 오지만, 논증 과정에서 이것들을 상이하게 활용하고 자신만의 독특한 의미를 부여함으로써, 실제로는 데카르트가 사용했던 개념과는 전혀 다른 개념으로 전환시킨다. 실체와 속성, 양태 같은 개념들이 그 대표적인 사례이며, **형상적-표상적**formalis-objectivus이라는 개념쌍이나 **적합한** adaequatus이라는 개념, **원인 또는 이유**causa sive ratio라는 개념 등도 그 사례들이 될 수 있다.

그리고 이는 궁극적으로는 그의 철학의 성격과도 매우 잘 들어맞는 방식이기도 하다. 왜냐하면 스피노자는 데카르트나 홉스처럼 창시적인 철학자, 곧 철학사에서 어떤 새로운 혁명적 단절을 이룩한 철학자로 볼 수는 없지만, 대신 그는 이 혁명 속에서 이 혁명을 개조하려는 철학자, 또는—이렇게 말할 수 있다면—혁명 속에서 혁명을 수행하려고 했던 철학자였기 때문이다. 곧 스피노자에게 고유한 점은 데카르트나 홉스가 이룩한 혁명을 환영하고 여기에 동조하면서도,[41] 이들이 원래 추구했던 것과는 전혀 다른 목표를 위해 이를 활용할 줄 알았다는 데 있다.

따라서 스피노자가 사용하는 어휘들이 데카르트나 홉스가 사용하는 어휘들과 동일하면서도 어떻게 의미가 달라지는지를 세심하게 따져 봐야 하며, 일상적으로 사용되는 단어들이 그의 철학에서 어떤 독자적인 규정들을

---

41) 따라서 스피노자 철학에서 이들에 거스르는 중세 철학의 모습을 보려는 일부 해석가들의 관점은 지극히 부적절한 것이다.

부여받고 있는지 잘 검토해야 한다.

더 나아가 스피노자가 새로운 의미를 부여한 여러 개념들은 그의 후배 철학자들에게 전승되면서 또한 새로운 굴절과 변화를 겪게 된다. 뒤에서 우리가 살펴볼 adaequatio나 adaequatus 같은 개념이 그 한 가지 사례가 될 수 있을 것이다. 스피노자는 스콜라 철학에서 매우 전형적인 의미를 부여받고 있는 이 개념에 자신의 고유한 의미를 부여해 사용하지만, 다시 이 개념은 라이프니츠를 거치면서 스피노자가 부여한 것과는 상이한 의미를 얻게 되기 때문이다.[42] 또 본문에서 마슈레가 상세히 검토하고 있는 **규정** 개념이나 **자기원인** 개념이 헤겔에서는 매우 상이한 의미를 얻게 되는 것도 하나의 사례가 될 수 있다. 따라서 이러한 전후의 이론적·역사적 맥락을 제대로 고려하지 못한다면, 스피노자 철학을 제대로 파악할 수 없는 것은 물론이거니와, 철학사 속에서 스피노자의 위상을 정확히 이해하는 것도 어려울 것임은 자명하다.

둘째는 스피노자 철학 체계 전체를 고려해서 번역해야 한다는 점이다. 앞에서 스피노자의 글쓰기 스타일에 관해 언급했지만, 스피노자 철학은 『지성교정론』에서부터 『윤리학』이나 『정치론』에 이르기까지 변화하지 않고 처음부터 똑같이 존재하는 것도 아니고, 『윤리학』으로 축소되는 것도 아니며, 더욱이 『윤리학』으로 **완성**되거나 **완결**된 것도 아니다. 따라서 스피노자가 사용하는 여러 가지 용어들이나 개념들은 각각의 저작들에 따라 상이한 의미로 쓰이는 때도 있고, 한 저작 내에서도 다른 의미를 지니는 경우들도 있다.

---

42) 데카르트에서 스피노자, (아르노의 매개를 거쳐) 라이프니츠 및 로크에 이르는 adaequatio 개념의 의미 변용의 역사는 대륙 합리론의 전개 과정을 이해하는 데 ─ 그리고 경험론과의 쟁점을 이해하는 데 ─ 매우 중요한 문제이지만, 국내는 물론이거니와 외국에서도 아직 충분한 해명이 이루어지지 않았다. 아울러 라이프니츠 이후 adaequatio 개념이 오랫동안 사용되지 않다가 후설의 현상학에서 다시 중요한 개념으로 부각되는 이유에 대한 해명은 근대 철학사를 새롭게 고찰할 수 있는 길을 열어 줄 수 있을 것이다.

그러므로 이런 점을 제대로 감안하지 못하면, 스피노자가 사용하는 개념들의 의미를 정확히 파악하지 못할 뿐 아니라, 스피노자의 사상 자체를 제대로 전달하지 못할 수 있다.

예컨대 스피노자가 『윤리학』에서 사용하는 notio communis —보통 '공통 개념'이나 '공통 관념'으로 번역되는—라는 개념은 스토아 학파나 데카르트에서 나타나는 같은 단어들과 어떻게 다른지, 또 『신학정치론』에서 사용되는 이 개념과 같은 의미를 갖는 것인지 아니면 다른 의미를 갖는 것인지를 정확히 파악하지 못하면, 이 개념의 의미만이 아니라 스피노자 사상을 정확히 파악하기 어려울 수밖에 없다. 또한 potentia(많은 경우 '역능'으로 번역되는) 및 potestas(많은 경우 '권력'이나 '능력'으로 번역되는) 개념은 『지성교정론』에서 사용될 때와 『윤리학』에서 사용될 때, 또 『신학정치론』이나 『정치론』에서 사용될 때 같은 의미를 갖는지 아니면 다른 의미를 갖는지, 또는 이 개념들이 『윤리학』 1부에서 사용될 때와 『윤리학』 5부에서 사용될 때 동일한 의미를 갖는지 아닌지, 또는 『윤리학』에서 사용되는 religio와 pietas는 『신학정치론』에서 사용되는 이 개념들과 동일한 의미를 갖는지 아닌지, 또 차이가 있다면, 이는 스피노자의 사상을 이해하는 데 어떤 의의가 있는 것인지 등, 이런 점들이 제대로 고려되지 못하면, 스피노자의 철학이 제대로 파악될 수 없다.

마지막 세번째 원칙은 우리말로 된 번역이어야 한다는 점이다. 우리말 번역이어야 한다는 이 원칙은 어찌 보면 너무 당연해서 굳이 원칙으로 내세울 필요가 있을까 하는 생각이 들기도 하지만, 나는 이 세번째 원칙이 위의 두 가지 원칙보다 더 중요하고 기본적인 원칙이라고 생각한다.

이는 무엇보다도 스피노자 철학과 관련하여 우리말에 없는 용어들이 너무 자주, 그리고 너무 쉽게 등장하기 때문이다. 가령 스피노자의 potentia/puissance 개념을 사람들은 자주 '역능'이라는 말로 옮기는데, 이 번역어가 스피노자의 개념이 지닌 의미를 정확히 제시해 주는지 여부——내가 볼 때는 전혀 그렇지 않다——는 제쳐두더라도, 국어사전에도 나오지 않는 이 단어를 우리말로 볼 수 있을지 의문이다. 또한 affectus를 '정동'으로 옮긴다든가 appetitus를 '욕동'으로 옮기는 것, essentia singularis를 '특이적 본질' 등으로 옮기는 것도 마찬가지다.

스피노자가 이전까지 존재하지 않았던 새로운 용어를 사용하고, 또 이를 옮길 수 있는 적절한 단어가 우리말에 없다면, 이는 이해할 수도 있는 문제다. 하지만 앞서 말했듯이 스피노자는 새로운 용어를 전혀 만들어 내지 않았으며, 기존에 사용되던 철학 어휘들을 빌려 사용하면서 이 어휘들에 새로운 의미들을 부여했을 따름이다. 그러니 굳이 일상생활에서 사용하지도 않는 억지 단어들을 만들어 내어——그런데 이것들 중 상당수는 일본식 용어들이다——사용해야 하는 이유가 무엇인지 이해하기 어렵다.

이처럼 스피노자 철학 용어들을 표현하기 위해 계속 새로운 용어들을 만들어 낸다면, 대중들에게 그의 철학을 널리 이해시키는 데 큰 어려움이 있을 것이라는 점은 자명하다. 그리고 더 나아가 이는 스피노자 철학이 이전의 철학 및 이후의 철학들과 맺고 있는 관계를 제대로 인식하는 데도 큰 장애가 될 수밖에 없다. 스피노자가 이전의 철학자들이 쓰던 어휘들을 계속 사용하고 있음에도 불구하고 우리말로는 이를 전혀 다른 용어로 번역한다면, 스피노자의 개념이 어떤 철학을 어떻게 변용시키고 있는지 이해할 길이 없기 때문이다. 더 나아가 스피노자 후대의 철학자들이 스피노자의 개념들을 또 어떤 식으로 차용해서 어떤 식으로 변용시키는지도 이해할 수 없게 될 것이다. 이렇게 되면 결국 스피노자와 관련된 철학사를 이해하는 것은 매우 난감한 일이 되어 버릴 것이다. 전혀 불가능하지 않다면 말이다.

이런 원칙들을 염두에 두고, 이제 두 가지 용어만 고찰해 보기로 하자. 여기서 내가 살펴보고 싶은 개념은 singulraritas나 essentia singularis 또는 좀더 정확히 말하면 singularis라는 개념과, adaequatio나 adaequatus라는 개념이다.[43]

singularis라는 용어는 편지를 포함하는 스피노자의 저작에서 주로 '사물'이라는 의미의 res와 결합하여, 복수 형태인 res singulares라는 개념으로 사용되고 있으며, singulraritas나 essentia singularis라는 용어는 말 그대로는 등장하지 않는다. singularis라는 용어는 『윤리학』에서 총 94번(2부에서만 57번) 사용되고 있으며, 이 개념은 스피노자의 인과관계 이론이나 유한 양태 및 개체 일반에 관한 이론을 이해하는 데 매우 중요한 개념이다.

우선 이 개념을 '특수한'이나 '특수한 사물들'과 혼동하지 않는 게 중요하다. 이런 번역은 『윤리학』에서 단 두 차례 사용되고 있는 res particulares라는 표현[44]에 어울리지, res singulares라는 스피노자의 고유 개념을 표현하는 데는 부적합하다. '특수한 사물들' 같은 표현은 보편, 특수, 개별이라는 스콜라 철학적 분류법을 따르고 있지만, 스피노자는 이러한 분류법에 대해 매우 비판적이며, res singulares 같은 개념들은 이러한 분류법을 대체하기 위해 제시되었기 때문이다. 그리고 또한, 뒤에서 그 이유를 살펴보겠지만, 이 개념을 알튀세르의 『철학과 맑스주의』 국역본에서처럼 (일본식 용법을 따라) '개체'로 번역하거나 강영계 교수의 『에티카』에서처럼 '개물'로 번역하지 않는 것 역시 중요하다.

그런데 최근 번역된 『스피노자와 표현의 문제』라는 들뢰즈 책의 국

---

43) 이 외의 다른 개념들은 옮긴이 주나 '용어 해설'을 참고할 수 있으며, 스피노자의 인간학 및 정치철학과 관련된 개념들에 대해서는 에티엔 발리바르의 『스피노자와 정치』에 실린 옮긴이의 '용어 해설'을 참조하라.
44) res particulares라는 표현은 스피노자 저작 전체에서 불과 4번(『형이상학적 사유』에 1번, 『윤리학』에 2번, 『신학정치론』에 1번) 사용되고 있을 뿐이며, particularis라는 단어는 『윤리학』에 1번, 그리고 스피노자 저작 전체에는 불과 10번 등장할 뿐이다. 아울러 그 용례 역시 스피노자 자신의 고유한 철학을 표현하는 데는 쓰이지 않고, 데카르트 철학을 가리키거나 비전문적인 논의 맥락에서 등장할 뿐이다.

역본에서 이진경 교수와 권순모 씨는 스피노자 개념의 불어식 표현법인 singularité나 essence singulière라는 개념을 '특이성'과 '특이적 본질'로 번역하고 있다. 스피노자의 철학과 들뢰즈(·가타리) 자신의 철학은——긴밀한 연관성이 있긴 하지만——별개의 문제이니까, 여기서는 '특이성'이나 '특이적 본질'이라는 번역어에 관해서만 논의를 한정하면, 나로서는 이들이 어떤 의미에서 이 개념을 이런 식으로 번역하고 있는지 납득하기가 어렵다.

'특이성'이나 '특이적'이라는 표현은 매우 **낯설고 이상한**이라는 의미를 함축한다. 그리고 사실 불어의 일상 어법에서 singularité나 singulière에는 이런 의미가 들어 있다. 하지만 많은 구조주의 철학자들이 사용하는 이 개념은 일상적인 어법에서 쓰이는 의미와는 거리가 있을뿐더러, 스피노자 철학에서 사용되는 개념의 의미와는 더 거리가 멀다.[45]

스피노자에서 **독특한 사물들** res singulares이라는 개념은 사실은 중세적인 **실체적 형상** 개념 및 이것에 대한 대안으로 제시되는 근대적인 개체 개념에 대한 근본적인 비판을 함축하고 있으며, 따라서 스피노자의 개체화 이론을 이해하는 데 매우 중요한 개념이다.

스피노자의 자연학의 가장 큰 특징 중 하나는 그가 "가장 단순한 물체들" corpora simplicissima이라고 부르는 것들이 전통적인 원자 개념 또는 개체 개념과 동일한 위치에 있으면서도 사실은 전혀 다른 내포를 가진다는 데 있다. 곧 가장 단순한 물체들은 명칭 자체가 가리키듯이, 가장 단순하기 때문

---

45) 나는 이미 데리다의 책(『에코그라피』)을 번역하면서 이 개념이 구조주의 철학(들)에서 매우 중요한 의미를 지니고 있다는 점을 지적했고, 특히 데리다 철학의 맥락에서 이 개념이 어떤 의미를 지니고 있는지 제시한 바 있다. 그리고 내가 제시한 '독특성'이나 '독특한'이라는 역어는 다른 구조주의 철학들만이 아니라, 스피노자 철학에서 사용되는 singularitas나 singularis의 의미에도 좀 더 잘 들어맞는다고 생각한다. 들뢰즈의 경우에는 수학이나 천체물리학에서 사용하는 singularity 개념을 자신의 철학 안으로 적극 수용하는데, 국내에서는 이를 '특이성'이라고 부른다. 따라서 얼마간 애매성이 있긴 하지만, 들뢰즈 철학에서 singularité를 번역할 때도 역시 많은 경우에는 '특이성'보다는 '독특성'이라는 번역이 더 잘 맞는다고 생각한다.

에 더 이상 분할이 불가능한 원자 또는 개체 ─ 나누어질 수 없는in-dividuus 이라는 어원적 의미를 고려할 때 ─에 해당하는 것이지만, 스피노자에게 이 **가장 단순한 물체들**은 비실재적인 것, 따라서 사고상의 존재에 불과하다. 그리고 그에게 개체한 오히려 항상 복합적인 물체들이다. 여기서 아주 역설적인 결론이 나온다. 곧 가장 단순한 물체들은 가장 단순하지만 비실재적이고, 반대로 복합 물체들은 가장 단순한 물체들로 이루어진 복합체이지만 그것을 분할할 경우 그보다 더 하위의 실재가 존재하지 않는다는 의미에서 분할-불가능한 것, 곧 개체들이다.

이는 스피노자가 부분과 전체의 관계에 대해 기계론적 **합성** 모델 ─본문에서 마슈레가 **구축** 개념으로 지시하고 있는 것 ─ 대신 동역학적이고 상대론적인(물리학적 의미에서) 관점을 채택하고 있는 데서 나오는 결과다(『윤리학』 2부 정리 13 이하의 자연학 소론과 32번째 편지 참조).[46] 다시 말해 스피노자는 (애매한 점들이 있기는 하지만) 자연을 일종의 위계적 체계, 곧 가장 단순한 물체들에서부터 하나의 개체로 표상되는 자연 전체에 이르기까지, 복합성의 정도에 따라 순서적으로 배열되는 개체들의 체계로 인식하지 않았다. 대신 그는 연장extensa을 **운동과 정지의 관계**라는 특성(스피노자의 의미에서)에 따라 동역학적으로 설명함으로써 데카르트의 기계론적 자연 안에 내적 역동성을 부여하고, 개체들을 원초적 요소가 아닌 인과연관connexio의 (잠정적인) 결과들로 제시하고 있다.

따라서 스피노자의 관점에서 볼 때는 위와 같은 결론, 곧 가장 단순한 물체들은 비실존적인 사고상의 존재이며 개체들은 항상 이미 복합적이라는 결론을 역설로 간주하는 것 자체가 사실은 기계론적 관점이나 목적론적 관

---

46) 따라서 이를 좀더 정확히 해명하기 위해서는 갈릴레이 물리학이 이룩한 혁신과의 관련 속에서 논의해야 하지만, 이는 다른 논문에서 다룰 기회가 있을 것이다.

점으로밖에 자연을 설명하지 못하는 철학자들의 한계——스피노자에게 이는 중세의 아리스토텔레스주의와 데카르트를 의미한다——를 의미한다.

그리고 이런 자연학적 관점을 철학적으로 좀더 정밀하게 표현한 것이 바로 **독특성** 개념이다. 이는 스피노자 자신이 **독특한 사물**에 대해 제시하는 정의에서 잘 나타난다. 그는 『윤리학』 2부 정의 7에서 독특한 사물을 다음과 같이 정의한다. "나는 유한하고 규정된 실존을 갖는 사물들을 독특한 사물들로 이해한다. 다수의 개체들이 하나의 동일한 활동에 협력하여 그것들 모두 하나의 동일한 결과의 원인이 된다면, 나는 이것들 모두를 바로 이런 한에서 하나의 동일한 독특한 사물로 간주한다."

스피노자의 이 정의는 세 가지 차원에서 파악될 수 있다. 1) 이 개념은 **개념적인** 또는 **의미론적인** 층위에서 볼 때 유일한 것, 단독적인 것, 개체인 것은 원초적인 실재가 아니라, 어떤 복합적인 원인들, 따라서 어떤 규정된 관계들에서 파생된 결과라는 점을 지시한다. 곧 두번째 문장이 가리키듯이, 엄밀한 의미에서 독특한 사물, res singularis란 다수의 개체들이 동역학적 인과관계 속에 개입해서 어떤 결과를 산출했을 때 형성되는 것이다.

2) 더 나아가 이 정의는 **인식론적**(또는 스피노자의 **상상 이론적**) 측면에서 볼 때는 res singulares, 곧 독특한 사물들이나 개체들을 원초적으로 분할-불가능한 것, 개별적이고 단독적인 것으로 간주하는 것은 사실은 **결과들만을 표상**하고 **원인들은 인식하지 못하는** 상상적 사유에 불과하다는 점을 시사하는 효과를 지닌다. 따라서 이를 '개체'나 '개물'과 같이 번역하는 것은 스피노자의 독특성 개념이 함축하는 비판적 효과를 인식할 수 없게 만든다는 점에서 올바른 번역으로 볼 수 없다.

3) 이 정의는 또한 **화용론적인** 측면에서는 singularis라는 단어가 일상적으로 지니고 있는 의미를 그대로 가져다 쓰면서, 바로 이러한 사용을 통해서 이 단어의 철학적·이데올로기적 전제의 가상적 성격을 드러내고 있다.

사실 라틴어에서 singularitas나 singularis라는 단어는 말 그대로 하면 '홀로 있음', '단독성', '따로 떨어진', '단 하나의' 등의 의미를 지니며, 여성명사로 쓰인 singularis는 '과부'를 의미하기도 한다. 하지만 이 정의에서는 이러한 일상적인 의미가 지닌 가상적 성격이 두 개의 문장을 통해서 여지없이 드러나고 있다.

따라서 우리가 스피노자의 **독특한 사물** 개념을 적절하게 번역하려면 이러한 효과들을 충분히 고려해야 하며, 그렇지 못할 경우 스피노자 철학의 의미만이 아니라 그의 글쓰기의 고유성 역시 제대로 살아나지 못하리라는 것은 자명하다.

물론 여기서 스피노자 철학의 한계를 발견하는 것도 가능하다. 곧 이러한 내적 균열의 전략은 결국 계속해서 동일한 이데올로기적 지반 위에 머물 수밖에 없으며, 이는 결국 여기에 손상을 줄지는 몰라도 이를 근본적으로 변혁하는 데는 한계가 있다고 볼 수도 있다. 이는 한편으로는 분명한 사실이다. 앞서 말했듯이 스피노자는 전체적으로 데카르트와 홉스라는 근대 철학의 두 시조가 만들어 놓은 이론적·이데올로기적 지반 위에서 출발하여 이를 내재적으로 교정하고 개조하려는 목표를 지니고 있었다. 따라서 이들의 철학이 없었다면, 스피노자의 철학 역시 불가능했을 것이라는 점에서, 또는 적어도 그 합리적인 표현 방식을 발견할 수 없었을 것이라는 점에서, 스피노자는 이들의 한계 내에 머물러 있다.

또한 스피노자가 비록 이들과는 매우 상이한 철학적 노선을 잠재적으로 보여 주고 있다고 해도, 그는 아직 그것을 현행적으로 전개하고 표출할 만한 개념적 장치를 갖지 못하고 있었다. 그리고 스피노자 철학이 내포하고 있는 이러한 이론적 잠재력을 발굴해서 온전하게 전개시키려는 이론적 노력이 바로 알튀세르나 들뢰즈, 또는 발리바르나 네그리 등의 이론적 작업의 핵심을 구성하고 있다.

하지만 그렇다고 해서 스피노자 철학을, 그것의 고유한 한계로부터 끌어내려고 하는 것은 가능하지도 않고 바람직하지도 않다. 스피노자 철학은 바로 그 한계 때문에 스피노자 철학으로 존재하기 때문이다. 그리고 이러한 한계 속에서 스피노자 철학을 파악할 수 있을 때, 스피노자 철학을 독자적으로 전유하고 발전시키려는 노력도 가능할 것이기 때문이다.

이제 adaequatio 또는—이 명사는 스피노자 저작에서 나타나지 않으므로—adaequatus나 adaequate라는 개념을 살펴보자. 강영계 교수가 번역한 『에티카』에서 이 개념은 '타당한'이라고 번역되어 있고, 『스피노자와 표현의 문제』에는 '적실適實한'이라고 번역되어 있다. 다른 한편 이 개념은 후설의 현상학에서도 매우 중요한 개념으로 사용되고 있어서, 국내의 현상학자들은 이를 '충전성'充全性, '충전적'充全的이라고 옮기고 있다. 그런데 사실 이는 일본식 번역어로서,[47] 일본에서는 현상학에서뿐만 아니라 『윤리학』 번역에서도 이 용어가 그대로 사용된다. 하지만 현상학의 경우라면 몰라도, 적어도 『윤리학』 번역에서 이런 식의 용어가 그대로 사용된다는 것은 쉽게 납득하기 어렵다.

『윤리학』 국역본에서 쓰이고 있는 '타당한'이라는 번역은 매우 특이해서, 옮긴이가 무슨 의도로 이렇게 옮기고 있는지 가늠하기가 어렵다. 반면 '적실한'이라는 말은 얼마간 절충적인—내가 왜 절충적이라고 생각하는지는 뒤에서 밝힐 것이다—번역어인 것으로 보인다. 곧 이 번역어는 『윤리학』 국역본에서 쓰이고 있는 '타당한'이라는 용어나 국내에서 일부 스피노자 연구자들이 사용하고 있는 '적합한'이라는 용어를 피하기 위해서 사용된 것으로 보이는데, '적합한'이라는 용어를 피하는 이유는 이 번역어가 스피노

---

[47] 이를 우리말의 '충전'充電, 곧 '전기를 축적하다'를 뜻하는 단어나 '충전'充塡, 곧 '빈 곳이나 공간 따위를 메우다'를 뜻하는 단어와 혼동해서는 안 된다.

자의 adaequatus라는 개념이 거리를 두는 대상과의 일치라는 의미를 함축하고 있다는 점 때문인 것 같다. 다시 말해 '적합'이라는 말보다는 '內實'이라는 뜻을 포함하는 '적실'이라는 말이 스피노자의 adaequatus 개념을 표현하기에 더 적절하지 않느냐는 의도인 것 같다. 그러나 어떤 의미에서 '적합'보다는 '적실'이 더 적절한 표현일까? 여기에 관해 옮긴이들은 아무런 해명이 없는데, 사실 이는 대부분의 번역자들의 특징이기도 하다.[48]

우리는 스피노자의 adaequatus나 adaequate는 '적합한'이나 '적합하게'로 번역되는 게 옳다고 생각하며, 이 번역본에서도 줄곧 이 역어를 사용했다. 서양 철학사에서 adaequatus나 adaequatio 개념은 토마스 아퀴나스 이래 표준적으로 받아들여진 진리에 관한 전통적인 규정에서 유래한다.[49] 곧 토마스 아퀴나스는 진리를 "사물과 지성의 합치"adaequatio rei et intellectus(*De véritaté* q.1, a.1; *La vérité: Première question disputée*, Vrin, 2002, p.54)로 규정하는데, 이때의 adaequatio라는 단어는 ad-aequare, 곧 '동등하게 만들다'라는 뜻을 지닌다.

『스피노자와 표현의 문제』에서의 들뢰즈나 이 책에서의 마슈레는 마치 adaequatus가 스피노자에게만 고유한 개념인 것처럼, 또는 데카르트에서는 나타나지 않는 개념인 것처럼 말하고 있지만(또는 그런 인상을 주고 있지만), 사실은 데카르트에서도 이 개념은 매우 체계적인 용법을 지니고 있다. 다만 adaequatus 개념이 『성찰』이나 『철학원리』*Principia philosophiae*와 같은 핵심 저작들에는 나타나지 않고, 「『성찰』 논박에 대한 답변들」이나 『뷔르만과의 대화』*Entretien avec Burman* 같은 곳들 또는 일부 편지들에서 드물게

---

48) 들뢰즈의 『스피노자의 철학』을 번역한 박기순 씨는 예외다. 그가 제시한 몇 가지 번역어에는 동의할 수 없지만, 그는 옮긴이 주나 '옮긴이 해제'에서 스피노자 철학의 개념 번역에 관한 좋은 논의를 제시하고 있다.
49) 물론 관념과 대상, 언어와 실재 사이의 일치에서 진리의 본성을 찾는 것은 훨씬 더 오래된 일이다. 여기서는 다만 adaequatio 또는 adaequatus라는 용어가 도입된 유래를 고려하고 있을 뿐이다.

사용되고 있을 뿐이다.

데카르트는 이 개념을 두 가지 측면에서 사용하고 있다고 볼 수 있다. 첫째, 데카르트는 여전히 이 개념을 아퀴나스처럼 '동등하게 만들다', 또는 '적합하다'는 의미로 사용하고 있다. 이런 의미에서 보면 "사물에 대한 적합한 인식"cognition adaequata rei은 대상이 되는 사물과 완전히 일치하는 인식, 곧 "알려진 사물 속에 실존하는 모든 특성들을 포괄"(「『성찰』 네번째 논박에 대한 답변」, AT판 7권 p.220)하는 인식을 의미한다. 이렇게 될 경우에만 인식과 인식된 사물 사이에는 완전한 동등성adaequatio이 존재하기 때문이다.

둘째, 하지만 데카르트는 신과 피조물, 무한자와 유한자 사이의 근원적 양의성équivocité이라는 관점에서 이 개념에 고유한 신학적 규정을 부여하고 있다. 여기서 중요한 것은 완결성completio 개념과 완전성perfectio 개념의 구분이다. 곧 데카르트는 유한한 피조물에게 적합한 인식, 사물이 지닌 특성들을 완전하게 파악하는 인식은 불가능하다고 간주한다. 이러한 의미의 적합한 인식은 오직 신에게만 가능할 뿐이다. 그러나 이처럼 적합한 인식이 불가능하다고 해서 유한한 지성에게 참된 인식이 전혀 불가능한 것은 아니며, 또 참된 인식을 위해서 꼭 적합한 인식이 필요한 것도 아니다. 왜냐하면 유한한 지성은 얼마든지 완결된 인식, 곧 다른 관념들과의 관계 없이 그 자체로 인식될 수 있는 사물에 대한 관념을 가질 수 있기 때문이다(AT판 7권 p.223 이하 참조).

따라서 데카르트는 인식론적 관점에서 적합한 인식을 여전히 사물과 관념, 사물과 표상을 **동등하게 만들다**라는 의미로 이해하고 있지만, 신과 피조물 사이에 적합한 인식과 완결된 인식, 또는 명석판명한 인식의 차이를 부여하고 있음을 알 수 있다.

스피노자의 경우에는 『지성교정론』 같은 초기 저작에서부터 말년의 『정치론』에 이르기까지 계속 이 개념이 등장하고 있다. 스피노자가 이 개념을 가장 분명하게 규정하고 있는 곳은 『윤리학』 2부 정의 4이다. "대상과의 관계 없이 그 자체로 고려되는 한에서 참된 관념의 모든 내생적 특성 또는 특징을 갖고 있는 관념을 나는 적합한 관념으로 이해한다." 그리고 스피노자는 이 정의에 다음과 같은 '해명'을 덧붙이고 있다. "나는 내생적이라고 말하는데, 이는 외재적인 특징, 곧 관념과 그 대상의 합치를 [정의로부터] 제외하기 위해서이다."

이 부분에서 스피노자는 우선 **적합한**adaequatus이라는 개념과 **합치**convenientia라는 개념을, 각각 참된 관념의 내생적 특징과 외생적 특징으로서 구분하고 있다. 그러나 이는 적합한 관념은 대상과의 합치와 무관하다는 것을 의미하지는 않는다. 사실 스피노자는 이미 1부 공리 6에서 "참된 관념은 자신의 대상과 합치해야 한다"고 명시하고 있기 때문에, 적합한 관념은 참된 관념인 한에서 대상과의 합치라는 특성을 항상 이미 함축하고 있다. 스피노자가 이를 합치와 구분하여 말하려는 바는, 합치는 **결과일 뿐 원인이 아니라는 점**이다. 곧 스피노자의 적합성 개념의 핵심은 참된 관념을 참된 관념으로 만들어 주는 내생적 특징, 또는 내재적 원인이 무엇인지 보여 주려는 데 있는 것이다.

이 점에 관해서는 본문에서 마슈레가 상세하게 논의하고 있기 때문에, 굳이 여기서 이를 다시 되풀이할 필요는 없겠지만, 데카르트와의 공통점과 차이점은 좀더 지적해 두는 게 좋을 것 같다. 먼저 스피노자가 adaequatus 개념과 관련하여 데카르트가 공유하고 있는 점은 이 개념이 처음부터 지니고 있는 **동등하게 만들다**라는 의미를 계속 유지하고 있다는 점이다. 그리고 더 나아가 스피노자는 데카르트와 마찬가지로, 유한한 지성은 그 자체로는 적합한 인식, 곧 대상에 대한 완전한 인식을 얻을 수 없다는 점 역시 공유하고 있다. 스피노자가 『윤리학』 2부 정리 22 이하에서 전개하고 있는 부적합한 인식에 관한 논의는 이를 잘 보여 준다.

하지만 스피노자는 데카르트와 달리 유한한 지성이 적합한 인식을 결코 얻을 수 없다고 생각하지는 않는다. 이는 일차적으로 데카르트가 신과 피조물, 무한자와 유한자 사이에 넘어설 수 없는 존재론적 간극을 설정하고 있는 데 비해, 스피노자는 (들뢰즈식으로 말하자면) 무한자와 유한자, 실체와 양태 사이에 일의성이 존재한다고 보고 있기 때문이다. 또는 좀더 스피노자 자신의 관점에 가깝게 말하면, 스피노자는 유한한 지성은 자신의 원인으로서의 무한 지성과 **동등하게 됨**으로써, 곧 **적합한 원인**causa adaequata(3부 정의 1)**이 됨으로써** 적합한 인식을 얻을 수 있다고 생각한다. 그리고 바로 이 때문에 스피노자에게서 인식의 문제는 항상 윤리의 문제, 곧 능동화의 문제와 결부되어 있다.

스피노자의 관점은 또한 그 나름대로의 난점을 지니고 있지만, 어쨌든 여기서 중요한 것은 토마스 아퀴나스에서 스피노자에 이르기까지 adaequatio 또는 adaequatus 개념은 원래 이 개념에 부여된 의미, 곧 **동등하게 만들다**라는 의미를 계속 보존하고 있다는 점이다. 다만 이들 사이에 차이가 존재한다면, 어떻게 사물과 표상, 또는 사물과 개념이 동등하게 되는지, 적합하게 되는지, 또는 이것이 어떤 의미에서 불가능한지에 관해서 그럴 뿐이다. 따라서 우리가 이들 사이에 존재하는 철학사적인 연속성과 불연속성을 정확히 파악하고, 이러한 흐름에서 스피노자의 입장이 지닌 독특성을 적합하게 인식하기 위해서는 일차적으로 용어상의 통일성이 계속 유지되어야 한다는 점을 분명히 알 수 있다.

지금까지 두 개의 개념에 관해 얼마간 장황하게—또는 너무 간략하게—논의했지만, 우리가 이처럼 긴 지면을 할애해서 이 문제를 논의한 목적은 누구를 비방하거나 폄훼하자는 것이 전혀 아니다. 우리의 목적은 스피노자라는—또는 다른 어떤 철학자나 이론가이든 간에—서양의 철학사에서 매우 중요하게 평가받는 한 철학자, 하지만 국내에는 지금까지 거의 소개되지 못해 온 철학자를 좀더 의미 있게 수용하기 위해서는 어떤 노력이 이루어져야 하는지 간략하게나마 점검해 보자는 데 있었을 뿐이다. 지금까지 외국의 사상, 특히 서양의 사상을 소개하고 전유하기 위해 많은 분들이 값진 노력을 기울여 왔고, 그 덕분에 국내의 지적인 환경이 놀랄 만큼 풍요로워졌다. 이제 그 노력들을 스피노자를 비롯한 다른 사상가들을 수용하고 전유하는 데도 기울여야 할 때라고 믿는다.

이 책을 번역하는 데 많은 사람들의 도움을 받았다. 우선 이제이북스의 전응주 사장님께 진심으로 깊은 감사를 드린다. 이 책은 3년 전에 초역을 마쳤지만, 그동안 출판사를 구하지 못해 애를 먹다가 전응주 사장님의 도움으로 빛을 보게 되었다. 특히 프랑스 철학과 관련하여 상업성을 노린 졸속 출판과 엉터리 번역이 횡행하는 세태에도 아랑곳하지 않고, 좋은 책을 엄선하고 정성스러운 편집을 고집하는 사장님의 이해와 배려가 없었다면 이 책이 이처럼 빛을 보기는 어려웠을 것이다.

이제이북스 편집부 여러분들의 노고에도 깊은 감사를 드린다. 처음 이제이북스에서는 원문을 일일이 대조해서 교정을 본다는 말을 들었을 때는 그냥 으레 내세우는 말이거니 했지만, 실제로 교정을 보면서 이 말이 전혀 허튼 소리가 아님을 실감했다. 국내에 생소한 스피노자 철학의 원고를 붙들고 오래 고생했을 이 분들에게 다시 한 번 감사드린다.

1999년 겨울에서 2000년 여름까지 이 책과 관련한 공부모임에 참석해서 내용 이해에 많은 도움을 주고 번역과 관련해서도 매우 유용한 제안을 해준 김문수, 김은주, 박상욱, 안소현, 이찬웅, 조현수, 한형식에게도 감사드린다. 이들이 없었다면, 지루한 번역과 힘에 부치는 공부를 제대로 해낼 수 없었을 것이다.

이 책을 처음 구입해서 땀을 뻘뻘 흘리며 공책에 한 문장씩 적어 가며 서툴게 번역하던 게 1992년 여름이었고, 그때 이 책을 읽으면서 느꼈던 기쁨이 결국 스피노자를 전공으로 택하게 된 중요한 이유 중 하나가 되었다. 그 기쁨을 많은 독자들도 함께 느낄 수 있다면 나로서는 그보다 큰 보람이 없겠다.

2004년 1월 5일
진태원

2판 옮긴이 후기

2004년 이제이북스에서 처음 이 책이 출간될 때 나는 이 책의 2판을 낼 수 있게 되리라고는 거의 생각하지 못했다. 피에르 마슈레가 국내에 얼마간 알려져 있기는 했지만 세계적인 유명세를 얻고 있는 철학자도 아니고, 이 책 자체가 시시각각 변화하는 시류를 좇는 책들과 달리 어찌 보면 고색창연하다고 할 만한 주제를 다루고 있기 때문이다. 그럼에도 이렇게 오늘 2판 옮긴이 후기를 쓸 수 있게 된 것은 무엇보다도 이 책에 대한 독자들의 뜨거운 관심과 애정 덕분이 아닐까 한다.

이 책이 처음 출간된 지 6년 남짓한 시간이 흘렀지만, 그동안 국내의 스피노자 연구 상황은 상당히 변화했다. 이 책을 비롯하여 들뢰즈의 『스피노자와 표현의 문제』, 발리바르의 『스피노자와 정치』, 네그리의 『전복적 스피노자』, 마트롱의 『스피노자 철학에서 개인과 공동체』 같은 현대 스피노자 연구의 걸작들이 소개되었고 유능한 스피노자 연구자들이 좋은 연구 논문들을 발표하고 있다. 아울러 스피노자 철학에 대한 독자들의 관심도 매우 높아져서 이제 스피노자는 명실상부 한국 인문사회과학의 공통의 자원, 또는 말하자면 공통의 통념이 되었다고 할 만한 상황이 되었다. 앞으로 기회가 닿는 대로 스피노자의 원전도 번역·소개해서 스피노자주의가 공통의 통념에서 더 나아가 한국 인문사회과학의 제3종의 인식이 될 수 있도록 배전의 노력을 기울일 생각이다. 독자 여러분의 지속적인 관심과 성원, 협력을 바란다.

2판을 내면서 초판에서 발견된 몇 가지 잘못들 및 오식들을 바로잡고 새로운 참고문헌을 보충했다. 그리고 참조 및 인용의 편의를 위해 가급적 초판과 동일한 페이지 수를 유지하려고 노력했다.

어려운 출판 상황에서도 이 책의 초판 발행을 기꺼이 맡아주었던 이제이북스의 전응주 사장께 다시 한 번 감사드리고, 이 책에 새로운 생명을 불어 넣어 준 그린비 출판사 여러분들께도 깊이 감사드린다.

이 책의 2판이 '프리즘 총서'의 한 권으로 나오게 된 것은 옮긴이로서, 총서 기획자로서 더욱더 큰 기쁨이 아닐 수 없다. 이 책이 한국의 스피노자 연구에 대해 했던 일을 '프리즘 총서'가 한국 인문사회과학을 위해 할 수 있기를 기대해 본다.

2010년 3월 2일
진태원

참고문헌

마슈레 저작

1. 스피노자 관련 저작

Hegel ou Spinoza, François Maspero, coll. "Théorie", 1979(1990²).

"De la médiation à la constitution: Description d'un parcours spéculatif", *Cahiers Spinoza* n°4(1983)[*Avec Spinoza*에 재수록].

"Entre Pascal et Spinoza: Le vide", *Spinoza nel 350° anniversario della nascita: Atti del congresso internazionale(Urbino 4-8 ottobre 1982)*, ed. Emilia Giancotti Boscherini, Bibliopolis, 1985[*Avec Spinoza*에 재수록].

"Leroux dans la querelle du panthéisme", *Cahiers de Fontenay* n°36 à 38(mars 1985).

(& Jacqueline Lagrée) "Condillac et Spinoza: Une lecture biaisée", *Spinoza au XVIIIe siècle*, Méridiens-Klincksieck, 1990[*Avec Spinoza*에 재수록].

"Les paradoxes de la connaissance immédiate dans la Korte Verhandeling", *Dio, l'uomo, la libertà, Studi sul Breve Trattato di Spinoza*, ed. Filippo Mignini, Japadre Editore, 1990[*Avec Spinoza*에 재수록].

"Spinoza, la fin de l'histoire et la ruse de la raison", *Spinoza: Issues and Directions. The Proceedings of the Chicago Spinoza Conference(1986)*, eds. Edwin Curley and Pierre-François Moreau, E.J.Brill, 1990[*Avec Spinoza*에 재수록].

"From Action to Production of Effects: Observations on the Ethical Significance of Ethics I", *God and Nature: Spinoza's Metaphysics. Papers Presented at the First Jerusalem Conference(Ethica I)(Spinoza by 2000, vol. 1)*, ed. Yirmiyahu Yovel, E.J.Brill, 1991.

"Hegels idealistischer Spinoza/Le Spinoza idéaliste de Hegel", *Spinoza und der deutsche Idealismus*, ed. Manfred Walther, Königshausen & Neumann, 1992 [*Avec Spinoza*에 재수록].

"À propos de la différence entre Hobbes et Spinoza", *Hobbes e Spinoza: Scienza e politica: Atti del Convegno Internazionale(Urbino 14-17 ottobre 1988)*, ed. Daniela Bostrenghi, introduzione di Emilia Giancotti Boscherini. Bibliopolis, 1992 [*Avec Spinoza*에 재수록].

Avec Spinoza: Etudes sur la doctrine et l'histoire du spinozisme, PUF, 1992.

"L'actualité philosophique de Spinoza", *Nature, Croyance, Raison. Mélanges offerts à Sylvain Zac*, "Hors Collection" des *Cahiers de Fontenay*, Fontenay-aux-Roses, 1992 [*Avec Spinoza*에 재수록].

"La dissociation de la métaphysique et de l'éthique: Russell lecteur de Spinoza", *Spinoza au XXe siècle*, éd. Olivier Bloch, PUF, 1993 [*Avec Spinoza*에 재수록].

"*Éthique* IV: Les propositions 70 et 71", *Revue de métaphysique et de morale*, 1994/4.

Introduction à l'Éthique de Spinoza. 5e partie: Les voies de la libération, PUF, 1994.

"Spinoza est-il moniste?", *Spinoza: Puissance et ontologie*, éd. Myriam Revault d'Allonnes et de Hadi Rizk, Kimé, 1994.

Introduction à l'Éthique de Spinoza. 3e partie: La vie affective, PUF, 1995.

"Spinoza, lecteur et critique de Boyle", *Revue du Nord*, LXXVII, oct.-déc. 1995.

"Spinoza et l'origine des jugements de valeur", *Architectures de la raison. Mélanges offerts à Alexandre Matheron*, éd. Pierre-François Moreau, ENS Éditions, 1996.

"The Encounter with Spinoza", *Deleuze: A Critical Reader*, ed. Paul Patton, Blackwell, 1996.

Introduction à l'Éthique de Spinoza. 4e partie: La condition humaine, PUF, 1997.

Introduction à l'Éthique de Spinoza. 2e partie: La réalité mentale, PUF, 1997.

Introduction à l'Éthique de Spinoza. 1ère partie: La nature des choses, PUF, 1998.

"Choses, images de choses, signes, idées (*Éthique* II, 18, sc.)", *Revue des sciences philosophiques et théologiques*, 82/1, 1998.

"Spinoza, une philosophie à plusieurs voix", *Philosophique*, 1998.

"Descartes et Spinoza devant le problème de l'usage des passions", *Spinoza: Puissance et impuissance de la raison*, éd. Christian Lazzeri, PUF, 1999.

"Le couple catégoriel gloria/pudor(gloire/honte) chez Descartes et Spinoza", Un texte présenté au groupe de travail de "Esprit" en 2003. http://stl.recherche.univ-lille3.fr/textesenligne/textesenlignecadreprincipal.html

"Le Dieu de Pascal et le Dieu de Spinoza", Communication présentée dans le cadre du colloque "Pascal-Spinoza", organisé par le Collège International de Philosophie et l'UMR 5037 du CNRS, jeudi 8 juin 2006, à l'Agence Universitaire de la Francophonie. http://stl.recherche.univ-lille3.fr/textesenligne/textesenlignecadreprincipal.html

"Petit dialogue des morts entre Pascal, Spinoza et Fontenelle", *Pascal et Spinoza, Pensée du contraste: de la géométrie du hasard à la nécessité de la liberté*, Laurent Bove et al., Éditions Amsterdam, 2007.

"Spinoza lu par Victor Hugo", *Spinoza au XIXe siècle*, Pierre-François Moreau et al., Publications de la Sorbonne, 2007.

2. 일반저작

(& Louis Althusser, Etienne Balibar, Roger Establet & Jacques Rancière) *Lire le Capital*, PUF, 1996(1965¹).

Pour une théorie de la production littéraire, François Maspero, 1966; 『문학생산의 이론을 위하여』, 배영달 옮김, 백의, 1997.

(& Jean-Pierre Lefebvre) *Hegel et la société*, PUF, 1984.

"Pour une histoire naturelle des normes", collectif, *Michel Foucault philosophe*, Seuil, 1989.

Comte: La philosophie et les sciences, PUF, 1989.

À quoi pense la littérature? Exercices de philosophie littéraire, PUF, 1990; 『문학은 무슨 생각을 하는가?』, 서민원 옮김, 동문선, 2003.

In a Materialist Way: Selected Essays by Pierre Macherey, trans. Ted Stolze, ed. Warren Montag, Verso, 1998.

"Normes vitales et normes sociales dans L'Essai sur quelques problèmes concernant le normal et le pathologique", *Actualité de Georges Canguilhem*, François Bing et al., Institut Synthélabo, 1998.

Histoires de dinosaure: Faire de la philosophie 1965~1997, PUF, 1999.

"Althusser et le jeune Marx", *Actuel Marx* n°31, Mars 2002.

"Descartes, est-ce la France?", *Methodos* n°2, 2002.

"Y a-t-il une philosophie littéraire?", *Bulletin de la Société Française de Philosophie*, 98e année n°3, 2004.

"Marx et la réalisation de la philosophie", *Actuel Marx* n°37, 2005.

"Verum est factum: les enjeux d'une philosophie de la praxis et le débat Althusser-Gramsci", *Sartre, Lukàcs, Althusser: des marxistes en philosophie*, éd. Stathis

Kouvelakis, PUF, 2005.
"Histoire des savoirs et épistémologie", *Revue d'histoire des sciences*, t. 60-1, janvier-juin 2007.
"Penser avec la littérature", entretien réalisé par A. Wald Lasowski, *Agenda de la pensée contemporaine* n°8, automne 2007.
"Le Marx intempestif de Derrida", *Derrida, la tradition de la philosophie*, Éditions Galilée, 2008.
"Entre Weber et Freud: questions de modernité, modernités en question", *Incidence* n°3, Éditions Michel de Maule, 2008.
"La chose littéraire", *La production de l'immatériel: Théories, représentations et pratiques de la culture au XIXe siècle*, Publications de l'Université de Saint-Étienne, 2008.
Marx 1845. Les "Thèses" sur Feuerbach. Traduction et commentaire, Editions Amsterdam, 2008.
Petits riens. Ornières et dérives du quotidien, Éditions Le bord de l'eau, 2009.
De Canguilhem à Foucault: la force des normes, La Fabrique Éditions, 2009.

좀더 상세한 참고문헌 목록은 마슈레의 개인 홈페이지를 참조하라.
http://stl.recherche.univ-lille3.fr/textesenligne/textesenlignecadreprincipal.html

『헤겔 또는 스피노자』에 관한 논평을 포함하고 있거나 직접 영향을 받은 문헌

Negri, Antonio. *L'anomalia selvaggia: Saggio su potere e potenza in Baruch Spinoza*, Feltrinelli, 1981; *L'anomalie sauvage: Puissance et pouvoir chez Spinoza*, trad. François Matheron, préfaces de Gilles Deleuze, Pierre Macherey & Alexandre Matheron, PUF, 1982; *The Savage Anomaly: The Power of Spinoza's Metaphysics and Politics*, trans. Michael Hardt, University of Minnesota Press, 1991.
Breton, Stanislas. "Hegel ou Spinoza: Réflexion sur l'enjeu d'une alternative", *Cahiers Spinoza* n°4, 1983.
Lucas, Hans-Christian. "Causa sive Ratio", *Cahiers Spinoza* n°4, 1983.
Doz, André. "Spinoza lecteur de Hegel?", *Revue de Métaphysique et de Morale*, 1984/1.

Zac, Sylvain. *Spinoza en Allemagne: Mendelssohn, Lessing et Jacobi*, Méridiens-Klincksieck, 1989.

Balibar, Etienne. "Individualité, causalité, substance: Réflexions sur l'ontologie de Spinoza", *Spinoza: Issues and Directions. The Proceedings of the Chicago Spinoza Conference(1986)*, eds. Edwin Curley and Pierre-François Moreau, E.J.Brill, 1990.

Klein, George L.. "Pierre Macherey's *Hegel or Spinoza*", Ibid.

Norris, Christopher. *Spinoza & the Origins of Modern Critical Theory*, Basil Blackwell, 1991.

Spinoza und der deutsche Idealismus, ed. Manfred Walther, Königshausen & Neumann, 1992.

Oittinen, Vesa. *Spinozistische Dialektik*, Peter Lang, 1994.

Jean-Marie Vaysse. *Totalité et subjectivité: Spinoza dans l'idéalisme allemand*, Vrin, 1994.

Schnepf, Robert. *Metaphysik im ersten Teil der Ethik Spinozas*, Königshausen & Neumann, 1996.

Morfino, Vittorio. "Aut Substantia aut organismus", *Kairos* 11, 1998.

역주 및 해제와 관련된 문헌

1. 스피노자 저서

전집류

Benedicti de Spinoza Opera quotquot reperta sunt, eds. Johannes van Vloten & J.P.N. Land, M.Nijhoff, 1882~1883.

Opera 4 vols, ed. Carl Gebhardt, Carl Winter, 1925. 현재 가장 널리 사용되고 있는 고증본 전집.

OEuvres de Spinoza, dir. Pierre-Francois Moreau, PUF. 겝하르트본을 대체하게 될 새로운 고증본 전집. 총 8권으로 기획되었고, 피에르-프랑수아 모로의 감수 아래 현재까지 다음과 같은 저작들이 출간되었다.

Traite theologico-politique, texte établi par Fokke Akkerman, PUF, 1999.

Traité politique, texte établi par Omero Proeitti, PUF, 2005.

Premiers Ecrits(Traité de la réforme de l'etendement et le court traité), texte établi par Filippo Mignini, PUF, 2009.

Oeuvres de Spinoza 4 vols, éd. & trad. Charles Appuhn, Flammarion, 1965. 프랑스에서 가장 널리 이용되는 번역본.

The Collected Works of Spinoza vol. 1, ed. & trans. Edwin Curley, Princeton University Press, 1985.

Ethics·Treatise on the Emendation of the Intellect·Selected Letters, trans. Samuel Shirley, ed. Seymour Feldman, Hackett, 1992.

개별 저작

『지성교정론』

Traité de la réforme de l'entendement, texte latin & trad. Alexandre Koyré, Vrin, 1953. 마슈레가 본문에서 사용하고 있는 판본.

Traité de la réforme de l'entendement, introduction, texte, traduction et commentaire par Bernard Rousset, Vrin, 1992. 『지성교정론』에 관한 기념비적 주석본으로 평가받는 판본.

Tractatus de Intellectus Emendatione/Traité de l'amendement de l'intellect, texte latin & trad. Bernard Pautrat, Éditions Allia, 1999. 라틴어/불어 대역본.

『데카르트의『철학원리』』

Principles of Cartesian Philosophy, trans. Samuel Shirley, intro. & notes. Steven Barbone & Lee Rice, Hackett, 1998.

『윤리학』

『에티카』, 강영계 옮김, 서광사, 1990.

Éthique, trad. Robert Misrahi, PUF, 1990.

Éthique, trad. André Guerinot, Ivréa, 1993(1930[1]). 들뢰즈가 『스피노자와 표현의 문제』에서 사용한 판본.

Ethica/Éthique, texte latin & trad. Bernard Pautrat. Seuil, 1999(1988[1]). 라틴어/불어 대역본.

『신학정치론』

Tractatus-Theologico-Politicus, trans. Samuel Shirley, E.J. Brill, 1989.

『서한집』
The Letters, trans. Samuel Shirley, intro. & notes. Jacob Adler, Steven Barbone & Lee Rice, Hackett, 1995.

『스피노자 어휘집』
Giancotti Boscherini, Emilia. *Lexicon Spinozanum*, La Haye: Martinus Nijhoff, 1970.
Guetet, Michel, André Robinet & Paul Tombeur. *Spinoza, Ethica, Concordances, index, listes de fréquences, tables comparatives*, Louvain-la-Neuve, CETEDOC, 1977.

2. 스피노자 연구 문헌

발리바르, 에티엔. 「스피노자, 정치와 교통」, 『알튀세르의 현재성』, 윤소영 옮김, 공감, 1996.
_____. 『스피노자와 정치』, 진태원 옮김, 그린비, 2010[초판, 이제이북스, 2005]
진태원. 「스피노자의 현재성: 하나의 소개」, 『모색』 2호, 2001.
_____. 「『신학정치론』에서 홉스 계약론의 수용과 변용. 스피노자 정치학에서 사회계약론의 해체 I」, 『철학사상』 제19집, 2004.
_____. 「대중들의 역량이란 무엇인가? 스피노자 정치학에서 사회계약론의 해체 II」, 『트랜스토리아』 제5호, 박종철출판사, 2005.
_____. 「스피노자의 자기원인 개념」, 『철학사상』 제22집, 2006.
_____. 「스피노자 철학에 대한 관계론적 해석」, 서울대학교 철학과 박사학위논문, 2006.
_____. 「스피노자와 알튀세르에서 이데올로기의 문제: 상상계라는 쟁점」, 『근대철학』 3권 1호, 2008.
Althusser, Louis. *L'unique tradition du matérialiste*, Lignes n°18, 1993; 「독특한 유물론적 전통」, 『철학과 맑스주의: 우발성의 유물론을 위하여』, 서관모·백승욱 옮김, 새길, 1996.
_____. *Écrits philosophiques et politiques*, éd. François Matheron, Stock/IMEC, 1995.
_____. *Solitude de Machiavel et autres textes*, éd. Yves Sintomer. PUF, 1998; 「스피노자에 관하여」, 『마키아벨리의 고독』, 김석민 옮김, 새길, 1992.
Balibar, Etienne. *Spinoza et la politique*, PUF, 1992(1985¹); 『스피노자와 정치』, 진태원 옮김, 그린비, 2010[초판, 이제이북스, 2005].
_____. "La crainte des masses: Spinoza, l'anti-Orwell"(1985), *La crainte des masses*, Galilée, 1977[『스피노자와 정치』에 수록].
_____. "Individualité, causalité, substance: Réflexions sur l'ontologie de Spinoza"

(1986), *Spinoza: Issues and Directions. The Proceedings of the Chicago Spinoza Conference(1986)*, eds. Edwin Curley and Pierre-François Moreau, E.J.Brill, 1990.

_____, "Le politique, la politique: De Rousseau à Marx, de Marx à Spinoza", *Studia Spinozana* vol.9, 1995 [『스피노자와 정치』에 수록].

_____, "Individualité et transindividualité chez Spinoza", *Architectures de la raison. Mélanges offerts à Alexandre Matheron*, éd. Pierre-François Moreau, ENS Éditions, 1996 [『스피노자와 정치』에 수록].

_____, *Spinoza: From Individuality to Transindividuality*, Eburon 1997.

Beyssade, Jean-Marie. "Sur le mode infini médiat dans l'attribut de la pensée", *Revue philosophique*, n°1, 1994.

Delbos, Victor. *Le problème moral dans la philosophie de Spinoza et dans l'histoire du spinozisme*, Félix Alcan, 1893.

_____, *Le spinozisme*, Vrin, 1950(1916¹).

Deleuze, Gilles. *Spinoza: Philosophie pratique*, Minuit, 1980; 『스피노자의 철학』, 박기순 옮김, 민음사, 1999.

_____, *Spinoza et le problème de l'expression*, Minuit, 1968; 『스피노자와 표현의 문제』, 권순모·이진경 옮김, 인간사랑, 2003.

Doz, André. *Parcours philosophie t. 2: D'Aristote à Heidegger*, Harmattan, 2001.

Gueroult, Martial. *Spinoza t. 1. Dieu*, Aubier, 1968.

_____, *Spinoza t. 2. Âme*, Aubier, 1974.

Giancotti Boscherini, Emilia. "On the Problem of Infinite Modes", *God and Nature: Spinoza's Metaphysics. Papers Presented at the First Jerusalem Conference(Ethica I)(Spinoza by 2000, vol. 1)*, ed. Yirmiyahu Yovel, E.J.Brill, 1991.

Macherey, Pierre. *Avec Spinoza: Etudes sur la doctrine et l'histoire du spinozisme*, PUF, 1992.

_____, *Introduction à l'Éthique de Spinoza. 5ᵉ partie: Les voies de la libération*, PUF, 1994.

_____, *Introduction à l'Éthique de Spinoza. 3ᵉ partie: La vie affective*, PUF, 1995.

_____, *Introduction à l'Éthique de Spinoza. 4ᵉ partie: La condition humaine*, PUF, 1997.

_____, *Introduction à l'Éthique de Spinoza. 2ᵉ partie: La réalité mentale*, PUF, 1997.

_____, *Introduction à l'Éthique de Spinoza. 1ᵉʳᵉ partie: La nature des choses*, PUF, 1998.

Matheron, Alexandre. *Individu et communauté chez Spinoza*, Minuit, 1988(1969[1]); 『스피노자 철학에서 개인과 공동체』, 김문수·김은주 옮김, 그린비, 2008.

_____, "A propos de Spinoza: Entretien avec Alexandre Matheron", *Multitudes* n°3, 2000.

Negri, Antonio. *L'anomalie sauvage: Puissance et pouvoir chez Spinoza*, trad. François Matheron, préfaces de Gilles Deleuze, Pierre Macherey & Alexandre Matheron, PUF, 1982; 『야만적 별종』, 윤수종 옮김, 푸른숲, 1997.

_____, *Spinoza subversif: Variations (in)actuelles*, Kimé, 1994; 『전복적 스피노자』, 이기웅 옮김, 그린비, 2005.

Ramond, Charles. *Qualité et quantité dans la philosophie de Spinoza*, PUF, 1995.

Remaud, Olivier. "La question du pouvoir: Foucault et Spinoza", *Filozofski Vestnik* vol.XVIII, no.2/1997.

Spinoza: Puissance et ontologie, éd. Myriam Revault d'Allonnes et de Hadi Rizk, Kimé, 1994.

Robinson, Lewis. *Kommentar zu Spinozas Ethik*, Felix Meiner, 1928.

Schmaltz, Tad. "Spinoza's Mediate Infinite Mode", *Journal of the History of Philosophy* n°2, 1997.

Wolfson, Harry Austryn. *The Philosophy of Spinoza: Unfolding the Latent Processes of His Reasoning*, Harvard University Press, 1962(1934).

God and Nature: Spinoza's Metaphysics. Papers Presented at the First Jerusalem Conference(Ethica I)(Spinoza by 2000, vol. 1), ed. Yirmiyahu Yovel, E.J.Brill, 1991.

3. 일반 문헌

김형효, 『구조주의의 사유체계와 사상』, 인간사랑, 1990.

데꽁브, 뱅쌍, 『동일자와 타자: 현대 프랑스 철학, 1933~1978』, 박성창 옮김, 인간사랑, 1990.

데리다, 자크·베르나르 스티글러, 『에코그라피』, 김재희·진태원 옮김, 민음사, 2002.

도스, 프랑수아, 『구조주의의 역사』 1~4권, 김웅권·이봉지 옮김, 동문선, 1998~2003.

발리바르, 에티엔, 『루이 알튀세르』, 윤소영 엮음, 민맥, 1991.

_____, 『맑스주의의 역사』, 윤소영 옮김, 민맥, 1992.

_____, 『알튀세르와 마르크스주의의 전화』, 윤소영 옮김, 이론, 1993.

_____, 『역사적 맑스주의』, 서관모 엮음, 새길, 1993.

_____, 「구조주의와 현대 프랑스철학의 종말: 에티엔 발리바르와의 대담」, 『전통과 현대』, 2001년 봄.

임봉길 외, 『구조주의 혁명』, 서울대학교 출판부, 2000.

진태원, 「라깡과 알뛰쎄르: '또는' 알뛰쎄르의 유령들 1」, 『라깡의 재탄생』, 김상환·홍준기 엮음, 창작과비평사, 2002.

Althusser, Louis. *Pour Marx*, La Découverte, 1996(1965[1]).

_____, et al., *Lire le Capital*, PUF, 1996(1965[1]).

Belaval, Yvon. *Leibniz critique Descartes*, Gallimard, 1960.

Beyssade, Jean-Marie. *La philosophie première de Descartes*, Flammarion, 1979.

_____. *Descartes au fil de l'ordre*, PUF, 2001.

Boulnois, Olivier. *Être et représentation: Une généalogie de la méthaphysique moderne à l'époque de Duns Scot*, PUF, 1999.

Cavaillès, Jean. *Oeuvres complètes de philosophie des sciences*, Hermann, 1994.

Colletti, Lucio. *Le Marxisme et Hegel*, Champ libre, 1976; 『마르크스주의와 헤겔』, 박찬국 옮김, 인간사랑, 1988.

Deleuze, Gilles. *Logique du sens*, Minuit, 1969; 『의미의 논리』, 이정우 옮김, 한길사, 1999.

Derrida, Jacques. *Du droit à la philosophie*, Galilée, 1990.

Descartes, René. *Oeuvres de Descartes*, éd. Charles Adam & Paul Tannery, Vrin, 1974. AT판으로 약칭.

_____. *Oeuvres philosophiques de Descartes*, ed. Ferdinand de Alquié, Garnier-Flammarion, 1963~1973. 알퀴에판으로 약칭.

_____. 『방법서설·정신지도를 위한 규칙들』, 이현복 옮김, 문예출판사, 1997.

_____. 『성찰 외』, 이현복 옮김, 문예출판사, 1997.

Epicurus. *Epicurus: The Extant Remains*, ed. Cyril Bailey, Hyperion Press, 1979; 『쾌락』, 오유석 옮김, 문학과지성사, 1998.

Gueroult, Martial. "L'espace, le point et le vide chez Leibniz", *Etudes sur Descartes, Spinoza, Malebranche et Leibniz*, Georg Olms, 1970.

Hegel, G.W.F.. *Werke in zwänzig Bänden*, ed. Eva Moldenhauer & Karl Markus Michel, Suhrkamp, 1970.

_____. 『대논리학』, 임석진 옮김, 지학사, 1983.

_____. 『정신현상학』, 임석진 옮김, 지식산업사, 1988.

_____. 『역사 속의 이성』, 임석진 옮김, 지식산업사, 1993.

_____. 『철학사』 1권, 임석진 옮김, 지식산업사, 1996.

_____. 『변증법과 회의주의』, 황설중 옮김, 철학과현실사, 2002.

Kant, Immanuel. *Kants Werke: Akademie-Textausgabe*, De Gruyter, 1977.

_____. *Kritik der reinen Vernunft*, ed. Reymund Schmidt. Felix Meiner, 1956.

_____. *Metaphysische Anfangsgründe der Naturwissenschaft*, ed. Konstantin Pollok, Felix Meiner, 1997.

_____. 『순수이성비판』, 최재희 옮김, 박영사, 1983.

Lebrun, Gérard. *La patience du concept: Essai sur le discours hégélien*, Gallimard, 1972.

Leibniz, Gottfried Wilhelm. *Discours de Métaphysique et autres textes 1663~1689*, éd. Christian Frémont, Flammarion, 2001.

Marion, Jean-Luc. *Sur la théologie blanche de Descartes: Analogie, création des vérités éternelles et fondement*, PUF, 1991(1981¹).

Meijer, Lodewijk. *La philosophie interprète de l'écriture sainte*, trad. Jacqueline Lagrée & Pierre-François Moreau, Intertextes, 1988.

Le problème des transcendantaux du XIVe au XVIIe siècle, éd. Graziella Federici Vescovini, Vrin, 2002.

용어 해설

구분

실재적 구분, 사고상의 구분, 그리고 양태적 구분과 형상적 구분은 중세 철학 및 데카르트와 스피노자 철학에서 자주 등장하는 전문적인 개념들이다.

실재적 구분distinctio realis은 실체와 실체 사이의 구분을 말하며, 각각의 실체가 다른 실체의 도움 없이 인식되거나 실존할 수 있을 때, 두 실체는 실재적으로 구분된다고 말한다. 예컨대 사유와 연장은 서로 실재적으로 구분된다. 이에 비해 양태적 구분distinctio modalis은 실체와 그 실체의 양태 사이의 구분이나, 동일한 실체에 속하는 양태들 사이의 구분을 가리킨다. 이는 양태들은 실체 없이 인식될 수 없는 데 비해, 실체는 양태들 없이도 인식될 수 있다는 사실에 근거한다. 예컨대 연장이라는 속성과 이 속성에 속하는 한 물체는 양태적으로 구분된다. 반면 사고상의 구분distinctio rationis/distinction de raison은 실체와 속성 사이의 구분을 가리킨다. 이는 실체가 속성 없이는 인식될 수 없음을 의미한다.

마지막으로 형상적 구분distinctio formalis은 데카르트나 스피노자는 사용하지 않았고, 둔스 스코투스Johannes Duns Scotus나 17세기 스코투스주의자들이 널리 사용하던 구분이다. 예컨대 데카르트는 "형상적 구분은 스코투스에서 유래한다. 이는 양태적 구분과 다르지 않다"(AT판 4권 p.349[Etienne Gilson, *Index scolastico-cartésien*, Félix Alcan, 1912, p.86에서 재인용])고 말하고 있고, 스피노자는『형이상학적 사유』2부 5장에서 "우리는 [실재적 구분, 양태적 구분, 사고상의 구분과 다른] 아리스토텔레스주의자들의 뒤죽박죽 잡다한 구분들에는 전혀 개의치 않을 것이다"(G 1권 p.259)라고 말한다.

스피노자 철학에 대한 연구에서 형상적 구분이라는 개념이 사용된 것은 들뢰즈가『윤리학』1부의 실체와 속성들 사이의 관계를 해석하기 위해 이 개념을 도입하면서부터다. 들뢰즈는 이 관계를 파악하기 위해서는 실재적 구분 및 양태적 구분과 상이한 또 하나의 구분이 필요하다고 생각한다. 속성들 사이의 관계를 실재적으로 구분되는 관계로 사고하게 되면, 속성들의 통일성을 사고하기 어렵기 때문이다. 그래서 들뢰즈는 수적이거나 양태적인 구분으로 환원되지 않는다는 의미에서 실재적이지만, 또한 각자 별개의 실체를 표현한다는 의미에서 실재적으로 구분되는——곧 실체들 사이의 구분이라는 의미에서——것은 아닌, 형상적 구분이라는 개념을 도입한다.

형상적 구분은 들뢰즈의 스피노자 해석을 지탱하는 지주이며, 스토아학파에서 둔스 스코투스, 라이프니츠, 베르그손으로 이어지는 철학적 계보에 대한 그의 애착을 잘 보여 주는 개념이다. 하지만 이는 스피노자가 전혀 사용하지 않은 구분일뿐더러, 이 구분을 스피노자 철학 내에 도입하기 위해서는 몇 가지 비스피노자적인 전제들이 필요하기 때문에, 그후 여러 가지 논쟁을 불러일으키기도 했다.

신의 지적 사랑

사람들은 보통 '신의 지적 사랑' amor intellectualis Dei이라는 개념을 **인간이 신을 지적으로 사랑하는 것**을 의미한다고 생각하고, 따라서 이를 '신에 대한 지적 사랑'으로 번역하곤 한다. 하지만 이는 세 가지 이유 때문에 잘못된 생각이다. 첫째, 신의 지적 사랑은 보통의 사랑처럼 주체-객체 관계에 있는 외부 대상에 대한 사랑을 의미하지 않는다. "외부 원인의 관념을 동반하는 기쁨"(3부 정리 13의 주석)이라는 사랑에 대한 스피노자의 정의에서 알 수 있듯이 이런 사랑은 상상적이며, 따라서 지적 사랑과는 질적으로 차이가 있다. 아울러 바로 이 점에서 신의 지적 사랑은 **신을 향한 사랑**amor erga Deum과도 구분된다. 신을 향한 사랑은 여전히 상상의 형태로 이루어지는 사랑이지만, 신은 대상으로 하고 있기 때문에 자신과 대립하는 정서로 전도될 수 없으며, 따라서 최대의 기쁨을 가져다 준다. 이에 비해 신의 지적 사랑은 영원한 사랑이며, 이 때문에 항상 능동적이다.

둘째, 신의 지적 사랑은 신을 향한 인간의 사랑만이 아니라, 인간을 향한 신의 사랑을 뜻한다. 그리고 이는 좀더 근원적인 자기 자신에 대한 신의 사랑의 두 측면을 이룬다. "자기 자신을 사랑하는 한에서의 신은 인간들을 사랑하며, 따라서 인간들을 향한 신의 사랑과 신을 향한 정신의 지적 사랑은 하나의 동일한 것이다"(5부 정리 36의 주석). 이는 자기원인으로서의 신(1부 정의 1, 정리 11)이라는 정의에서 나오는 필연적인 결과다.

하지만 가장 중요한 잘못은 세번째 측면에 있다. 스피노자에서 신의 지적 사랑은 제3종의 인식, 곧 독특한 사물들의 본질에 대한 인식의 구체적인 형태를 보여 준다. 5부 정리 36에서 스피노자가 말하고 있듯이, "신을 향한 정신의 지적 사랑"은 "인간 정신의 본질에 따라 설명될/펼쳐질 수 있는 한에서의" 자기 자신에 대한 신의 사랑이다. 스피노자가 바로 덧붙이듯이 이는 "곧 신을 향한 정신의 지적 사랑은 신이 자기 자신을 사랑하는 무한한 사랑의 일부"임을 의미한다. 따라서 각각의 개별 정신의 신을 향한 사랑은 자기 자신에 대한 신의 사랑으로 나아가는 일종의 보편화의 운동이며, 반대로 자기 자신에 대한 신의 사랑은 개별적인 영혼의 지적 사랑으로 표현되는 개별화의 운동이기도 하다. 그리고 이처럼 각각의 정신의 지적 사랑이 가장 보편적인 신의 사랑, 곧 능동화의 계기를 포함하고 있다는 의미에서, 신의 지적 사랑은 보편적 인식을 목표로 하는 두번째 종류의 인식을 넘어서 합리적 인식과 능동적 정서가 결합되는 세번째 종류의 인식을 구체적으로 보여 준다.

연관

'연관'connexio이라는 개념은 『윤리학』에서 총 20여 차례밖에는 사용되지 않지만, 스피노자의 인과관계론을 이해하는 데 매우 중요한 개념이다. 이 개념은 단독으로 쓰이기도 하고, '질서와 연관'처럼 함께 쓰이기도 하며, 때로는 이와 비슷한 의미를 지닌 '연쇄'concatenatio라는 단어로 표현되기도 한다.

이 개념은 『윤리학』 1부에는 등장하지 않고, 2부 이하에서 사용되고 있지만, 사실은 1부 정리 28에 제시된 스피노자의 인과관계 도식에 기초하고 있다. "모든 독특한 사물, 다시 말해 유한하며 규정된 실존을 갖고 있는 모든 사물은, 역시 유한하며 규정된 실존을 가지고 있는 다른 원인에 의해 실존하고 작업하도록 규정되지 않는다면, 실존할 수 없고 작업하도록 규정될 수도 없다. 그리고 역으로 이 원인도 유한하며 규정된 실존을 가지고 있는 다른 원인에 의해 실존하고 작업하도록 규정되지 않는다면, 실존할 수도 없고 작업하도록 규정될 수도 없으며, 이처럼 무한하게 나아간다."

이 인과관계 도식은 3가지의 주목할 만한 특징을 지니고 있다. 첫째, 여기서 인과작용은 처음과 끝, 시작과 목적이 존재하지 않는 가운데 이루어진다는 점이다. 둘째, 하지만 그렇다고 해서 이러한 작용이 기계론적인 관점에서 선형적으로 이루어지는 것도 아니다. 다시 말해 이 도식에 나타난 인과작용을 일련의 직선에 따라 늘어서 있는 관계항들의 계기적인 작용으로 이해해서는 안 된다. 셋째, 따라서 여기서 인과항들 역시 원초적으로 독립해 있는 개체들로 간주해서는 안 되며, 스피노자가 사용하고 있듯이 **독특한 사물들**로 간주해야 한다(이 때문에 res singulares를 정확하게 번역하는 것은 매우 중요한 문제다).

오히려 발리바르가 제시하듯이(Etienne Balibar, "Individualité et transindividualité chez Spinoza", *Architectures de la raison. Mélanges offerts à Alexandre Matheron*, éd. Pierre-François Moreau, ENS Éditions, 1996[『스피노자와 정치』에 수록]). 이러한 인과관계는 변용affectio의 관점, 또는 현대적인 용어법으로 말하면 변조modulation의 관점에서 파악되어야 한다. 곧 한편으로 독특한 사물들은 인과관계 바깥에서 독립적으로 실존하는 게 아니라, 이러한 관계를 **조건으로** 해서 비로소 실존할 수 있다. 그리고 다른 한편으로 이 독특한 사물들의 실존 자체는 바로 **작업**과 다르지 않다. 곧 다른 독특한 사물들의 영향을 받아 변용되고, 다시 그 스스로 다른 사물들을 변용시키는 것이 바로 독특한 사물들의 실존 양식이다. 사물들 사이의 connexio는 선형적인 방향이 아니라, 변용되고 변용하는 작용을 거치면서 계속 굴절되는 방향으로 이루어진다.

이런 의미에서 connexio라는 개념을 단순히 '연결'이라고 번역하는 것은 문제가 있다. '연결'이라는 단어는 '연관'이라는 단어에 비해, 연결되는 항들 사이의 선형적 관계라는 의미를 강하게 함축하고 있기 때문이다. 이러한 점을 감안하여 우리는 이 책에서 connexio를 '연관'으로 번역했다.

영원진리 창조론

데카르트는 공식적으로 출간된 저작들에서는 영원진리 창조론doctrine de la création des vérités éternelles에 관해 거의 말하고 있지 않지만, 1630년부터 편지 등을 통해 이 학설이 자신의 철학 체계의 중심을 이루고 있음을 공표하고 있다. 특히 1630년에 메르센 신부에게 보낸 3통의 편지(4월 15일자, 5월 6일자, 5월 27일자)에는 이 학설에 관한 데카르트의 생각이 분명하게 표현되고 있고, 본문에서 인용된 메슬랑에게 보내는 편지에서는 영원진리에 모순율까지 포함시킴으로써 영원진리 창조론의 범위를 좀더 확장하고 있다.

영원진리 창조론은 여러 가지 다양한 주제 및 측면들을 포함하고 있지만, 크게 3가지 중심적인 문제를 둘러싸고 전개된다. 우선 이는 영원진리가 창조되었다는 것, 곧 영원진리는 신의 자유로운 의지에 의존한다는 것을 주장함으로써, 자연 법칙들의 필연성을 정초하면서 인간의 자유와 신의 권능을 보존하려고 한다. 다시 말해 데카르트에게 자연 법칙들의 진리성과 파악 가능성은 그것의 유한성, 곧 피조성에서 비롯한 결과다.

둘째, 데카르트는 신에게는 그의 속성들, 또는 의지와 지성이라는 능력들이 구분되지 않기 때문에, 창조되지 않은 영원한 지성적 본질(곧 이데아)에 신의 의지를 종속시키려는 시도는 그릇된 것이라고 주장한다.

셋째, 이는 신의 권능의 광대성immensité과 파악 불가능성에서 생겨난 결과인데, 역으로 이러한 신의 권능의 광대성은 신의 무한성에서 비롯한다. 따라서 우리는 신이 무한한 존재라는 것을 알고 있지만, 그의 본질 및 속성들을 인식하거나 총괄적으로 파악하는 것은 불가능하다. 하지만 영원진리, 또는 모순율까지 신의 자유로운 의지에 의존하기 때문에, 신에 대해 부조리하다거나 비이성적이라고 말할 수는 없다. 이것이 대략적인 영원진리 창조론의 골자다.

마슈레는 본문에서 이 학설을 간단히 일축하고 있지만, 사실 마슈레의 이 책이 나온 뒤 곧 장-마리 베이사드Jean-Marie Beyssade나 장-뤽 마리옹 Jean-Luc Marion 같은 대표적인 데카르트 연구자들을 중심으로——하지만 이 두 사람 사이에는 상당한 의견의 차이가 존재한다——이 학설은 데카르트 철학의 핵심적인 문제설정으로 부각되며, 더 나아가 17세기 형이상학의 새로운 중심 문제로 부각된다.

　한편 본문에서 마슈레가 지적하듯이 라이프니츠는 이 학설에 대해서 상당히 비판적이었는데, 이는 다음과 같은 『형이상학 강론』의 구절에서 잘 나타난다.

　2항. 신의 작품들 중에는 선함은 전혀 존재하지 않는다고, 또는 선함과 아름다움의 규칙들은 자의적이라고 주장하는 사람들을 반대하여.
　따라서 나는 사물들의 본성 안에는 또는 신이 이것들에 대해 갖고 있는 관념 안에는 선함과 완전함의 규칙들은 전혀 존재하지 않는다고, 또는 신의 작품들은 신이 이것들을 이루어 냈다는 형식적 이유 때문에 선할 뿐이라고 주장하는 사람들의 견해와 아주 거리가 멀다…….
　또한 내가 보기에 사람들은 사물들은 어떤 선함의 규칙에 따라 선한 것이 아니라 오직 신의 의지에 의해 그럴 뿐이라고 말함으로써 일체의 신의 사랑과 영광을 파괴하는 것 같다. 왜냐하면, 만약 신이 어떤 일을 했다는 이유만으로 찬양받을 만하다면, [선한 것과는] 정반대의 일을 했을 경우에도 그는 찬양받을 만하게 되고, 그렇다면 그를 찬양할 이유가 없기 때문이다. 따라서 만약 어떤 전제 권력만이 남게 된다면, 만약 의지가 이성을 대신하게 된다면, 만약 폭군들의 정의에 따를 경우, 가장 강한 이를 기쁘게 하는 것이 정의로운 것이라면, 신의 정의와 지혜는 어디에 있단 말인가? 게다가 모든 의지는 어떤 의지할 만한 이유를 가정하는 것처럼 보이며, 또는 이성은 본성적으로 의지에 앞서는 것으로 보인다. 이 때문에 나에게는 형이상학 및 기하학의 영원진리들(그리고 따라서 선함과 정의, 완전성의 규칙들까지도)은 신의 의지의 결과들에 불과하다는 다른 철학자들의 이 표현이 아주 기이해 보이며, 반대로 내가 보기에 영원진리들은, 분명히 결코 신의 의지만이 아니라 신의 본질에도 의존하지 않는 그의 지성의 귀결인 것 같다

(Gottfried Wilhelm Leibniz, *Discours de métaphysique et autres textes 1663~1689*, éd. Christian Frémont, Flammarion, 2001, pp. 209~210).

따라서 라이프니츠는 데카르트가 영원진리를 창조된 진리로 만듦으로써 1) 창조의 기준이라는 개념 자체를 제거하고(이는 곧 가능태를 현재 세계의 필연성에 종속시킴을 의미한다), 이에 따라 2) 신의 권능을 폭군이나 전제군주의 권력과 유사한 것으로 만들고, 3) 그리하여 신의 지혜 및 정의, 선함을 제거하는 결과를 낳음으로써 결국 신의 완전성을 제거하는 결과를 낳는다고 비판하는 셈이다.

탁월하게-형상적으로

'탁월성'eminentia 또는 '탁월하게'eminenter와 '형상적으로'formaliter라는 표현들은 모두 중세 스콜라 철학에서 유래한 용어들이다.

마슈레가 말하고 있듯이 들뢰즈는『스피노자와 표현의 문제』, 특히 2장 「표현으로서의 속성」에서 스피노자 철학이 어떤 의미에서 양의성équivocité의 관점, 또는 탁월성의 관점에 대한 근본적인 비판을 나타내는지 보여 주고 있다. 들뢰즈는 스피노자의 속성 이론은 중세의 유비론적인, 또는 양의론적인 신학에 대한 비판으로 간주해야 한다고 주장한다. 두 입장 사이의 차이는 신과 피조물, 또는 실체와 양태 사이에서 형상의 공통성을 부정하느냐 긍정하느냐에 있다.

유비론적 입장은 형상의 공통성을 부정하고 단지 유비적인 일치만이 존재한다고 본다. 이 경우 신은 피조물들이 형상적으로 지니는 완전성 또는 본질을 탁월하게 지니게 된다. 예를 들어 피조물들이 선하거나 지혜롭다고 말하는 것과 신이 선하거나 지혜롭다고 말하는 것은 유비적인 표현일 뿐, 동일한 형상을 전제한 표현이 아니다.

　반면 스피노자는 양자 사이에 형상의 공통성이 있다고 주장하면서 동시에 실체와 양태 사이에 존재하는 본질의 차이를 긍정한다. 만약 형상의 공통성을 가정하지 않을 경우는 필연적으로 신인동형동성론神人同形同性論, anthropomorphism에 빠질 수밖에 없기 때문이다. 곧 형상의 공통성이 없기 때문에 신은 우리의 지성으로 파악할 수 없는 존재가 되고, 이에 따라 신의 본질이 어떤 것인지 알 수 없게 되어, 우리 자신의 성질을 마음대로 신에게 귀속시키는 결과를 낳는다는 것이다. 따라서 『윤리학』의 여러 주석들 및 특히 『신학정치론』에서 많은 사례가 제시되듯이, 인간에게만 고유한 정념들(노여움, 기쁨, 슬픔)이나 지성과 의지의 구분, 상대적인 관념에 불과한 선함 등을 신에게 부여하게 된다. 이를 매우 신랄하게 표현하고 있는 것이 본문에 나오는 삼각형의 사례다. 이에 따라 스피노자는 형상의 공통성 때문에 신의 본질이 인식 가능하다고 긍정함과 동시에 실체와 양태의 본질의 차이를 주장함으로써, 신인동형동성론적으로 피조물이나 양태의 본질을 신에게 귀속시키는 것을 막으려고 하고 있다.

　스피노자 자신은 탁월하게-형상적으로라는 개념쌍을 체계적으로 사용한 적이 없고, 이러한 구분법 자체는 특히 둔스 스코투스에서 유래한 것이다. 따라서 여기에서도 역시 이러한 개념쌍이 스피노자의 철학 체계와 양립할 수 있느냐는 질문이 제기될 수도 있지만, 들뢰즈는 이러한 개념쌍을 사용하여 스피노자 철학의 본질적인 한 경향을 잘 설명해 주고 있다.

표상적-형상적

'표상적-형상적'objective-formel이라는 개념쌍은 스콜라 철학에서 유래한 것이지만, 데카르트에 의해 새로운 의미를 부여받았으며, 스피노자는 데카르트가 확립한 용법에 기초하면서도 『지성교정론』이나 『윤리학』에서 이 용어쌍에 새로운 의미를 부여하고 있다.

데카르트에게 관념의 표상적 실재성realitas objectiva이란 관념이 자신이 표상하는 대상과의 관계에 따라(또는 현상학에서 말하는 이른바 '지향적 관계'에 따라) 지니고 있는 실재성을 의미한다. 반면 형상적 실재성realitas formalis은 관념이 관념 그 자체로서, 곧 사유의 **현행적 양태**로서 지니고 있는 실재성을 의미한다. 이러한 구분법에서 중요한 것은 형상적 실재성에 따라 고려된 관념들은 서로 아무런 차이나 불균등성도 존재하지 않는 데 비해, 표상적 실재성의 측면에서는 서로 큰 차이를 지닌다는 점이다. 예컨대 신에 대한 관념과 어떤 사람에 대한 관념, 또는 돌에 대한 관념은 표상적 실재성의 측면에서 큰 차이를 지닌다. 왜냐하면 "관념이 어떤 특정한 표상적 실재성을 갖고 있다면, 이는 그 관념이 갖고 있는 표상적 실재성과 적어도 동등한 형상적 실재성을 갖고 있는 원인에 의해서만 가능"(「세번째 성찰」, AT판 7권 p.41; 국역본 p.65)하기 때문이다.

스피노자는 한편으로 데카르트를 따라 관념의 표상적 성격은 관념의 대상과의 관계를 가리키며, 관념의 형상적 성격은 사유 양태로서의 관념을 가리킨다고 생각하는 것으로 보이지만, 다른 한편으로는 데카르트와는 달리 표상적인 것으로서 관념들이 불균등한 실재성을 지닌다고 생각하지 않는다. 이는 근본적으로는 데카르트가 표상적-형상적이라는 개념쌍을 **관념만의 문제**로 생각한 데 비해, 스피노자는 이를 **사물 자체의 두 측면**으로 생각했기 때문이다. 그리고 이 때문에 스피노자 철학에서는 이 개념쌍과 관련하여 소위 '평행론'의 문제가 중심적으로 대두된다.

* 그 외 '독특성'singularité과 '적합성'adéquation의 번역에 관한 문제는 '옮긴이 해제'를 참조하라.

찾아보기

ㄱ

가상(illusion) 42, 65, 72, 85, 88, 95, 101, 105~106, 113~117, 251, 259, 260, 289, 291, 309, 313, 336

개념(concept) 27, 30, 44, 54, 56, 61, 67~68, 73, 89, 100, 103, 139, 142, 152, 172, 178, 187, 197, 199, 210, 220, 231, 241, 261, 276, 301, 326

개체(individu) 190, 238, 242, 251~256, 283~288, 290~297, 322

 개체성(individualité) 38, 41, 209, 291

게루, 마르샬(Gueroult, Martial) 19, 31, 138, 147~148, 157, 165, 167~169, 219, 221, 240, 250, 254, 285, 290

고유한/고유성(propre) 115, 147, 277, 235, 254, 278, 281, 283, 284, 286, 289, 294, 336

공리(axiome) 88, 93, 101, 276

관념(idée) 75~76, 79~87, 94~101, 102~113, 116, 120, 142, 166~167, 253~254, 265, 266, 268, 271, 273, 289, 293

 관념 대상(idéat) 108~111

 관념의 관념(idée de l'idée) 76, 80

교정(emendatio) 83~85, 116

구분(distinction) 112, 114, 132, 138~140, 156, 174, 181, 210, 213, 221, 226, 241, 263, 286, 302, 315

 사고상의 구분(distinction de raison) 151, 156

 실재적 구분(distinction réelle) 179, 270, 272

 양태적 구분(distinction modale) 170

구성(constitution) 130, 137~138, 142~144, 147~148, 150, 153~154, 162~163, 165, 173, 175, 179, 204, 211, 226, 245, 257, 271, 278, 286, 307, 320

구축(construction) 147~148, 167~169, 245, 248, 251~252, 254, 307, 314, 323, 335

규정(détermination) 44, 48~51, 54, 61,

67, 70, 78, 87, 102, 107~108, 113, 118, 120, 122, 124~125, 130~137, 142, 157, 159, 177, 184~189, 195~197, 204, 207~210, 217, 219, 230~237, 245, 277, 291~296, 306, 326, 328, 335

    모든 규정은 부정이다(omnis determinatio est negatio) 41, 57, 182, 185, 188, 207, 227, 230, 236

권능 → 능력/권능

근거 → 이유/근거

긍정(affirmation) 41, 56, 89, 97, 109, 114, 149, 162, 193, 196, 204, 219, 224, 230~233, 279, 293, 300~305, 320, 333

기체/주체/주어(sujet) 28, 34, 39, 48, 61, 72, 98, 100~101, 104, 106~108, 114, 115, 122, 124, 128, 176, 199, 210, 258~260, 270, 275, 282, 285, 292, 294, 296, 299, 302, 304, 322, 325~331, 336, 337

ㄴ

내면적(intérieur) 284, 285, 291

내생적(intrinsèque) 86, 96, 102, 108, 114, 118~119, 134, 162, 175, 179, 189, 193, 248, 272, 285, 296, 304, 314, 317

내용(contenu) 33, 37, 39, 40, 47, 62~67, 69~73, 86, 94, 103, 118, 123, 137~140, 141~142, 149, 152, 157, 161, 166, 172, 179, 188, 202, 231, 265, 294, 314, 321, 325, 330, 337

내재적(immanent) 9, 29, 48, 73, 118, 194, 224, 240, 245, 251, 261, 278, 281, 288, 291, 303, 325, 334

내적(interne) 19, 22, 28, 35, 49, 79, 82, 103, 122, 131, 157, 166, 188, 202, 227, 239~240, 260, 276, 280~282, 290, 292, 295, 309, 314, 316, 319, 323, 328, 336

    내적 부정성(négativité interne) 227, 276, 279, 319, 328

뉴턴, 아이작(Newton, Issac) 301

능력/권능(pouvoir) 75, 88, 98, 231, 259, 260

ㄷ

다양성/다수성(multiplicité) 51, 133, 134, 163, 177, 216, 247, 253, 321

『대논리학』(Wissenschaft der Logik) 22, 27, 30, 33, 41~44, 46, 52, 61, 88, 184, 212, 214, 216, 220, 315, 332

대립(opposition/Gegensatz) 10, 20, 29, 50, 92, 99, 119, 136, 142, 159, 164, 174, 177, 181, 189, 194, 197, 200, 204, 218, 234, 262, 295, 299, 313, 317, 328, 330, 336, 338

데리다, 자크(Derrida, Jacques) 17

데카르트, 르네(Descartes, René) 31, 33, 60, 75~85, 90, 92~96, 98, 99, 100, 102, 104~105, 107, 112~114, 121, 129, 135~136, 138~139, 141, 150~152, 168, 170, 173, 175, 180,

211, 223, 234, 243, 260, 262~264, 268~274, 297, 301, 305, 330, 336
『데카르트의『철학원리』』(Renati Descartes Principiae pilosophia) 93~94, 150
도즈, 앙드레(Doz, André) 148
독특성(singularité) 7, 42, 55, 118, 249, 324
    독특한(singulier) 20, 28, 47, 98, 100, 109, 143, 209, 228, 235, 242, 246~248, 251, 255, 277, 279, 283, 305, 320, 337
    독특한 본질(essence singulière) 279, 287, 320, 337
들뢰즈, 질(Deleuze, Gilles) 145, 172, 226, 230, 257

ㄹ

라이프니츠, 고트프리트(Leibniz, Gottfried) 47, 170, 223, 258, 268, 289, 299, 318
람베르트, 요한 하인리히(Lambert, Johann Heinrich) 306
레기우스, 헨리쿠스(Regius, Henricus) 262~264, 268~272
로빈슨, 루이스(Robinson, Lewis) 97, 145, 207
르브룅, 제라르(Lebrun, Gérard) 71, 72

ㅁ

마키아벨리, 니콜로(Machiavelli, Niccolo) 100

맑스, 칼 하인리히(Marx, Karl Heinrich) 339~340
메이으르, 로더베이크(Meyer, Lodewijk) 93, 205, 211, 229, 220, 226
명석판명(claire et distincte) 93, 106, 216, 269
명제/정리(proposition) 61~62, 68, 72, 78, 92, 102, 188, 207, 273, 276, 300, 326
모순(contradiction/Widerspruch) 18, 22, 28, 35, 43, 47, 56, 82, 89, 105, 122, 131, 141, 160, 170, 181, 184, 196, 200, 211, 216, 221, 237, 262~274, 282, 290, 295, 298, 314, 320, 325, 328, 331, 337~340
목적(fin) 26, 54, 81, 90, 115, 123, 124~125, 203, 240, 250, 258~260, 273, 282, 312, 321, 329
목적론(téléologie) 23, 31, 34, 90, 92, 95, 101, 112, 124, 247, 251, 260, 276, 284, 289, 291, 329, 335
몰인식/오인(méconnaissance) 19, 22, 83, 106
무한(infini) 82, 96, 109, 114, 122, 129, 132, 137, 142, 146, 158, 165, 173, 177, 181, 188, 192, 203, 209, 212, 217, 233, 238, 245, 261, 266, 271, 289, 322, 325, 333~336
    무한성(infinitude) 33, 43, 131, 173, 210~212, 217, 222, 224~227, 254, 257, 261, 327, 330~331, 337
    무한성(무한하게 많음)(infinité) 138~140, 145, 158, 161, 175, 178, 204, 220, 293

무한정한(indéfini) 10, 51, 208, 278, 281, 285, 294, 330
악무한(mauvais infini) 20, 204~205, 213, 218
자신의 유 안에서 무한한(infini dans son genre) 170, 204~205
절대적으로 무한한(infini absolument) 109, 122, 129, 146, 148, 158, 169, 181, 203, 241, 293
현행적 무한(infini en acte) 225, 248
물체/신체(corps) 114, 117, 136, 208, 210, 212, 214, 232, 242, 244, 249, 253, 258, 261, 263, 269, 272, 283, 292, 305, 310, 313, 317
    가장 단순한 물체들(entia simplicissima) 249, 251~252, 254~256

ㅂ

반대/상반(contraire/Gegenteil) 110, 197, 201, 233~234, 245, 251, 275, 282, 298, 300, 305, 315, 320, 322
발현(manifestation) 29, 39, 47, 52, 54, 76, 110, 132, 153, 226, 290, 314, 320, 330, 333
방법(méthode) 60~69, 73, 75~88, 92~95, 102, 130, 146, 163, 168, 328
    발생적 방법(méthode génétique) 100
    분석적 방법(méthode analytique) 73
    종합적 방법(méthode synthétique) 73
『방법서설』(Discours de la méthode) 65, 92

『방법이 적용된 시론들』(Essais de cette méthode) 65
베이컨, 프랜시스(Bacon, Francis) 77, 143
변양(modification) 239, 241, 245~247, 264
변용(affection) 53, 111, 132, 156, 174, 213, 221, 223, 226, 235, 252, 259, 261, 279, 289, 296, 320, 325, 335
변증법(dialectique) 22~23, 41, 67, 90, 101, 119, 123, 181, 193, 200~206, 237, 273, 276, 296, 315, 317, 327, 331, 338
보편성(universalité) 60, 70, 96, 123, 191, 244, 271, 298
    보편자/보편적(universel) 28, 68, 98, 249, 255, 333
복셀, 휘고(Boxel, Hugo) 173
본질(essence) 30, 44, 61, 71, 97, 123, 130, 142, 169, 199, 208, 210, 220, 247, 259, 261, 270~272, 278~295, 320~322, 337
    표상적 본질(essence objective) 79, 253
    현행적 본질(essence actuelle) 277~279
    형상적 본질(essence formelle) 97, 253
부인(dénégation) 23, 34, 49, 129
부적합한(inadéquate) 99, 113, 116, 133, 213, 222, 261, 336
부정(négation) 40, 49, 119, 135, 165, 182, 184, 186~189, 192~198, 202~205, 207~208, 210, 212, 219,

227, 230, 233, 236, 237, 245, 278, 300~301, 327, 331, 337, 338
    부정성(négativité) 35, 55, 89, 106, 119, 159, 187, 192, 195, 204, 227, 276, 278, 303~304, 319, 327~329, 336~339
    부정적(négatif) 27, 41, 48, 52, 54, 56, 90, 107, 119, 164, 171, 187~197, 210, 227~229, 234, 236, 273, 302~303, 313, 327, 332~333
    부정주의(négativisme) 41, 190, 230, 332

분석(analyse) 93~96

『분석론 후서』(Analytica posteriora) 97

ㅅ

사고상의 존재(être de raison) 99, 157, 208, 213, 223, 228, 254

상반 → 반대/상반

상상(imagination) 18, 31, 98, 106, 113~118, 161, 170~171, 172~175, 184, 210~218, 221~223, 225~229, 232~234, 239, 243, 248, 259~261, 268, 273, 286, 289, 291, 324

상위성(相違性, divergence) 92, 141, 184

상이성(diversité) 134, 159~162, 166, 181, 238, 271, 295, 308, 318, 323

『서한집』(Epistolae) 219

『소론』(Korte Verhandeling van God, de Mensch en deszelvs Welstand) 173, 243

『소피스테스』(Sophistes) 187

속성(attribut) 47, 49~57, 88, 98, 101, 107~111, 122, 124, 128, 142, 156~163, 165, 172, 177, 189, 196, 203~205, 210, 225, 232, 238, 244, 261, 265, 268, 269~272, 277, 293
    사유 속성(attribut de la pensée) 98, 108~112, 174
    연장 속성(attribut de la l'étendue) 174, 244~246

순서/질서(ordre) 42, 49, 61, 68, 72, 75, 78~79, 87~88, 90, 92~95, 97~100, 105, 108, 111, 114, 123, 132, 150, 161, 168, 170, 174~176, 177~179, 189, 194, 228~229, 239, 241, 247~249, 254, 258, 261, 289, 292, 295, 313, 322, 330, 336
    자연의 공통의 질서(ordre commun de la nature) 252

『순수이성비판』(Kritik der reinen Vernunft) 298~299

슐러, 게오르크 헤르만(Schuller, Georg Hermann) 241, 250

시작/시초(commencement) 32~35, 37, 42~45, 47~50, 54, 56, 62, 65~67, 78, 83, 85~88, 124, 132, 145, 150, 162, 169, 180, 197, 199, 252, 255, 321, 323, 329, 335, 339

신(Dieu/Deus) 31, 37, 49, 88, 93~96, 100, 104~107, 109~112, 114, 117, 135, 145~153, 159, 171~173, 203, 231, 234, 239, 247, 250, 259~261, 265~268, 271, 277, 284, 287, 292, 294~295, 330
    신의 지적 사랑(amour intellectuel de

Dieu) 227, 260, 295, 323
신체 → 물체/신체
『신학정치론』(Tractatus Theologico-
Politicus) 18, 77, 154
실재성(réalité) 54, 95, 104, 124, 150,
161, 170, 187, 190, 228, 234, 243,
257, 279, 284, 297, 299, 308, 318,
320
    실재/실재적(réel) 26, 35, 39, 41, 48,
53~56, 68, 87, 96~97, 99~101,
107~108, 115~116, 122~125,
128, 132, 144, 152, 156, 166,
180, 187, 208, 210, 223, 226, 232,
238~240, 251, 254~256, 261, 288,
291, 298~310, 313~320, 323
실정성(positivité) 448, 90, 188, 191,
303, 309, 319
    실정적(positif) 49, 54, 86, 89, 91,
107, 113, 119, 159, 186~195, 197,
200, 208, 209~212, 226, 232~234,
236, 251, 279, 289, 294, 301~303,
305, 318~322, 329
실존(existence) 30, 41, 103, 145~146,
148, 157, 162, 187, 199~201, 209,
246~248, 253~257, 261, 270, 278,
280, 282, 288, 292, 298~302, 310,
318, 321~325
실체(substance) 27, 28, 30~32,
34, 38~40, 42, 44, 47~48, 50~56,
60, 73~74, 122~124, 128~137,
140, 142~147, 149, 150, 153, 154,
156~164, 165~169, 171~176, 178,
180, 188~189, 195~197, 199, 204,
210, 226~229, 233~236, 238~239,
242~246, 263, 268~274, 276,
292~296, 323

ㅇ

아리스토텔레스(Aristoteles) 61, 64,
97~100, 240, 250, 330
알튀세르, 루이(Althusser, Louis) 20, 32
양태(mode) 40~42, 47, 51~53, 88, 96,
98, 110, 114, 132, 136, 174, 177, 190,
213, 223, 226~229, 230~231, 234,
236, 238, 263, 268, 292, 320, 336
    매개적 무한 양태(mode infini médiat)
239, 241~242, 245, 247, 251, 288
    무한 양태(mode infini) 222,
238~241, 249, 323
    우주 전체의 모습(facies totius universi)
242, 245~246, 250, 288, 290, 323
    운동과 정지(mouvement et repos)
242~246, 254, 323
    유한 양태(mode fini) 213, 222, 224,
226, 242, 246~247, 249~252
    직접적 무한 양태(mode infini
immédiat) 239, 241~243, 247, 292
「어떤 비방문에 대한 논평」(Notae in
programma) 268
에피쿠로스(Epicurus) 256~258
엘리자베스(Elisabeth) 263
역량/잠재태(puissance) 10, 31, 75,
87~88, 95, 98, 100, 191, 226, 231,
253, 255, 258, 259, 261, 266~267,
277~278, 292~293, 311, 321, 333
    잠재적(en puissance) 47, 223~224,
335

연관(connexion) 95, 99, 111, 174,
176, 188, 255
    사물들의 질서와 연관(ordre et
connexion des choses/ordo et
connexio rerum) 174
연쇄(enchaînement) 108
연역(déduction) 61, 65, 68, 80, 88, 98,
147, 149, 211, 246~247, 253, 255,
293, 301, 308, 316, 318, 320
영원/영원성(éternité) 213, 228, 257,
281, 321, 323, 334~336
영원진리 창조(création des vérités
éternelles) 104, 274
옐레스, 야르흐(Jelles, Jarig) 207, 210,
232, 293
오인 → 몰인식/오인
올덴부르크, 헨리(Oldenburg, Henry)
219, 286
외생적(extrinsèque) 49, 96, 102, 108,
119, 189, 281, 304
외재적(extérieur) 20, 47, 98, 114,
131, 134, 137, 152, 176, 178, 187,
190, 195, 204, 259, 272, 281, 285,
290~296, 314, 316~319, 334, 336
    외재성(extériorité) 39, 133, 149,
260, 280, 290, 313, 317
외적(externe) 60, 67, 71, 79, 94, 104,
119, 130, 144, 212, 260, 280, 291
요청(postulat) 88, 93
원인(cause) 87, 93, 95~100, 102, 107,
116, 117, 149, 162, 171, 202, 210
221~224, 226~228, 231, 234,
245~247, 252, 273, 278, 282, 284,
289, 305, 335

근접인들(causes prochaines) 255
원인 또는 이유(cause ou raison/causa
sive ratio) 96, 235
원인에 의한 인식(connaissance par les
causes) 97, 98
자기원인(cause de soi/causa sui)
30~34, 74, 89, 148, 164, 167,
199~202, 219, 234, 293
원자(atome) 252, 254
『유고집』(B. B. S. Opera Posthuma) 218
유일한(unique) 123, 135, 145, 146,
151, 170, 207, 253, 287, 292~293,
322
유일성(unicité) 161, 170, 261, 336
유출(émanation) 190, 247
유한(fini) 38, 41, 51, 96, 138, 170,
188, 193, 196, 208, 239, 247~249,
252, 254, 258, 261, 268, 277~280,
331, 335~336
유한성(finitude) 213, 231, 253
『윤리학』(Ethica Ordine Geometrico
Demonstrata) 18, 33, 62, 65, 78, 88,
92, 94~95, 102, 130, 145, 148, 150,
154, 168, 199, 203, 217, 234, 239,
241, 258, 276, 294, 319, 323, 336
의지(volonté) 106, 114, 265, 267
    자유의지(libre arbitre) 72, 105, 108,
112, 114, 116, 176, 268
이미지(image) 9, 17, 42, 100, 107,
118, 125, 131, 143~144, 189, 329
이유/근거(raison) 92
    이유들의 순서(ordre des raisons) 33,
83, 86, 88
인과성/인과관계(causalité) 90, 95, 98,

102, 110, 112, 149, 150, 231, 235,
286, 291, 294, 307, 321, 335, 340
    내재적 인과성(causalité immanente)
    252, 259
    인과적(causale) 90, 95, 98, 112,
    147, 149, 150, 231, 235, 259, 286,
    291, 294, 321, 335, 340
    타동적 인과성(causalité transitive)
    253, 255, 259, 290, 291
인식 양식(mode de connaissance) 113,
115~116
인지 → 재인지/인지
일자/하나(Un/un) 162, 177
입자론 철학(philosophie corpusculaire)
251, 308

ㅈ

『자기비판의 요소들』(Eléments
d'autocritique) 20
자연(nature/natura) 167, 246, 247,
249~253, 255~261, 288~292, 300,
301, 307~315, 317~318, 321~323
    능산적 자연(nature naturante/natura
    naturans) 96, 226, 235, 323
    소산적 자연(nature naturée/natura
    naturata) 96, 226, 235, 323
『자연과학의 형이상학적 제일원리들』
(Metaphysische Anfangsgründe der
Naturwissenschaft) 305
자연학(physique/physica) 242, 254,
283, 322
『자연학』(Physica) 98

잠재태 → 역량/잠재태
재인지/인지(reconnaissance) 22, 66, 77
적합성(adéquation) 102~104, 108,
118~119, 175, 323
    적합한(adéquate) 97, 108, 111, 115,
    125, 214, 227, 254, 289
전체(tout/to pan) 49, 66, 124, 129,
134, 209, 251, 256, 294
절대자(l'absolu) 26~29, 35, 39, 46,
101, 132, 134, 139, 145, 164, 176,
180, 188~191, 195~197, 200, 228,
230, 232, 238, 268, 272, 273, 332
    절대적(absolu) 32, 42, 48~50, 60,
    88, 90, 101, 109, 122, 135, 142,
    146, 149, 158, 161, 169, 192, 194,
    197, 244, 319, 325, 329, 340
정리 → 명제/정리
정신(âme) 77, 84, 86, 89, 94, 99, 107,
122, 124, 142, 209, 263, 267~269,
325, 334
정신적 자동장치(automate spirituel) 98,
101, 107~108
『정신지도를 위한 규칙들』(Regulae ad
directionem ingenii) 80, 81
『정신현상학』(Phänomenologie des
Geistes) 28, 70, 73
정의(définiton) 31, 33, 35, 49, 62, 63,
74, 75, 88, 93, 102, 130, 132, 133,
138, 143, 144, 149, 151, 153, 154,
156, 165, 167, 170, 199~201
    명목적 정의(définition nominale) 62
    발생적 정의(définition génétique)
    167, 250~251
    실재적 정의(définition réelle) 31

『정치론』(Tractatus Politicus) 18
존재자(être) 48, 149, 162, 187, 189, 196, 208~209, 285, 288, 290~293, 320, 325
종합(synthèse) 94~100, 147, 149, 161, 168, 173, 308, 310, 313~314, 318
주관성(subjectivité) 51, 73
주어 → 기체/주체/주어
주체 → 기체/주체/주어
증상(symptôme) 21, 45, 85, 89, 99, 133~134, 184, 230, 332
지성(entendement/intellectus) 51, 70, 75~76, 83~85, 89, 113, 116, 130, 138, 142~145, 152~154, 156~157, 188, 190, 196, 200, 225, 230, 260
　무한 지성(entendement infini) 248, 253, 255~257, 266, 271, 272, 286, 289~291, 293, 320, 323, 329, 331, 336, 337
　유한 지성(entendement fini) 138~139, 142~143, 160, 176
『지성교정론』(Tractatus de Intellectus Emendatione) 76, 78, 80, 82, 110, 167, 247, 254
직관(intuition) 38, 98, 319, 332
직접적(immédiate) 22, 71, 134, 137, 189, 191~192, 316
질서 → 순서/질서
집합(ensemble) 113, 134, 179, 249, 251, 255, 257, 289~291
　집합적(en ensemble) 250

ㅊ · ㅋ

『철학사 강의』(Vorlesungen über die Geschichte der philosophie) 15, 27, 30, 37, 40, 42, 46, 54, 135, 184, 199, 201, 203, 214, 216, 218, 220
『철학에 부정량 개념을 도입하기 위한 시론』(Versuch, den Begriff der negativen Größen in der Weltweisheit einzunführen) 301, 305, 314
『철학요강』(Enzyklopädie der philosophischen Wissenschaften im Grundrisse) 16, 27, 37, 73, 187, 314
총체(성)(totalité) 41, 67, 128, 131, 137, 162, 177, 181, 219, 211, 251, 257~258, 286, 288, 292, 294, 325
　총체적(total) 54, 165, 167, 255, 288
취른하우스, 에른프리트 발터 본 (Tschirnhaus, Ehrenfried Walther von) 108, 215, 220, 225
카바예스, 장(Cavaillès, Jean) 100
칸트, 임마누엘(Kant, Immanuel) 138~139, 141~143, 240, 298~301, 304~308, 312, 314~322, 324
코나투스(conatus) 276, 319~321, 337
콜레티, 루치오(Colletti, Lucio) 318

ㅌ · ㅍ

타동적(transitive) 286, 294~296
탁월성(eminence) 124, 172, 178, 268
통념(notion) 68, 78, 80, 88~90, 93, 99, 172, 239, 261, 295~296

통일성(unité) 21~22, 27, 38, 40, 47, 51, 55, 60, 125, 133~134, 154, 160~162, 169, 173~174, 179, 181, 196, 227, 238, 247, 256, 261, 282, 284~285, 291~293, 320, 328, 330
특성(propriété) 31, 78, 98, 102, 109, 111, 149, 153, 173, 223, 243, 253, 255, 260, 304, 334
특징(caractère) 102, 109, 143
파르메니데스(Parmenides) 40~41
파브리치우스, 루이스(Fabritius, Louis) 15
파스칼, 블레즈(Pascal, Blaise) 117, 296
파악(compréhension) 151, 172~174, 188, 230, 234, 255, 266~268, 271
판단(jugement) 100, 106, 113
『팡세』(Pensées) 117
포착(appréhension) 232, 248, 257
표상(représentation) 20, 39, 43, 51, 71, 93, 96, 101, 110, 114, 117, 131, 134, 181, 189, 214, 244, 250, 256, 261, 288, 295, 317, 323, 325, 331
    표상적(représentatif) 104, 317
프리스, 시몬 드(Vries, Simon de) 151, 159
플라톤(Platon) 41, 187, 256

ㅎ

하나 → 일자/하나
함축(implication) 111, 152~153, 156, 201, 203, 214, 232, 234, 265
    함축하다(envelopper/impliquer) 119, 144, 154, 181, 187, 199, 204, 213
합성(composition) 148, 160, 166~170, 189, 249, 252, 285~288, 321, 335
합치(accord/convenientia) 102~103, 108~109, 111, 165, 209, 244, 253, 269, 275, 284
현행적(actuel/en acte) 100, 217, 281, 289, 334
형상적/형식적(formel) 49, 60~68, 70, 73, 76~78, 83, 87, 92, 94~96, 102, 104, 132, 140, 150, 156, 163, 172, 179, 188, 192, 224, 238~240, 248, 253, 258, 268, 307, 327
    형상적 존재(être formel) 110
『형이상학』(Metaphysica) 97
혼란된/혼란스러운(confuse) 112~113, 117, 207, 259, 272, 295
휘드, 요하네스(Hudde, Johannes) 158
힘(force) 305~323